O LIVRO QUE FEZ O SEU MUNDO

"O mais destacado intelectual cristão da Índia" — CHRISTIANITY TODAY

O LIVRO

COMO A BÍBLIA

QUE FEZ

CRIOU A ALMA

O SEU

DA CIVILIZAÇÃO

MUNDO

OCIDENTAL

VISHAL MANGALWADI

EDITORA VIDA
Rua Conde de Sarzedas, 246 – Liberdade
CEP 01512-070 – São Paulo, SP
Tel.: 0 xx 11 2618 7000
atendimento@editoravida.com.br
www.editoravida.com.br

Editor responsável: Marcelo Smargiasse
Editor-assistente: Gisele Romão da Cruz
Editor de qualidade e estilo: Sônia Freire Lula Almeida
Tradução: Carlos Caldas
Revisão de tradução e de provas: Josemar de Souza Pinto
Diagramação: Claudia Fatel Lino
Capa: Arte Peniel

© 2011, Vishal Mangalwadi
Originalmente publicado nos EUA com o título
The book That Made Your World: How the Bible Created the Soul of Western Civilization
Copyright da edição brasileira ©2013, Editora Vida
Edição publicada com permissão de
Thomas Nelson (P.O. Box 141000, Nashville, TN).

■

Todos os direitos desta tradução em língua portuguesa reservados por Editora Vida.

PROIBIDA A REPRODUÇÃO POR QUAISQUER MEIOS, SALVO EM BREVES CITAÇÕES, COM INDICAÇÃO DA FONTE.

■

Scripture quotations taken from *Bíblia Sagrada*, Nova Versão Internacional, NVI ®
Copyright © 1993, 2000 by International Bible Society ®.
Used by permission IBS-STL U.S.
All rights reserved worldwide.
Edição publicada por Editora Vida,
salvo indicação em contrário.

■

Todas as citações bíblicas e de terceiros foram adaptadas segundo o Acordo Ortográfico da Língua Portuguesa, assinado em 1990, em vigor desde janeiro de 2009.

1. edição: set. 2013
1ª reimp.: ago. 2018
2ª reimp.: maio 2019
3ª reimp.: mar. 2020
4ª reimp.: jan. 2024

Dados Internacionais de Catalogação na Publicação (CIP)
(Câmara Brasileira do Livro, SP, Brasil)

Mangalwadi, Vishal
   O livro que fez o seu mundo: como a Bíblia criou a alma da civilização ocidental / Vishal Mangalwadi; [tradução Carlos Caldas]. — São Paulo: Editora Vida, 2012.

   Título original: The Book That Made Your World: How the Bible Created the Soul of Western Civilization
   Bibliografia.
   ISBN 978-85-383-0279-7

   1. Bíblia — Influência — Civilização moderna 2. Bíblia — Influência — Civilização ocidental 3. Civilização cristã 4. Cristianismo e cultura — Índia I. Título. II. Título: Como a Bíblia criou a alma da civilização ocidental.

12-08377   CDD-220.09

Índices para catálogo sistemático:
1. Bíblia na cultura ocidental : Influência : História   220.09

*Para o sinceramente respeitado
intelectual público, membro do Parlamento
e ex-primeiro-ministro da Índia, honorável
Arun Shourie, cujas críticas
à Bíblia motivaram esta pesquisa.*

SUMÁRIO

Prefácio..9
Prólogo Por que esta viagem à alma do mundo moderno?............................15

Parte I
A ALMA DA CIVILIZAÇÃO OCIDENTAL

Capítulo 1 O ocidente sem sua alma..21

Parte II
UMA PEREGRINAÇÃO PESSOAL

Capítulo 2 Serviço — Ou uma entrada para a cadeia?.......................................47
Capítulo 3 Busca — Cegos podem conhecer o elefante?..................................61
Capítulo 4 Ser — Sou como um cão ou como Deus?..69

Parte III
AS SEMENTES DA CIVILIZAÇÃO OCIDENTAL

Capítulo 5 Humanidade — Qual é a maior descoberta do ocidente?................83
Capítulo 6 Racionalidade — O que fez do ocidente uma civilização pensante?...............103
Capítulo 7 Tecnologia — Por que monges a desenvolveram?........................121

Parte IV
A REVOLUÇÃO DO MILÊNIO

Capítulo 8 Heroísmo — Como um Messias derrotado conquistou Roma?......149
Capítulo 9 Revolução — O que fez de tradutores pessoas que mudaram o mundo?........169

Parte V
A REVOLUÇÃO INTELECTUAL

Capítulo 10 Línguas — Como o poder intelectual foi democratizado?............195
Capítulo 11 Literatura — Por que peregrinos construíram nações?.................213

Capítulo 12 Universidade — Por que educar nossos súditos? 231

Capítulo 13 Ciência — Qual é sua fonte? 259

Parte VI
O QUE FEZ DO OCIDENTE O MELHOR?

Capítulo 14 Moralidade — Por que alguns são menos corruptos? 291

Capítulo 15 Família — Por que os Estados Unidos passaram à frente da Europa? 319

Capítulo 16 Compaixão — Por que cuidar se tornou um compromisso médico? 347

Capítulo 17 Riqueza verdadeira — De que maneira a mordomia se tornou espiritualidade? 367

Capítulo 18 Liberdade — Por que a Bíblia produziu liberdade 387

Parte VII
GLOBALIZANDO A MODERNIDADE

Capítulo 19 Missão — Tribos da idade da pedra podem auxiliar a globalização? 411

Capítulo 20 O futuro — O sol vai se pôr sobre o ocidente? 425

Apêndice A Bíblia — É um *fax* vindo do céu? 447

PREFÁCIO

Em uma sociedade politicamente correta, a simples menção da Bíblia geralmente apresenta certa medida de ansiedade. Uma discussão séria sobre a Bíblia pode provocar descontentamento. Portanto, é muito gratificante encontrar essa abordagem engajada e bem informada quanto ao impacto profundo sobre o mundo moderno.

O livro que fez o seu mundo, escrito por Vishal Mangalwadi, traz à mente o clássico do século XIX, de Alexis de Tocqueville, *A democracia na América*.[1] As percepções valiosas de um visitante observador francês aos Estados Unidos hoje são um livro que é lido por praticamente todo estudante universitário no país.

De maneira semelhante, o erudito indiano, autor e conferencista internacional Vishal Mangalwadi oferece nestas páginas uma abordagem nova e abrangente quanto ao impacto da Bíblia na cultura ocidental. *O livro que fez o seu mundo* apresenta a investigação e as observações cuidadosas de quem está de fora examinando a cultura ocidental de dentro. O que Mangalwadi descobre surpreenderá muitos. Seu livro conta a história da influência impressionante da Bíblia sobre o desenvolvimento da sociedade ocidental moderna. Mostra por que uma reaproximação séria quanto à relevância da Bíblia no discurso público contemporâneo e na educação em todos os níveis — público e privado, secular e religioso — é urgentemente necessária e deve ser muito desejada.

---

[1] Publicado no Brasil pela Editora Martins Fontes. [N. do T.]

Uma cultura dificilmente terá início, e muito menos se sustentar, sem uma tentativa séria entre as gerações para compreender, interpretar e responder aos enigmas da vida e do Universo, a não ser que tenha uma cosmovisão razoavelmente compreensível. Allan Bloom — um erudito judeu — em *The Closing of the American Mind* reconheceu que foi a Bíblia que deu incentivo crítico e sustentou a tarefa intelectual do Ocidente de examinar todas as grandes ideias, verdadeiras ou falsas. Conforme Bloom,

> Nos Estados Unidos, falando em termos práticos, a Bíblia era a única cultura comum, que unia os simples e os sofisticados, os ricos e os pobres, os jovens e os velhos, e — como o modelo para uma visão da ordem de todas as coisas, assim como a chave para o restante da arte ocidental, as grandes obras que de um modo ou de outro lhe davam [à Bíblia] uma resposta — providenciou acesso à seriedade dos livros. Com seu desaparecimento gradual e inevitável, a simples ideia de um livro totalizante está desaparecendo. Pais e mães perderam a esperança de que a mais alta aspiração que poderiam ter para seus filhos é que estes fossem sábios — como sacerdotes, profetas ou filósofos são sábios. A competência e o sucesso especializados são tudo que eles podem imaginar. Ao contrário do que é pensado no senso comum, sem o livro mesmo a ideia do todo é perdida.[2]

Mangalwadi ressalta o fato de que foi a igreja ocidental que deu à luz a universidade, em seu esforço determinado e apaixonado de buscar a verdade. Seguindo a trajetória das grandes universidades como Bolonha, Paris, Oxford e Cambridge, Harvard, a primeira instituição de ensino superior dos Estados Unidos, foi fundada sobre o moto *Veritas* — Verdade. No entanto, no decorrer do último século o moto foi destituído de todo o seu significado. "Pensadores líderes" na academia conseguiram persuadir muitos de que "verdade" é em grande medida uma convenção social. O clima dominante de pessimismo a respeito de nossa habilidade para conhecer algo importante foi bem articulado pelo falecido Richard Rorty, um dos mais influentes pensadores americanos dos últimos quarenta anos.

---

[2] BLOOM, Allan. **The Closing of the American Mind:** How Higher Education Has Failed Democracy and Impoverished the Souls of Today's Students. New York: Simon & Schuster, 1987. p. 58.

Em *Para que serve a verdade?*,³ Rorty argumenta que não há uma posição privilegiada ou qualquer tipo de autoridade que possa fornecer uma perspectiva racional justificável com base na qual alguém possa conhecer o mundo "real". A palavra "verdade", insiste Rorty, não tem significado importante. Distinções tradicionais entre verdadeiro e falso devem ser abandonadas. Em seu lugar, podemos apenas pensar e falar em termos de entrelaçamentos de linguagem que apresentam graus maiores ou menores de "suavidade" e homogeneidade. Para Rorty, toda asseveração quanto à verdade é apenas provisória — em seu núcleo, uma forma de fazer crer — porque a linguagem propriamente é apenas um produto da sociedade humana. Nossas palavras não se referem a nada, com exceção daquelas que interpretam nossa experiência. Consequentemente, Rorty rejeitou todo e qualquer esforço para representar a realidade como significativa por qualquer meio que não seja abraçá-la como construída linguisticamente, uma realidade social humana autorreferente.

No entanto, esse argumento privou Rorty de qualquer base racional para sua defesa, ou a de qualquer outra pessoa, de qualquer estrutura social ou visão da realidade, não importa quão convincente ou desejável estas sejam. Em *O futuro da religião*, Rorty reconheceu esse profundo desequilíbrio intelectual, admitindo que "pode ser apenas um acidente histórico que o cristianismo estava onde a democracia foi reinventada para o uso da sociedade de massas, ou pode ser que esta tenha acontecido apenas no interior de uma sociedade cristã. *Mas é inútil especular a respeito disso*"⁴ (grifos nossos).

Como era de esperar, a obra de Rorty e a dos seus companheiros de academia levaram a um abandono indiscriminado de qualquer aspiração a buscar a verdade, o conhecimento e a racionalidade tais como entendidos ao longo do curso da civilização ocidental. A cultura intelectual que Rorty representa não apenas denigre os textos clássicos que criaram o mundo moderno de justiça, liberdade e oportunidade econômica, mas também nega qualquer responsabilidade para imergir os estudantes nas ideias fundacionais

---

3   Publicado no Brasil pela Editora da Unesp em 2008. [N. do T.]
4   RORTY, Richard; VATTIMO, Gianni. **The Future of Religion.** New York: Columbia University Press, 2005. p. 72. [**O futuro da religião**. Rio de Janeiro: Relume Dumará, 2006.]

que certamente iriam contradizer a ideologia filosófica reinante. Ao assim fazer, o "mercado livre de ideias", valorizado há tanto tempo, é material e lamentavelmente comprometido. Pois, se não há verdade a ser descoberta — se toda verdade é apenas uma função de construtos sociais —, então a própria razão não tem autoridade genuína, e em seu lugar a moda e o *marketing* acadêmicos determinam em que uma cultura irá crer. Ainda mais perigoso é o risco real de que uma coerção direta possa substituir a autoridade que o mundo moderno um dia atribuiu à Verdade. Questões concernentes à natureza da realidade, ao sentido da vida, da honra, da sabedoria e do amor são entendidas como nada mais que relíquias curiosas de um pensamento antigo.

C. S. Lewis, que conhecia bem os ditames da moda acadêmica, creditou a Owen Barfield, um colega do grupo dos Inklings, sua libertação do que Barfield chamava de "esnobismo cronológico", isto é

> a aceitação acrítica do clima intelectual comum ao nosso tempo e a suposição de que tudo que é antigo não merece crédito. Você precisa saber por que isso ficou antigo. É algo que foi refutado (e se foi, por quem, onde e quão conclusivamente) ou simplesmente acabou como as modas acabam? Se foi esta segunda possibilidade, isso não nos diz nada a respeito de sua verdade ou falsidade [...] nosso próprio tempo é também "um período" e certamente tem, como todos os outros períodos, suas próprias ilusões.[5]

Para onde isso nos leva, individual e culturalmente? Se optarmos por seguir o caminho de Rorty e a tendência do nosso tempo, o único recurso que nos restará é nos unirmos a Cândido no cultivo do "nosso jardim".[6] Nada é "significativo", a não ser que satisfaça nossas necessidades e nossos desejos individuais. Ao abandonar a Verdade, abandonamos a única maneira viável de capacitar a comunidade real — isto é, mediante busca humilde e, sim, "ultrapassada" do Bom, do Verdadeiro e do Belo.

Nossa "era irônica" claramente precisa de um espelho mais confiável pelo qual possa recobrar e avaliar nosso passado quase esquecido. Precisamos

---

[5] Lewis, C. S. **Surprised by Joy.** New York: Harcourt, Brace & World, 1955. p. 207-208. [**Surpreendido pela alegria.** São Paulo: Editora Mundo Cristão, 1998.]

[6] Referência à personagem Cândido, de Voltaire, um otimista ingênuo que vivia em um jardim edênico. [N. do T.]

refazer uma esperança comum e universal para a sociedade humana. Precisamos aprender das fontes que antes cativaram tão profundamente a nossa imaginação, deram ordem à nossa razão e informaram nossa vontade. Foi dessas fontes e por intermédio delas que o Ocidente realizou a transformação de vidas individuais, famílias e comunidades inteiras, o que deu forma ao mundo moderno tal como o conhecemos. Por causa do crescente caos intelectual e espiritual do nosso tempo, para mim é extremamente válido traçar as características singulares do Ocidente que ajudaram a adotar essas mudanças produtivas.

A imensa contribuição de Vishal Mangalwadi nas páginas a seguir pode parecer absurda. Se for esse o caso, é exatamente porque sua pesquisa árdua estabelece o fato de que a Bíblia e sua cosmovisão, ao contrário da atual opinião predominante, *contribuíram como a força mais poderosa no surgimento da civilização ocidental.*

Enquanto Bloom lamenta o fechamento da mente americana, Mangalwadi traz um otimismo renovador. Como costuma acontecer, ele começou a estudar a Bíblia com seriedade em uma universidade indiana somente após descobrir que a filosofia ocidental perdera toda a esperança de encontrar a verdade; para todos os efeitos e propósitos, esta se tornara "essencialmente falida". A Bíblia despertou seu interesse na história do mundo moderno. Seu estudo da história mundial, por sua vez, deu-lhe uma esperança renovada que aparece nas páginas deste livro extraordinário.

Mangalwadi é um intelectual do Oriente. Possui um conhecimento profundo do vasto espectro do pensamento e cultura orientais e foi também grandemente beneficiado por sua exposição extensa às tradições e instituições intelectuais e espirituais do Ocidente. Esse conhecimento do pensamento do Oriente e do Ocidente permitiu-lhe uma perspectiva única quanto à mente e ao coração da cultura ocidental. Isso o habilitou para falar à crise do nosso tempo com clareza incisiva e coragem profética.

Estas páginas nos apresentam aos mais pobres entre os pobres na Índia rural, bem como aos pensadores seminais da civilização ocidental. Em seu livro, Mangalwadi habilmente demonstra que a cosmovisão bíblica surge como a fonte crítica e inequívoca da visão singular do pensamento, valores e instituições ocidentais. Falando a respeito das questões sugeridas nos textos de Rorty, ele documenta que a Bíblia, entendida como a revelação de Deus à humanidade, providenciou a base para uma sociedade humana reconhecidamente imperfeita, mas inegavelmente marcante. Esta foi, mais que qualquer outra, uma civilização na qual a verdade foi entendida como real, em que a busca coletiva da virtude moldou o comportamento, e a obra redentora de Deus na pessoa de Jesus Cristo providenciou uma resposta verificavelmente transformadora, radical e historicamente, ao abismo do egoísmo, da corrupção e do pecado humanos.

Combinando análise cuidadosa com narrativas cativantes, Mangalwadi oferece aos seus leitores encontros concretos com o espectro amplo da virtude e da corrupção humanas. Ele faz soar um chamado para que o Ocidente não se esqueça, mas se lembre e retorne à fonte única de sua vida. Na tradição de Ezequiel, este "atalaia dos muros" falou. Que suas palavras criem raízes e auxiliem uma renovação muito desejada da mente e do espírito ocidentais.

J. STANLEY MATTSON, PH.D.

Fundador e presidente de The C. S. Lewis Foundation em Redlands, Califórnia, Stanley Mattson obteve seu doutorado em História Intelectual Americana na Universidade da Carolina do Norte, Chapell Hill, em 1970. Foi professor no Gordon College, diretor da Master's School of W. Simsbury, Connecticut, e diretor de relações corporativas da Universidade de Redlands. Dr. Mattson organizou a C. S. Lewis Foundation em 1986. Desde então, é o diretor dos programas dessa entidade em Oxford e Cambridge, Inglaterra. A fundação está atualmente envolvida na criação do C. S. Lewis College como uma faculdade cristã, com uma escola de artes visuais e performáticas, ao norte da região conhecida como Five College, no oeste de Massachusetts. (Para mais informações, visite o site na internet da C. S. Lewis Foundation: <www.cslewis.org>.)

Prólogo

POR QUE ESTA VIAGEM À ALMA DO MUNDO MODERNO?

Em 1994, os bispos católicos da Índia convidaram um dos intelectuais mais influentes desse país, dr. Arun Shourie, para lhes dizer como um hindu vê as missões cristãs. Como sua ilustre família era um produto da educação dada por missionários, os bispos esperavam que ele elogiasse as missões. No entanto, Shourie condenou o trabalho missionário como uma conspiração do imperialismo britânico.

Shourie argumentou que, quando a Grã-Bretanha colonizou a Índia militar e politicamente, os missionários foram trazidos para colonizar a mentalidade indiana. A missão, ele disse, foi a pior forma de colonialismo, pois ceifou a alma do povo indiano e subverteu sua cultura. Depois de reprovar o trabalho missionário, Shourie foi além, ao atacar Jesus e ridicularizar a Bíblia como um livro imoral e irracional. A partir daí, ele ampliou sua palestra em dois livros.[1]

Os livros de Shourie foram publicados quando o combativo Partido Hindu Bharatiya Janata (BJP) preparava-se para disputar uma eleição nacional da qual emergiu como grande o bastante no Parlamento para formar um governo de coalizão. O BJP usou o livro de Shourie para alavancar sua plataforma. Foi dito que os partidos hindus liberais

---

[1] **Missionaries in India:** Continuities, Changes, Dilemmas. Nova Délhi: ASA Publications, 1994; **Harvesting Our Souls:** Missionaries, Their Designs, Their Claims. Nova Délhi: ASA Publications, 2000.

como o Congresso Nacional Indiano deveriam ser banidos porque o hinduísmo liberal permitia que cristãos e muçulmanos convertessem o povo indiano e subvertessem esse país.

Tão logo a força de um partido nacional esteve por trás dos livros de Shourie, estes se tornaram sucessos de vendagem. Foram traduzidos para dialetos indianos, e trechos foram publicados em colunas de sindicatos em jornais nacionais e regionais.

Eu sabia que o movimento missionário ocidental, retratado pelo BJP como o vilão da Índia moderna, era de fato o fator mais importante que criou a Índia contemporânea.[2] Por causa dos livros de Shourie, os missionários da frente avançada, que saíram do sul para trabalhar no norte da Índia, começaram a ser acusados de serem perigosos agentes da CIA. Eles são alguns dos melhores funcionários públicos da Índia, engajados sacrificialmente em elevar as vítimas "intocáveis" da filosofia hindu e seu opressivo sistema de castas, mas foram vistos como tendo financiamento da CIA para preparar os planos neocoloniais do Pentágono. A Bíblia — o livro que iniciou e sustentou a educação, emancipação e modernização geral da Índia — foi denunciado como sendo adequado apenas para tolos.

Arun Shourie estudou em uma das melhores faculdades cristãs da Índia e doutorou-se em uma prestigiosa universidade americana fundada por uma denominação protestante para ensinar a Bíblia. Ele trabalhou como funcionário do Banco Mundial e liderou a maior cadeia de jornais da Índia. É combatente moral que muitos de nós indianos amávamos e continuamos a amar. Por que um homem tão erudito como ele podia ter uma visão pobre da Bíblia e de seu papel na criação do Ocidente e da Índia modernos? Por que não entendeu que a educação que recebeu, o sistema econômico dos Estados Unidos que estudou, a imprensa livre pela qual batalhou, as liberdades políticas que ele apreciava e a vida pública da Índia pela qual lutou para manter livre de corrupção vieram todos da Bíblia... ainda que muito disso esteja atualmente secularizado e até mesmo corrompido?

A ignorância do dr. Shourie não era culpa sua. O problema era que mesmo seus professores cristãos na Índia e nos Estados Unidos tinham pouca

---

[2] Isso inclui muitos evangélicos britânicos que trabalharam como funcionários públicos, soldados, juízes e professores.

ideia da importância da Bíblia e como ela criou o mundo moderno, incluindo suas universidades, ciência, economia e liberdade. Ignorância e descrença são compreensíveis, mas distorcer a própria história é um preconceito que tem um preço caro. Essa atitude mina as bases intelectuais e morais do mundo moderno. Esse domínio de preconceito ignorante em universidades ocidentais levanta a seguinte questão: O *sol vai se pôr sobre o Ocidente?*

Respondi ao primeiro livro do dr. Shourie em uma série de cartas que foram publicadas como *Missionary Conspiracy: Letters to a Postmodern Hindu*. Respondi ao seu segundo livro em meu prefácio ao livro de Gene Edward Veith, *O fascismo moderno*.[3] Minha página na internet, <www.revelationmovement.com>, logo iniciará a responder com detalhes às críticas feitas por Shourie à Bíblia.[4] *O livro que fez o seu mundo* celebra o 400º aniversário da *Bíblia King James*, que foi o livro mais importante do último milênio. Este livro também deseja ajudar aos que, assim como Shourie, buscam edificar seus países. Um pouco de humildade capacitará qualquer um a entender como o mundo moderno foi criado.

O sol não precisa se pôr sobre o Ocidente. A Europa e os Estados Unidos podem reviver. A luz pode brilhar mais uma vez em países que foram confundidos e enganados pela mídia e por universidades ocidentais.

A palavra "mito" tem muitos significados. Alguns deles são úteis. No entanto, se *mito* é uma visão da realidade inventada exclusivamente pela mente humana, então, por definição, o ateísmo é um mito. Durante o século XX, esse mito provocou confusão na Europa Oriental. Agora esse mito agarrou o Ocidente pela garganta.

Uma olhada rápida pode dar a impressão de que este é um livro a respeito da Bíblia. Os que de fato o lerem descobrirão que na verdade este livro é a respeito de literatura e de arte, de ciência e de tecnologias libertadoras, de heroísmo genuíno e da construção de nações, de grandes virtudes e instituições sociais. Se você tem um zilhão de peças de um quebra-cabeça, pode começar juntando-as em uma imagem, sem saber com o que essa imagem se parece? A Bíblia criou o mundo moderno da

---

[3] Publicado no Brasil pela Editora Cultura Cristã em 2010. [N. do T.]
[4] Estes dois livros estão disponíveis em: <http://www.revelationmovement.com>. Acesso em: 20 mar. 2012.

ciência e da erudição porque nos deu a visão do Criador do que é a realidade. É isso que fez do Ocidente moderno uma civilização erudita e pensante. As pessoas pós-modernas veem pouca vantagem em ler livros que não contribuem diretamente para sua carreira ou lhe deem prazer. Isso é um resultado lógico do ateísmo, que finalmente compreendeu que a mente humana não pode conhecer o que é verdadeiro e justo. Este livro está sendo publicado com oração para que ajude a reavivar o interesse global pela Bíblia e por todos os grandes livros.

VISHAL MANGALWADI
Dezembro de 2010

PARTE I
A ALMA DA CIVILIZAÇÃO OCIDENTAL

A visão que a Bíblia apresenta de Deus, do Universo e da humanidade estava presente em todas as principais línguas ocidentais e, portanto, no processo intelectual do homem ocidental [...]. Desde a invenção da imprensa, a Bíblia se tornou mais que a tradução de um livro antigo de literatura oriental. Ela não se parece com um livro estrangeiro, e tem sido a fonte mais confiável, disponível e familiar e árbitro dos ideais intelectuais, morais e espirituais do Ocidente.

— H. Grady Davis[1]

---

[1] Davis, H. Grady. **History of the World**. Disponível em: <http://all-history.org/religons17.html>. Acesso em: 5 dez. 2010.

Capítulo 1

O OCIDENTE SEM SUA ALMA
DE BACH A COBAIN

Durante duzentos anos, serramos o galho no qual estávamos assentados. Por fim, muito mais subitamente que qualquer um havia previsto, nossos esforços foram recompensados, e caímos. Mas infelizmente havia um pequeno equívoco: no chão não havia um colchão de pétalas de rosas; o que havia era uma fossa cheia de arame farpado [...]. Parece que amputação da alma não é apenas uma simples atividade cirúrgica, como extrair um apêndice. A ferida tem a tendência de supurar.

— GEORGE ORWELL
Notes on the Way, 1940[1]

No dia 8 de abril de 1994, um eletricista acidentalmente descobriu um cadáver em Seattle, Washington. Um tiro explodiu a cabeça da vítima em pedaços impossíveis de identificar. A investigação policial concluiu que a vítima dessa tragédia horrível era Kurt Cobain (nascido em 1967), a lenda do *rock*, e que ele cometera suicídio poucos

---

[1] "Notes on the Way" de George Orwell foi publicado primeiramente em **Time and Tide,** March 30-April 6, 1940. Foi republicado em **Collected Essays, Journalism and Letters of George Orwell**. New York: Harcourt, Brace & World, 1968. V. <http://www.orwell.ru/library/articles/notes/english/e_notew>. Acesso em: 20 mar. 2012.

dias antes. As tentativas de suicídio anteriores de Cobain por overdose de drogas não foram bem-sucedidas. Noticiou-se que sua linda esposa, a cantora Courtney Love, chamou a polícia várias vezes para que confiscasse as armas de Kurt antes que ele se matasse ou ferisse outras pessoas.

Cobain, o vocalista e talentoso guitarrista do grupo de *rock* Nirvana capturou a perda de rumo, de centro e de alma de sua geração tão bem que seu álbum *Nevermind* vendeu 10 milhões de cópias, desbancando Michael Jackson do topo da parada de sucessos.

A expressão inglesa *never mind* significa "não se importe", "não se preocupe". Por que se preocupar se nada é verdadeiro, bom ou belo no sentido absoluto? Um homem deve se preocupar se sua adorável filha vai precisar de um pai? "Não se preocupe" é uma virtude lógica para um niilista que pensa que não há nada que tenha sentido — quer a filha, quer a esposa, quer a vida. Em contraste, o Ocidente moderno foi feito por pessoas que dedicaram sua vida ao que criam ser divino, verdadeiro e nobre.

Nirvana é a palavra budista para salvação. Significa a extinção permanente da existência de um indivíduo, a dissolução da nossa individualidade ilusória no *shoonyta* (vácuo, nada, vazio). É a libertação da nossa ilusão provocadora de miséria, que temos um núcleo permanente no nosso ser: um *self*, alma, espírito ou *atman*.

Eis um trecho de uma das letras de Cobain que expressa sua visão de salvação como silêncio, morte e extinção:

> "Silêncio. Aqui estou, aqui estou, silencioso.
>
> Morte é o que eu sou, vou para o inferno, vou para a prisão...
>
> Morrer".[2]

À medida que a notícia do suicídio de Cobain se espalhou, muitos dos seus fãs o imitaram. A revista *Rolling Stone* noticiou que sua morte foi imitada por pelo menos 68 pessoas.

"Hey, hey, ho, ho, Western Civ has got to go!" ["Ih, ih, vai cair, a civilização ocidental tem de sumir] — os estudantes da Universidade de Stanford

---

[2] "Endless, Nameless", em **Nevermind** (Los Angeles: Geffen Records, 1991). Essa música é uma faixa oculta no fim de algumas cópias do CD.

dos anos 1960 que cantaram a morte da civilização ocidental estavam desgostosos com sua hipocrisia e suas injustiças. Mas sua rejeição da alma de sua civilização produziu algo muito diferente da utopia que eles buscavam. Diana Grains na já citada *Rolling Stone* observou que antes dos anos 1960 praticamente não havia suicídio de adolescentes entre a juventude estadunidense. Por volta de 1980, cerca de 400 mil adolescentes tentavam o suicídio a cada ano. Em 1987, o suicídio se tornou a segunda causa de morte de adolescentes, perdendo apenas para acidentes automobilísticos. Por volta de 1990 o suicídio caiu para terceiro lugar como causa de morte de adolescentes porque estes estavam matando uns aos outros assim como se matavam. Grains explicou essas estatísticas crescentes entre os descendentes da geração de 1960:

> Os anos 1980 ofereceram aos jovens uma experiência insuperável de violência e humilhação. Traumatizados por pais ausentes ou abusadores e por educadores, policiais e psiquiatras, presos em empregos sem significado e com salários baixos, desorientados por instituições que se desintegravam, muitos garotos caíram na armadilha de um ciclo de futilidade e desespero. Os adultos fizeram uma grande bagunça, abandonaram uma geração inteira à sua própria sorte ao falhar em dar proteção aos jovens ou em prepará-los para uma vida independente. Mesmo assim, quando os jovens começaram a apresentar sintomas de negligência, sintomas esses que se refletiram em taxas de suicídio, homicídio, abuso de drogas, evasão escolar e miséria generalizadas, os adultos os condenaram por serem fracassados apáticos, ignorantes e amorais.[3]

De acordo com seus biógrafos, a primeira infância de Cobain foi feliz, cheia de afeto e esperança. Mas quando tinha 9 anos Cobain foi pego em meio ao fogo cruzado do divórcio dos seus pais. Como acontece com muitos casamentos nos Estados Unidos, o casamento dos seus pais se transformou em um campo de batalha emocional e verbal. Um dos biógrafos de Cobain, ao comentar um retrato de família quando Kurt tinha 6 anos, disse: "É um retrato de família, mas não um retrato de um casamento".[4]

---

[3] **Cobain.** Boston: Little, Brown and Company, 1994. p. 128. V. "Suicidal Tendencies" por Diana Grains, p. 128-132.
[4] Cross, Charles R. **Heavier Than Heaven**. New York: Hyperion, 2001. p. 15.

Depois do divórcio, a mãe de Kurt começou a namorar homens mais jovens. Seu pai se tornou dominador, mais preocupado em perder sua nova esposa que em perder o filho. Essa rejeição paterna o deixou deslocado, incapaz de encontrar um centro social estável, incapaz de estabelecer laços emocionais construtivos com seus companheiros ou com os pais de sua geração. Essa instabilidade produziu uma ferida profunda na alma de Cobain que não seria curada pela música, pela fama, pelo dinheiro, pelo sexo, pelas drogas, pelo álcool, por terapia ou programas de desintoxicação. Sua angústia interior fez que fosse fácil para ele aceitar a primeira verdade nobre de Buda, a de que a vida é sofrimento.

A psicoterapia fracassou com Cobain. Tendo questionado a própria existência da *psyche* (palavra grega para o *self* ou a alma), a psicologia secular é atualmente uma disciplina em declínio. Sigmund Freud e Carl Jung criam na existência do *self*,[5] mas seus seguidores contemporâneos reconhecem que a fé que eles tinham no *self* era um efeito residual do passado cristão do Ocidente — o pai de Jung, por exemplo, era um pastor.

Os seguidores de Jung verdadeiramente seculares, como James Hillman, estão reformulando a essência dessa teoria. Um número cada vez maior de pessoas reconhece que teoricamente é impossível praticar psicologia sem teologia. Seis séculos antes de Cristo, Buda já sabia que, se Deus não existe, então também não existe o *self*. Por conseguinte, ele desconstruiu a ideia hinduísta de alma. Se alguém descascar a psique de alguém como se fosse uma cebola, descobrirá que no centro do ser desse alguém não há um núcleo sólido. O seu senso de *self* é uma ilusão. A realidade é um não ser (*anatman*). Você não existe. Buda ensinou que a libertação é compreender a não realidade da sua existência.

Esse niilismo é lógico se você parte do pressuposto de que Deus não existe. Entretanto, não é fácil viver com as consequências dessa crença, ou melhor, dessa não crença. Dizer "*eu* creio que *eu* não existo" pode ser devastador para uma alma sensível como Kurt Cobain. Sua música — alternadamente sensível e impetuosa, divertida e depressiva, espalhafatosa e amedrontada, anárquica e vingativa — refletia a confusão que ele enxergava no

---

[5] A segunda topografia de Freud derruba a compreensão moderna, cartesiana, do ser que a maior parte do Ocidente entende por *self*. O *self* de Freud não tem centro.

mundo pós-moderno ao seu redor e em seu próprio ser. Ainda que ele fosse comprometido com alguns princípios morais (como a causa ambiental e a paternidade), não foi capaz de encontrar uma cosmovisão estável sob a qual pudesse basear esses princípios.

Ele foi naturalmente atraído para a doutrina da *impermanência* de Buda: nada no Universo é estável ou permanente. Você não pode nadar no mesmo rio duas vezes porque o rio muda a cada momento, e o ser humano também. Você não é a mesma "coisa" que era um momento atrás. A experiência de Cobain de impermanência de um centro emocional, social e espiritual em sua vida teve consequências trágicas. Ele adotou o vazio filosófico e moral que outro grupo de *rock* chamou de "estrada para o inferno".[6]

Música depois da morte de Deus

O filósofo alemão Friedrich Nietzsche (1844-1900) compreendeu que, tendo matado Deus, a Europa possivelmente não salvaria os frutos de sua civilização que eram resultantes de sua fé em Deus. Mas nem mesmo Nietzsche compreendeu que uma implicação filosófica da morte de Deus seria a morte do seu próprio ser. Por quinhentos anos antes de Nietzsche, o Ocidente seguira Agostinho (354-430), que afirmara que o ser humano é uma trindade de existência (ser), intelecto e vontade. Depois de negar a existência do Ser (*Self*) divino, tornou-se impossível afirmar a existência do ser (*self*) humano. Por conseguinte, muitos intelectuais estão se apegando à ideia budista de que o *self* é uma ilusão. Paul Kuglar, psicólogo junguiano contemporâneo, explicou que, na filosofia pós-moderna, Nietzsche (o sujeito falante) está morto — ele nunca existiu, pois a individualidade é apenas uma ilusão criada pela linguagem.[7]

Os desconstrucionistas culpam a linguagem por criar a ilusão do *self*, mas Buda culpou a mente. Esta não pode ser a imagem de Deus. Portanto,

---

[6] A banda AC/DC.
[7] Para um sumário simples, v. o ensaio de Connie Zweig, The Death of the Self in a Postmodern World. In: ANDERSON, Walter Truett (Ed.). **The Truth About the Truth**: Deconfusing and Re-Constructing the Postmodern World. New York: Penguin Putnam, 1995. p. 145-150.

a mente tem de ser um produto da ignorância cósmica primeva, *avidya*. A rejeição do *self* por Buda fazia sentido para céticos clássicos como Pirro de Eleia (360-270 a.C.), que viajou até a Índia com Alexandre, o Grande, e interagiu com filósofos budistas. Depois de voltar à Grécia, ele fundou uma nova escola de filosofia cética para ensinar que nada é verdadeiramente passível de conhecimento. Se for assim, por que alguém deveria pagar para que os filósofos ensinassem seja lá o que for? Não é de admirar que a educação, a filosofia e a ciência tenham entrado em declínio na Grécia.

Negar a realidade de um núcleo espiritual como a essência de cada ser humano torna difícil que a música tenha sentido, pois a música, assim como a moralidade, é uma questão da alma. Quem pensa que o Universo é apenas substância material e a alma uma ilusão, tem dificuldade em explicar a música. Esses que assim pensam precisam assumir que a música evoluiu dos animais, mas nenhum dos nossos alegados primos evolucionários faz música (alguns pássaros "cantam", mas ninguém propôs que nós, ou a nossa música, evoluiu das aves). Charles Darwin sugeriu que a música evoluiu como um auxílio para o acasalamento. Poder-se-ia crer nisso se estupradores tocassem em bandas para enganar suas vítimas. De acordo com a psicologia evolucionista, o estupro poderia ser visto como uma forma natural de acasalamento, e a moralidade, como um controle social arbitrário.

A música não serve a nenhum propósito biológico. Como disse Bono, o vocalista do U2, "a música é uma questão do espírito". Parte da música contemporânea vai em direção a Deus — por exemplo, a música explicitamente religiosa. Outros gêneros — o *blues*, por exemplo — correm de Deus e buscam redenção em outros lugares. Não obstante, "ambos reconhecem a posição que Deus ocupa como pivô no centro de tudo".[8] Mesmo na Bíblia, nem toda poesia profética é louvor a Deus. A começar por Jó, a poesia bíblica inclui um questionamento penetrante de Deus em face do sofrimento e da injustiça. A música que culpa Deus pelo mal afirma que Deus é a única fonte disponível de sentido e o nosso direito de emitir julgamento moral.

O ceticismo budista que Pirro levou para a Europa é lógico e poderoso. O Ocidente escapou de sua influência paralisante apenas por causa de

---

[8] **Rolling Stone**, November 3, 2005, p. 54.

pensadores como Agostinho, que foi capaz de refutá-la. Agostinho afirmou a certeza do *self* humano porque a Bíblia ensina que Deus existe e criou o homem à imagem dele. Agostinho também afirmou o valor das palavras. Ele cria que a linguagem pode comunicar a verdade porque a comunicação é intrínseca ao Deus trino e que o homem é feito à imagem do Deus que comunica. Mas atualmente, tendo rejeitado essas bases bíblicas, o Ocidente não tem mais base para escapar do pessimismo radical de Buda.

Apesar de — ou talvez por causa do — seu caos interior, Kurt Cobain permaneceu tão popular que em 2008 a indústria musical o classificou como o mais influente "artista falecido". Seus discos venderam mais que os de Elvis Presley. Anos após sua morte, foi noticiado que em 2002 sua viúva vendeu os rascunhos e rabiscos dos seus diários por 4 milhões de dólares. Duas décadas atrás, qualquer publicador do mundo teria rejeitado essas anotações como inscrições malfeitas e sem sentido. Mas no raiar do século XXI, nos Estados Unidos os guardiões culturais reconhecem que Cobain representa a falta de alma desse país melhor que muitas celebridades. Em um exemplo de significativa falta de sentido, ele escreveu:

> Gosto de *punk rock*. Gosto de garotas com olhos estranhos. Gosto de drogas (mas meu corpo e minha mente não me permitem usá-las). Gosto de paixão. Gosto de jogar minhas cartas de modo errado. Gosto de vinil. Gosto de ter sentimento de culpa por ser um homem branco americano. Gosto de dormir. Gosto de perturbar cães pequenos que ficam uivando em carros em estacionamentos. Gosto de fazer as pessoas se sentirem felizes e superiores em sua reação com relação à minha aparência. Gosto de ter opiniões fortes com nada a apoiá-las, a não ser minha sinceridade primária. Gosto de sinceridade. Não tenho sinceridade... Gosto de reclamar e de não fazer nada para que as coisas melhorem.[9]

Vi frases semelhantes aos diários e às letras de Cobain em diários particulares de estudantes em exibições artísticas em faculdades americanas. Antes de Cobain, nas décadas de 1960 e 1970 os estudantes do movimento contracultura nessas faculdades criam que estavam na iminência de

[9] COBAIN, Kurt. **Journals**. New York: Riverhead Books, 2003. p. 108-109.

iniciar uma utopia. Na época de Cobain, eles sabiam que o niilismo leva apenas ao escapismo. Steven Blush estudou a música do início dos anos 1980, aquela que precedeu imediatamente Cobain cronológica e estilisticamente. Popularmente essa música é chamada de *hardcore*, um gênero marcado pela impetuosidade e pela vida intencionalmente vivida fora das convenções tradicionais. Ele concluiu:

> O *hardcore* é mais que música — antes, tornou-se um movimento político e social. Os participantes constituíam uma tribo. Alguns deles eram alienados ou abusados e encontraram uma válvula de escape nesse tipo de música. Alguns buscaram um mundo melhor ou queriam o fim do *status quo*, estavam furiosos. Muitos deles queriam apenas se levantar do inferno. Inflexíveis e intransigentes [...]. Muitos jovens (confusos) "se encontraram" no *hardcore* [...] a estética era intangível. Muitas bandas não tocavam bem, e suas canções geralmente não eram bem feitas. Eles não investiam muito em termos dos padrões tradicionais de produção. Entretanto, tinham tecnologia de informação — um tipo de música infecciosa ultraveloz, letras provocantes e uma atitude de autoesquecimento.[10]

Os "rebeldes sem causa" pós-modernos estavam "vivendo em um mundo próprio".[11]

A música de Cobain teve apelo aos contemporâneos Estados Unidos porque era uma desarmonia sufocante de revolta, angústia, ódio, desespero, falta de sentido e obscenidade. Alguns dos títulos de suas músicas eram "I Hate Myself, I Want to Die" ["Odeio a mim mesmo, quero morrer"] e "Rape Me" ["Me estupre"; mais tarde mudada para "Waife Me", "Acabe comigo"). Muito do que Cobain escreveu não pode ser decifrado, e, do que pode, muito de suas frases, aparentemente, não faz sentido. Sabendo ou não, muitas de suas letras eram *koans zen*, ditos não racionais como "que é o som de uma palma batendo?". Tais palavras não fazem sentido porque (na ausência de revelação) a realidade em si não faz sen-

---

[10] BLUSH, Steven. **American Hardcore:** A Tribal History. Los Angeles; New York: Feral House, 2001. p. 9.
[11] Uma letra do Agent Orange, "Living in Darkness", **Agent Orange** (Warner/Elektra/Atlantic, 1981).

tido. As palavras são simplesmente mantras — sons sem sentido — para serem entoadas ou gritadas.[12]

Cobain cometeu suicídio porque o Nada como a realidade última faz do nada algo positivo. O nada não pode produzir alegria para o mundo ou levar sentido e esperança para a confusão da vida de alguém. Sua única consequência é inspirar as pessoas a buscarem uma saída do mundo — nirvana. Uma cultura de música não floresce no solo do niilismo. O talento de Cobain como músico floresceu porque ele herdou uma tradição única de música.

A música parece ser uma parte natural, talvez essencial, da vida na mentalidade ocidental porque tem sido parte integrante do culto e da educação tradicionais. Por exemplo, as universidades de Oxford e Cambridge ocuparam lugares de destaque na construção do Ocidente no segundo milênio da era cristã. Entretanto, alguém que nunca tenha visitado essas cidades talvez não saiba que são cidades de igrejas e capelas. A capela é o edifício mais importante em faculdades tradicionais, e um órgão de tubos é geralmente a peça central de uma capela. Não é assim em todas as culturas. Um exemplo é o Turcomenistão, o último país a estabelecer restrições quanto à música em feriados nacionais, propagandas em televisão, eventos culturais organizados pelo governo, lugares de assembleias públicas, casamentos e festas organizadas pelo povo.[13] Países como a Arábia Saudita restringem a música há muito tempo. No Irã e no Afeganistão, mulheres não podem cantar no rádio nem na televisão ou pessoalmente diante de

---

[12] V. o capítulo 6 para uma discussão posterior sobre como ver a linguagem como mantra afeta estruturas culturais mais amplas.

[13] Em 25 de fevereiro de 2009, o Bureau of Democracy, Human Rights and Labour [Escritório para Democracia, Direitos Humanos e Trabalho] apresentou o Human Rights Report [Relatório de Direitos Humanos] referente ao Turcomenistão em 2008: "O governo apresenta pouco ou nenhum apoio aos músicos não turcomenos, mas a música clássica foi ensinada e executada em todo o país. A orquestra sinfônica que tinha sido proibida pelo governo foi reorganizada no Centro Nacional Cultural e iniciou a execução de concertos mensais de música clássica mundial e de música turcomena. O presidente decretou a reabertura do circo, e a primeira apresentação de uma ópera aconteceu em junho. A música tradicional local, que não era executada durante anos, foi tocada em concertos e em eventos sociais" Disponível em: <http://www.state.gov/g/drl/rls/hrrpt/2008/sca/119142.htm>. Acesso em: 16 jan. 2011.

assembleias mistas. No Iraque pós-Saddam, muçulmanos radicais assassinaram vendedores de CDs de música. Mesquitas não têm teclados, órgãos, pianos, orquestras ou corais porque, de acordo com o islã tradicional, a música é *haraam*, algo ilegítimo.[14]

Essas culturas veem a música ocidental como inextricavelmente misturada com devassidão imoral. Para quem vive nessas culturas, músicos como Kurt Cobain são modelos indesejáveis. De fato, na capa do álbum *Nevermind* Cobain desavergonhadamente apresentou os valores pelos quais viveu: um bebê debaixo d'água com seu pênis bem à vista pegando uma nota de 1 dólar em um anzol. Na última capa, a mascote de Cobain, um esquilo, assenta-se sobre uma vagina. Devassidão descarada era parte da música "pagã" até que a Bíblia a libertasse ao recolocar o lócus da música em Deus.

> Não se embriaguem com vinho, que leva à libertinagem, mas deixem-se encher pelo Espírito, falando entre si com salmos, hinos e cânticos espirituais, cantando e louvando de coração ao Senhor, dando graças constantemente a Deus Pai por todas as coisas em nome de nosso Senhor Jesus Cristo.[15]

Monges budistas na Ásia desenvolveram filosofias sofisticadas, uma psicologia, rituais e psicotecnologias para tentar fugir da vida e de seus sofrimentos. Eles aperfeiçoaram técnicas como a *vipasana* para silenciar não apenas a língua, mas também os pensamentos.[16] O budismo teve origem na Índia e, antes de perder popularidade no país, desfrutou de poderoso apadrinhamento político por séculos. Mosteiros imensos foram construídos de modo tal que a arte budista é um aspecto muito apreciado da herança nacional indiana. Mesmo assim, o budismo não deixou na Índia uma tradição

---

[14] A ideia de que a música é *haraam*, ou ilegítima, está baseada no **Alcorão** 17.64, 31.6 e 53.59-62. Historicamente, teólogos islâmicos trabalhando na tradição da interpretação alcorânica desenvolvida por Ibn Masood, Ibn Abbas e Jaabir depois da morte do profeta Maomé interpretaram essas passagens como condenando toda música. Outros intérpretes modernos admitem que o **Alcorão** não proíbe a música.
[15] Efésios 5.18-20.
[16] A ioga tenta controlar a respiração em sua busca de compreender o *self*. A *vipasana* observa a respiração como um meio de silenciar a mente, para levar à experiência de que não há um *self* ou alma em cada pessoa, mas apenas o nada, o vazio, o vácuo, *shoonyta*, ou não ser.

musical ou instrumental perceptível. Nenhum monge budista iniciou uma banda como a Nirvana, porque no budismo a salvação não é um paraíso cheio de música.[17] Como uma filosofia pessimista de silêncio, o budismo não poderia produzir música de esperança e alegria. O budismo não pode celebrar a existência porque enxerga o sofrimento como a essência da vida. Algumas formas modernas de budismo abraçaram a música, particularmente em razão de esforços de ocidentais convertidos, como Kurt Cobain, que enxertaram a tradição ocidental de música religiosa na fé budista.

Dizer que a música é um fenômeno novo em templos budistas não é sugerir que no Tibete ou na China no tempo anterior ao budismo não houvesse música.[18] A música é intrínseca ao Universo e à natureza humana, mesmo se algumas cosmovisões, incluindo o darwinismo, não a entendam, reconheçam ou promovam. Dois mil anos antes de Cristo, cultos de fertilidade e rituais sexuais na China, com coros de meninos e meninas cantando alternadamente e juntos, simbolizavam o dualismo entre o *yin* e o *yang*. Mil anos antes disso, na Suméria e na Mesopotâmia usava-se música em rituais em seus templos.

Os *ragas* musicais dos rituais mágicos hinduístas sobreviveram por 3.500 anos. Muitos dos *Vedas* são hinos e cânticos. Sacerdotes védicos entendiam o som como qualquer outra pessoa no mundo e desenvolveram um sistema de cânticos altamente complexo, mesmo que não fosse algo tão complexo quanto a música ocidental mais tarde viria a ser. É bom observar que isso tem mudado. Bollywood tem desempenhado um papel importante para inspirar alguns *ashrams* hinduístas a desenvolverem música de qualidade.[19] De igual modo, ajudou também a elevar o padrão da *Qawwali*, que começou como parte da tradição sufi,[20] mas que hoje é igualmente apreciada por hindus e muçulmanos — inclusive no Paquistão.

---

[17] Para uma descrição bíblica da música no céu, v. Apocalipse 5.7-9; 14.1-3; 15.1-4.
[18] Tibetan Buddhist Monk Nominated for Grammy Award [Monge budista tibetano indicado para o Prêmio Grammy], 3 February 2006, International Campaign for Tibet [Campanha Internacional pelo Tibete]. Disponível em: <http://www.savetibet.org/media-center/ict-news-reports/tibetan-buddhist-monk-nominated-grammy-award>. Acesso em: 4 dez. 2010.
[19] Bollywood é a correspondente indiana da Hollywood estadunidense. [N. do T.]
[20] Sunitas e xiitas consideram o sufismo uma heresia muçulmana.

Escrevendo música no DNA do Ocidente

Agostinho, autor de *De musica* [Sobre a música], obra em seis volumes, foi uma figura central para a inserção da música na educação e cosmovisão ocidentais. Os primeiros cinco volumes são técnicos e poderiam ter sido escritos por um filósofo grego. Mas Agostinho estava mais entusiasmado com o sexto livro, no qual apresenta uma filosofia bíblica da música. A música evidentemente é parte integral da Bíblia, na qual o maior livro é Salmos. O último salmo, por exemplo, convoca a criação a louvar o Senhor com trombeta, lira, harpa, tamborins, instrumentos de corda, flauta e címbalos.

Por que esses instrumentos físicos são capazes de fazer música? Agostinho entendeu que a base científica ou a essência da música está nos "números" matemáticos ou marcas no núcleo da criação. Como a música é matemática, Agostinho argumentou, deve ser racional, eterna, imutável, plena de sentido e objetiva — a música consiste em harmonia matemática. Não se pode produzir som musical simplesmente puxando uma corda. Para obter uma nota precisa, uma corda tem de ter tensão, extensão e espessura específicas. Isso implica que o Criador codificou a música na estrutura do Universo. Essa percepção não era nova. Já tinha sido observada por Pitágoras (570-490 a.C.), cuja escola Platão frequentou antes de iniciar sua academia. Agostinho promoveu essa percepção "pagã" porque a Bíblia apresenta uma visão da criação que explica por que a matéria não pode produzir música.

Agostinho pensou que ainda que esse código musical seja "corporal" (físico), foi feito para e é desfrutado pela alma. Um exemplo é o livro de Jó, que trata do problema do sofrimento inexplicável. É nesse livro que o próprio Deus diz a Jó a respeito da conexão entre a música e a criação: "Onde você estava quando lancei os alicerces da terra? [...] [quando] as estrelas matutinas juntas cantavam e todos os anjos se regozijavam?".[21]

A Bíblia ensina que um Criador soberano (não um conjunto de divindades com agendas conflitantes) governa o Universo para sua glória. Ele é poderoso o bastante para salvar homens como Jó das suas crises. Esse ensino ajudou a desenvolver a crença ocidental de um *cosmo*: um Universo ordenado no qual a tensão e o conflito no fim serão resolvidos,

---

[21] Jó 38.4,7.

assim como depois de um período de sofrimento inexplicável Jó foi grandemente abençoado.

Essa crença no Criador como um Salvador compassivo se tornou um fator subjacente à música clássica no Ocidente e sua tradição de tensão e resolução. Até o final do século XIX, os músicos ocidentais compartilhavam do pressuposto de sua civilização de que o Universo é cosmo, não caos. Eles compuseram consonância e concórdia mesmo quando experimentavam dissonância e discórdia. Com isso, não pretendo sugerir que a música clássica não expressa o espectro amplo das emoções humanas. Ela o faz. Um compositor enlutado escreveria uma peça trágica; alguém abandonado por seu amor expressaria sua desolação. Mas esses atos do derramar de um coração partido eram entendidos como instantâneos da vida real. Em virtude do poder cultural da cosmovisão bíblica, ninguém pensou a esse respeito como Kurt Cobain o fez, como evidência da ruptura da ordem cósmica ou da não existência de ordem no Universo.

Na obra O *Silmarillion*, J. R. R. Tolkien nos dá uma bela exposição ficcional da perspectiva agostiniana quanto ao relacionamento que há entre música, criação, queda (o mal) e a redenção. A Terra-média de Tolkien experimentou muito mais sofrimento que a Índia de Buda. A "terra" de Tolkien foi subjugada, corrompida e praticamente controlada pelo mal. O sofrimento era real, brutal e assustador. Mas Tolkien aprendeu da Bíblia que o Criador Onipotente, que também é um Redentor Compassivo, é amoroso e poderoso o bastante para redimir a terra da confusão, do pecado e do sofrimento. Isso ajudou Tolkien a celebrar a criação, tanto na origem desta como também em seu destino final:

> Havia Eru, o Único, que em Arda é chamado de Ilúvatar. Ele criou primeiro os Ainur, os Sagrados, gerados por seu pensamento, e eles lhe faziam companhia antes que tudo o mais fosse criado. E ele lhes falou, propondo-lhes temas musicais. E eles cantaram em sua presença, e ele se alegrou. Entretanto, durante muito tempo, eles cantaram cada um sozinho ou apenas alguns juntos, enquanto os outros escutavam, pois cada um compreendia apenas aquela parte da mente de Ilúvatar da qual havia brotado e evoluído devagar na compreensão de seus irmãos. Não obstante, de tanto escutar, chegaram a uma compreensão mais profunda, tornando-se mais consonantes e harmoniosos [...].

Disse-lhes então Ilúvatar: — A partir do tema que lhes indiquei, desejo agora que criem juntos, em harmonia, uma Música Magnífica [...].

E então as vozes dos Ainur, semelhantes a harpas e alaúdes, a flautas e trombetas, a violas e órgãos, e a inúmeros coros cantando com palavras, começaram a dar forma ao tema de Ilúvatar, criando uma sinfonia magnífica; e surgiu um som de melodias em eterna mutação, entretecidas em harmonia, as quais, superando a audição, alcançaram as profundezas e as alturas; e as moradas de Ilúvatar encheram-se até transbordar; e a música e o eco da música saíram para o Vazio, e este não estava mais vazio.[22]

Antes de se tornar um seguidor de Cristo, Agostinho fora professor de filosofia grega. Ele sabia que ainda que a música estivesse codificada na estrutura do Universo físico, sendo finita, jamais seria capaz de proporcionar sentido para a vida.[23] Por conseguinte, ele raciocinou que, para ter sentido, a música precisa estar integrada ao objetivo último da vida humana, que é amar a Deus e ao próximo. Amar ao próximo é preocupar-se com seu bem-estar.

Durante séculos, a influência da filosofia bíblica da música elaborada por Agostinho experimentou crescimento. Originariamente, a música eclesiástica foi dominada pelo canto monofônico, uma linha única de melodia, tal como o canto gregoriano. Igrejas católicas começaram a desenvolver música polifônica. Esse estilo, a combinação de diferentes vozes, teve início em Notre Dame (Paris) no século XI. Esse desenvolvimento do culto cristão lançou as bases para todo o espectro da música clássica ocidental, a religiosa e a secular.[24]

No século X, a filosofia bíblica de música de Agostinho inspirou um grupo de monges beneditinos a construir o maior órgão de tubos do mundo,

---

[22] TOLKIEN, J. R. R. **O Silmarillion.** São Paulo: Martins Fontes, 2002. p. 3-4. A narrativa ficcional de Tolkien é uma expressão do ensino bíblico de Jó 38, João 1 e do Apocalipse.

[23] Platão, o mentor intelectual de Agostinho, cria que epistemologicamente nenhum particular finito pode ter sentido sem um ponto de referência infinito.

[24] Agostinho não foi muito influente na igreja oriental, e esta pode ser uma das razões pela qual a música do cristianismo oriental não se desenvolveu muito além do citado tipo de canto.

na Catedral de Winchester, Inglaterra. Esse órgão exigia 70 homens e 26 foles para alimentar de ar seus 400 tubos. Tecnologicamente, o órgão de tubos foi a máquina mais avançada do mundo até a invenção do relógio mecânico. Os órgãos da Europa eram emblemas do desejo e da habilidade únicos do Ocidente de usar arte, ciência e tecnologia para a glória de Deus, bem como para o alívio do sofrimento e das labutas da humanidade.[25]

A filosofia bíblica da música de Agostinho foi um afluente importante que contribuiu para o rio das artes mecânicas que começou a florescer fora dos mosteiros e das igrejas cristãs. Essa tradição usava a tecnologia para adorar a Deus e amar ao próximo.

Levando a música ao povo

Martinho Lutero (1483-1546) levou a filosofia bíblica agostiniana da música do mosteiro e dos coros das capelas para as massas da Europa. Um ex-monge agostiniano e pioneiro da Reforma Protestante, Lutero foi e continua a ser uma figura polarizadora. Alguns o amam, e outros o odeiam. Independentemente de qualquer coisa, muitos críticos concordam que Lutero pode ter sido a figura mais influente do segundo milênio da era cristã.

Lutero foi um "protestante" porque viu muito em seu mundo contra o que deveria protestar. Mas ele não se tornou um reformador simplesmente porque protestou. Ele mudou a Europa porque encontrou algo digno para ser cantado, algo pelo qual valia a pena viver e morrer. Ele descobriu um relacionamento de *aliança* com o Deus todo-poderoso.[26] Um relacionamento no qual podia confiar. Essa era a fé, a cosmovisão sobre a qual seu mundo decadente poderia ser reconstruído. Mas isso era muito mais que uma ideia ou um credo. Era um relacionamento vibrante com alguém digno de se morrer por ele; uma história de amor digna de canções.

---

[25] V. o capítulo 7 para uma discussão sobre a razão da tecnologia ocidental ter se tornado um meio de emancipação humana.

[26] Mais tarde, alguns pensadores iluministas secularizaram a ideia bíblica da aliança divina como "contrato social". A ideia se baseia no constitucionalismo moderno. Ela tornou possível ao Ocidente tornar-se uma sociedade edificada exclusivamente na confiança. Cf. Robert N. BELLAH, **The Broken Covenant**: American Civil Religion in Time of Trial (New York: Crossroad Books, 1975).

Lutero ficou entusiasmado com a Bíblia em parte porque ela ensina que ele não podia e *não* precisava fazer nada para receber o amor de Deus. A salvação — perdão do pecado e restauração do relacionamento com Deus — é um livre dom da graça a ser recebido pelas mãos vazias da fé. A Bíblia deu a Lutero uma segurança profunda, como a de Abraão, de ser aceito por Deus. Saber-se amigo de Deus proporcionou a Lutero um senso de valor e de sentido na vida que lhe permitiu cantar a respeito. De fato, em um mundo que se rebelou contra o Criador, há sofrimento. Mesmo assim, em razão do amor de Deus, há esperança para perdão, paz, progresso e prosperidade. Essa mensagem fez o Ocidente ser particularmente otimista, capacitando-o a cantar "Alegria para o mundo" — uma mensagem oposta à de Cobain.

Lutero contribuiu para tornar essa cosmovisão bíblica a alma da civilização ocidental. Seus seguidores espirituais resumiram sua descoberta da essência da Bíblia em canções de esperança, segurança e certeza como *Amazing Grace* [Graça maravilhosa], escrita por John Newton (1725-1807), que fora um mercador de escravos:

> Graça maravilhosa! Que som suave
> Que salvou um miserável como eu!
> Antigamente, estava perdido, mas fui achado;
> Estava cego, mas agora vejo.

Lutero se tornou reformador porque compreendeu que, para se conformar à Palavra de Deus, os filhos de Deus precisavam ter essa Palavra em sua língua. Ele traduziu a Bíblia para seu próprio dialeto da língua alemã. Sua tradução teve centenas de edições e se tornou o "alemão padrão" para todo o mundo de fala alemã. Junto com seu hinário, sua tradução da Bíblia moldou a alma das nações falantes de alemão. A obra de Lutero inspirou outros Reformadores, como William Tyndale, que traduziu a Bíblia para o inglês. Isso fez que a Bíblia também se tornasse a alma do mundo de fala inglesa.[27]

Em imitação a Jesus e aos apóstolos, a igreja primitiva cantava nos cultos até que Jerônimo, o Grande, encorajou os sacerdotes a assumirem

---

[27] V. o capítulo 9.

o canto nos cultos no século V. Desde então até o tempo de Lutero, as congregações raramente cantavam durante o culto — e, quando o faziam, era em latim, nem sempre compreendido pelo povo. Em geral, eram os sacerdotes que cantavam e oravam. Lutero redescobriu a doutrina neotestamentária do sacerdócio de todos os crentes,[28] o que fez que toda a congregação adorasse a Deus com cânticos e orações e de outras maneiras. "Deus", assim pensava Lutero, "criou o homem para o propósito expresso de louvá-lo e exaltá-lo".[29] Por crer no sacerdócio de todos os crentes, Lutero escreveu hinos na língua do seu povo, o alemão, e levou a música para os pulmões e lábios dos camponeses mais pobres em suas congregações.

Para Lutero, após a reforma da igreja vinha a reforma da universidade, e quanto a isso a música também teria de ter papel de destaque:

> Sempre amei a música; quem tem habilidades nessa arte, é de bom temperamento e está apto para todas as coisas. Devemos ensinar música nas escolas; um professor precisa ter habilidade musical, caso contrário não terei consideração por ele; nem deveríamos ordenar jovens como pregadores, a não ser que tenham estudado música.[30]

Ao pôr a música como o centro do culto e como o núcleo de sua ideia de currículo educacional, Lutero simplesmente seguiu a tradição judaica (bíblica) dos músicos e cantores do templo que eram "profetas" ou "filhos de profetas". A expressão "filhos de profetas" em geral tinha o sentido de alunos dos profetas. Um significado mais antigo de "profetizar" era um canto extático acompanhado de música.[31] O rei Davi — força motivadora por

---

[28] Como veremos no capítulo 15, essa descoberta profunda baseada em 1Pedro 2.9, Apocalipse 1.6 etc., tornou-se uma fonte importante do desenvolvimento econômico e liberdade política ocidentais.

[29] Prefácio de Lutero para a **Symphoniae Iucundae**, de Georg Rhau, uma coleção de motetos corais publicada em 1538, republicada em **From Liturgy and Hymns**, ed. Ulrich S. Leupold, trad. Paul Zeller Strodach, v. 53 de **Luther's Works**, American edition, ed. Jaroslav Pelikan and Helmut T. Lehmann (Philadelphia: Fortress, 1965).

[30] LUTERO, Martinho. **The Table Talks of Martin Luther**. Trad. e ed. William Hazlitt. London: H. G. Bohn, 1857. p. 340.

[31] P. ex., v. 1Samuel 19.18-24 ou 1Crônicas 25.1-6, que falam sobre aqueles que profetizavam "ao som de harpas, liras e címbalos".

trás do culto no templo em Jerusalém — era o músico, cantor e poeta por excelência de Israel. A Bíblia o chama de "profeta".[32] O Novo Testamento exorta os seguidores de Cristo a buscarem o dom da profecia.[33] À luz do Antigo Testamento, essa exortação deveria incluir o aprendizado da música, tal como fizeram os "filhos dos profetas".

O Ocidente moderno confirmou a filosofia educacional de Lutero de que a educação musical produz nas pessoas uma percepção intuitiva de um universo lógico e ordenado. Não é coincidência que universidades como Oxford e Cambridge que têm uma herança cristã distinta ainda tenham grande respeito pela música, muito mais que as universidades fundadas sobre uma base secular no século XX.

O florescimento da música ocidental

São apenas cinco minutos de caminhada da casa de Bach em Eisenach, Alemanha, até a casa na qual Lutero viveu como estudante, e menos de dez minutos de carro até o alto da colina onde está o Castelo de Wartburg, onde Lutero traduziu o Novo Testamento para o alemão. No tempo em que Johann Sebastian Bach (1685-1750) nasceu, aquela região tornara-se uma província luterana. Filosoficamente, Johannes Kepler reforçou a visão da criação bíblico-agostiniana-luterana de que a música espelha a harmonia matemática divinamente inspirada do Universo. Bach era um gênio na música porque ele era um gênio na matemática que recebeu, como parte de sua educação, essa visão bíblica (não politeísta) de uma criação em ordem. Nessa perspectiva, a estética é inseparável da harmonia final. Um de seus biógrafos, Wilfrid Mellers, disse:

> Na escola que Bach frequentou em Ohrdruf, mudou pouco do antigo modelo agostiniano-luterano. Mais importante que a música, só a teologia, sendo ambas ensinadas pelo mesmo professor que cria que a música deixa o coração preparado e receptivo para a Palavra e a verdade divinas, assim como Eliseu confessou que ao tocar harpa recebia o Espírito Santo.[34]

---

[32] Atos 2.30.
[33] 1Coríntios 14.1.
[34] MELLERS, Wilfrid. **Bach and the Dance of God**. Oxford: Oxford University Press, 1981. p. 82.

Para Bach, como antes para Lutero, a "verdadeira música" busca como seu "alvo final ou último [...] a honra de Deus e a alegria da alma". Bach cria que a música era uma "eufonia harmoniosa para a glória de Deus".[35]

Com isso, não se pretende fazer a sugestão de que o talento musical de Bach tenha sido alimentado apenas por crenças teológicas. Sua família foi um fator-chave no desenvolvimento do seu talento. No capítulo 15, será visto como a exposição da Bíblia feita por Lutero tornou sua família diferente da família de Kurt Cobain.

Nos anos de sua formação, Bach foi extremamente dependente da herança musical de sua família, que recuava até sua trisavó. O clã dos Bach desenvolvera uma extensa rede de aprendizagem e encorajamento musicais. Essa rede demonstrou ser central para o desenvolvimento do jovem Johann Sebastian.

Bach e Cobain tinham muita coisa em comum, não apenas o talento para a música. Ambos perderam os pais com 9 anos de idade. Cobain, para o divórcio, e Bach, para a morte. Um evento trágico como a morte dos pais poderia ter provocado prejuízo irreparável no equilíbrio emocional de Bach. Mas naquele tempo a "família" era mais que pais e filhos. Johann foi para a casa do seu irmão mais velho, que lhe ensinou a tocar órgão e desenvolveu seu talento como compositor. Seguindo o exemplo de seu irmão mais velho, Johann mais tarde foi tutor dos seus próprios filhos, que se tornaram os melhores músicos de sua geração. Seu filho mais novo se tornou, por sua vez, uma das mais importantes influências na obra de Mozart.

É tentador interpretar a ordem e a harmonia da música de Bach como uma reflexão metafórica da ordem de sua família. A estabilidade e o apoio de sua família estendida deram a Bach a força emocional para vencer suas enxaquecas. Essa força se refletiu não apenas em sua vida, mas também em sua obra.[36] De fato, apenas a família não é capaz de explicar sua capacidade

---

[35] WOLFF, Christoph. **Johann Sebastian Bach:** The Learned Musicians. New York: Norton, 2000. p. 8.

[36] O capítulo 15 enfocará a família ocidental, pois ela foi uma das fontes mais importantes da grandeza ocidental, e a monogamia foi um produto peculiar do Novo Testamento. Sem a Bíblia, o Ocidente não consegue nem mesmo definir família, que dirá defender sua ideia tradicional de família contra as intempéries da vida.

para celebrar "A Paixão" (sofrimento) Segundo São João ou Segundo São Mateus. Essa capacidade para celebrar o sofrimento veio de sua fé na ressurreição — o triunfo de Deus sobre o sofrimento e a morte.

Filosoficamente falando, a força de Bach para lidar com a morte de seus pais veio de sua crença em um Deus soberano e amoroso. Sua vida e suas composições estavam saturadas com *o* livro que lhe deu profunda esperança pessoal e social.[37] A vida lhe ensinou que o mal é real e poderoso, mas a Bíblia lhe ensinou que Deus está em ação redimindo o mundo, fazendo que todas as coisas contribuam para o bem.[38] Essa fé bíblica fora a chave do otimismo e da música da civilização ocidental: para Agostinho, enquanto o Império Romano entrava em colapso ao seu redor; para Lutero, enquanto sua própria vida foi ameaçada por um império poderoso e uma liderança religiosa corrupta; e para Tolkien, que viveu os horrores de duas guerras mundiais.

Essas pessoas sabiam o que é o mal e o sofrimento, assim como Buda e Cobain, mas a diferença é que a Bíblia lhes deu uma base para a esperança nesta vida e na vindoura. Essa fé bíblica em um Criador que fez os seres humanos à sua imagem e os amou a ponto de vir para salvá-los tornou possível que o Ocidente cantasse: "Ó vinde fiéis, triunfantes e alegres". Em contraste, a carreira de Cobain demonstra que sem essa fé a esperança e a celebração do Ocidente estão se transformando em desespero abjeto. Se for possível tomar emprestada a linguagem dos estudiosos da música, o Ocidente está perdendo sua "tonalidade" — sua "nota-chave", sua alma, seu centro, o ponto de referência que permite resolver/relaxar a tensão.

A perda da tonalidade da música ocidental

Durante séculos, a música ocidental foi tonal, isto é, sua marca principal foi a fidelidade à nota tônica-chave. Cada outra parte dava preferência a essa nota (a tônica), tornando-a o centro ao redor do qual todos os demais tons estão relacionados. Atribui-se a quebra da tonalidade na música

---

[37] MEYER, Ulrich. **Biblical Quotations and Allusions in Cantata Libretti of Johann Sebastian Bach**. London: Scarecrow Press, 1977, p. 177-216. Como o próprio título do livro sugere, é uma relação das citações e alusões bíblicas na obra de Bach.
[38] Romanos 8.28.

ocidental a Richard Wagner (1813-1883), o herói de Adolf Hitler, que fez um experimento com a atonalidade em sua ópera *Tristão e Isolda*. Claude Debussy (1862-1918), grão-mestre de lojas da Ordem Rosacruz na França, levou esse experimento adiante. A espiral ascendente do Ocidente rumo ao caos da atonalidade acelerou no século XX em Viena, a capital da decadência cultural na Europa.[39]

Eventualmente, os compositores atonais tiveram de criar uma nova organização em sua arte para substituir a tonalidade — uma tonalidade artificial chamada "serialismo". Ao abrir mão da tonalidade — o centro —, eles perderam algo que não haviam considerado: a forma. Tecnicamente, Cobain manteve a tonalidade, mas em um sentido filosófico a perda de tonalidade na música ocidental teve seu ponto culminante na música de Cobain, o ícone do niilismo norte-americano e uma vítima infeliz de uma civilização que perdeu seu centro, sua alma. Deve-se acrescentar em sua defesa que, ao se matar, Cobain viveu conforme o que creu. Sua sinceridade faz dele um ícone legítimo. Muitos niilistas não vivem de acordo com o que creem ser a verdade central a respeito da realidade. Por exemplo, os existencialistas Sartre e Camus advogaram a escolha, a despeito do niilismo que abraçaram. Ao agir assim, eles se desviaram do problema de Cobain. Para eles, o suicídio não era necessário se alguém pudesse criar sua própria realidade por escolhas.

Cobain continua popular porque muitas pessoas alegam ser niilistas, mas não vivem plenamente esse alegado niilismo. Ele o fez. Ele viveu sem criar sua própria realidade por meio de escolhas (ou sua própria tonalidade mediante técnica serial). Ele viveu no niilismo, na "atonalidade", e nesse niilismo morreu.

Nesse sentido, Cobain é o oposto direto da vida, do pensamento e da obra de J. S. Sebastian Bach. Enquanto a música de Bach celebrava o sentido da vida como o descanso eterno da alma no amor do Criador, Cobain se tornou um símbolo da perda de um centro de sentido para o Ocidente contemporâneo.

Enquanto a música do Ocidente passou por dezenas de fases com milhares de mudanças desde o tempo de Lutero e de Bach, em certo sentido

---

[39] P. ex., a segunda escola vienense de Schoenberg, Webern e Berg.

foi somente durante os anos 1980 que um fenômeno como Kurt Cobain se tornou possível. A rejeição de um Deus todo-poderoso, bondoso e cuidadoso e a rejeição de uma filosofia bíblica do pecado garantiram o caminho para que não houvesse como encontrar sentido no sofrimento — pessoal, social ou ambiental. A realidade se tornou sem sentido, sem esperança e dolorosa.

A amputação da alma

Atualmente, muitas pessoas rejeitam a Bíblia por considerarem-na irracional e irrelevante. Outros creem que ela seja responsável por preconceito racial, intolerância sectária, escravidão, opressão feminina, perseguição de bruxas, oposição à ciência, destruição do meio ambiente, discriminação a homossexuais e guerras religiosas. Não obstante, essa crítica em si revela a influência poderosa que a Bíblia teve durante o último milênio. Durante esse tempo, dificilmente qualquer posição intelectual ou prática social poderia se tornar dominante na cristandade, a menos que pudesse ser defendida com bases bíblicas, estando estas certas ou não; crenças e práticas não poderiam ser desafiadas, a não ser que seus oponentes demonstrassem que seu chamado para reforma fosse bíblico.

Críticas à Bíblia são um reconhecimento do seu poder cultural único. A Bíblia tem sido a bússola moral e intelectual do Ocidente, o "dossel sagrado" (Peter Berger)[40] que legitimou seus valores e instituições. A rejeição da Bíblia pelo Ocidente motivou o que o historiador Jacques Barzun chamou de sua "decadência".[41] Isso produziu um fim abrupto para a Idade Moderna[42] justamente quando a civilização ocidental parecia ganhar o mundo. Agora, tendo amputado a Bíblia, o modelo educacional ocidental está produzindo "errantes" como Kurt Cobain. Isso é algo que pode fazer um bom robô, mas não pode nem sequer *definir* um homem bom.

---

[40] Publicado no Brasil em 1985 por Edições Paulinas. [N. do T.]
[41] BARZUN, Jacques. **From Dawn to Decadence**: 1500 to the Present, 500 Years of Western Cultural Life. New York: HarperCollins, 2000. Seu conceito de "decadência" é explicado em sua introdução.
[42] Por Idade Moderna, entendo o período que vai do século XVI até meados do século XX, quando a Bíblia permanecia como a força dominante e modeladora da cultura, mesmo sob ataque de céticos, agnósticos e ateus.

A universidade pós-moderna pode ensinar como chegar a Marte, mas não como viver no lar ou na nação.⁴³

O escritor inglês George Orwell (1903-1950), nascido na Índia, era um socialista com inclinações para o ateísmo. Os horrores do fascismo, nazismo, comunismo e das duas guerras mundiais forçaram-no a enfrentar as consequências da "amputação da alma". Em seu "Notes on the Way" ["Anotações sobre o caminho"], ele escreveu que os escritores que cortaram a alma do Ocidente eram, entre outros, "Gibbon, Voltaire, Rousseau, Shelley, Byron, Dickens, Stendahl, Samuel Butler, Ibsen, Zola, Flaubert, Shaw, Joyce — de um modo ou de outro, todos eles são destruidores, sabotadores". Esses escritores do "Iluminismo" levaram o Ocidente à sua atual escuridão.

Em seu ensaio, Orwell apresentou um reflexo do livro *The Thirties* [Os trinta] de Malcolm Muggeridge, que descreve o prejuízo que esses escritores causaram à Europa. Muggeridge, na época ainda ateu, foi astuto o bastante para perceber que

> Vivemos um pesadelo precisamente porque tentamos criar um paraíso na terra. Cremos no "progresso". Confiando na liderança humana, entregamos a César o que é de Deus [...]. Não há sabedoria, exceto no temor de Deus; mas ninguém teme a Deus; logo, não há sabedoria. A história do homem é reduzida à ascensão e queda de civilizações materiais, uma torre de Babel após outra [...] descendo rumo a abismos que são horríveis de contemplar.⁴⁴

---

⁴³ Stanley Fish, aposentado como deão da Faculdade de Artes Liberais e Ciências da Universidade de Illinois em Chicago, argumentou em seu artigo "Why We Built the Ivory Tower" ["Por que construímos a torre de marfim?"], **NY Times**, May 21, 2004, que as universidades não deveriam sequer tentar ensinar moralidade ou cidadania. Ele escreveu: "Realizar a tarefa acadêmica responsavelmente e em nível elevado é algo grande demais para qualquer acadêmico e para qualquer instituição. Quando olho a meu redor, não me parece que nós, acadêmicos, tenhamos cumprido bem essa tarefa de modo que possamos agora assumi-la para realizar tarefas de outras pessoas. Deveríamos olhar para o nosso próprio meio, em termos bem estreitos e estritos, antes de tentar mudar o mundo inteiro ao formar caráter moral, ou cidadãos democráticos, ou combater a globalização ou abraçá-la, ou qualquer outra coisa".

⁴⁴ Ibid. Citado por Orwell.

Meu primeiro contato com a Bíblia foi como um estudante na Índia. Ela me transformou como indivíduo, e logo aprendi que, ao contrário do que me foi ensinado pela universidade, a Bíblia foi a força que criou a Índia moderna. Portanto, permita-me iniciar nosso estudo do livro que fez nosso mundo ao contar minha própria história.

PARTE II
UMA PEREGRINAÇÃO PESSOAL

*A tua palavra é lâmpada que ilumina
os meus passos, e luz que clareia
o meu caminho.*
— S<small>ALMOS</small> 119.105

Capítulo 2

SERVIÇO

OU UMA ENTRADA PARA A CADEIA?

Nossa tendência é pensar que nosso mundo é normativo até que encontremos uma sociedade que seja fundamentalmente diferente. Meu choque cultural aconteceu em janeiro de 1976 quando minha esposa e eu deixamos a Índia urbana para viver em uma região rural no centro do país. Iniciamos nosso serviço aos pobres sediados em nossa pequena casa nos arredores da cidade de Gatheora, no distrito de Chhatarpur, famosa naquela época por gangues de bandidos armados conhecidos como *dacoits*.[1] Eles andavam roubando, sequestrando por resgate e assassinando, e ao mesmo tempo edificavam altares para seus deuses. O terreno no qual estavam, o terror e a proteção oferecida por outros membros de sua casta tornavam a fuga algo fácil para eles. O mais temido desses *dacoits* era Murat Singh, que liderou sua gangue por trinta anos. Sua rendição a um líder gandhiano[2] imediatamente antes de chegarmos a Chhatarpur fez que nosso distrito se tornasse assunto nos noticiários nacionais. Mas em 1976 sua gangue se reorganizou ao redor de seu filho, Ram Singh.

Em 1978, nossos vizinhos nos advertiram de que Ram Singh planejava nos atacar. Percebemos alguns motociclistas

---

[1] Um *dacoit* é um membro de um grupo envolvido com o crime organizado (assaltos e assassinatos).
[2] Sri Jayaprakash Narayan algumas vezes tem sido chamado de "o segundo Gandhi".

apresentando um interesse incomum em nosso sítio. Eles paravam várias vezes por dia para conversar com lavradores que trabalhavam em sítios próximos ao nosso. Começou a parecer perigoso viver em um sítio. Os sitiantes viviam em vilas compactas, escondidos atrás de muros de argila, junto com seus parentes. Isso providenciava alguma segurança, mas entrincheirava sua pobreza. Um lavrador não poderia cultivar legumes ou frutas, criar galinhas e coelhos ou instalar uma bomba elétrica, a não ser que vivesse fora em sua fazenda ou sítio para protegê-los.

Durante milhares de anos, a ausência de lei, ordem e justiça cobrou um imposto pesado do nosso povo. Ele foi forçado a pensar que não era sábio ser rico. A riqueza, pelo menos sua ostentação, era um convite a problemas. Se alguma família conseguisse economizar algum dinheiro para dias difíceis, não investia em uma vida mais confortável nem para gerar mais dinheiro. O que fazia era cavar buracos na base de seus muros ou debaixo dos seus assoalhos e escondiam sua riqueza.

Essa timidez e esse medo são típicos de culturas inseguras que ensinam as pessoas a guardar seus magros recursos. As famílias não ousam "desperdiçar" dinheiro em criatividade cultural e desenvolvimento pessoal. Nossos vizinhos viviam nas mesmas casinhas de barro que seus ancestrais viveram há dois mil anos. Nossa história estava congelada. A ausência de poupança e de investimentos assegurara que ninguém desenvolvesse a agricultura ou quaisquer recursos domésticos. A Índia estagnou enquanto o Ocidente avançou. É preciso coragem para sonhar, investir e mudar o *status quo*; mas a coragem para derreter uma era do gelo não cresce em todos os climas culturais.

Cultura e pobreza

Culturas moribundas são terrenos férteis para cosmovisões fatalistas e cheias de terror. Apenas astrólogos, adivinhos, curandeiros e feiticeiros prosperam em geleiras desse tipo. O medo do povo indiano direcionou sua religiosidade popular, sua medicina, sua feitiçaria, a educação de seus filhos, sua agricultura, seus negócios, suas viagens e seus hábitos pessoais. Eles depositam sua "fé" no destino, não em um Deus vivo que planejou-lhes um propósito e os capacitou a cumpri-lo. Muitos deles são religiosos devotos.

Mesmo assim, o medo que têm de astros e espíritos, de rios e montanhas, do carma e da reencarnação, de deuses e deusas os fez vulneráveis à exploração e à opressão. A crença desse povo alimentou o terror, não a aventura.[3]

Conquanto as escrituras hinduístas possam ser interpretadas para apoiar o argumento de que se podem usar armas para fins justos, não há evidência de uma defesa religiosamente motivada dos fracos. Ram Singh, o novo líder *dacoit* da gangue do seu pai, representava uma tradição feudal que impedia os camponeses de mudar de suas vilas para seus sítios ou fazendas.[4] Promover mudanças em um ambiente assim exige muito mais que um projeto de desenvolvimento aprovado pelo Banco Mundial. Exige um olhar diferente paras as pessoas a quem pretendemos servir. Mas a nova fé tem de ser modelada. Percebemos que viver em um sítio espaçoso tornaria possível instalar digestores de biogás para produzir nosso próprio gás de cozinha.[5] Nunca se ouviu falar de gás natural para cozinhas rurais antes de 1976. Antes, florestas eram derrubadas por madeireiros e mulheres gastavam horas serrando árvores. Todo dia, elas coletavam esterco bovino e faziam bolas de esterco para combustível. Essas nossas irmãs queimavam esse fertilizante, destruíam seu precioso gás de cozinha e prejudicavam seus pulmões.

A eletricidade chegou a nosso distrito pouco antes que nos mudássemos para a cidade. Meu irmão Vinay instalou uma bomba elétrica em nosso poço artesiano. Outros lavradores ficaram receosos de comprar bombas d'água, com medo de roubos. A eletricidade não estava disponível para uso doméstico naquelas cidades. Mesmo se estivesse, ninguém nunca ouvira falar de aparelhos eletrodomésticos nem tinha dinheiro para comprá-los.

---

[3] Mais tarde será visto como a Bíblia libertou o Ocidente do fatalismo e como o Ocidente ajudou o mundo não ocidental a vencer alguns dos efeitos empobrecedores provenientes de cosmovisões tradicionais. A prosperidade atual da India e da China levou alguns antropólogos a se perguntarem se o fatalismo necessariamente resulta em pobreza.

[4] Nas regiões da Índia em que o cristianismo teve influência maior, como, por exemplo, Kerala, as pessoas durante anos e anos viveram em fazendas e fizeram uso muito melhor da terra que lhes estava disponível.

[5] Digestores de biogás convertem material que seria desperdiçado em gás metano em energia. Nosso digestor de biogás, instalado na fazenda Kadari, foi o primeiro da região. O *Ashram* Gandhi em Chhatarpur foi nosso parceiro para trazer especialistas que ensinaram os pedreiros locais a fabricá-los e os agricultores a conservá-los.

Ninguém consideraria isso uma prioridade ("o que as mulheres iriam fazer com o tempo livre, já que não mais precisavam recolher esterco nem tirar água de poços?").

Nossos vizinhos não conseguiram entender nossa decisão de viver em uma fazenda isolada e sem proteção. O que iria acontecer conosco? Como nos defenderíamos dos inevitáveis ataques de bandidos? Nossos vizinhos "sabiam" que a curiosidade dos motociclistas armados era mais que apenas curiosidade natural. Eles cochichavam: "Eles são da gangue de Ram Singh. Ele planeja atacar vocês".

Estávamos muito vulneráveis vivendo em nossa fazenda. Ruth, Nivedit (nossa filha pequena) e Phupha (meu tio idoso) viviam em nossa pequena casa com rudes portas de madeira que seriam facilmente abertas. Estávamos a apenas oito quilômetros dos arrabaldes de Chhatarpur e gastávamos cerca de meia hora de bicicleta para chegar lá (as bicicletas eram um artigo de luxo recente para alguns poucos homens de classes superiores; a maioria das pessoas andava a pé ou em carroças). Não tínhamos armas para lutar contra uma gangue. Nosso vizinho mais próximo estava a mais de um quilômetro de distância. Ninguém tinha um telefone — e não havia 190 para chamar!

Então eu orei. Enquanto lia a Bíblia, fui inspirado para confrontar Ram Singh face a face, tal como Moisés confrontou o faraó que oprimira os hebreus. Ouvir a voz do meio da sarça ardente convenceu Moisés de que Deus queria que ele falasse com o faraó, que escravizava seu povo.[6] Minha busca intelectual que iniciara na universidade me levou a crer na Bíblia. Minha jornada na fé me ensinou a confiar na promessa de Deus na Bíblia de que ele seria meu "escudo" e "[minha] grande recompensa".[7]

Ram Singh ficava em uma suíte no Hotel Gupta, perto da estação de ônibus de Chhatarpur. Até que fosse ao lugar em que ele estava, eu pensava que os lugares em que os bandidos ficavam fossem invenção de diretores de filme. Mas eu estava em um lugar que não era um cenário de filmagens. Criminosos bigodudos armados guardavam o ambiente enfumaçado, cheio de garrafas de bebidas alcoólicas. Aproximadamente 12 homens estavam bebendo e farreando.

[6] Êxodo 3.
[7] Gênesis 15.1.

— Quem é você? — grunhiu um dos guarda-costas, bloqueando minha entrada.

— Estou aqui para falar com Ram Singh — respondi, surpreso com minha declaração resoluta.

— Sobre o quê? — perguntou o segundo.

Não precisei responder. Depois de encher seu copo de novo, Ram Singh se apresentou com uma gentileza surpreendente.

— Eu sou Ram Singh — disse ele, dirigindo-se a mim com as mãos postas (a maneira tradicional indiana de saudar as pessoas educadamente). — O que posso fazer por você?

Respondi com certa aspereza, que contrastou com a gentileza dele:

— Eu sou Vishal Mangalwadi. Soube que você planeja me atacar. Então vim aqui para livrar você do trabalho de ter de me encontrar.

O silêncio dominou a sala. A gentileza de Ram Singh virou constrangimento. Ainda que impressionado com a minha audácia, ele tentou permanecer no comando da situação. Ele queria saber se eu tinha alguma carta escondida na manga — seria eu alguma isca da polícia? Percebendo que eu estava desarmado, ele ordenou a seus guarda-costas que abaixassem suas armas. Então ele disse que os rumores eram sem base e que foram espalhados para difamá-lo:

— Como eu poderia fazer algo ruim assim? É a gangue do MR que trabalha na sua área. Eles cometem os crimes e me culpam. Já chega. Não vou continuar com esta conversa sem sentido.

Explodindo de raiva, ele se dirigiu a dois dos seus comparsas e abusivamente lhes ordenou:

— Vão agora mesmo ao MR. Digam a ele para não fazer nada com essas pessoas boas, ou então ele vai ter um problema de verdade nas mãos.

Antes que me pudesse recuperar do susto, seus homens saíram em disparada em uma motocicleta, com suas armas penduradas nas costas. Recusei delicadamente sua oferta de um cigarro e de uma dose de uísque e voltei de bicicleta para nossa fazenda.

Aquele encontro terminou tão bem que nós não percebemos que Ram Singh fez MR se voltar contra nós. MR ganhou as eleições seguintes e se tornou o político mais poderoso naquela região.

Dois anos mais tarde (1980), eu estava assentado em uma cadeira no gramado espaçoso do superintendente de polícia de Chhatarpur. Ele ameaçou me matar se eu não cancelasse nossa próxima reunião de oração. Mas o superintendente de polícia (SP) não era pago para me proteger? Ele não fez o juramento de defender a Constituição secular, liberal e democrática da Índia, que garantia meus direitos fundamentais? Mesmo assim, ele disse que eu sonhara que tinha conversado com um *dacoit*!

Esse conflito com as autoridades distritais surgiu por causa de nossa obra assistencial. Uma semana antes dessa conversa com o SP, eu estava me recuperando de uma pequena cirurgia no Hospital da Missão, onde nascera trinta anos antes. Era a época da colheita da cevada e do trigo. Então uma tempestade de granizo durante a época da colheita provocou uma grande confusão. Ela durou não mais que dois minutos, mas o granizo em uma lavoura na época da colheita é catastrófico para lavradores pobres. Antes que a chuva acabasse, eles começaram a chorar do lado de fora do meu leito no hospital.

Nenhum deles se feriu, porque tinham se abrigado na varanda do hospital aos primeiros pingos da chuva. Finalmente, consegui entender seus lamentos e por que estavam chorando. Alguns amaldiçoavam o deus da chuva por acabar com suas lavouras. O granizo abalou seus telhados feitos com telhas produzidas artesanalmente. O pouco dinheiro que tinham ou que tomaram emprestado do dote de suas filhas teria agora de ser usado para refazer os telhados e comprar a comida do dia a dia. Suas dívidas não pagas subiriam astronomicamente em razão dos abusivos juros compostos.[8]

Ouvi os lavradores amaldiçoarem seu destino, os astros caprichosos e os deuses cruéis da chuva e do granizo. Ajoelhei-me ao lado da minha cama e pedi a Deus que mostrasse que ele é o "Pai das misericórdias e Deus de toda consolação"[9] que domina o Universo e que é errado resignar diante do destino. Aprendi na Bíblia que Deus desejava que todos os seus filhos fossem uma só família, cuidando dos destituídos de toda espécie. Por que os abastados não poderiam compartilhar com as vítimas

---

[8] Ainda que a economia da Índia esteja crescendo rapidamente, isso não se traduz em melhoria de vida para os lavradores. Agricultores endividados costumam vender seus rins. Vinte e cinco mil lavradores cometeram suicídio entre 1997 e 2004.
[9] 2Coríntios 1.3.

infelizes daquela calamidade natural? Tragédias assim não poderiam ser belas oportunidades para afirmar nossa irmandade — se de fato somos descendentes dos mesmos pais originais?

Na manhã seguinte, recebi uma visita inesperada — o sr. Chatterjee da agência assistencial Eficor, em Nova Délhi. Ele lera em algumas revistas trechos do meu livro *The World of Gurus* [O mundo dos gurus].[10] Em seus círculos de auxílio e desenvolvimento, discutia-se a respeito desse "casal dedicado" que abandonara a vida urbana e oportunidades no Ocidente para servir aos pobres em uma pequena cidade remota, atrasada e perigosa. Como ele estava passando pela região para ver os templos de Khajuraho,[11] decidiu visitar nossa obra.

O sr. Chatterjee descreveu como a tempestade de granizo caiu poucos momentos depois que ele desceu do ônibus. Ele viu a reação dos camponeses. Eu o ajudei a entender o dilema deles. Ele ofereceu ajuda se apresentássemos uma proposta de projeto que detalhasse os prejuízos.

Um jornal sensacionalista transformou nossa proposta de ajuda em matéria de capa. Mas, mesmo que tenha fracassado em prever a sensação que causou, sua reportagem impressionou o distrito. Cinco dias depois, todo mundo sabia que a tempestade arrasara as colheitas em uma área de mais de cem pequenas cidades. Mas nenhum administrador de distrito, nenhum líder religioso, nem um político sequer mencionou a palavra "ajuda". Mesmo assim, lá estávamos nós, um grupo de jovens assistentes sociais vivendo em cabanas de barro em uma pequena cidade "esquecida por Deus",[12] com uma renda entre 10 e 15 dólares por mês — com a audácia de prometer ajuda às vítimas daquele desastre.

Eu não tinha ideia de que aquela ajuda no desastre poderia ameaçar uma liderança insensível que só servia a si mesma. Mas fiquei impressionado por receber pelo correio uma ordem do magistrado do distrito (MD) proibindo

---

[10] Meu estudo sobre os gurus populares da Índia foi publicado por Vikas Publishing House (Nova Délhi). Foi publicado em série por **Sunday**, o semanário mais destacado da Índia.

[11] Esses templos construídos há mil anos com esculturas explicitamente eróticas eram o único motivo de fama do nosso distrito.

[12] Em 1979, mudamo-nos para uma nova fazenda, nas cercanias da cidade de Kadari.

nossa obra assistencial! O motivo? O jornal havia encorajado os ricos do distrito a contribuírem para nossa obra. Isso violava uma lei estadual que proibia grupos particulares de levantarem recursos em dinheiro para auxiliar em casos de calamidade natural sem permissão governamental!

Prometi respeitar a lei e não angariar donativos. Iríamos apenas oferecer ajuda. O MD insistiu que parássemos com nosso projeto. Por quê? Se vocês não estão angariando donativos, como poderão dar ajuda? O projeto assistencial de vocês não tem autorização e é ilegal!

O magistrado do distrito era um oficial do Indian Administrative Services (IAS, sigla em inglês para "Serviços Administrativos Indianos"),[13] que representava o melhor da sociedade indiana. Mas, à semelhança de muitos burocratas secularizados e socialistas, comprometimentos morais o corromperam. Agora ele era um fantoche do gângster que fora vitorioso nas eleições e que Ram Singh ordenara que não nos tocasse. Decidimos obedecer ao mandamento bíblico de honrar as autoridades civis e obedecer-lhes.[14] Decidi obedecer à ordem do magistrado, parar com nossa obra assistencial e simplesmente orar por ajuda. A Bíblia me ensinara que Deus pode fazer as coisas muito melhor que eu.

A ajuda veio de onde eu não esperava — o *Ashram* Gandhi nos convidou para liderar uma reunião de oração pública e não sectarista, de acordo com as suas premissas. Aquela instituição altamente respeitada negociara a rendição dos *dacoits* antes que chegássemos a Chhatarpur. Eu não percebi que o serviço público deles tinha enfurecido as autoridades distritais. Eles estavam com inveja em razão do sucesso do *Ashram* Gandhi, que expôs o fracasso deles em prender os *dacoits*.

Os líderes do *Ashram* Gandhi sentiram um espírito de parentesco conosco e manifestaram respeito por nosso trabalho. Entretanto, aquela reunião de oração pareceu para as autoridades ser um "barraco" público. Mas ela legitimou nosso esforço. Amplificou a ameaça em potencial que eu me

---

[13] Até a década de 1980, o IAS recrutava os melhores talentos da Índia — os mais bem-educados e com melhor formação.

[14] Romanos 13.1,2; 1Pedro 2.13-17. Não demorou para que eu descobrisse que a Bíblia apresenta base teológica para a desobediência civil.

havia tornado para os líderes estabelecidos. Por isso, motivou a terceira ordem do MD: a reunião de oração de vocês está proibida! O magistrado entendeu que nossa oração era uma ameaça à lei e à ordem, pois era "provavelmente para perturbar a paz e a tranquilidade do distrito".

Reunimo-nos para pensar a respeito dessa ordem. Por volta de 1980, nossa família tinha crescido para uma comunidade de cerca de 30 pessoas.[15] Alguns membros da comunidade eram altamente escolarizados. Outros eram analfabetos. Nossa comunidade incluía jovens idealistas que vieram para servir ao próximo, excluídos sociais, uma ex-prostituta e alguns criminosos que buscavam uma nova vida. Todos concordaram que obedecer a essa ordem seria desistir da liberdade que nos fora dada por Deus e que era protegida pela Constituição da Índia. Nossa comunidade estudava a Bíblia diariamente, e a Bíblia forjou uma cosmovisão que entrou em choque com a cosmovisão das autoridades. Sabíamos que nossa liberdade vem de Deus, não da generosidade do governo. O Estado não é absoluto. Ele não tem a última palavra. Há uma palavra acima das palavras humanas.

Entretanto, a questão não era nossa liberdade ou o direito de nos reunirmos pacificamente. Nem era a ajuda para as vítimas do desastre. A questão que enfrentávamos era: quão real era nosso compromisso com os pobres e quão genuína nossa fé em Deus? Como o MD não pediu resposta, não enviei nenhuma. A publicidade boca a boca quanto à proposta reunião de oração continuou, e eu me retirei para refletir e orar antes de decidir quanto a meu curso de ação.

O entusiasmo do povo pela reunião de oração enervou a liderança local. Ela ordenou ao superintendente da polícia que me intimidasse. Ele me chamou à sua casa, pediu que eu me assentasse, assegurou-me que lera as resenhas do meu livro e que me respeitava como um servidor público.

---

[15] A Association for Comprehensive Rural Assistance (Acra [Associação para Assistência Rural Abrangente]) foi registrada como organização sem fins lucrativos em 1977, com o dr. D. W. Mategaonker como presidente de uma junta diretora de nove membros. Eu trabalhei como diretor executivo e o fazia fora de casa. Outros que se juntaram a nós se tornaram uma extensão da nossa família — daí uma "comunidade". Um núcleo íntimo em tese tomava as decisões do dia a dia. Na prática, no entanto, toda a comunidade reunia-se a cada manhã para orações e tomar decisões quanto ao que afetava a todos.

Não obstante, durante duas horas tentou me fazer entender que desobedecer-lhe custaria a minha vida. O SP percebeu que eu não o estava levando a sério. Não o fiz porque ingenuamente acreditava no judiciário, na liberdade de imprensa e na democracia da Índia. Como um policial poderia assassinar um assistente social inocente e sair impune?

Talvez as autoridades tenham entendido equivocadamente meus motivos ao convocar a reunião de oração. Para muitos indianos bem situados na vida, demonstrações públicas de devoção não passam de artifícios que as pessoas usam para ocultar seus motivos verdadeiros. Mas para mim a oração não é um truque público nem um exercício de relaxamento particular. Eu cria na oração e esperava que Deus respondesse porque acreditava no convite que Deus nos faz na Bíblia: "Peçam, e lhes será dado"[16] e "[vocês] não têm porque não pedem".[17]

De volta a casa naquela noite, conversei e orei com minha esposa e com a comunidade. Um colega nos lembrou que a Bíblia adverte-nos de não subestimarmos a cegueira espiritual dos governantes seculares. Mesmo assim, nosso consenso foi o de que cancelar a reunião de oração seria trair nosso compromisso de servir a nosso povo. A Bíblia nos autorizava a desobedecer às autoridades para obedecer a Deus.[18] Ainda que não pudéssemos prever o futuro, a fé exigia uma disposição para aceitar as consequências de nossas escolhas.[19] Pela fé, sabíamos que aquelas autoridades poderosas e criminosas e nossas comunidades sem poder não eram os únicos no jogo. Se há de fato um Poder Superior, então deveríamos fazer a vontade de Deus e confiar nele.

A administração deveria ter espiões dentro de nossa comunidade. Na manhã do dia seguinte, dois caminhões lotados de policiais armados chegaram para me prender. O oficial do grupo foi educado. Ele permitiu que eu

---

[16] Mateus 7.7.
[17] Tiago 4.2.
[18] Atos 4.19. O primeiro capítulo do meu livro **Truth and Social Reform** discute uma teologia bíblica da desobediência civil quando esta foi forjada nessa confrontação.
[19] O Senhor Jesus estava em rota de confrontação com as autoridades sociais, religiosas e políticas do seu tempo. Isso culminaria na sua crucificação. Portanto, ele pediu a todos que desejassem segui-lo que tomassem a sua cruz e que estivessem preparados para o martírio. V., p. ex., Lucas 9.23-26.

tomasse o café da manhã com minha família e orasse com nossa comunidade antes de me levar para a delegacia de polícia de Bamitha. Fui levado à presença do magistrado subdivisional (MSD) na sede da delegacia, acusado de "ameaçar" a lei e a ordem. O MSD disse que me livraria da cadeia se eu assinasse um compromisso de não perturbar a paz e a tranquilidade do distrito. Entendi que assinar tal compromisso seria uma escravidão. Seria melhor ir preso e conservar minha liberdade para orar. Aquela decisão foi a passagem para minha primeira viagem para a cadeia

Os oficiais estavam com medo de que os moradores locais invadissem a delegacia para me ver se eu fosse preso na cadeia local. Então eles me prenderam na cadeia de Tikamgarh, distante cerca de três horas de ônibus. As autoridades ficaram duplamente irritadas porque nossa reunião de oração foi marcada para a quarta-feira, dia de feira, quando milhares de aldeões vinham à cidade para comprar e vender. Eles transformaram a cidade em uma fortaleza. Havia barricadas em todos os pontos de entrada na cidade. Pessoas que oravam foram advertidas de ficarem longe do *Ashram* Gandhi.

A polícia deteve meus principais apoiadores durante toda a quarta-feira. Mas as autoridades pensaram que seria uma necessidade tática permitir que algumas poucas mulheres, incluindo minha esposa, Ruth, fossem até o *Ashram* e orassem sob a liderança do dr. D. W. Mategaonker, o altamente respeitado superintendente médico do hospital cristão. Ele era um missionário médico do estado de Maharashtra, conhecido por passar pelo menos dezoito horas por dia atendendo aos doentes. Ele ajudava como um membro honorário da nossa junta diretora. As autoridades devem ter percebido que pareceria diabolicamente opressor se também prendessem o dr. Mategaonker, as mulheres e a liderança do *Ashram* Gandhi que se reuniram para orar.

Manter-me preso logo se tornou um problema para os oficiais. Assim que o jornal descobriu que fora seu entusiasmo que precipitou minha prisão, decidiu fazer da minha vida na prisão matéria de capa, e todos os dias chamava as autoridades a que retornassem ao seu juízo. Uma semana desse bombardeio forçou as autoridades a me libertar incondicionalmente. Quando voltei, iniciei uma *padyatra* (marcha a pé) por cerca de 30 vilas, realizando reuniões de oração e explicando o que havia acontecido.

Estar com os camponeses em suas casas e comer a sua comida teve um profundo efeito sobre mim: a luta deles não era mais uma questão política. Quando o cheque com a ajuda da Eficor finalmente chegou, ignoramos a primeira ordem do MD e oferecemos ajuda aos necessitados. Tendo queimado seus dedos no primeiro confronto, as autoridades distritais decidiram não enfurecer os camponeses. Eles fizeram vista grossa e esperaram por uma ocasião mais oportuna.[20]

Minha prisão se tornou uma bênção. O carcereiro em Tikamgarh não tinha motivo de temer um político insignificante vindo de outro distrito. Desde que a imprensa local publicou minha história, ele me garantiu o *status* de "prisioneiro político". Eu tinha uma área espaçosa e arejada e boa comida. A prisão se tornou um excelente retiro — um tempo para exercitar, orar e refletir a respeito do que significava construir a nação à luz da experiência da Índia real (não da Índia ideal). Eu revisitei minhas próprias perguntas:

Como a Índia moderna consegue ter liberdade de imprensa, um judiciário independente e um sistema prisional regulamentado pela lei?

O que é uma sociedade justa e livre e como obtê-la?

Por que o meu povo é tão pobre e como outras nações se tornaram tão mais prósperas?

Como eles mantêm suas instituições nacionais livres de pessoas inescrupulosas, corruptas e famintas por poder?

É o bastante dar auxílio aos destituídos e executar projetos de desenvolvimento, ou devemos encontrar caminhos para construir uma Índia melhor — uma nação na qual as instituições agem em interesse do povo, não dos dirigentes, na qual os dirigentes são pastores, não lobos?

Alguns dos meus colegas de prisão contaram histórias de horror sobre terem sido presos com base em denúncias falsas de estupro e assassinato por terem ofendido algum político ou policial. Fiquei pensando se o superintendente de polícia, que desprezou a lei e os meus direitos constitucionais, levaria adiante sua ameaça de me matar.

---

[20] Os prédios e veículos da nossa comunidade foram incendiados em 1984 durante as rebeliões motivadas pelo governo contra os siques após o assassinato de nossa primeira-ministra, a sra. Indira Gandhi.

É sábio manter-se firme em princípios e sofrer?

Como posso saber que esses princípios bíblicos são verdadeiros?

Se as minhas crenças não são verdadeiras, mas apenas preferências pessoais, é prudente arriscar a minha vida por elas?

Meus amigos que preferem se unir aos corruptos a resistir ao mal estão errados?

Durante a prisão, comecei a escrever *Truth and Social Reform* [Verdade e reforma social], que mais tarde recebeu o título de *Truth and Transformation* [Verdade e transformação].

Capítulo 3

BUSCA
CEGOS PODEM CONHECER O ELEFANTE?

Minha peregrinação espiritual começou em uma luta moral. Bem cedo na minha vida, comecei a roubar e mentir. Uma das lembranças mais remotas que tenho é a de ter roubado algumas frutas comuns no sul da Ásia que nascem perto de águas. Eu tinha cerca de 6 anos. Essas frutas eram a sobremesa da família, mas eu as comia antes de terminar o almoço. Quando confrontado, disse que as que eu comera me haviam sido dadas por um amigo que as pegara em uma represa.

Por que minha imaginação não impressionou meu pai?

Ele poderia ter dito: "Sua imaginação fértil seria útil em Hollywood". Mas ele era um homem à moda antiga. Ele acreditava que a imaginação pode ser boa, mas a integridade é mais importante. Então exigiu que eu dissesse a verdade.

Insisti que estava dizendo a verdade.

Ele, porém, não estava interessado na *minha* verdade! Ele queria *a* Verdade.

Exasperado pela minha insistência de que ele tinha de respeitar a *minha* crença, ele solicitou que eu o levasse a meu amigo.

Depois de um tempo que me pareceu interminável, sugeri que meu amigo poderia ter viajado para visitar algum parente.

Meu pai então pediu que eu o levasse até a represa onde havíamos apanhado as frutas. Eu o fiz andar "sem fim", na esperança de que ele desistisse. Ele continuou caminhando, na esperança de que eu confessasse e me arrependesse. Sua raiva, frustração, disciplina, paciência e amor não serviram para nada. Roubar e mentir tornaram-se hábitos.

O valor monetário baixo dos bens que roubei ou a relativa insignificância das mentiras que contei não me preocuparam. O que me aborreceu foi minha declarada falta de força de vontade para controlar minhas palavras e ações. Geralmente, pela manhã, eu dizia a mim mesmo: "Hoje vou usar toda a minha força de vontade para me controlar". Mas de noite, quando eu pensava no dia que tinha passado, ficava envergonhado pelo comportamento relapso que tanto odiava e que meus esforços de melhora fracassaram. Eu sabia que meus atos estavam errados.

Por que então eu fazia o que sabia que não estava certo? No meio dessa luta interior, ouvi o anúncio de que Jesus Cristo veio para salvar os pecadores. Aquilo era uma "boa-nova" para mim, assim como seria para qualquer dependente de álcool ou adúltero que estivesse arruinando sua vida ou sua família. Eu precisava de alguém para me salvar. Então pedi a Jesus que se tornasse meu Salvador. Ele me transformou. Então tive condição de voltar aos comércios que havia roubado, restituir e pedir perdão. Jesus se tornou a pessoa mais importante na minha vida.

Pensar ou não pensar

Quando cheguei à universidade, no fim da adolescência, encontrei muitos desafios à minha fé. Meus estudos em filosofia, ciência política e literatura inglesa tornaram difícil crer na Bíblia — as lentes com as quais tinha visto minha experiência de vida como jovem. Um evento que me fez questionar minha crença foi um debate na universidade: "Esta casa crê".[1]

"Crê" em quê?

"O quê" não era a questão. A questão era se nós "conhecemos" a verdade ou se "cremos" nela. A mente (lógica + informação obtida por meio dos sentidos) humana é capaz de conhecer a verdade, ou nós precisamos de

---

[1] Esse debate aconteceu. No entanto, seu contexto como apresentado aqui é "literário" e não "literal". Condensei num incidente só ideias que se desenvolveram ao longo de muitos meses. Meu uso desse recurso literário em outros lugares deveria ser óbvio.

algo mais — fé, intuição ou experiência mística? Precisamos de revelação da parte de extraterrestres, de espíritos ou de Deus?

Um palestrante se identificou como racionalista e ateu. Ele era tão eloquente que tínhamos certeza de que ganharia o primeiro prêmio. O segundo orador era menos brilhante, mas desafiou o racionalista a provar que Deus não existe, pois os racionalistas alegam crer só no que pode ser provado. Se eles não podem provar, então podem apenas *crer* na afirmação de que Deus não existe.

De fato, David Hume demonstrou que a lógica não pode provar que Deus existe — *mas a lógica pode provar que Deus não existe?* Se não pode, como um racionalista pode ser ateu? O racionalista simplesmente crê na lógica. Ele não pode provar que o Universo é cercado pela lógica. O que é a nossa lógica? É algo mais do que um produto da cultura ocidental? A filosofia ocidental produziu o racionalismo somente porque o Ocidente creu que o *logos* (a lógica divina) era a força que criou e governou o Universo. Essa crença nunca foi provada. O Ocidente crê na razão apenas por partir do pressuposto de que a mente humana foi feita à imagem de um Deus racional. E se Deus não existir? E se a racionalidade não for uma característica da divindade? E se os filósofos indianos estiverem certos ao crer que a verdade só pode ser experimentada ao suprimir o pensamento lógico por meio da meditação?

Nenhum dos oradores seguintes respondeu a esse desafio satisfatoriamente. Quando a causa foi posta a voto, a assembleia decidiu que "Esta casa crê" — que a universidade não sabe o que é a verdade![2]

Discussões informais posteriores revelaram que nem um professor ao menos cria que a razão pudesse levar seres humanos à verdade. Os existencialistas da faculdade favoreciam a perspectiva de um "salto cego da fé". O orador principal, diretor do Departamento de Língua Inglesa, sugeriu que a meditação, não a busca racional, poderia nos oferecer uma experiência mística (irracional) da verdade. Sua esperança em uma experiência intuitiva, não racional, mística, do "hemisfério cerebral direito" estava ganhando terreno em todo o mundo, como mais tarde vim a descobrir. Essa perspectiva

---

[2] No capítulo 5, será discutida a questão de se o senso comum é mais do que uma crença cultural.

estava substituindo a confiança do Ocidente na capacidade da razão humana em conhecer a verdade.

Nenhum professor se preocupou em atacar minha fé adolescente. Eu fui levado à dúvida por professores que pareciam mais confiáveis que os líderes religiosos que eu conhecia. Se homens eruditos não estavam seguros a respeito da verdade, como poderiam pastores de ovelhas, pescadores e fazedores de tendas que escreveram a Bíblia estar? Duvidar da Bíblia não era difícil; a questão mais difícil era em que você crê?

Decidi crer no que os melhores filósofos e cientistas sabiam que era verdade. Então comecei por rever todo o meu curso de filosofia. Há muito tempo

> Eu sabia
>> que meus professores sabiam
>>> que não sabiam
>>>> e que *não poderiam* conhecer a verdade.[3]

Nenhuma pessoa erudita sustentava qualquer esperança de que a lógica humana pudesse descobrir a verdade sem revelação divina. A esperança humanista de que o homem pode descobrir a verdade apenas pela razão recebeu apoio filosófico de René Descartes em meados do século XVII. Por volta de 1967, quando entrei no mundo universitário, essa confiança na razão humana tinha se transformado em completo pessimismo epistemológico da elite intelectual. Essa dúvida quanto à capacidade humana de conhecer a verdade era desconcertante.[4] Quando eu me tornei cônscio do profundo desespero intelectual dos intelectuais pós-modernos, o homem em poucos meses pousaria na Lua. Que triunfo da mente humana! Perceber nesse momento significativo que nossa era da razão terminaria em fracasso[5] depressivo

---

[3] No capítulo 6, discuto como a civilização ocidental se tornou primeiramente uma civilização pensante e por que ela tem se voltado para o misticismo e as superstições da Nova Era, desprezando a lógica (hemisfério cerebral esquerdo) e exaltando os sentimentos ou a intuição (hemisfério cerebral direito).

[4] Isso implicava conhecer a verdade que era conhecida, antes que a verdade desconhecida.

[5] Ver o capítulo 6 sobre razão.

era algo completamente perturbador. Foram necessários quatrocentos anos para que a filosofia Moderna[6] aprendesse o que os antigos místicos gregos e hindus poderiam ter-lhe ensinado: a razão humana por si não pode conhecer a verdade.

Buda (563-483 a.C.) poderia ter livrado os filósofos modernos de muitos problemas. Descobri que durante séculos eles andaram em círculos como cegos em um quarto escuro tentando encontrar a porta — que, para início de conversa, não estava lá. Eles desnecessariamente zombaram uns dos outros e, por fim, dos demais filósofos. Anos de raciocínio, estudo e busca da verdade fizeram que Buda compreendesse que a mente humana não pode descobrir a verdade última. Por isso, Buda descreveu o intelecto humano como fonte de ignorância.[7] Seu ensino já era conhecido na Grécia pré-cristã, mas os filósofos ocidentais somente o redescobriram no fim da nossa Era Moderna. Muitos atualmente conhecem a "verdade" de que o intelecto humano é incapaz de conhecer a verdade ou expressá-la em palavras.

Cinco cegos e um elefante

Conforme uma parábola budista, cinco cegos tentaram entender como é um elefante. Tocando seu pé, um deles disse:

— O elefante é como um pilar.

Apalpando o lado do elefante, o segundo resmungou:

— Como pode ser tão estúpido? O elefante é como uma parede.

— Nada disso — exclamou o terceiro, agarrando a cauda do animal. — O elefante é como uma corda!

---

[6] Neste capítulo, a palavra "Moderna", com "M" maiúsculo, refere-se à Era Moderna (1517-1960) da história cultural e intelectual, como oposta à pré-moderna ou pós-moderna.

[7] Nem sempre é fácil distinguir o que Buda de fato disse e o que foi acréscimo dos seus seguidores. É provável que ele acreditasse que a "ignorância" (*avidhya*) fosse a raiz da criação. Para uma discussão da *Paticcasamuppada* ou "Cadeia de origem dependente", v. o capítulo 6 sobre a racionalidade. Partindo do pressuposto de que a criação, incluindo o corpo humano, autoconsciência e racionalidade, era um produto de ignorância cósmica, Buda buscou iluminação mística ao pôr a racionalidade de lado, eliminar a autoconsciência e fugir do corpo e do mundo.

O quarto declarou, furioso:

— Nenhum de vocês sabe a verdade. O elefante é como um leque. — Ele se refrescava enquanto o elefante abanava suas orelhas.

O quinto pensou que os outros quatro estavam loucos.

— O elefante é como uma pedra pontiaguda e polida — disse, tocando o marfim do elefante.

Nossa mente finita é como aqueles cegos. Durante nossa breve vida, podemos experimentar apenas uma pequena fração da realidade. Aqueles cinco cegos poderiam conhecer a verdade real, mesmo reunindo suas informações? Ou a única maneira de conhecer a verdade é pela experiência mística não racional, como meus professores estavam começando a acreditar?

E se ali estivesse um sexto homem que enxergasse? Ele poderia dizer ao primeiro cego: "O senhor está pegando o pé do elefante, mas, se continuar a se mover, vai chegar na parte que o outro pensou que era uma parede, que é o lado do elefante".

Isso seria revelação. Outras pessoas me revelaram a maior parte do que eu sei. Eu não poderia provar que a Terra gira ao redor do seu eixo e também ao redor do Sol. Acreditei nisso porque pessoas antigas disseram o que os especialistas afirmaram. Essa crença me ajudou a entender o crepúsculo e o amanhecer e por que o verão é sucedido pelo outono, e este, pelo inverno.

Um cego poderia testar (verificar ou negar) muitas das alegações do sexto homem. Mas, se alguém lhe dissesse que o marfim é branco, ele teria de aceitar isso pela fé. Tendo nascido cego, ele não pode compreender o que é o branco, muito menos verificá-lo. Essa fé seria "cega"? Não se ele testasse as outras alegações do sexto homem e descobrisse que são fidedignas. Intolerância é presumir que todo mundo é cego; que ninguém pode saber ou conhecer ou comunicar a verdade, nem um ET (uma criatura extraterrestre inteligente) nem o Criador.

Por que os olhos existiriam se a luz não existisse?

Meus professores falavam como se, enquanto eles podiam falar, seu Criador nunca poderia falar. Eles criam que, enquanto escreviam seus livros, seu Criador não poderia apresentar seu ponto de vista. Isso parecia muito presunçoso. E se eles escreveram livros porque foram feitos à imagem de alguém que originou o pensamento e a comunicação?

Alguns amigos defendiam a tese de que a Bíblia não poderia ser o livro de Deus porque era o produto de uma cultura humana particular. Cada um dos livros da Bíblia traz a marca dos seus autores humanos. A linguagem, o vocabulário e os argumentos de Paulo são diferentes dos de João. Esse argumento pareceu convincente até o dia em que parei para contemplar uma flor de lótus em nosso jardim. Ela era linda. Ela depende da química e do clima. Ela *era* química. Era também vulnerável a insetos e seres humanos. Mas ela poderia ser obra das mãos de Deus? Cada um de nós escreveu o que nossos professores revelavam. Minhas anotações eram diferentes das dos meus amigos, assim como um lótus é diferente dos outros. Mesmo assim, o que meus amigos e eu escrevemos eram palavras e pensamentos vindos de um mesmo professor. Por que então palavras com assinaturas de diferentes autores não poderiam ser palavras do único Deus?

Ainda que haja cegos, não pode haver pessoas que veem? Alguém que veja o elefante e fale sobre ele aos cegos? A "cegueira" existe apenas porque a visão existe. Se ninguém pudesse ver, ninguém falaria a respeito de cegueira.

Os filósofos do início do Iluminismo como Descartes cometeram um erro simples.[8] Eles presumiram que, pelo fato de termos olhos, podemos ver por nós mesmos sem auxílio sobrenatural. Nossos olhos são de fato tão maravilhosos como nosso intelecto. Mas, para ver, os olhos precisam de luz. Se não houvesse luz, não haveria os olhos. Se o intelecto não pode conhecer a verdade, talvez ele precise da luz da revelação. De fato, o intelecto não pode conhecer nada sem a revelação.[9] A mim parecia que a existência do intelecto exigia uma existência anterior da revelação e da comunicação. Pensar em um conhecimento sem revelação é depositar a confiança nos olhos e ao mesmo tempo excluir a luz.

Por outro lado, o cinismo parecia indefensável. O conhecimento humano evidentemente tinha alguma validade. Em uma época em que algumas pessoas tentam entrar em contato com extraterrestres, excluir a revelação da parte de

---

[8] Descartes seguiu Agostinho de muitas maneiras. Entretanto, sua confiança exacerbada na razão veio dos escritores da Renascença, como Pico della Mirandola. Agostinho escapou da armadilha da arrogância humanista e equilibrou sua crença no intelecto com uma crença em uma fé racional, porque o ceticismo era parte de seu ambiente intelectual.

[9] Incluindo o que os teólogos chamam de "revelação geral" ou "graça comum".

Deus soa como o extremo da arrogância. Decidi ler os maiores textos religiosos do mundo para ver se o Criador tinha deixado alguma revelação.

Meu professor de filosofia indiana se esforçou para cultivar em nossa classe um respeito profundo pelas escrituras hindus. Mas de fato ele nunca nos pediu que lêssemos os *Vedas* — os textos hindus mais antigos e mais sagrados. Então decidi estudá-los. Fui à livraria da Gita Press [Edições Gita] em Gorakhpur — a versão hinduísta da Sociedade Bíblica. Para minha surpresa, disseram-me que eu poderia comprar comentários védicos, mas os *Vedas* propriamente nunca foram publicados em híndi, minha língua materna e a língua oficial da Índia!

"Por quê?", perguntei ao livreiro. "Os sacerdotes não querem que conheçamos a revelação de Deus?"

O livreiro gentilmente explicou que os *Vedas* nunca poderiam ser traduzidos porque eram sagrados demais e difíceis de entender. Além disso, não é necessário entender. Eles não foram escritos para ensinar a verdade. Eram mantras para ser memorizados e entoados corretamente, com pronúncia exata, enunciação e entonação. Sua mágica estava no som, não no significado. Para aprender os *Vedas*, eu deveria encontrar um guru competente e passar anos aos seus pés praticando a arte da recitação védica, enquanto realizava os sacrifícios prescritos.

Desapontado, fui estudar o *Alcorão*. *Allahabad*, o nome da minha cidade, significa "habitação de Alá". Mais uma vez, fui surpreendido ao descobrir que o *Alcorão* não foi publicado nem em híndi nem em urdu — uma língua que eu entendia porque meus amigos muçulmanos usavam-na o tempo todo. Porque meu desejo era conhecer a verdade, eu tinha pouca motivação para aprender árabe para estudar o *Alcorão*. Então me voltei para a Bíblia, que eu já tinha lido, para ver ser de fato ela era a revelação de Deus.

Fui abençoado pelo fato de que meus pais, minha irmã mais velha e vários dos meus amigos me encorajaram a ler a Bíblia. Mas decidir estudar a Bíblia exigia coragem. Eu teria de ir contra o ambiente da universidade.

Descobri que algumas passagens da Bíblia são muito entusiasmantes, outras, monótonas, e outras, ainda, chegam a ser repulsivas. Mas descobri muito mais do que esperava.

Capítulo 4

SER
SOU COMO UM CÃO OU COMO DEUS?

A universidade fez que fosse fácil duvidar de Deus. Meu desafio era descobrir quem eu era.

"Introdução à psicologia" era uma disciplina exigida de todos que estudávamos filosofia na Universidade de Allahabad. O Departamento de Psicologia era o orgulho da nossa universidade. Nos anos 1960, esse departamento era dominado pelo behaviorismo, a escola de psicologia liderada por B. F. Skinner. O behaviorismo defende que não existe nem Deus nem alma. Como consequência, os seres humanos são animais quimicamente formados, qualitativamente não diferentes dos cães. A química não tem nem alma nem "livre-arbítrio".[1] Muito pelo contrário, trabalha em um esquema fechado, determinista, de causa e efeito. Os behavioristas usaram a experiência de Pavlov com um cachorro para explicar como os seres humanos são condicionados e podem ser recondicionados. Eles reduziram os seres humanos a máquinas psicoquímicas determinadas pelo ambiente, pela química, pelo acaso e pelo condicionamento cultural. Máquinas podem estragar, mas podem ser consertadas e reprogramadas. Mas não deixam de ser máquinas.

À medida que comecei a reler o primeiro capítulo da Bíblia, encontrei uma visão completamente diferente do ser humano. Lá é dito que Deus criou os seres humanos à sua imagem ("homem" — homens e mulheres). Por um

---

[1] Para discussão posterior deste tópico, v. o capítulo 13.

lado, os cães e eu somos criaturas. Somos parecidos em muitos aspectos. Por exemplo, ambos somos mamíferos. Mas em questões fundamentais somos muito diferentes. Não posso conhecer a *essência* da minha humanidade estudando os cães. Se sou criado à imagem de Deus, conhecer Deus é essencial para que eu conheça a mim mesmo. Então o que o capítulo 1 de Gênesis diz a respeito de Deus e a meu próprio respeito?

A Bíblia inicia-se com a declaração: "No princípio Deus criou os céus e a terra". Deus é o Criador. Um cão é apenas uma criatura. O que sou eu? Se Gênesis está certo, sou ao mesmo tempo criatura (criado por Deus) e criador (criado à imagem do Criador). Sou uma criatura criativa.

Para mim, isso foi uma epifania. Essas poucas frases de Gênesis se adaptaram à minha experiência melhor que as obras volumosas do Departamento de Psicologia. As palavras bíblicas fizeram sentido porque eram verdadeiras quanto ao que eu sabia a meu respeito. Máquinas produzem. Seres humanos criam. Qual é a diferença? Nós criamos o que *escolhemos* criar. Liberdade, ou escolha, é a essência da criatividade. O determinismo explica apenas uma parte do que eu sou. Eu me alimento quando sou dirigido pela química das dores da fome. Mas tenho a opção de jejuar. Posso decidir entre jejuar até a morte ou quebrar o jejum. No íntimo do meu ser, sou livre.

Ironicamente, a luz da verdade raiou sobre mim em uma noite verdadeiramente escura. Voltei para casa e descobri que o resto da minha família tinha saído. Subindo as escadas com nosso cão Jackie adiante de mim, procurei o interruptor e o liguei. Mas não havia energia. Achei a chave da casa no lugar onde ela ficava escondida, abri a porta e consegui chegar à mesa onde guardávamos fósforos e velas, só para descobrir que não havia nem um fósforo na caixa.

Meu ambiente "determinou" minha escolha. Eu me assentei no sofá, chamei o Jackie para se assentar a meu lado e comecei a divagar:

Mas e se amanhecer sem energia elétrica amanhã e nós ainda estivermos sem fósforos? E se os fósforos nunca tivessem sido inventados? Bem, então, talvez eu pegasse duas pedras e um arbusto e tentasse fazer uma fogueira. Assim, teríamos luz. Mas por que precisamos da luz? Por que o Jackie não se importa se está claro ou escuro?

Por que sou diferente dos cães? Poderia eu ter criado a luz — algo que o Jackie não consegue — porque fui criado à imagem de alguém que a criou?

Esse último pensamento era interessante. Jackie aceita o que *é* — mesmo as trevas. Eu imagino o que *poderia* ou *deveria* ser e tento mudar o que é. Isso é criatividade. Sou parte da natureza, mas não apenas e exclusivamente parte dela. Ao usar minha imaginação, posso transcender a natureza. Posso mudar a natureza para que esta fique de acordo com a minha imaginação. Posso inventar fósforos, velas e lâmpadas elétricas. Será isso que a Bíblia quer dizer quando afirma que Deus é "Criador" e que somos feitos à sua imagem?

O relato da Criação em Gênesis 1.2-4 afirma: "Era a terra sem forma e vazia; trevas cobriam a face do abismo, e o Espírito de Deus se movia sobre a face das águas. Disse Deus: 'Haja luz', e houve luz. Deus viu que a luz era boa, e separou a luz das trevas".

Outra luz se acendeu em mim. Talvez esse elemento criativo na natureza humana seja a razão pela qual Jesus disse: "Eu sou a luz do mundo. Quem me segue não andará em trevas".[2] Os contemporâneos de Jesus tinham lâmpadas, mas andavam na escuridão — moral, econômica, social, religiosa e política. Jesus chamou seus discípulos para serem luz neste mundo tenebroso. Como podemos mudar nosso mundo se somos parte dele? Podemos inventar metais e cultivar flores e frutas que não são encontrados na natureza. Isso mostra que há algo em nós — uma imaginação criativa — que transcende a natureza, a cultura e a História. Precisamos ser livres interiormente para que possamos fazer diferença exteriormente — na natureza e na cultura.

O determinismo (e outras formas de reducionismo) implica que não existimos como seres individuais, mas que somos apenas produto da química, da genética, do ambiente, da cultura ou da linguagem. Meus professores apresentaram essas ideias com uma terminologia científica e acadêmica. Isso fez que elas se tornassem melhor que o fatalismo tradicional? O fatalismo é uma cosmovisão com imensas consequências sociais com relação a tudo que consigo ver a meu redor: pobreza, doença e opressão.

---

[2] João 8.12.

Culturas como a minha se conformaram historicamente ao seu "destino". A civilização ocidental, por sua vez, creu que os seres humanos eram criaturas criadoras e, portanto, poderiam mudar a "realidade" para melhor. Isso capacitou o Ocidente para praticamente eliminar muitas das mazelas que até hoje fazem o meu povo sofrer.

Mas, eu disse para mim mesmo, e se você fosse como Deus, iria esperar a volta da sua família? Você não diria simplesmente "Haja luz", e haveria luz?

Espere um minuto! (eu estava exercitando minha liberdade interior para argumentar comigo mesmo). *Como fazemos a eletricidade?*

Nós não lemos e ensinamos a ciência e a tecnologia de gerar e aplicar a eletricidade antes que possamos fazer a luz? As palavras vêm antes da luz. Os cães não fazem luz porque não possuem a capacidade da fala. Eu uso a linguagem, mas o Jackie não. Nós desenvolvemos nossa capacidade de usar a linguagem, ou fomos criados com essa capacidade porque feitos à imagem de alguém que usa palavras?

A linguagem não apenas nos capacita a ser criativos. A linguagem é criativa em si. A melhor literatura é a linguagem "inspirada". A inspiração é também a chave para descobertas científicas, avanços tecnológicos e obras de arte literárias. A palavra "inspiração" vem do latim *en spiritus* — no espírito. No escuro silencioso do meu quarto, aprendi o que Helen Keller (1880-1968) aprendera em uma experiência muito mais dramática: que a linguagem faz de nós seres humanos — pessoas.

Helen era cega e surda. Porque esse problema se manifestou quando ela contava apenas 1 ano e 7 meses, ficou muda também — incapaz de usar significantes orais (palavras) para comunicação. Durante anos, Helen não aprendeu nada porque estava presa em seu próprio mundo de frustração e raiva. Em *The Story of My Life* [A história da minha vida,[3] 1902], Helen descreveu seu momento de epifania quando tinha 7 anos:

> Andamos o caminho de volta para casa, atraídos pela fragrância das madressilvas que o recobria. Alguém estava retirando água, e minha professora colocou minha mão sob a torneira. À medida que uma corrente fria caía

---

[3] Publicado no Brasil pela José Olympio em 2008. [N. do T.]

sobre minha mão, ela pronunciou a palavra "água" sobre a *outra*, primeiro devagar, depois depressa. Fiquei parada, com toda a minha atenção voltada para o movimento dos dedos dela. De repente, senti uma consciência nebulosa como se me tivesse esquecido de algo — a emoção de um pensamento que voltava; e de alguma maneira o mistério da linguagem me foi revelado. Eu sabia então que "á-g-u-a" significava aquele frio maravilhoso que escorria pela minha mão. Aquela palavra viva despertou minha alma, deu-me luz, esperança, alegria, e me libertou".[4]

A descoberta da linguagem permitiu que Helen aprendesse a falar com 10 anos de idade. Ela aprendeu a escrever usando linguagem em Braille. Tornou-se escritora prolífica, lutou pela causa dos cegos e foi uma voz poderosa em muitas questões sociais.

A empolgação de Helen com a linguagem é o oposto dos místicos indianos. Os mais iluminados cultivam o silêncio. Eles entendem que o intelecto e a linguagem são a fonte da ignorância e da escravidão humanas. Entre os meus amigos, Tripathi era o único hindu que tinha coragem de concordar com os sábios indianos. Ele achava que os professores que lhe ensinaram que o homem não passa de um animal evoluído estavam mal informados. O homem, Tripathi insistia, era Deus — a realidade última, definitiva, pura, consciência sem pensamento. Essa realidade permeia tudo. Essa realidade é tudo. Está dentro de nós, e nós a alcançamos ao expulsar de nossa mente todos os pensamentos e todas as palavras. Tripathi acreditava que os seres humanos precisavam alcançar esse estado de consciência no qual todas as dualidades e oposições se tornam uma coisa só.

Por um lado, foi Einstein que me preveniu para que eu não seguisse meus professores de psicologia. Por outro, foi Tripathi. O conflito da Índia com a China levantou a questão de se a Índia deveria seguir o caminho da posse de armas nucleares. Tínhamos orgulho da reverência mundial pela nossa rejeição gandhiana da guerra, da violência e da industrialização. Amávamos nossa imagem de nação não violenta, mas a China iria explorar nossa falta de poder nuclear? De determinada maneira, a era nuclear começou com a equação de Einstein, $E=mc^2$. Einstein não chegou a essa equação ao

[4] New York: Grosset and Dunlap, 1905. p. 23-24.

dividir um átomo e medir a energia liberada. Ele chegou a essa conclusão por meio de sua imaginação racional e raciocínio matemático. Como pode um pedaço de argila (que depois se tornou gordura) — a mente humana — conhecer as leis invisíveis que regem o Universo e capturar essas leis em palavras, palavras que podem ser testadas e determinadas para que se saiba se são verdadeiras ou falsas? O misticismo não racional e não verbal da Índia produziu mantras e magia. Para desenvolver poder nuclear, precisávamos de equações e de engenharia.

Porque a linguagem é reveladora (como a ciência ocidental presume), uma equipe de engenheiros e cientistas pode comunicar seu conhecimento para planejar uma viagem à Lua. Usamos palavras o tempo todo para revelar a verdade uns aos outros. Também usamos palavras para enganar e manipular. Mas por que a linguagem funciona? Se o homem não passa de um animal como os cães, como podem as leis ou verdades que regem este Universo ser postas em palavras? Einstein escreveu que esse problema "nos deixa admirados, mas jamais entenderemos [...]. O fato de ser incompreensível é um milagre".[5] De fato, ele tinha certeza de algumas coisas. Ele sabia que a Terra é redonda e que ela gira em torno do Sol. O conhecimento que temos do sistema solar é bastante para que sonhemos com uma viagem a Marte. Os que creem que as palavras não têm nada a ver com a verdade evidentemente estão errados. A história de Helen Keller dá base à ideia bíblica de que nossas palavras são reveladoras e criativas porque por trás do Universo há palavras — as palavras do Criador.

Palavras são ferramentas que usamos para distinguir o sólido do líquido, a água do leite, o leite quente do leite frio. Se a realidade é uma coisa só, como Tripathi acreditava, não poderíamos conhecer a verdade sem matar a linguagem pela repetição sem sentido de mantras e sons como *om*. Transcender categorias verbais e intelectuais não é suficiente. Tripathi disse que os sábios iluminados tiveram de transcender até o bem e o mal. Só então eles seriam capazes de imergir na consciência divina. Ele cria que palavras como "moralidade" nos removem da realidade (unidade) para a dualidade ou pluralidade. Nossa persistência em emitir juízos de valor era prova de nossa ignorância metafísica.

[5] EINSTEIN, Albert. Physics and Reality, **Journal of the Franklin Institute**, v. 221, item 3, March 1936, p. 349-382.

Tripathi era profundamente religioso. Entretanto, naquela época ninguém o levava a sério. Ele estava praticamente sozinho em sua crença, e algumas vezes nem ele mesmo sabia se cria em tudo aquilo. Seu sistema de crenças obteve alguma respeitabilidade na Índia apenas na década de 1980 — depois que o interesse do Ocidente pelos gurus hindus se transformou no movimento Nova Era.

O início da Bíblia me deu uma perspectiva que divergia do hinduísmo de Tripathi e do ateísmo acadêmico. Deus não disse apenas "Haja luz". Ele considerou a luz como algo bom. Meu cachorro, Jackie, talvez prefira ganhar um bife a restos de ossos. Mas ele não parece me julgar como bom ou mau se eu dou a ele o bife ou as sobras. Emitir juízos de valor é algo unicamente humano.

Minha mente se voltou para a flor de lótus no jardim. *Por que ela é tão bonita? Algumas plantas usam flores com perfume para atrair borboletas, mas por que elas são belas? E quanto às plantas que não precisam atrair insetos? Não são apenas as flores que são belas. Algumas árvores também são muito belas! Por que as árvores e as borboletas são bonitas?*

Se a beleza fosse apenas um meio de atrair pares para acasalamento, por que então as árvores e as borboletas nos parecem ser tão belas? Sua beleza parece ferir as flores e as borboletas: meninas colhem flores, e meninos correm atrás de borboletas (antes de começarem a correr atrás de meninas!).

Tanto Tripathi como os meus amigos que entendem que o Universo é produto de um acaso cego, que entendem que o Universo é a mesma coisa que Deus, rejeitam as noções de bom e mau. Para eles, todos os juízos de valor — certo e errado, bonito e feio, verdadeiro e falso — são, na melhor das hipóteses, subjetivos e, na pior, perigosos. Garotos que afirmam que nada é belo ou feio em si não param de olhar para garotas bonitas — como se a beleza estivesse na garota, não nos olhos deles. As garotas também se esforçam muito para parecerem bonitas. Não obstante, padrões de beleza e de moral divergem de cultura para cultura e de época para época. Isso faz que todos os valores sejam subjetivos? Mesmo no século XX, tínhamos castas inteiras na Índia cuja profissão socialmente sancionada era roubar. Roubar então é meramente uma preferência cultural ou é algo mau em si?

Assentado naquele quarto escuro, minha mente foi iluminada pela pequena frase "Deus viu que isto [= a luz] era bom". Isso me deu uma explicação crível de por que fazemos julgamentos morais:

> *Julgamentos morais*: Isto é bom; aquilo é mal.
> *Julgamentos estéticos*: Isto é bonito; aquilo é feio.
> *Julgamentos epistemológicos*: Isto é verdadeiro; aquilo é falso.

Gênesis explica a beleza, quando diz que Deus plantou um jardim e fez nascer do solo "todo tipo de árvores agradáveis aos olhos".[6] Nos capítulos 3—6, Gênesis descreve escolhas e ações humanas que Deus declara não serem boas. Será que fazemos julgamentos morais porque estes são intrínsecos ao que significa ser uma pessoa (como Deus), como algo oposto a ser simplesmente um animal?

Meu ambiente intelectual me disse que cometemos erros cada vez que emitimos juízo de valor. Os que dizem que não deveríamos julgar julgam os que julgam. Eles demonstram que emitir juízo de valor é parte integral, inescapável, de nós como seres humanos. Isso é algo básico da criatividade cultural e das possibilidades de reforma. Não consertamos o que não foi estragado. Para mudar alguma coisa, precisamos primeiro julgar o que não é bom, nem certo, nem verdadeiro. Logo, os primeiros capítulos da Bíblia parecem se coadunar com a realidade melhor do que as opiniões intelectuais oferecidas pela minha universidade ou por meus amigos. Comecei a me entusiasmar pela Bíblia porque ela me forneceu explicações. Ela forneceu um sentido quanto ao que sou — uma pessoa que, como Deus, tem capacidade de saber, experimentar e desfrutar da bondade, da beleza e da verdade.

Ainda que tenha considerado os primeiros capítulos de Gênesis capazes de me entusiasmar, não demorou muito para que eu chegasse às partes cansativas e repulsivas da Bíblia. Quando cheguei aos livros de Reis e Crônicas, já estava cansado. Estava prestes a desistir. Por que eu estava lendo história judaica? Eu pouco conhecia a história indiana. Por que então deveria ler histórias de reis judeus que morreram há tanto tempo?

---

[6] Gênesis 2.9.

Justamente quando estava pensando em desistir daquele livro monótono de uma vez por todas, algo me intrigou. Nossa história popular nos fala de governantes grandes e gloriosos. Mas, em contraste, o livro judaico me falava da impiedade dos governantes deles. Por quê?

Pensei que os sacerdotes deveriam ter escrito a Bíblia. É típico dos sacerdotes (nós os chamamos de brâmanes na Índia) odiar os governantes (os xátrias). Mas não. A Bíblia diz que os sacerdotes — de fato, toda a instituição religiosa dos judeus — se tornaram tão corrompidos que Deus destruiu seu próprio templo e enviou os sacerdotes para a escravidão.

Pois bem, a Bíblia deve ser uma história "subalterna", escrita por pessoas comuns, oprimida por sacerdotes e reis. Mas não, esse livro judeu parecia ser mais antissemita que qualquer texto escrito por Hitler. As Escrituras hebraicas (o Antigo Testamento) condenavam os judeus[7] como corruptos, cobiçosos, desonestos, estúpidos, teimosos e rebeldes.[8]

Nesse caso, pensei, a Bíblia deve ter sido obra dos profetas. Eles adoram condenar todo mundo. Outro olhar para os desinteressantes livros de Reis e Crônicas me mostrou que muitos dos profetas eram falsos e que os bons fracassaram. Não puderam nem salvar a si mesmos, muito menos cumprir sua missão de salvar sua nação. Sua nação se desintegrou diante dos seus olhos.

A Bíblia é uma narração e uma interpretação bastante seletivas da história judaica. Ela alega ser a explicação de Deus da razão de toda a nação ter sido destruída e de quando, por que e como ela seria reconstruída. Ainda que tenha estudado ciência política (junto com filosofia), nenhum dos meus professores nos disse por que esses livros "chatos" da Bíblia eram a fonte da democracia moderna — inclusive na Índia. Eles pensavam que nossa democracia viera de Atenas. Prosseguir com minha peregrinação e ler aqueles livros "chatos" me ajudou a entender uma diferença básica entre literatura e revelação.

---

[7] Incluindo os israelitas. Nem todo descendente de Jacó é judeu, mas neste livro eu sigo o uso popular.

[8] Mais tarde compreendi que a Bíblia condenou os judeus por sua imoralidade, não por serem judeus. Nem toda crítica a um povo é racismo. Pais que amam imensamente seus filhos têm-nos como responsáveis por suas más ações.

Literatura é algo que interpretamos. A revelação nos interpreta e nos avalia. Está acima de nós, julga-nos e nos chama de volta à sanidade. Repetidamente, durante a história bíblica, os judeus se corromperam e caíram em iniquidade. Não obstante, a revelação continuou a ser um padrão transcendental que promovia autocrítica e reforma. Ela até mesmo desconstruiu ideologias falsas que as pessoas construíram ao redor da revelação. A tradição profética da autocrítica fez dos judeus uma bênção para o mundo. A revelação é a fonte pela qual a humanidade pode conhecer o amor e o julgamento de Deus. Foi isso que me permitiu entender por que a Bíblia fez que o Ocidente se reformasse repetidas vezes, a despeito de muitos períodos de degeneração moral e intelectual. Deus declarou por intermédio do profeta Isaías: " 'Não foram as minhas mãos que fizeram todas essas coisas, e por isso vieram a existir?', pergunta o SENHOR. 'A este eu estimo: ao humilde e contrito de espírito, que treme diante da minha palavra' ".[9] Apenas uma pessoa humilhada por uma autoridade maior pode experimentar reforma verdadeira.

Mas porque eu, um jovem indiano, teria de me importar em ler a Bíblia se até ela é a interpretação de Deus da história judaica?

Eu não tinha ideia de que essa simples pergunta iria estabelecer o curso da minha vida. Um olhar superficial pode dar a impressão de que a Bíblia é uma coleção de livros de história, poesia, rituais, filosofia, biografia e profecia, não relacionados uns com os outros e reunidos artificialmente em uma coleção. Mas tive apenas de ler Gênesis 11 e 12 para compreender que livros bíblicos aparentemente não relacionados uns com os outros têm uma trama clara, um fio que une todos os livros, bem como o Antigo Testamento ao Novo. O pecado trouxe maldição a todas as nações da terra. Deus chamou Abraão para segui-lo porque queria abençoar todas as nações da terra por meio dos seus descendentes.[10] Não demorou muito para que eu entendesse que o desejo de Deus de abençoar os seres humanos começa já no primeiro capítulo de Gênesis e culmina no último capítulo do último livro da Bíblia com uma grande visão de cura para todas as nações.[11]

---

[9] Isaías 66.2.
[10] Gênesis 12.3; 18.18; 22.18; 26.4 etc.
[11] Apocalipse 22.2.

A implicação era óbvia: a Bíblia afirma que eu deveria lê-la porque ela foi escrita para abençoar a minha nação e a mim. A revelação de que Deus queria abençoar a Índia me deixou maravilhado. Compreendi que era uma predição que eu poderia verificar. Isso confirmaria ou negaria a confiabilidade da Bíblia. Se a Bíblia é a Palavra de Deus, então ele manteve sua palavra? Ele abençoou "todas as nações da terra?" Meu país foi abençoado pelos filhos de Abraão? Caso positivo, essa seria uma boa razão para que eu, um indiano, estudasse esse livro.

Minha investigação sobre se Deus abençoou a Índia de fato por intermédio da Bíblia me conduziu a descobertas incríveis: a universidade em que estudava, a municipalidade e a democracia na qual vivia, o Fórum de Justiça atrás da minha casa e o sistema legal que este representava, o híndi moderno que eu falava como minha língua materna, o jornal secular para o qual comecei a escrever, o quartel militar à esquerda da rua onde eu morava, o jardim botânico na zona leste da cidade, a biblioteca pública perto de nosso jardim, as ferrovias que faziam cruzamento na minha cidade, o sistema médico do qual dependia, o Instituto Agrícola perto da cidade — tudo isso veio à minha cidade porque algumas pessoas levaram a Bíblia a sério.

Sempre ouvi falar que a "Renascença Indiana" do século XIX teve início com Raja Ram Mohan Roy. Fiquei surpreso ao descobrir que de fato esse movimento teve início com a chegada da Bíblia. Aprendemos que a liberdade da Índia foi resultado da luta de Mahatma Gandhi; foi uma surpresa descobrir que, na verdade, a liberdade da Índia foi um fruto da Bíblia. Antes da Bíblia, nosso povo não tinha as noções modernas de nação ou de liberdade. Os generais hindus sustentavam o domínio mogul na Índia. Mas isso foi apenas o começo.

> A Bíblia foi a própria alma da civilização ocidental.
> A Bíblia foi o livro do segundo milênio depois de Cristo.
> A Bíblia foi a força que globalizou a civilização ocidental.[12]

---

[12] Três de meus livros falam sobre este último ponto: **William Carey and the Regeneration of India**; **Missionary Conspiracy:** Letters to a Postmodern Hindu; **India:** The Grand Experiment.

PARTE III
AS SEMENTES DA CIVILIZAÇÃO OCIDENTAL

> *A Bíblia era o único livro que se esperava que americanos letrados dos séculos XVII, XVIII e XIX conhecessem bem. O imaginário bíblico providenciou a estrutura básica para o pensamento imaginativo na América do Norte até bem recentemente e, inconscientemente, seu controle é ainda formidável.*[1]
>
> — ROBERT N. BELLAH

---

[1] **The Broken Covenant:** American Civil Religion on Time of Trial. New York: Crossroad Books, 1975. p. 12-13.

Capítulo 5

HUMANIDADE

QUAL É A MAIOR DESCOBERTA DO OCIDENTE?

Mil anos atrás, a civilização islâmica ultrapassou a Europa em todos os sentidos. Governantes islâmicos eram mais ricos, seus exércitos, mais poderosos, e seus intelectuais eram avançados nas artes, na ciência, na tecnologia e na erudição em geral.

No entanto, alguma coisa mudou. Agora, na Espanha traduzem-se mais livros para o espanhol *a cada ano* que os árabes traduziram para sua língua nos últimos mil anos. Se o petróleo não for levado em conta, a Finlândia com uma população de 5 milhões exporta mais bens e serviços por ano que todo o mundo árabe com uma população de 165 milhões. O petróleo pode ser excluído dessa equação porque foram os britânicos que o descobriram no Oriente Médio, companhias americanas o extraem e o refinam, toda essa produção é sustentada por engenheiros contratados do mundo ocidental e a maior parte do comércio depende das forças armadas dos Estados Unidos, que impedem que tiranos e militantes incendeiem poços de petróleo ou interrompam seu fluxo.

O que produziu essa ascensão dramática do Ocidente enquanto o resto do mundo permaneceu estagnado? Meus professores secularizados ensinaram que o segredo foi a "descoberta" da dignidade humana feita pelo Ocidente durante a Renascença. Isso é verdade. Mas eles também ensinaram que os humanistas renascentistas descobriram esse conceito nos clássicos gregos e latinos. Isso é um mito. Ainda que os escritores clássicos tivessem muitas ideias nobres, o valor intrínseco e a dignidade de cada ser humano não estavam entre eles. Essa ideia singular veio da Bíblia.

A morte de Sheela e um olhar sobre meu mundo

Em 1976, Ruth e eu deixamos a Índia urbana para viver com os pobres rurais nos arrabaldes da cidade de Gatheora. Quando chegamos, Ruth decidiu visitar todas as famílias da cidade. Visitaríamos algumas famílias a cada dia, para descobrir como poderíamos servir a elas. Em uma dessas visitas, Ruth encontrou Lalta, uma garota de 10 anos de idade de uma classe social baixa. Ela perguntou a Lalta:

— Quantos irmãos e irmãs você tem?

— Quatro... ou talvez três — foi a resposta.

— São três ou quatro? — Ruth estava curiosa.

— Bem, são três. O quarto está quase morto.

— Eu posso vê-lo?

Tratava-se de uma menina chamada Sheela. No meio de um sombrio quarto sem janelas, a criança, um esqueleto vivo de 1 ano e meio, estava deitada em um catre miserável, enquanto o pus escorria de feridas no seu corpo e na sua cabeça, e mosquitos voavam sobre ela, pois não tinha forças nem sequer para levantar os braços e espantá-los. Suas cochas eram da espessura do polegar de um adulto. Sheela estava tão fraca que não aguentava nem chorar. Apenas suspirava.

Lágrimas desceram pelo rosto de Ruth.

— Qual é o problema dela? — ela perguntou à mãe.

— Oh, ela não come qualquer coisa. Ela vomita o que lhe damos — disse a mãe, com um sorriso amarelo.

— Por que não a levam ao hospital?

— Mas como poderemos pagar um médico?

— De fato. — Ruth estava impressionada com a extensão da pobreza deles. — Eu vou pagar um tratamento médico para ela.

— Mas quando vou poder levá-la ao hospital? — a mãe protestou.

— O que você quer dizer com isso? Sua filha está morrendo e você não tem tempo de levá-la ao hospital?

— Tenho outros três filhos — disse a mãe — e um marido para cuidar. Além disso, eu não saberia o que fazer quando chegasse ao hospital.

— Peça a seu marido para ir com você — sugeriu Ruth.

— Ele não tem tempo. Tem de cuidar do gado e da roça.

— Diga a ele que vou pagar alguém para cuidar da roça durante um dia. Eu também vou com você. Muitos dos médicos e enfermeiros do hospital são nossos amigos.

A mãe encontrou uma maneira conveniente de parar de ser importunada:

— Vou conversar com meu marido.

Ruth estava maravilhada.

— Vou mandar meu marido aqui esta noite para conversar com o seu marido. Amanhã cedo, vou levar vocês ao hospital.

Ruth correu para casa para se certificar de que eu faria minha parte na missão dela de salvar Sheela. Quando visitei aquela família naquela noite, o casal veio conversar comigo fora de casa. Alguns vizinhos também vieram ver o que estava acontecendo. O casal decidira que não iria ao hospital.

— Por quê? — perguntei, surpreso.

— Nós não temos dinheiro.

— Mas minha esposa falou para vocês que vamos pagar...

— Nao queremos ter essa dívida.

— Então vou escrever na presença dessas testemunhas todas — eu disse, apontando para os vizinhos, que nunca vou cobrar esse dinheiro. É um presente.

— Nós não temos tempo.

— Mas a minha esposa disse que vamos pagar para contratar alguém que trabalhe por um dia.

— Por que você está nos incomodando? — Eles estavam irritados com a minha persistência. — Ela é nossa filha.

Eu não podia aceitar que eles queriam que a filha deles morresse, porque não podia admitir que pais pudessem ser tão cruéis. Mesmo assim, não conseguia interpretar o comportamento deles de outra maneira. Então decidi usar a pressão da opinião pública contra eles.

— Vocês estão matando esta menina — eu disse de maneira áspera, elevando um pouco o volume da minha voz.

— Claro que não. Mas o que podemos fazer se ela não come nada e vomita tudo que lhe damos?

— Se vocês não podem fazer nada, então por que não deixam que os médicos façam alguma coisa?

— Porque nós não podemos pagar. — Eles eram tão teimosos quanto eu.

— Veja só — eu disse perdendo a paciência. — Se vocês não levarem esta menina ao hospital amanhã, vou à polícia denunciar que a estão matando. Como podem ser tão cruéis? Por que não pegam uma faca de uma vez e a esfaqueiam? Por que fazê-la sofrer deste jeito? — Aí me virei para os vizinhos e disse: — Por que vocês não dizem alguma coisa? Não se importam com esta menina indefesa?

Eu esperava que os vizinhos oferecessem apoio moral. Mas eles olharam para mim como se eu fosse um tolo. Finalmente, um vizinho mais velho ajudou a resolver o problema. Ele disse aos pais de Sheela:

— Ele pode mesmo ir à polícia. Se a polícia levar Sheela ao hospital, aí então vocês vão ter de pagar a conta. Assim, é melhor irem com ele.

O dr. Mategaonker internou Sheela e aplicou-lhe soro e medicação intravenosa. Depois de mais ou menos uma semana, os médicos já estavam em condição de alimentá-la por um tubo em seu nariz. Depois de mais uma semana, eles recomendaram que a levássemos para nossa casa e continuássemos com a alimentação líquida até que ela estivesse saudável o bastante para se alimentar sozinha.

Naquela época, nossa família começou a crescer a ponto de se tornar uma comunidade. Alguns jovens viviam conosco, incluindo Mark, um estudante do programa HNGR (Human Needs and Global Resources [Necessidades Humanas e Recursos Globais]) do Wheaton College [Faculdade Wheaton] dos Estados Unidos. Eles gostavam de cuidar da Sheela, até mesmo lavar à mão suas fraldas de pano sujas e malcheirosas. Sheela respondeu ao amor e carinho do mesmo modo que respondeu à medicação e à alimentação que recebeu. Ela se tornou um motivo de alegria para todos.

Isso, porém, não durou muito. Certa manhã, a mãe dela chegou reclamando: "As pessoas da cidade estão dizendo que vocês estão corrompendo nossa filha. Se ela continuar a comer na casa de vocês, nossa casta ficará impura, e Sheela se tornará uma cristã". Ruth se esforçou para assegurar à mãe que ela poderia levar a filha para casa. Estávamos satisfeitos com o que conseguimos fazer e alegres ao permitir que Sheela voltasse com seus pais. Mas dentro de poucas semanas soubemos que Sheela retornara à sua condição anterior.

Todo aquele processo teve de ser repetido. Ruth foi lá convencer a mãe. Aí eu fui para convencer e ameaçar o pai. Ruth levou Sheela e a mãe ao hospital. Deram medicação intravenosa a Sheela, alimentaram-na com um tubo pelo nariz e a mandaram para nossa casa. Aí a mãe dela veio brigar. Ruth pensou que a mãe havia aprendido a lição, de modo que ela mandou Sheela de volta com a mãe. Mas, antes que percebêssemos, Sheela morreu.

Os pais de Sheela deixaram que ela morresse de fome porque a viam como um fardo. Eles já tinham uma filha para cuidar dos meninos. Uma segunda menina era um peso desnecessário. Teriam de alimentá-la até os 10 ou 12 anos. Aí teriam de contrair uma dívida para pagar um dote para que ela pudesse se casar. Os parentes do noivo poderiam atormentá-los exigindo mais dinheiro. Naquele tempo, de acordo com nossa imprensa nacional, a cada ano parentes de noivos matavam cerca de 300 noivas por ano em nossa capital, para exigir mais dinheiro dos parentes delas.[1] De acordo com as estatísticas governamentais (nacionais), houve um total de 5.377 mortes por dote em 1993. Tais cifras são consideradas baixas, porque muitas dessas mortes são consideradas como acidentes ou suicídios. Mas um dote não é o fim das dívidas. A filha poderia voltar para a casa dos pais para lá deixar seus filhos. Por que então eles assumiriam esse peso para toda a vida, mesmo se alguém oferecesse cuidados médicos e leite gratuitamente durante algumas semanas?

[1] Disponível em: <http://www.indianchild.com/dowry_in_india.htm>. Acesso em: 20 mar. 2012.

Ruth e eu não conseguíamos entender os pais de Sheela porque nossa cosmovisão era muito diferente da que eles tinham. Os filhos para eles eram fardos, pesos, posses ou conveniências. Nós os víamos como seres humanos com valor intrínseco. Acreditávamos que o mandamento de Deus "Não matarás" dá a cada pessoa o direito fundamental à vida. Não esperávamos ganhar nada de Sheela. Críamos que amar a Deus envolvia amá-la. Interferimos porque a Palavra de Deus ordena: "Erga a voz em favor dos que não podem defender-se, seja o defensor de todos os desamparados. Erga a voz e julgue com justiça; defenda os direitos dos pobres e dos necessitados".[2]

Da perspectiva da cultura deles, os pais de Sheela não eram pessoas más. Eram seres humanos comuns, tão bons ou maus como qualquer outra pessoa. Eles amavam seus filhos tanto quanto qualquer outra pessoa. Se tivessem tido um advogado norte-americano, ele teria argumentado que eles mataram a filha deles por amor: foi um assassinato por "misericórdia" — eutanásia —, em nenhum aspecto diferente do que toda mulher faz com uma gravidez indesejada. Os pais sabiam que naquela cultura e casta a vida de Sheela como uma garota indesejada seria muito difícil; o futuro dela estava destinado a ser tenebroso. Por conseguinte, movidos por sua compaixão profunda por ela, abreviaram seu sofrimento. Eu creio que foi isso que aconteceu. O advogado teria argumentado que pessoas em uma posição mais privilegiada não tinham o direito de julgar os pais de Sheela, presos em um círculo vicioso de pobreza.

Os pais de Sheela criam que, assim como eles próprios, a filha estava presa inescapavelmente nas garras da pobreza. Eles criam no fatalismo tradicional hinduísta. Não acreditavam que seriam capazes de mudar a história — que poderiam transcender o destino e o carma, a natureza e a cultura. Para eles, era revolucionário demais pensar que, como seres humanos, eles moldavam a história, eram criaturas criadoras de cultura e que o futuro de Sheela *não* estava destinado a ser desanimador. Logo, nosso conflito não era sobre princípios éticos; era um confronto de cosmovisões.

Para quem não está familiarizado com a cosmovisão hinduísta, é difícil entender como pais podem matar um filho com o consentimento implícito

---

[2] Provérbios 31.8,9.

de toda uma cidade. Talvez a visão de um dos pais do hinduísmo moderno, Ramakrishna Paramhansa, ajude a entender. Em uma de suas visões místicas, Ramakrishna viu sua deusa-mãe, Kali, levantar-se das águas escuras de um rio. Enquanto ele observava, ela deu à luz bem diante dos seus olhos e então devorou o bebê recém-nascido. Nas mãos dela, o bebê parecia ser de carne e sangue normais, mas, em sua boca, parecia estar vazio.

O santo interpretou sua visão usando os mesmos conceitos budistas pelos quais Kurt Cobain viveu, como "a vida é vazia". Ainda que Ramakrishna fosse hinduísta, ele adotou um conceito budista, porque o ensino budista de *anatman* (não ser) tem a mesma implicação prática das doutrinas hinduístas da reencarnação e de *Brahma* (ser universal). Essas doutrinas implicam que a individualidade é uma ilusão e que a salvação exige a dissolução da consciência do indivíduo na consciência universal ou Deus.

A deusa-mãe poderia matar seu filho porque a fé na reencarnação trivializa a morte e a vida. No *Bhagavad Gita*, as mui conhecidas escrituras hinduístas, o deus Krishna encoraja Arjuna a matar seus primos e mestre porque a reencarnação significa que a morte para uma alma é como mudar de roupa. "Assim como um homem tira uma roupa velha e coloca uma nova, o espírito deixa seu corpo mortal e se aloja em um novo."[3] O Senhor Krishna aconselhou Arjuna a não ter pena dos que ele ia matar porque a alma nunca nasce de fato e nunca morre. "Tu sentes piedade onde não há lugar para a piedade. Homens sábios não sentem piedade nem pelos que morrem nem pelos que vivem. Nunca houve um tempo quando eu e tu não existíamos, e também todos esses príncipes, nem haverá um dia no qual cessaremos de existir."[4]

Os pais de Sheela não tinham esperança para ela porque não sabiam que ela possuía outro Pai no céu que não era preso pela natureza, história, cultura ou carma. Ele poderia mudar o futuro deles tal como fez com José, que sofreu anos na cadeia, ainda que não fosse culpado de um carma ruim.[5]

À medida que comecei a ver que essas diferenças de cosmovisão eram assunto de vida e morte e que lutar contra a pobreza exigia lutar contra o

---

[3] **Bhagavad Gita** II.22.
[4] Ibid., II.12,13.
[5] Gênesis 39—41.

fatalismo, comecei a falar a nossos vizinhos a respeito de nossa necessidade de conhecer o Deus vivo e confiar nele. Essa conexão entre o conhecimento de Deus (teologia) e o conhecimento do homem (antropologia) é crucial para a compreensão do Ocidente moderno.

Humanismo

Meus amigos indianos que se tornaram secularizados em razão da educação universitária, acreditam, assim como eu também acredito, que humanos podem criar um futuro diferente e melhor para eles. Eles concordam que o destino de uma menina como Sheela não é determinado pelo carma. Ela não estava fadada a viver uma vida de miséria. E meus amigos não apelam para a Bíblia ou para credos teológicos para justificar essa crença. Para eles, isso é senso comum.

Existe, porém, uma ideia como essa que não é senso comum na Índia tradicional. Muitas famílias que maltratam, torturam e até matam suas noras por causa de um dote são bem-educadas. Essa ideia não era senso comum em civilizações antigas ou medievais. O infanticídio era prática comum nas antigas Grécia e Roma. Noções de direitos humanos e dignidade do ser humano foram levadas para a Índia pela educação cristã. Estudaremos as consequências dessa secularização. Por enquanto, a questão é: *como a concepção de ser humano do Ocidente se tornou tão radicalmente diferente das demais? Que impacto essa concepção teve na ética, na política, na ciência, na tecnologia e na medicina do Ocidente?*

❦

A Europa se tornou "cristã" muito antes do ano 1500, mas isso não fez cristãos muitos dos aspectos de sua cosmovisão. Por exemplo, a visão bíblica do homem foi sepultada sob o paganismo da Europa pré-cristã, pela cosmovisão cosmológica greco-romana e pelo fatalismo islâmico.

O paganismo ensinou o Ocidente a temer e adorar espíritos, semideuses e deuses. Essa espiritualidade popular continuou na cristandade medieval na forma do medo de espíritos e orações aos santos e aos anjos. Essa cosmovisão considera os seres humanos como inferiores aos anjos.

Enquanto as massas iletradas persistiam no paganismo pré-cristão, os filósofos medievais, chamados de escolásticos, eram influenciados pela antiga cosmovisão cosmológica grega. Muitos gregos não compartilhariam da ideia contemporânea de que o Universo começou com um *big bang*. Eles pressupunham que o cosmo era a realidade última. Deuses, espíritos, anjos, ideias, homens, todos eram parte do cosmo. Cada um destes tinha um lugar fixo no esquema das coisas. Isso significava que nem mesmo o Deus Supremo poderia mudar o curso da história cósmica. E, quando o homem tentava se levantar acima do *status* que lhe fora designado, cometia *hubris*, o pecado da arrogância e do orgulho. Nem os homens, nem os deuses, nem o Deus Supremo poderia mudar a natureza ou o ciclo decadente da História. Cada ciclo da história cósmica começava com uma era de ouro e se corrompia em eras de prata, bronze e ferro antes de ser destruído, apenas para começar com outra era de ouro.

Quando os muçulmanos conquistaram o Império Bizantino, eles tomaram mosteiros cristãos que haviam preservado a erudição grega. Aqueles textos foram traduzidos para o árabe e depois retraduzidos para o latim e transmitidos para a Europa Ocidental. Junto com muitas coisas boas, eles também transmitiram o fatalismo islâmico. O impacto cumulativo do paganismo, a cosmovisão cosmológica e o fatalismo fizeram do "homem" medieval uma criatura indefesa que vivia aterrorizada, com medo de forças conhecidas e desconhecidas. O "destino" ou "sorte" do homem não estava em suas mãos. Algumas das forças que governavam seu destino eram extremamente caprichosas e completamente insensíveis. Astrólogos e videntes eram valiosos, mas eles também em última instância estavam sujeitos às mesmas forças tenebrosas. Em suma, a vida humana era uma tragédia.

Um dos mais competentes papas medievais, Inocêncio III (1160-1216) expôs toda essa visão trágica da vida em *The Misery of Man* [A miséria do homem]. Ele pretendia escrever um contraponto, *The Dignity of Man* [A dignidade do homem], mas nunca o fez. Uma obra com esse título surgiu apenas em 1486,[6] e um século depois os pioneiros do fermento intelectual conhecido como Renascença descobriram na Bíblia a ideia da dignidade única e as capacidades da humanidade.

[6] Eruditos debatem a respeito do título exato de **Oration on the Dignity of Man,** de Giovanni Pico della Mirandola (1463-1494).

Meus professores acreditavam no mito secular de que a noção de dignidade humana se originou na Grécia antiga, ainda que já em 1885 Henry Thode[7] tenha demonstrado que o naturalismo da arte renascentista veio da tradição franciscana, especialmente a dos pensadores do século XIV que rejeitaram o platonismo e abraçaram uma filosofia denominada nominalismo. Paul Sabatier, que escreveu uma importante biografia de Francisco de Assis,[8] deu apoio a essa conclusão. Essas percepções forneceram uma base interpretativa sólida para eruditos como Wallace Ferguson[9] e Charles Trinkaus. Séculos de pesquisa em fontes primárias culminaram na obra de dois volumes escrita por Trinkaus, denominada *In Our Image and Likeness: Humanity and Divinity in Italian Humanist Thought* [À nossa imagem e semelhança: humanidade e divindade no pensamento humanista italiano].[10] Sua conclusão foi que, ainda que os humanistas da Renascença tivessem lido, desfrutado, citado e promovido os clássicos gregos e romanos e a erudição islâmica, sua visão peculiar da dignidade humana veio da Bíblia, em oposição direta ao pensamento grego, romano e islâmico.

A nova visão da Renascença quanto ao homem foi inspirada pelos antigos pais da Igreja, especialmente Agostinho e Lactâncio, um conselheiro religioso de Constantino I, que escreveu em um latim de excelente qualidade, ainda que alguns aspectos de sua teologia não fossem igualmente tão bons. Mas a visão que eles tinham do homem foi extraída do primeiro capítulo da Bíblia: "Então disse Deus: 'Façamos o homem à nossa imagem, conforme a nossa semelhança. Domine ele sobre os peixes do mar, sobre as aves do céu, sobre os grandes animais de toda a terra e sobre todos os

---

[7] THODE, Henry. **Franz von Assis und die Anfange der Kunst der Renasissance in Italien**. Berlim: G. Grote, 1885.

[8] SABATIER, Paul. **Vie de S. François d'Assise**. Paris: Fischbacher, 1894.

[9] FERGUSON, Wallace K. The Reinterpretation of the Renaissance, **Facets of the Reinaissance:** The Arensberg Lectures. Los Angeles: HarperCollins, 1959.

[10] TRINKAUS, Charles. **In Our Image and Likeness**. London: Constable, 1970. Outro erudito importante a desenvolver essa linha de raciocínio foi Charles Norris Cochrane, cujo estudo **Christianity and Classical Culture** (Oxford: Oxford University Press, 1940) demonstrou que a confiança ocidental na capacidade humana de mudar a História teve origem na obra dos pais da Igreja como Agostinho. Ainda mais importante, esses homens ensinaram a base bíblica para criticar a fé tradicional na *Fortuna* e no *Destino* como entidades divinas.

pequenos animais que se movem rente ao chão' ".[11] Trinkaus iniciou sua pesquisa com a seguinte afirmação:

> O humanismo renascentista desenvolveu e elaborou novas concepções importantes da natureza humana [...]. Começando com Petrarca, eles raramente se desviavam dessas visões do homem que são difíceis de separar das visões de Deus. De fato, eles acharam quase impossível definir o homem e discuti-lo, a não ser em termos de seu relacionamento com a natureza do divino e sua influência e ações neste mundo. Antropologia" e "teologia" estão juntas no pensamento da Renascença.[12]

A compreensão moderna do Ocidente quanto ao homem cresceu da compreensão da teologia medieval do relacionamento de Deus com o Universo, e parte disso era uma rejeição deliberada de algumas ideias-chave gregas. Por exemplo, nossa espécie tem uma habilidade única: experimentamos não somente o universo material, mas também ideias, que podem ou não corresponder à realidade. Atualmente, muitas pessoas presumem que a matéria pode existir por si só, sem a mente (humana ou sobre-humana), mas que as ideias não podem existir por si sós. O filósofo grego Platão acreditava no contrário. Ele pensava que as Ideias são a realidade primária, e que o mundo material é uma sombra das Ideias que existem de modo independente. Em outras palavras, uma cadeira é uma sombra imperfeita da "cadeireza" que existe no reino real, o reino das Ideias. A filosofia de Platão pressupõe que seres humanos não são capazes de criar; nós produzimos cópias ou sombras da realidade — Ideias. Mas e quanto a Deus: ele cria ou ele copia ideias que já existem no *verdadeiro* (platônico) mundo das Ideias?

Os nominalistas medievais rejeitaram essa pressuposição grega porque a Bíblia começa com as palavras "No princípio Deus criou o céu e a terra".[13] O raciocínio dos nominalistas foi que os gregos tinham de estar errados, porque Deus não copiou ideias que já existiam. Ele criou do nada, *ex nihilo*. A doutrina da criação do nada pressupõe que Deus não é parte do cosmo

---

[11] Gênesis 1.26.
[12] TRINKAUS, **In Our Image and Likeness**, v. 1, 3.
[13] Gênesis 1.1.

— nem do mundo das ideias nem do mundo da matéria. Ele é livre, não está preso por nenhuma ideia, ordem ou lógica preexistente. A ordem que vemos no Universo é parte de sua criação.

O passo seguinte, explorar a liberdade humana e a responsabilidade do homem para com a natureza, foi a obra dos escritores da Renascença chamados humanistas. Os humanistas aceitaram a ideia nominalista da liberdade de Deus e desenvolveram as implicações daí resultantes. Como Deus é livre e não está preso ao mundo das ideias ou da matéria preexistente, e como o homem foi criado à imagem de Deus, o homem também deve ser livre. Isso significa que o homem não foi criado como uma criatura indefesa em um ciclo inescapável de miséria.

A descoberta do homem pela Renascença

Um dos pensadores seminais que formulou a concepção renascentista da dignidade humana foi Couccio Salutati (1331-1406). Seus textos lutam com as ideias da providência de Deus, do livre-arbítrio e da dignidade humana. Ele se opôs ao fatalismo islâmico baseado no fato de que o Deus que se revelou a Moisés era livre. Foi Salutati que restabeleceu a ideia agostiniana do livre-arbítrio do homem — que se tornou um pressuposto fundamental da civilização ocidental em pensadores como Martinho Lutero e Jonathan Edwards. Lorenzo Valla (1406-1457) seguiu Salutati, tornando-se a terceira figura-chave da Renascença a discutir a questão da dignidade humana. Assim como Petrarca e Salutati, Valla também era um cristão devoto, um católico evangelical que extraiu sua visão do homem da visão que tinha de Deus.

The Oration on the Dignity of Man [Discurso quanto à dignidade do homem] é a obra do sucessor deles, Pico della Mirandola (1463-1494), que articulou as ideias de Valla de modo mais incisivo. Algumas vezes, o entusiasmo de Mirandola quanto à dignidade do homem fez que ele se esquecesse de que o homem usou mal sua mente e vontade em sua rebelião contra seu Criador. Logo, o intelecto humano é tão decaído quanto a vontade humana. Não obstante, Mirandola seguiu Agostinho, ao argumentar que a dignidade do homem consiste no fato de que este não foi criado como parte de estrutura fixa do Universo. Depois que o Universo estava pronto, Deus deu ao homem a tarefa de cuidar dele e admirar o Criador, com a tarefa de reafirmar esse Criador ao imitar seus atributos, como amor, racionalidade e justiça.

Outra obra bastante conhecida de Pico é *Heptaplus*, um comentário do capítulo 1 de Gênesis. Nessa obra, ele descreve os seis dias de trabalho de Deus e o sétimo dia de descanso. Essa obra é a evidência eloquente de que a visão que se tinha do homem na Renascença foi extraída de uma exegese de Gênesis 1.26. Foi a Bíblia que fez que Pico rejeitasse a astrologia pagã e islâmica. Ele escreveu: "As estrelas não nos podem governar por suas partes materiais, que são tão simples quanto as nossas, por isso devemos tomar cuidado para não adorar a obra do artífice como se esta fosse mais perfeita que seu autor".[14] Os leitores de Pico eram fascinados pela astrologia, mas ele os exortou a adorar a Deus:

> Portanto, temamos, amemos e veneremos Aquele em quem, como Paulo disse, estão todas as coisas, visíveis e invisíveis, que é o início em quem Deus criou os céus e a terra, que é Cristo [...] por isso, não vamos fazer imagens estelares de metal, mas que a imagem da Palavra de Deus esteja em nossa alma".[15]

Encarnação: a base da dignidade humana

Os intelectuais islâmicos eram tão competentes quanto os europeus. Eles tinham os clássicos gregos e a ideia judaica (vinda do Antigo Testamento) da Criação. Alguns eruditos muçulmanos também questionaram a astrologia. Por que esses eruditos não fizeram da noção da dignidade humana um aspecto da cultura islâmica?

A resposta é que os escritores da Renascença não extraíram sua visão elevada do homem apenas do versículo da Bíblia que descreve a criação do homem. Eles encontraram a dignidade humana afirmada mais supremamente no ensino da Bíblia a respeito da encarnação de Cristo. O Novo Testamento ensina que Deus viu a miséria do homem e veio como um homem, Jesus Cristo, para fazer dos seres humanos filhos e filhas de Deus. Mas o islã

---

[14] TRINKAUS, **In Our Image and Likeness**, p. 510.
[15] Ibid.

nega a Deus o direito de se tornar um homem. De acordo com o islã, Deus se tornar uma criatura tão baixa como o homem seria violar sua dignidade.

Ao perguntar retoricamente "Deus pode se tornar um cão?", os apologistas muçulmanos reduziram Deus ao nível dos animais. Eles seguiram os gregos ao impor limites ao que Deus pode ou não fazer. Em contraste, os nominalistas criam que Deus é livre — ele não é limitado por nossos pressupostos ou por conclusões lógicas derivadas de nossos raciocínios. Se Deus não é limitado pela lógica humana, então, para conhecer a verdade, temos de ir além da lógica para *observar* o que Deus realmente fez. E se Deus amou os seres humanos a ponto de vir a este mundo para salvá-los e fazer deles seus filhos amados? Um ato desses implicaria que os seres humanos são únicos na ordem criada.

Longe de violar a dignidade de Deus, a encarnação foi a prova definitiva da dignidade do *homem*: da possibilidade da salvação humana, do homem e da mulher tornarem-se amigos e filhos de Deus. A encarnação faria dos humanos seres com valor maior que o dos anjos. De fato, a Bíblia apresenta os anjos desta forma: "Quanto aos anjos, ele diz: 'Ele faz dos seus anjos ventos, e dos seus servos, clarões reluzentes'. [...] os anjos não são, todos eles, espíritos ministradores enviados para servir aqueles que hão de herdar a salvação?".[16]

Sua falha em apreciar o valor e a dignidade dos seres humanos impediu a civilização islâmica de desenvolver o potencial pleno de seu povo. Essa falha prendeu as massas em uma armadilha sem os direitos e liberdades fundamentais que tornaram possível ao Ocidente sobrepujar a civilização islâmica.

O poeta Petrarca usou a encarnação como argumento central no desenvolvimento do humanismo renascentista. Ele baseou seu argumento na Bíblia e focalizou sua crítica a Aristóteles e ao advogado islâmico popular deste, Averróis ou Ibn Ruchd (1126-1198). Trinkaus escreveu que, conforme Petrarca,

> O conhecimento do homem a seu próprio respeito conduz apenas a um conhecimento de sua miséria, e daí ao desespero, pois o homem está tão

---

[16] Hebreus 1.7,14.

distante de Deus quanto os céus da terra. Então, como é superado o abismo entre Deus e o homem? Apenas pela Encarnação, que é a chave do pensamento religioso de Petrarca e do pensamento religioso humanista em geral.[17]

Com exceção de Sêneca (4 a.C.-65 d.C.), todos os antigos escritores gregos e romanos insistiram na distância absoluta da divindade, deixando o homem em sua miséria, sem solução. Sêneca era o único a crer que "Deus irá aos homens; nenhuma mente é boa sem Deus". Enquanto Petrarca insistia na distância infinita entre o homem e Deus, ele ao mesmo tempo se regozijou que essa distância fora superada pelo mistério da graça divina. Essa graça trouxe Deus para perto do homem e capacitou este a se levantar de sua miséria.

A descida de Deus é a elevação do homem. Miséria, falta de recursos, dependência e um eterno autoconflito são normais para os homens. Tudo isso pode ser resolvido porque o transcendente também pode ser imanente — "Emanuel", isto é, Deus conosco. Aquele que enxugará toda lágrima e removerá a maldição do pecado, inclusive a morte. Trinkaus concluiu que a encarnação de Cristo "é uma das bases teológicas do várias vezes repetido tema dos humanistas da dignidade e excelência do homem".[18] Foi essa compreensão que reverteu a ênfase tradicional na condição baixa do homem. Quanto a isso, Petrarca assim se expressou:

> Certamente nosso Deus veio a nós para que pudéssemos ir a Ele, e nosso Deus interagiu com a humanidade quando viveu entre nós "em aparência de homem". [...] Que sacramento indescritível! A que ponto alto a humanidade foi elevada, ao ponto de um ser humano, que consiste em uma alma racional e carne humana, um ser humano, sujeito a acidentes mortais, perigos e necessidades, em resumo, um verdadeiro e perfeito homem, explicavelmente assumido em uma pessoa com a Palavra, o Filho de Deus, consubstancial com o Pai e coeterno com Ele. A que finalidade exaltada foi a humanidade elevada, a ponto de esse homem perfeito assumir duas naturezas em Si mesmo em uma união extraordinária de elementos totalmente diferentes.[19]

---

[17] TRINKAUS, **In Our Image and Likeness**, p. 37.
[18] Ibid.
[19] PETRARCA, Francesco. **On Religious Leisure** (*De otio religioso*, c. 1357). Ed. e trad. Susan S. Schearer. New York: Italica Press, 2002. p. 60-61.

Evidentemente, os escritores renascentistas citaram os escritores clássicos (mais os romanos que os gregos) para ornamentar seus tratados sobre o homem. Mas eles jamais poderiam extrair sua visão elevada do homem da cosmovisão greco-romana, como de fato não o fizeram. Foi a visão bíblica do homem que se tornou a visão predominante no Ocidente.

Foi a visão bíblica que motivou Ruth a tentar salvar Sheela. Nossos vizinhos não entenderam o impulso compassivo da minha esposa, porque depois de 3.000 anos de hinduísmo, 2.600 anos de budismo, 1.000 anos de islamismo e 100 anos de secularização, fracassaram em dar-lhes uma base convincente para reconhecer e afirmar o valor único do ser humano.

O mito secular

Meus professores estavam confusos a respeito das bases filosóficas da dignidade humana porque esse é um mito que tem um *pedigree* impressionante. O poeta romântico Percy Bysshe Shelley (1792-1822) foi um dos primeiros criadores desse mito. Em seu poema "Prometeu libertado", ele rouba uma ideia da teologia bíblica e a situa na mitologia grega. Na lenda original, Prometeu é preso porque roubou o fogo do templo de Zeus e o deu aos humanos indefesos e atrasados. Shelley conservou muitos elementos do mito grego, mas deu-lhes um tom secularizado. O Prometeu de Shelley representa o homem, isto é, a humanidade. O deus supremo, chamado Júpiter, nome romano de Zeus, é um tirano fantasma, uma criação da mente e da vontade humanas. Esse deus fantasma abusa do poder que Prometeu lhe deu e começa a oprimir o homem. Deus se torna a fonte do mal. Em muitas versões gregas do mito, Prometeu é libertado ao agradar a Zeus. Mas o Prometeu de Shelley não é tão maleável. Ele não bajula Júpiter. Prometeu ("homem") é libertado por se rebelar contra Júpiter e tomar de volta seus poderes do seu deus imaginário.

Os esforços de Shelley de libertar o homem de Deus atraíram muitos, porque a maior parte da igreja naquela época, tal como ele observou, era corrupta e opressora. Construtores de mitos sofisticados como Marx, Nietzsche e Freud abraçaram essa ideia. Eles ignoraram os fatos que a história intelectual esboçou anteriormente, olharam para os fracassos da igreja e concluíram que Deus era a origem da escravidão humana. Eles popularizaram o mito de que a liberdade é derivada de um Deus que existe apenas na imaginação humana. Mitos marxistas e nietzschianos fascistas, por sua vez, tornaram-se mais destrutivos que o mito que orientava a cultura de Sheela. Esses mitos provocaram o assassinato de mais de 100 milhões de pessoas durante o século XX.[20] O mito de Freud, tal como será visto adiante neste livro, está atualmente cobrando seu tributo do Ocidente.

É verdade que o homem inventou muitos deuses. Mas Moisés não inventou Deus em busca de conforto psicológico. Ele estava tosquiando ovelhas quando viu a sarça ardente. Ele não creu na voz que o enviava ao Egito, onde os ancestrais de Freud clamavam a Deus por conta dos seus feitores.[21] Moisés e os hebreus creram com muita relutância. Eles foram forçados a crer porque Deus se revelou na história deles. O mito de Freud não é a respeito da morte de Deus. É a respeito da morte do homem. Se não há Deus, então o homem não pode ser uma entidade espiritual. Ele não pode ser uma alma, um ser imaginativo e criativo que transcende a natureza e age sobre ela como sua primeira causa.

Durante o século XX, a cultura americana ainda era moldada pela Bíblia. Por isso, ela conseguiu se livrar das consequências do mito secular desumanizador. Mas, tal como observado no capítulo 1, o Ocidente pós-moderno se moveu em direção à negação da existência da alma ensinada por Buda. As consequências práticas dessa mudança foram expressas por um jovem roqueiro grunge: "Eu pertenço à Geração Vazia. Não tenho crenças. Não pertenço a nenhuma comunidade, tradição ou coisa parecida. Estou perdido neste mundo vasto e grande. Não pertenço a lugar nenhum. Não tenho identidade".[22]

Kurt Cobain foi o produto lógico desse niilismo. Se o homem não é feito à imagem de Deus, uma pessoa não pode ser algo especial: o humanismo é uma arrogância, e o animalismo é uma filosofia mais verdadeira. Como Ingrid Newkirk, cofundador da entidade People for the Ethical

---

[20] KRAMER, Mark et al. **The Black Book of Communism:** Crimes, Terror, Repression. Cambridge: Harvard University Press, 1999.
[21] Êxodo 3.
[22] HELL, Richard. **Hot and Cold.** New York: powerHouse, 2001.

Treatment of Animals [Pessoas a Favor de Tratamento Ético para os Animais] disse, "um rato é um porco, é um cachorro, é um menino".[23] Em outras palavras, os pais de Sheela estavam certos — um bebê não é em si melhor que um cão, um porco ou um rato indesejado, portanto não tem privilégios melhores que estes.

Os marxistas que governavam a ex-União Soviética estavam adiante da curva filosófica. Eles consideravam a individualidade um conceito burguês, uma manifestação do desejo da classe média de independência, propriedade privada e economia livre. Portanto, tal como o islã e o hinduísmo, eles tentaram liquidar todas as expressões de identidade individual a favor de uma consciência coletiva e comunitária. Michel Foucault e Jacques Derrida foram ainda mais longe. Eles afirmaram que a vida humana é determinada culturalmente: nossa linguagem molda nossos pensamentos, e a individualidade e a essência do ser são ilusões. Mesmo se a "singularidade" é inegável, a individualidade é um construto artificial "constituído por uma teia de forças, e a consciência é o efeito, não o ponto de origem".[24]

A desconstrução pós-moderna da individualidade pressupõe que Shakespeare não era um gênio criativo com uma personalidade unificada. Suas obras eram uma expressão não de sua criatividade, mas de sua cultura. Alguns pós-modernistas que pensam que a individualidade é uma ilusão, tentam aniquilar seu senso de individualidade por meio de drogas, sexo tântrico, ioga e meditação. Como os gurus hindus, alguns deles tentam imergir sua consciência individual em um nada universal e impessoal.

O jardim zoológico de Copenhague expressou vividamente a visão secularista da humanidade quando exibiu uma jaula com um casal de *Homo sapiens* em 1996.[25] A informação oficial dada por Peter Vestegaard, o administrador do zoológico, foi a de que a exibição tentou forçar os visitantes a confrontar suas próprias origens e aceitar que "somos todos primatas".

---

[23] SMITH, Wesley J. **A Rat Is a Pig Is a Dog Is a Boy:** The Human Cost of the Animal Rights Movement. New York: Encounter Books, 2010.
[24] VEITH, Gene Edward; OLASKY, Marvin. **Postmodern Times:** A Christian Guide to Contemporary Thought and Culture. Wheaton, IL: Crossway Books, 1994. p. 76. [**Tempos pós-modernos.** São Paulo: Cultura Cristã, 1999.]
[25] Zoo in Copenhagen Exhibits New Primates (Fully Clothed) [Zoológico de Copenhague exibe novos primatas (totalmente vestidos)]. **NY Times**, August 29, 1996.

Os visitantes viam os outros primatas peludos em suas jaulas, pulando de uma barra para outra e catando piolhos uns dos outros. Entretanto, o casal de *Homo sapiens* enjaulado (Henrik Lehmann e Malene Botoft) andava de motocicleta, verificava seus *e-mails*, lia livros e consertava seu ar-condicionado.

O zoológico tinha um problema. Leis atuais, moldadas por uma cosmovisão bíblica "ultrapassada", exigiam que se reconhecesse os direitos fundamentais do *Homo sapiens*, inclusive seu direito à liberdade. Esses direitos tinham de dar-lhes liberdade de abandonar sua jaula para satisfazer "urgências" de uma noite em uma ópera ou um jantar à luz de velas. O zoológico teve também que pagá-los para que ficassem na jaula. Esses humanos se recusaram a atender aos chamados da natureza em público e objetaram demonstrar "comportamento íntimo" alegando que "isso não é interessante". Depois de poucas semanas, o casal de *Homo sapiens* saiu da casa dos macacos. A experiência violou a dignidade de ambos como seres humanos.

Compaixão rebelde

O que Ruth fez por Sheela não foi algo único. Viajando pela África e Ásia, e especialmente vendo a obra de Madre Teresa, o falecido jornalista britânico Malcom Muggeridge observou que a fé na encarnação de Cristo inspirou muitos cristãos a abrirem mão do seu conforto e arriscar a vida para servir aos mais pobres entre os pobres. Muggeridge foi ateu durante um tempo e observou que o humanismo ateu não inspirou ninguém a devotar sua vida a servir aos despossuídos moribundos de Calcutá.

O Ocidente se tornou uma civilização humana porque foi baseado sobre os preceitos de um Mestre que insistiu que o homem é valioso. Jesus desafiou a falta de humanidade da cultura intelectual e religiosa do seu tempo quando declarou que o sábado foi feito para o homem, não o homem para o sábado. O Ocidente se tornou humano porque os humanistas originais acreditavam que a encarnação e morte de Cristo definem o que é um ser humano. Mas agora, tendo rejeitado sua alma, o Ocidente não tem opção, a não ser ver a individualidade e a dignidade humanas como ilusões, assim como fizeram os pais de Sheela.

Igualmente importante é o fato de que, ao rejeitar sua alma, o Ocidente está também rejeitando a fonte única de sua cultura racional. Examinaremos essa questão no capítulo seguinte.

Capítulo 6

RACIONALIDADE

O QUE FEZ DO OCIDENTE UMA CIVILIZAÇÃO PENSANTE?

"Inspirada? A Bíblia não é nem inteligente", escreveu o publicador, escritor e ateu militante E. Haldeman-Julius (1889-1951). A Bíblia, ele afirmou, é ilógica e irracional, "cheia de absurdos e contradições".[1]

Os historiadores, por sua vez, apresentam uma história diferente. Em *The Oxford Dictionary of Medieval Europe* [Dicionário Oxford da Europa Medieval], o editor George Holmes escreveu:

> As formas de pensamento e ação que temos como garantidas na atual Europa e nos Estados Unidos, que exportamos para a maior parte do Globo, e das quais nós mesmos não escapamos, foram implantadas na mentalidade dos nossos ancestrais nas lutas do tempo medieval (quando a Bíblia estava formando os processos de pensamento da cristandade).[2]

Da mesma forma que Edward Grant apontou em *God and Reason in the Middle Ages* [Deus e razão na Idade Média] que durante a Idade Média posterior (1050-1500), a Bíblia criou uma pessoa religiosa em particular, chamada

---

[1] HALDEMAN-JULIUS, E. **The Meaning of Atheism.** Little Blue Book ≠ 1597. Girard, KS: Haldeman-Julius Company.
[2] HOLMES, George (Ed.). **The Oxford History of Medieval Europe**. Oxford: Oxford University Press, 1992. p. 1.

de *mestre-escola* ou *escolástico*. Ele usava a lógica como sua ferramenta principal para estudar teologia. Nenhuma cultura mais antiga criara um homem racional nesses termos com a "capacidade intelectual de estabelecer as bases do Estado-nação, dos parlamentos, da democracia, do comércio, do sistema bancário, da educação superior e de várias formas literárias como romances e história".[3]

O sucesso científico, tecnológico, militar e econômico do Ocidente é proveniente do fato de que este se tornou uma civilização pensante. Essa racionalidade teria sido uma coincidência da História? Ou a Bíblia promoveu a racionalidade porque esta informou o Ocidente de que a realidade última por trás do Universo era a Palavra racional (*logos*)[4] de um Deus pessoal? Não foi, tal como os sábios indianos pensavam, o silêncio primevo, o som sem sentido (mantra), uma energia ou consciência impessoal.

Muitos no Ocidente seguiram ateus como Haldeman-Julius na rejeição da crença em um Criador racional. Não lhes ocorreu que rejeitar o Deus da Bíblia poderia minar a confiança do Ocidente na razão; que isso poderia forçar as universidades a concluir que a racionalidade não seria intrínseca ao Universo; que o ateísmo faria da razão o produto do acaso de uma química cega; que a lógica seria um produto acidental e dispensável da cultura ocidental, perdendo sua autoridade para sujeitar todos os pontos de vista e todas as culturas a seu juízo.

Algumas pessoas pensam que foi um acidente da História, a imprensa, que fez do Ocidente racional. É fato que a disponibilidade fácil dos livros ajudou a disseminação das ideias geradas durante a Renascença, a Reforma e o Iluminismo. Mas, se a imprensa fosse o segredo, então a Ásia teria

---

[3] GRANT, Edward. **God and Reason in the Middle Ages.** Cambridge: Cambridge University Press, 2001. p. 1.
[4] Os gregos usavam a palavra *logos* para se referir tanto à palavra falada como à palavra não falada, mesmo na mente ou razão. Eles também usavam a palavra para significar "o princípio racional que governa todas as coisas". Alguns judeus, como Fílon de Alexandria, usaram o termo para se referir a Deus. No Novo Testamento, o apóstolo João usou a palavra *logos* para se referir à segunda Pessoa do Deus trino, antes de sua encarnação como Jesus. O uso que João faz do *logos* se tornou a chave para que o Ocidente se tornasse uma civilização pensante. O termo é discutido mais adiante neste capítulo.

dominado o pensamento da Europa por séculos. Os chineses inventaram a imprensa séculos antes. Por volta do ano 972 da era cristã, eles tinham cerca de 130 mil páginas impressas de textos sagrados budistas, os *Triptaka*. Impressores coreanos inventaram fontes móveis de metal pelo menos dois séculos antes que o alemão Gutenberg os reinventasse em 1450. Por que então a imprensa não reformou a China ou a Coreia?

Salvação por rotação

A imprensa e os livros não reformaram meu continente porque nossas filosofias religiosas minaram a razão. Por volta do ano 823 da era cristã, mosteiros chineses tinham tantos livros que inventaram estantes rotativas. No ano 836, pelo menos um monastério em Suchow, no leste da China, tinha inventado um freio para parar o movimento de rotação daquelas estantes. No meio do século XII, quando alguns mosteiros e escolas de catedrais na Europa começavam a prosperar para se transformar em universidades, um monge budista chamado Yeh Meng-te (falecido em 1148) viajou pelos templos e mosteiros no leste da China e reportou que "em seis ou sete de dez templos, pode-se ouvir o som das rodas que movem os tambores dia e noite".[5]

Os monges giravam as estantes para achar e ler os livros? Isso indicaria que esses templos eram centros de tremenda pesquisa. Mas o professor Lynn White Jr., uma das maiores autoridades no mundo no tema da religiosidade medieval e no avanço da tecnologia, explicou que o som das estantes giratórias "não era resultado de atividade acadêmica". Os monges estavam meditando ao som incessante dos estojos que giravam cheios de livros sagrados. Eles não estavam interessados na sabedoria contida nesses livros. Eles buscavam a "salvação pela rotação dos textos sagrados",[6] porque não acreditam em palavras. Seu alvo é alcançar o silêncio por meio do som sem sentido (mantra).

Enquanto alguns cristãos usam os nomes de Jesus e de Maria como mantras, conforme a Bíblia, a oração é uma conversa racional com Deus.

---

[5] GOODRICH, L. C. Revolving Book Case in China, **Harvard Journal of Asiatic Studies**, VII, 1942. p. 154.

[6] WHITE JR., Lynn. **Medieval Religion and Technology.** Berkeley: University of California Press, 1978. p. 47.

Falar com Deus é possível somente se o Criador for pessoal. Porque Buda negou a existência de Deus, seus seguidores desenvolveram rituais espirituais que envolvem uma "oração" mecânica, sem mente: cilindros que giram mecanicamente cheios de orações escritas, e orações escritas em bandeiras que balançam ao vento.

Um caminho mecânico para a salvação

Essa piedade mecanizada atualmente está apelando para o Ocidente pós-moderno. A Meditação Transcendental (MT), um movimento religioso pseudocientífico, é uma boa ilustração desse ponto. Fiquei interessado na MT porque ela foi iniciada por Maharishi Mahesh Yogi, formado na Universidade de Allahabad, onde eu também estudei. Em 1974, o presidente do ramo indiano do movimento me iniciou no "caminho mecânico para a salvação"[7] no quarto de Maharishi em Rishikesh. Ele me deu um mantra, o nome de um semideus hindu menor, e me pediu que recitasse aquele som silenciosamente por vinte minutos, duas vezes por dia. Quando eu alcançasse estágios de desenvolvimento espiritual, ele me disse, precisaria jejuar e recitar o mantra várias horas por dia.

Perguntei-lhe o significado daquele mantra. Ele recomendou-me não me preocupar com o significado. Disse que o objetivo não era compreender a verdade, mas esvaziar minha mente de todo pensamento racional — "transcender" o pensamento. A meditação é uma maneira de escapar do pensamento ao focalizar a atenção em um som (sem sentido) como *om*. O pensamento pode ser interrompido, e a mente pode ser silenciada, porque a raiz da existência não é o *logos*, a palavra racional, mas *avidhya*, ignorância. Essa crença é bem sumarizada na crença budista na criação sintetizada no *Paticcasamuppada*, ou "Cadeia da Origem Dependente":

> Da ignorância surge a imaginação, daí a autoconsciência, daí o nome e a forma (corporal), daí os seis sentidos (sendo o pensamento o sexto), daí o contato, daí o sentimento (ou emoção), daí o desejo, daí o apego, daí o

---

[7] V., p. ex., YOGI, Maharishi Mahesh. **Science of Being and Art of Living:** Transcendental Meditation. New York: New American Library, 1963 [copyright], 1968 [primeira impressão]. p. 294ss.

tornar-se, daí o renascimento, e daí todas as doenças das quais nossa carne é herdeira.[8]

Os gurus hindus que me ensinaram eram brilhantes, mas nenhum deles construiu uma universidade em lugares sagrados como Hishikesh ou Haridwar.[9] Swami Dayananda de Haridwar explicou a razão: "Nós usamos a lógica para destruir a lógica". Por quê? Porque a "criação", inclusive a racionalidade, é um produto de uma ilusão cósmica — maia.

Meus professores indianos estavam cônscios de que nossa tradição filosófica não cultivava o intelecto. Mas eles pensavam que o interesse do Ocidente em cultivar a racionalidade viera da antiga Grécia.

Seis séculos antes de Cristo, começando com filósofos como Tales e Anaximandro, os gregos de fato cultivaram a vida da mente. Essa tradição continuou enquanto eles respeitavam a lógica. Mas ela começou a decair depois que eles negaram a existência do *logos* transcendente e se apegaram aos esforços gnósticos para transcender a racionalidade.

O professor Raoul Mortley estudou a ascensão e queda do *logos* na Grécia antiga. Em seu estudo *From Word to Silence*[10] [Da palavra ao silêncio], demonstrou que a ideia do *logos*, a palavra racional, como a característica controladora do Universo teve origem na Grécia com os pensadores pré-socráticos e chegou ao fim com o fechamento da Academia de Atenas no ano 529 da era cristã.

Contudo, na verdade os gregos se tornaram suspeitos da lógica séculos antes do fechamento da academia. Seus maiores retóricos, os sofistas, usaram a lógica para manipulação política. A retórica era importante nas cidades-estado gregas porque a democracia dependia da persuasão. Partidos opostos entre si usavam a lógica. Isso fez que os gregos pensassem que a lógica era para manipulação, não para conhecer a verdade. Se argumentos aparentemente lógicos poderiam ser ditos para apoiar conclusões

---

[8] BASHAM, A. L. **The Wonder That Was India.** 3. ed. Nova Délhi: Rupa, 2000. p. 269-270.
[9] A "Universidade" Internacional Maharishi foi fundada no Ocidente e iniciou suas atividades na Índia alguns anos depois.
[10] Bonn: Peter Hanstein Verlag GmbH, 1986.

mutuamente excludentes, como alguém poderia confiar na lógica? Como podemos saber se a lógica é intrínseca à realidade? Essa suspeita deu força aos gregos céticos para nutrir e depois demolir a ideia de *logos*.[11]

Os céticos não eram místicos. Mas eles criaram um "clima intelectual no qual o racionalismo [...] era visto com suspeita, tornando-se objeto de dúvida e insatisfação, permitindo assim que a alegação ao conhecimento real deve ser obtida independentemente dos procedimentos da razão".[12] Por conseguinte, após o ceticismo veio o misticismo.

Quanto mais a filosofia grega se tornava cética quanto à capacidade do ser humano em conhecer a verdade, cultos politeístas começaram a encher a vida das pessoas com mitos, superstições e rituais, em uma tentativa de providenciar algum tipo de superestrutura e significado para a vida delas. Sem um Deus racional que comunica a verdade, os gregos se viram obrigados a desistir do seu conceito de *logos* e de sua fé na razão.

Enquanto os céticos gregos atacaram o *logos*, Fílon de Alexandria (25 a.C-50 d.C.), um judeu, o salvou de cair no esquecimento. Os judeus são "o povo do livro", e sua cultura predispôs Fílon a defender o uso e a função da linguagem, ainda que ele também atacasse a maneira com que os sofistas usavam mal a linguagem. Mortley afirma que para Fílon

> A criação do mundo pode parecer incompreensível, mas seus princípios estão não obstante escritos em algum lugar: a linguagem não deve ser abandonada, pois o princípio da palavra/razão permanece como a própria fonte do mundo criado.[13]

As Escrituras hebraicas ensinaram a Fílon que o *logos* ou sabedoria é parte do ser e da natureza de Deus.[14] Com base nesse princípio, Fílon lutou para salvar o conceito de *logos*. Para salvá-lo, ele o *hipostatizou*. Hipostatizar é pensar em um conceito ou abstração como tendo existência real, objetiva.

Para o apóstolo João, o *logos* não era um conceito abstrato. João tocou a Palavra em carne e osso. João conviveu com Jesus durante três anos e viu

---

[11] MORTLEY, **From Word to Silence**, p. 33-34.
[12] Ibid., p. 160.
[13] Ibid., p. 43.
[14] O relato da Criação em Gênesis 1 apresenta Deus pensando, falando, criando, nomeando e julgando. Repetidamente, o texto declara: "Disse Deus: 'Haja [...]' ".

acontecimentos extraordinários. Ele viu a palavra de Jesus trazer mortos de volta à vida. Ele estava em um barco que naufragava quando a palavra de Jesus acalmou a tempestade. Ele estava nervoso quando Jesus pediu que ele alimentasse 5 mil homens com 5 pães e 2 peixes. Mas depois disso ele ajudou a recolher 12 cestos cheios dos pães que sobraram. João ouviu Jesus repetidamente falar a respeito de sua morte e ressurreição, mas não entendeu nem creu no que Jesus disse. Mas depois ele viu Jesus morrer na cruz. Ao se encontrar com o Cristo ressuscitado, João se convenceu, bem como todas as demais testemunhas oculares, de que o Criador viera salvar os pecadores arrependidos.

O que João faria da declaração de Jesus "Eu sou a [...] verdade?".[15] Como ele interpretaria o testemunho de Jesus diante do juiz que o crucificou? Jesus disse a Pilatos: "[...] De fato por esta razão nasci e para isto vim ao mundo: para testemunhar da verdade. Todos que são da verdade me ouvem".[16] As experiências de João com Jesus levaram-no a conclusões opostas às de Buda. A realidade última não é silêncio, mas é palavra — *logos*. João iniciou seu evangelho com a afirmação: "No princípio era aquele que é a Palavra. Ele estava com Deus e era Deus [...]. Aquele que é a Palavra tornou-se carne e viveu entre nós. Vimos a sua glória, glória como do Unigênito vindo do Pai, cheio de graça e de verdade".[17]

Se Deus é a Verdade, se ele pode nos falar em palavras racionalmente inteligíveis, então a racionalidade humana é de fato importante. O caminho para conhecer a verdade é cultivar nossa mente e meditar na Palavra de Deus. *Esses pressupostos teológicos constituem o DNA do que chamamos civilização ocidental.*

Raoul Mortley escreveu:

> Com a abordagem de João, há uma tentativa de fazer o *logos* adentrar o tempo e o espaço: o *logos* hipostatizado agora está ligado a uma figura histórica, e a identificação joanina do *logos* com Jesus constitui um dos fundamentos da filosofia patrística [i.e., dos primeiros pais da Igreja].[18]

---

[15] João 14.6.
[16] João 18.37.
[17] João 1.1,14
[18] MORTLEY, **From Word to Silence**, p. 50.

A afirmação de João de que a Palavra eterna entrou no tempo e na História fez que o Ocidente moderno se tornasse muito diferente da minha cultura. A filosofia indiana, assim como o platonismo grego e o gnosticismo, tem uma suspeita em relação ao tempo. Por isso, na cultura indiana as encarnações são míticas, não históricas.[19] De fato, pensadores indianos foram além de ver o tempo como cíclico ao declararem-no como maia (ilusão). Em contraste, os judeus criam que o tempo é real. Eles viram Deus agir na História. Um dia, eles foram escravos no Egito; no dia seguinte, estavam livres, do outro lado do mar Vermelho, não mais encurralados pelo exército do faraó. Portanto, eles tinham uma visão linear da História — totalmente diferente das demais culturas. Para os judeus, a História caminha para a frente.

A experiência de João fortaleceu essa visão da História. As "boas-novas" são no sentido de que a Palavra eterna, o *logos*, entrou na história humana. Isso fez da realidade do tempo "uma marca registrada da ortodoxia cristã".[20] Em última análise, foi essa compreensão que salvou o Ocidente do gnosticismo.

A luz da lógica na idade das trevas

Agostinho (354-430 d.C.) e Boécio (c. 480-524 d.C.) foram os dois pais da Igreja que desempenharam os papéis mais importantes na preservação da lógica e no estabelecimento das bases intelectuais da civilização medieval e da moderna civilização ocidental. Agostinho exerceu uma influência formidável durante todo o período da Idade Média, Renascença e Reforma. O papel de Boécio foi importante do início da Idade Média até meados do século XII.

Céticos, místicos e niilistas questionaram se o *self* humano existe, se nossa mente significa alguma coisa ou se nossa vontade é realmente livre.

---

[19] Hindus ocidentalizados reconhecem o valor do tempo. Portanto, alguns estão tentando encontrar uma verdade histórica por trás dos mitos religiosos. Isso definitivamente nos ajudará na compreensão da pré-história e da história da Índia. Uma história honesta ajudará a mudar a natureza não histórica da nossa civilização. No entanto, o mito acadêmico construído em nome da correção política nos prejudicará ainda mais.

[20] MORTLEY, **From Word to Silence**, p. 50-51.

Agostinho salvou o intelecto do ataque dos céticos porque ele entendeu a relação bíblica que implica que nossa mente é o mais precioso dom que Deus nos concedeu. A mente faz de nós a imagem de Deus e nos capacita a conhecê-lo e amá-lo. Conforme Agostinho,

> Longe de nós supor que Deus abomina em nós [o intelecto] em virtude do qual Ele nos fez superior aos demais animais. Longe de nós, eu digo, que creiamos de uma maneira que exclua o necessário para aceitar ou exigir a razão; pois não podemos nem mesmo crer, a não ser que tenhamos alma racional.[21]

Em seu importante estudo, *God and Reason in the Middle Ages* [Deus e a razão na Idade Média], o historiador Edward Grant declarou: "O papel que esses dois eruditos destinaram à razão e à racionalidade influenciou a maneira pela qual a razão foi vista e usada na Idade Média."[22] Grant documentou como a cosmovisão bíblica, não o Estado secular, fez do Ocidente uma civilização pensante:

> É uma ironia da história medieval que a razão e a racionalidade, para o bem ou para o mal, tiveram tudo a ver com a religião, com a teologia e com a igreja, e pouco a ver com o Estado. Assim foi no início da Idade Média antes do surgimento das universidades por volta do ano 1200, mas se tornou ainda mais importante depois da organização delas.[23]

A igreja sustentou a ideia do *logos* porque a estrutura da Bíblia providenciou uma base racional para crer na razão. O *logos* entrou na História e se tornou carne. Como a racionalidade é parte da natureza de Deus que nos foi dada, a filosofia ou a compreensão e sistematização racionais da verdade revelada (o que então incluía a ciência) não era algo a ser temido ou evitado.

Enquanto os monges asiáticos alteravam sua consciência racional por meio de meditação, drogas, exercícios físicos e sexuais, as obras de Agostinho

---

[21] Citado por COCHRANE em **Christianity and Classical Culture**. Oxford: Oxford University Press, 1940. p. 401.
[22] Ibid., p. 37.
[23] GRANT, Edward, **God and Reason**, p. 29.

estabeleceram o tom rigoroso dos estudos filosóficos que caracterizaram os últimos 1.500 anos de educação religiosa na cristandade.

> [Agostinho] ficou tão impressionado com o "domínio válido da lógica" que não foi capaz de crer que tenha sido algo inventado por humanos. "Eles estão", afirmou ele corajosamente, "inscritos na racionalidade permanente e divinamente instituída do Universo".[24]

Boécio trabalhou com base na cosmovisão agostiniana, que era robusta o bastante para integrar percepções gregas à revelação bíblica. Ele traduziu textos filosóficos, médicos e científicos do grego para o latim e também escreveu tratados filosóficos e teológicos. Ele inspirou eruditos medievais a continuarem a desenvolver sua tradição filosófica até a "aurora" do início da Renascença e da Reforma. Quanto a isso, Grant escreveu:

> Boécio garantiu que a lógica, o símbolo mais visível da razão e racionalidade, permanecesse vivo no ponto mais baixo do declínio da civilização europeia, entre o os séculos V e X. Quando, no decorrer do século XI, surgiu a nova Europa e estudiosos europeus, por motivos que nunca saberemos com certeza, o legado da "velha lógica" de Boécio estava disponível para fazer a renovação possível, e foi talvez instrumental para a geração desse processo.[25]

O que salvou a racionalidade depois que os gregos desistiram dela? Foi o ensino da Bíblia de que a vida eterna é conhecer Deus e Jesus Cristo.[26] Que Jesus é alguém em quem estão ocultos os tesouros da sabedoria e do conhecimento. Uma seção inteira da Bíblia é chamada de Literatura de Sabedoria[27] e ensina que a sabedoria e o entendimento são melhores que rubis e diamantes. João Damasceno (c. 676-749 d.C.) foi um dos pais da Igreja que ensinou que ser espiritual é cultivar a vida da mente. O último dos pais da Igreja gregos, ele continuou a tradição de Boécio e de Agostinho.

A obra de João *A fonte do conhecimento* reforçou a crença de que o cristianismo bíblico, ortodoxo, é uma religião de racionalidade. Na seção filo-

---

[24] GRANT, **God and Reason**, p. 39.
[25] Ibid., p. 41.
[26] P. ex., João 17.3; Colossenses 2.3.
[27] Os livros de Jó, Provérbios, Eclesiastes e Cântico dos Cânticos.

sófica dessa obra, os próprios títulos dos 68 capítulos revelam uma grande ênfase na lógica. Muito dessa ênfase é derivada de escritores pré-cristãos. Isso é significativo, porque, no seu tempo, os gregos haviam rejeitado completamente a racionalidade a favor do misticismo. João Damasceno foi capaz de pagar tributo à razão e à racionalidade por conta de sua fé na Bíblia. Ele iniciou seu tratado da seguinte maneira:

> Nada é mais valioso que o conhecimento, pois o conhecimento é a luz da alma racional. O oposto, que é a ignorância, são as trevas. Assim como a ausência da luz é a escuridão, da mesma forma a ausência do conhecimento é a escuridão da razão. A ignorância é adequada a seres irracionais, enquanto o conhecimento, aos racionais.[28]

Despertamento em massa da mente europeia

A metade do segundo milênio da era cristã testemunhou muitas tentativas de produzir reforma moral e social na Europa. Mas tais tentativas foram motivadas por uma de duas atitudes opostas. Uma era intolerância e perseguição, uma tentativa de suprimir dissidências e produzir conformidade à força. Foi assim, por exemplo, com a Inquisição espanhola e a expulsão dos judeus e muçulmanos da Espanha. A outra era a abertura, as atitudes questionadoras de Reformadores como Wycliffe, Tyndale, Lutero e Calvino, que tentaram disponibilizar a Bíblia para o povo a fim de que este pudesse descobrir a verdades por si mesmo. O macro-historiador e economista David Landes explicou da seguinte maneira o papel da Bíblia nesse processo:

> A dissensão e a heresia eram há muito conhecidas, mas em 1517, quando Martinho Lutero afixou suas "95 Teses" na porta do Castelo de Wittenberg, ele deu o primeiro sopro da secessão. A cristandade encaminhava-se para uma ruptura. Nas décadas que se seguiram, os protestantes em vários países traduziram a Bíblia para as línguas locais (conquanto os lolardos ingleses os tenham precedido). As pessoas começaram a ler e a pensar por si mesmas.[29]

---

[28] João DAMASCENO. **The Fount of Knowledge, from Writings.** Trad. Frederic H. Chase Jr., em **The Fathers of the Church** series, v. 37. New York: Fathers of the Church, 1958. p. 7.

[29] LANDES, David S. **The Wealth and Poverty of the Nations.** New York: Norton, 1998. p. 139.

Por que a disseminação da Bíblia nas línguas nacionais resultou em um despertamento em massa da mentalidade europeia? Até o século XVI, alemães, suíços e ingleses eram tão supersticiosos quanto os espanhóis. Infelizmente, a igreja era com frequência uma grande fonte dessa irracionalidade. Um bispo poderia colocar "um dente do bebê Jesus" ou um "pedaço da cruz de Cristo" em um recipiente de vidro numa catedral, e cristãos devotos iriam peregrinar para visitar essas relíquias. Eles fariam doações na esperança de receber perdão por seus pecados. Essas doações diminuiriam o tempo deles no purgatório em, digamos, 336 anos, 26 dias e 6 horas. Superstições desse tipo foram as primeiras a desaparecer quando as pessoas começaram a ler a Bíblia.

Quando os bispos ingleses perceberam que seria impossível impedir o povo de comprar e ler a Bíblia, o rei Henrique VIII permitiu que houvesse um exemplar da Bíblia em inglês em cada paróquia. Os tempos eram turbulentos quando a Reforma estava em expansão na Europa continental. Influenciado por *The Obedience of a Christian Man* [A obediência de um cristão], de William Tyndale, o rei Henrique pensou que a leitura da Bíblia tornaria os ingleses dóceis e obedientes. Ele ficou furioso quando aconteceu exatamente o contrário.

Quase todas as cervejarias e tabernas da Inglaterra se tornaram sociedades de debates.[30] As pessoas começaram a questionar e julgar cada tradição da igreja e cada decisão do rei. Elas foram capazes de questionar autoridades religiosas e políticas porque agora tinham nas mãos a própria Palavra de Deus. A Palavra de Deus era uma autoridade maior que a da igreja e a do governo juntos. Aborrecido porque a Bíblia criou tal fermento intelectual, Henrique VIII tentou colocar o gênio de volta na garrafa. Ele redigiu um segundo edito retirando sua permissão para ler a Bíblia inglesa.

---

[30] O historiador revisionista Eamon Duffy ilustra isso em sua controversa obra **The Stripping of the Altars**: Traditional Religion in England 1400-1580 (New Haven: Yale University Press, 1992). Como católico, Duffy isenta o rei Henrique da responsabilidade de promover divisões e facções. "[Henrique VIII] esperava que a Bíblia inglesa seria lida 'com humildade [...] e não daria base a opiniões errôneas'. Em vez disso, o povo começou a debater 'arrogantemente' nas igrejas, cervejarias e tabernas. Uns zombavam dos outros 'tanto por palavra como por escrito, chamando-os de papistas, e estes chamando àqueles de hereges' ", p. 422.

Mas era tarde demais; as massas já se haviam levantado. O segundo edito nunca chegou a ser publicado, embora o documento de Henrique VIII exista, escrito à mão por ele mesmo.

Cervejarias tornaram-se clubes de debates à medida que o povo começou a interpretar e aplicar a Bíblia de diferentes maneiras às questões sociais e intelectuais daquela época. Alguns estavam satisfeitos em deixar a igreja resolver essas questões. Outros compreenderam que o único meio de determinar a interpretação fiel era ler a Bíblia com regras corretas de interpretação. Essa foi uma grande revolução intelectual, que infundiu na mente de todos os ingleses alfabetizados — não apenas dos que estavam nas universidades — uma nova lógica. Não demorou muito para que essa revolução alcançasse outros aspectos da vida do povo. Até aquele tempo, a Inglaterra era apenas uma potência mediana. Mas, uma vez que os ingleses começaram a usar a lógica para interpretar a Bíblia, eles adquiriram uma habilidade que os impeliu para a dianteira da política, da economia e do pensamento mundial.

Há quem pense que acontecimentos do acaso na História, como armas, germes e aço foram as chaves para a habilidade do Ocidente colonizar o mundo.[31] Essa perspectiva materialista não leva em consideração o fato de que nações católicas como Portugal, Espanha e França eram as potências navais durante o século XVI. O que permitiu que nações protestantes muito menores como Inglaterra e Holanda superassem seus rivais católicos?

Cedric B. Cowing, professor emérito de história no Havaí, estudou o impacto do "Avivamento" bíblico do século XVIII na Inglaterra e do "Grande Despertamento" ou "Nova Luz" nos Estados Unidos. Ele concluiu que o fator primário que impulsionou as nações de língua inglesa à frente de suas rivais católicas foi o relacionamento peculiar entre a espiritualidade bíblica e o despertamento intelectual.

O fato de que Deus comunicou sua Palavra motivou as pessoas a aprenderem a ler e escrever. A Bíblia é de fato uma biblioteca — uma coleção

---

[31] V., p. ex., DIAMOND, Jared M. **Guns, Germs and Steel:** The Fates of Human Societies. New York: Norton, 1997. [**Armas, germes e aço:** os destinos das sociedades humanas. Editora Record, 2001.]

de 66 livros. Além destes, John Wesley insistia com seus convertidos que estudassem 50 títulos selecionados. Nos Estados Unidos, o despertamento começou com Jonathan Edwards, o primeiro filósofo daquele país. A tentativa de aprender a Bíblia e os livros que lhes eram indicados motivaram os crentes a desenvolver muitas habilidades de aprendizagem. Cowing afirma que isso foi resultado dos avivamentos espirituais:

> Na Inglaterra, muitos dos convertidos de Whitefield e de Wesley foram motivados a aprender a ler [a Bíblia] e a escrever, mas nas colônias do Norte (ex., Estados Unidos) onde as pessoas já eram alfabetizadas — com exceção dos índios e dos negros — a energia e a disciplina produzidas pela Nova Luz foram a inspiração necessária para dominar conceitos religiosos abstratos. Ao compreender material impresso teológico e devocional, as emoções [estimuladas pelos avivalistas] auxiliaram o desenvolvimento de habilidades cognitivas. Os novatos em focalizar os estágios da conversão estavam estudando um processo análogo à ainda misteriosa sequência secular de reunir dados, alterar hipóteses e de alguma maneira reuni-los intuitivamente para sintetizar as conclusões. Esse tipo de raciocínio teria muita utilidade no futuro. O Grande Despertamento induziu um intelectualismo de massas que, por fim, espalhou-se por todas as direções, desde a crença na soberania de Deus até o agnosticismo.[32]

Esses despertamentos espirituais produziram um despertamento em massa da razão. O povo começou a buscar e a receber o "Espírito que dá sabedoria e entendimento",[33] que é "o princípio do conhecimento".[34] Ao produzir uma fome de conhecimento da verdade sem precedentes, os avivamentos bíblicos salvaram os países protestantes da pobreza que naquela época era crônica e mundial.

Em sua pesquisa quanto à riqueza das nações, o economista escocês Adam Smith observou que apenas o trabalho duro não resulta em prosperidade. Tribos primitivas que caçam e colhem plantas e frutas o dia

---

[32] COWING, Cedric B. **The Great Awakening and the American Revolution:** Colonial Thought in the 18th Century. Chicago: Rand McNally, 1971. p. 72.
[33] Isaías 11.2.
[34] Provérbios 1.7.

inteiro, sete dias por semana, trabalham duro. A diferença entre pobreza e prosperidade é determinada pelo grau de "habilidade, destreza e discernimento" (em uma palavra, pensamento) posto em ação. Deixar que a mente domine sobre os músculos envolve muitos fatores. A tecnologia é um deles.

O uso racional e organização do tempo, trabalho, recursos disponíveis e capital são igualmente importantes. Relacionamentos racionais entre todos os participantes em um sistema econômico e o compartilhar racional de recursos, custos e lucros estabelecem uma diferença crucial na vida econômica de um povo. Esses relacionamentos econômicos são expressos em princípios racionais, leis, contratos, impostos e instituições legais e financeiras. Alguns dos princípios e leis de uma sociedade racional estão escritos. Outros são virtudes morais, comumente aceitos porque são parte do *éthos* religioso e cultural. Foi a Bíblia que moldou o *éthos* dos países que se tornaram protestantes e serviu como o motor do desenvolvimento global.

Todos os seres humanos têm a mesma inteligência básica, mas nem todas as culturas religiosas produzem cidadãos economicamente racionais. Tome a Argentina como exemplo. Até o século XIX, toda a produção manufaturada daquele país — tecelagem, cerâmica, fabricação de sabonetes, produção de óleo comestível, fabricação de velas — era uma indústria doméstica, conduzida apenas por mulheres. "Em uma sociedade machista com valores herdados da Espanha, esperava-se que homens adultos fossem completamente independentes e inativos."[35] Alguns cidadãos com visão de longo alcance perceberam que transformações econômicas em sua sociedade exigiriam que eles recebessem novos imigrantes, especialmente aqueles procedentes da Europa protestante, que os argentinos viam como "mais bem-educados, mais trabalhadores e politicamente maduros"[36]. Mas a recepção desses imigrantes era algo inaceitável para a liderança católica romana. Essa oposição levou o patriota, diplomata e filósofo político argentino Juan Bautista Alberdi (1810-1884) a instar seus compatriotas a que respeitassem o que a Bíblia fizera em países protestantes:

[35] LANDES, **Wealth and Poverty of the Nations**, p. 317.
[36] Ibid.

A América espanhola, limitada pelo catolicismo à exclusão de qualquer outra religião, assemelha-se a um solitário e silencioso convento de freiras [...]. Excluir diferentes religiões na América do Sul é excluir os ingleses, os alemães, os suíços, os norte-americanos, o que equivale a dizer que são as pessoas que este continente mais precisa. Trazê-los sem sua religião é trazê-los sem o agente que fez deles o que eles são.[37]

Estamos testemunhando *a morte da mente americana*?

A tese do professor Allan Bloom (1987) referente ao fechamento ou morte da mente americana com relação a elementos como verdade, ou seja, aquilo que realmente importa, é significativa. Ele lamenta a perda de confiança do Ocidente em sua própria herança intelectual dos Grandes Livros. Essa confiança nasceu na Idade Média. Seguindo Agostinho e João Damasceno, os cristãos estudaram a Bíblia e outros grandes livros porque criam que o próprio Criador comunicou seus pensamentos em um livro e criou a mente humana à sua própria imagem. Deus concedeu o dom da razão a todos os seres humanos para que eles pudessem amá-lo, conhecer toda a verdade, entender sua criação e zelar por ela. Cristãos devotados cultivaram sua mente ao copiar, preservar e estudar grandes livros, porque criam que ser como Deus significa desenvolver o intelecto, crescer em conhecimento e em toda a verdade — o que qualquer indivíduo ou cultura descobrirá primeiro.

Enquanto Allan Bloom lamentou os ícones da música sem noção, tais como Mick Jagger, Osho Rajneesh, o mais desavergonhado promotor do anti-intelectualismo, foi da Índia para os Estados Unidos. Ele foi um dos primeiros intelectuais públicos a levar o pensamento pós-moderno da torre de marfim à classe média. Ele promoveu o niilismo de Cobain e a ideia budista de que as palavras não têm nada a ver com a verdade; que a realidade última é silêncio, *shoonyta*, vazio, nada.

Antes de tornar-se um guru e ir para os Estados Unidos, Rajneesh ensinou filosofia em uma universidade indiana em Sagar, no estado de Madhya Pradesh. Ele compreendeu que o racionalismo que dominava nas

---

[37] LANDES, **Wealth and Poverty**... cit., p. 317.

universidades seculares era um imperador sem roupas. Sua "honestidade" intelectual apelou aos graduados de universidades descritos por Allan Bloom. Os textos de Rajneesh são apimentados com frases do tipo "o intelecto é o principal vilão" e "não use sua mente". As meditações que ele ensinou são técnicas para "matar a mente". Ele insistiu que "a religião é um processo de ir além do pensamento, alcançar um ponto em sua mente no qual não há mais pensamento".[38] Uma inscrição famosa em seu *ashram* diz: "Por favor, deixe seus sapatos e sua mente fora do templo". Rajneesh foi esquecido, mas suas ideias estão sendo vitoriosas no Ocidente. Um exemplo é O *Código Da Vinci*, o livro de Dan Brown, a mais influente exposição do pensamento de Rajneesh de que o conhecimento da verdade vem não pelas palavras ou pela mente, mas por meio de rituais de sexo mesclados a baboseiras gnósticas.

Contudo, o declínio do Ocidente e sua confiança na razão é assunto para outro livro. No início deste capítulo, fiz alusão à afirmação de Edward Grant de que a racionalidade bíblica era a chave para o desenvolvimento da liberdade e da prosperidade do Ocidente. Permita-me ilustrar isso ao focalizar um de seus frutos — tecnologia.

---

[38] RAJNEESH, Acharya. **Beyond and Beyond.** Bombaim: Jeevan Jagruti Kendra, 1970. p. 15.

Capítulo 7

TECNOLOGIA

POR QUE MONGES A DESENVOLVERAM?

No verão de 2000, fui convidado a ministrar um curso sobre Fundamentos de Desenvolvimento Comunitário na Universidade das Nações, em Jinja, Uganda. Como não conhecia a região, pensei que encontraria um deserto. Mas já antes que o avião aterrissasse na cidade de Entebe, fiquei maravilhosamente surpreso com o verde luxuriante.

A caminho do *campus* universitário, observei centenas de mulheres e crianças carregando baldes de água na cabeça. A cena me fez lembrar de casa, ainda que na Índia rural sejam meninas e mulheres, não meninos, que carregam água. As cidades indianas têm instalações hidráulicas, mas na verdade nem todas canalizam água. Uma urbanização rápida e não planejada, somada à corrupção, tornou difícil para as cidades acompanharem a crescente demanda por abastecimento de água. É comum ver pessoas em filas onde há torneiras comunitárias, esperando encher seus baldes e levá-los para casa.[1]

Na minha primeira manhã em Jinja, contaram-me que eu estava hospedado na costa do lago Vitória, na nascente do legendário rio Nilo Branco. Eu não fazia nem ideia de que o

---

[1] Carregar água não é o único e desnecessário uso do poder masculino. Pedreiros carregando tijolos e argamassa sobre a cabeça para construir a mansão de alguém é uma visão bastante comum, enquanto máquinas pesadas estão sendo usadas a poucos metros de distância para construir um arranha-céu!

lago Vitória é o segundo maior lago de água doce do mundo. Tampouco imaginava que o Nilo era tão gigantesco que tinha origens tão distantes. Ele sai do lago Vitória com tanta força que os britânicos construíram uma usina hidrelétrica que gera tanta energia que parte dela é vendida para o Quênia.

Aquela abundância de água e de eletricidade me fez pensar por que mulheres carregam água na cabeça, de manhã e de noite, 365 dias por ano. Eles não dominam a tecnologia do abastecimento hidráulico? Esse não era o problema, porque perto de onde eu estava hospedado havia um complexo industrial de propriedade de indianos. Eu podia ouvir o barulho das bombas que transportavam água diretamente do lago Vitória para suas 2 mil casas.

No meu quarto dia lá, tornou-se difícil para mim respeitar uma prática que submetia mulheres a um trabalho tão enfadonho enquanto muitos homens se assentavam e ficavam jogando baralho. Usar os músculos para trazer água não era apenas um desperdício de bilhões de horas de trabalho; também significava que famílias não tinham água para banhar-se, lavar suas roupas ou para uso sanitário. Beber em copos mal lavados, comer comida em pratos não limpos, com talheres e mãos mal lavados são meios garantidos de contrair doenças facilmente evitáveis. Significa gastar tempo e recursos para curar tais doenças. Isso é algo que condena todo um povo a trabalhar com uma fração do seu potencial. É algo que produz mulheres e crianças raquíticas que têm menos tempo que outras para brincar, aprender e ser criativas. É um exemplo perfeito da liderança opressiva de maridos e do papel insensível de uma comunidade.

Aquela experiência me fez pensar em algumas questões: por que mulheres americanas não carregam água na cabeça? Por que povos ocidentais começaram a usar a mente para fazer o que muitas culturas fazem com os músculos?

Tecnologia é a "mágica da mente". Quando você usa a mente — isto é, tecnologia —, a água vem até você — a água produz eletricidade, que, por sua vez, vai bombear a água diretamente até sua casa. Ao usar a mente em vez dos músculos, algumas poucas pessoas podem providenciar mais água para 1 milhão de lares que 1 milhão de pessoas que a carregam na cabeça.

Nem a África nem a Índia têm falta de mentes engenhosas. Os egípcios que viviam ao longo do Nilo construíram as pirâmides enquanto bárbaros habitavam a Europa Ocidental. O problema foi que os engenheiros que construíram as pirâmides para honrar os ossos de seus reis e rainhas não se preocuparam em fazer carrinhos de mão para seus escravos. De fato, alguns poucos maridos em Uganda que se preocupam com a esposa fazem carrinhos de mão para ela. Para fazer um desses, é preciso apenas um pouco de madeira e uma roda.

Minha experiência em Jinja refutou o provérbio de que "a necessidade é a mãe da invenção". Toda família precisa de água. E se uma esposa não levasse água o suficiente para sua casa? Em casos assim, muitas culturas apelam para a lei do menor esforço em vez de inventar tecnologia. Homens forçavam seus filhos a trabalhar, casavam-se com mais esposas ou compravam escravos. Os hinduístas persuadiram toda uma casta de que Deus a criou para ser carregadora de água e que a "salvação" dos integrantes dessa casta implicava cumprir seu darma — fazer o trabalho dessa casta geração após geração.

É elegante rejeitar a tecnologia. Mahatma Gandhi a rejeitou, e a cidade de Jinja erigiu uma estátua imensa em sua homenagem. O problema é que culturas que rejeitam a tecnologia acabam forçando seres humanos a carregarem água, moer grãos e até limpar suas "latrinas secas".

Aldous Huxley era um admirador distante de Mahatma Gandhi, um promotor do hinduísmo e um pioneiro do movimento ambientalista contemporâneo. Ele culpou o cristianismo por ser responsável pela crise ecológica do mundo moderno. Cria que a tecnologia se desenvolveu no Ocidente porque, de acordo com a Bíblia, Deus ordenou os seres humanos a estabelecerem seu domínio como mordomos sobre a terra.

A opinião de Huxley começou a ser levada a sério depois que Lynn White Jr., que foi professor de história em Stanford, Princeton e na Universidade da Califórnia em Los Angeles, deu-lhe apoio em um artigo publicado no periódico *Science*.[2] A pesquisa histórica de White é impecável. Sua interpretação da sociologia da tecnologia parece correta. Ele faz uma crítica válida de que a civilização ocidental, incluindo a igreja, tem frequentemente afirmado o valor do homem à custa do valor da natureza.

---

[2] The Historical Roots of Our Ecological Crisis, **Science**, v. 155, 1967. p. 1203-1207.

Não obstante, geralmente a poluição mata mais pessoas em culturas não bíblicas, tecnologicamente menos avançadas.[3] Culturas que não bombeiam água para suas casas não podem ter descargas em seus banheiros. Na Índia, a falta de água corrente produziu uma prática hinduísta vexatória que envergonhou Mahatma Gandhi (mas que até hoje é praticada): obrigar intocáveis a carregar os excrementos de outras pessoas em caixas sobre a cabeça.

Os críticos que acusam a cosmovisão judaico-cristã pelos problemas produzidos pela tecnologia, como o aquecimento global, podem estar errados quanto à ciência, mas estão certos quanto à História. A tecnologia é um produto de uma cosmovisão bíblica. A Bíblia defende pelo menos um aspecto de sua crítica da tecnologia: que o coração e a mente do ser humano estão corrompidos pelo pecado. Portanto, algumas das nossas escolhas são destrutivas. Mesmo escolhas feitas com boa intenção podem se tornar prejudiciais à natureza e a nós mesmos. A realidade do pecado faz a autoridade humana tornar-se perigosa em todas as esferas: familiar, social, intelectual, política, religiosa e ambiental. Mesmo assim, você não pode ter criatividade sem autoridade. Quem cria tem autoridade sobre sua criação. Cada criador pode delegar essa autoridade a seus filhos — mesmo se eles têm o potencial de abusar dela.

Não há dúvida de que a criatividade humana que resulta em tecnologia tem sido mal usada. Em muitas culturas, a elite governante usou a tecnologia se esta as tornava mais poderosas que seus inimigos, internos ou externos. Ela recebeu bem a tecnologia para guerra, prazeres, monumentos que lhe dariam prestígio e a opressão dos seus povos. Somente uma cultura promoveu a tecnologia para o bem-estar geral, para a libertação e o fortalecimento dos fracos — escravos, mulheres, crianças, aleijados e pobres. O professor Lynn White Jr. documentou amplamente que uma tecnologia humanizante foi produzida com base numa teologia bíblica:

> A tecnologia humanitária que nosso mundo moderno herdou da Idade Média não tinha como raiz a necessidade econômica; afinal, essa necessidade

---

[3] O uso de "cultura não bíblica" ou "cultura bíblica" neste livro não se refere à antiga cultura israelita, mas a culturas orientadas por uma cosmovisão bíblica.

é intrínseca a toda sociedade, embora tenha encontrado expressões criativas apenas no Ocidente, nutrida na tradição ativista ou voluntarista da teologia ocidental. São as ideias que fazem que a necessidade seja consciente. Máquinas poderosas que economizam trabalho feitas no final da Idade Média foram produzidas com o pressuposto teológico implícito do valor infinito até mesmo do mais degradado dos seres humanos, por uma repugnância instintiva a sujeitar qualquer homem a um serviço vil e estafante que é menos que humano, o qual não é resultado nem de inteligência nem de escolha.[4]

O professor David Landes estudou a fabricação de relógios na China e concluiu que o desenvolvimento dessa tecnologia não foi apenas uma questão de engenhosidade. Os chineses tinham habilidade técnica, mas mesmo assim a fabricação de relógios não se tornou uma indústria, nem se tornou uma fonte de inovações contínuas e crescentes naquele país como foi na Europa. Por quê? Os chineses não estavam interessados em saber a respeito do tempo ou organizar sua vida de acordo com ele.[5]

O desenvolvimento do moinho d'água ilustra que a cultura é tão importante para o desenvolvimento da tecnologia quanto a engenhosidade. Em 1935, Marc Bloch publicou sua pesquisa de que o moinho d'água fora inventado pelo menos cem anos antes de Cristo.[6] Mais tarde, sua utilidade para moer grãos se tornou conhecida no Afeganistão, que faz fronteira com a Índia. Quase todas as pessoas precisam moer grãos, mas mesmo assim os moinhos d'água nunca tiveram uso amplo em culturas hinduístas, budistas e, mais tarde, islâmicas.[7] Os monges cristãos na Europa foram os primeiros a iniciar o uso abrangente de moinhos d'água para moer grãos e impulsionar máquinas pesadas.

---

[4] WHITE JR., Lynn. **Medieval Religion and Technology:** Collected Essays. Berkeley: University of California Press, 1978. p. 22.

[5] LANDES, David S. **Revolution in Time.** Cambridge, MA: Harvard University Press, 2000. p. 39-44.

[6] Ibid., p. 20.

[7] Quando Ruth e eu nos mudamos para uma pequena cidade em 1976, descobrimos que as mulheres ainda usavam pilões de pedra para moer grãos. Um de nossos amigos, a quem capacitamos como servidor municipal de saúde, tornou-se a primeira pessoa a instalar um moinho elétrico para moer trigo e fazer farinha.

O que acelerou o progresso tecnológico ocidental na Idade Média?

A questão que serve de título a esta seção foi o tema de um simpósio na Universidade de Oxford em 1961 sobre mudanças científicas, liderado por Alistair Crombie. A melhor resposta foi dada por Ernst Benz, professor de história na Universidade de Marburg, Alemanha, que em 1964 publicou um ensaio seminal: *Fondamenti christiani della tecnica occidentale* [Fundamentos cristãos da técnica ocidental]. Nesse estudo, demonstrou que "crenças cristãs providenciaram a base racional, e a fé providenciou a energia para a tecnologia ocidental".[8] Benz estudou e experimentou o budismo no Japão. Os impulsos antitecnológicos no zen-budismo o levaram a pesquisar se os avanços tecnológicos na Europa estavam de alguma maneira enraizados em crenças e atitudes cristãs. Sua pesquisa o levou a concluir que a cosmovisão bíblica era de fato a chave para compreender a tecnologia ocidental.

A cristandade foi pioneira em criatividade tecnológica porque a Bíblia apresenta Deus como Criador, não como um sonhador ou um dançarino, como os contos indianos sugerem. Deus *projetou* o cosmo. Ele fez o homem do barro tal como um oleiro faz, e o fez à sua própria imagem criativa, dando-lhe a ordem de governar o mundo criativamente.

A encarnação de Jesus Cristo em um corpo físico e sua ressurreição corporal motivaram os filósofos cristãos a pensarem na ideia única de que a matéria foi criada com um propósito espiritual. Adão foi criado para cuidar da terra, não para desprezá-la ou tentar de algum modo superá-la.[9] Benz compreendeu que a visão judaico-cristã da realidade e do destino produziu e nutriu a tecnologia de quatro maneiras: *Primeiro*, a Bíblia enfatiza uma fabricação inteligente no desígnio do mundo. *Segundo*, a Bíblia sugere que os seres humanos participam da obra divina ao serem eles mesmos bons artesãos. *Terceiro*, a Bíblia ensina que devemos seguir o exemplo divino

---

[8] Sua tese está apresentada mais popularmente no capítulo "The Christian Expectation of the End Time and Idea of Technical Progress" ["A expectativa cristã quanto ao fim dos tempos e a ideia de progresso técnico"]) em seu livro **Evolution and Christian Hope:** Man's Concept of the Future from the Early Fathers to Teilhard de Chardin [Evolução e esperança cristã: o conceito humano de futuro dos pais da Igreja até Teillard de Chardin]. New York: Garden City, 1966.

[9] Gênesis 2.15.

quando usamos o universo físico para finalidades justas. E, em *quarto* lugar, a Bíblia desafiou o Ocidente a usar o tempo sabiamente, porque cada momento é valioso, uma oportunidade única.[10]

Muitos estudiosos reforçaram, expandiram e qualificaram essa tese. Exemplos são Robert Forbes, de Leiden, e Samuel Sambursky, de Jerusalém, que já em 1956 indicaram que a tecnologia se desenvolveu em virtude de o cristianismo ter destruído o animismo clássico. O cosmo bíblico foi "encantado". A Bíblia afirma a existência de espíritos, demônios e anjos. Ela "secularizou" o universo físico, no entanto, ao ensinar que seres humanos, não espíritos, deveriam governar a natureza. Essa cosmovisão tornou possível ao Ocidente usar a natureza racionalmente para o bem dos humanos — ainda que seja verdade que muitos no Ocidente abusaram da tecnologia para explorar a natureza de maneiras injustas ou irresponsáveis.

A cosmologia bíblica não foi a única força por trás do progresso da tecnologia humanitária do Ocidente. A compaixão cristã foi um fator igualmente importante. A espiritualidade cristã enfatiza a compaixão, o serviço e a libertação mais que a necessidade de estabelecer o domínio humano sobre a criação.

Alguns estudiosos têm questionado a tese de Benz não apenas porque nem todos os ramos do cristianismo desenvolveram de igual modo tradições fortes de tecnologia. A tecnologia encontrou terreno mais fértil na igreja ocidental latina que no cristianismo oriental grego. Alguns sugeriram que a diferença seria por causa do fato de que a igreja grega tinha a tendência de ver o problema da humanidade como ignorância e, por conseguinte, entendia a salvação como iluminação. Essa opinião encorajou os santos gregos a serem contemplativos. Em contraste, os santos ocidentais tinham a tendência de serem ativistas, porque viam o pecado como vício — rebelião. A ideia bíblica de novo nascimento incluía uma reorientação da vontade para praticar boas obras. Esse ativismo moral combinado com uma forte ética bíblica de trabalho se mostrou decisivo para promover uma tecnologia humanizante e libertadora. Isso se tornou especialmente verdade depois que os Reformadores protestantes tiraram a Bíblia dos mosteiros e a colocaram nas mãos do povo.

---

[10] Para expandir a visão de Benz, v. Lynn WHITE Jr., **Medieval Religion and Technology**, p. 236-237.

A questão é: *Por que monges cristãos desenvolveram a tecnologia?* Por que não foram monges budistas? Não foi por falta de gênio criativo. No Afeganistão, eles realizaram excelentes obras arquitetônicas, como a construção de enormes estátuas de Buda em Bamiyan, que duraram mil anos até que o Talibã as destruísse.

Monges budistas e cristãos compartilhavam um problema: não podiam se casar para que a esposa moesse os grãos. Uma diferença crucial entre os dois é que o budismo exige que os monges esmolem comida, enquanto a Bíblia espera que os cristãos trabalhem por ela. O apóstolo Paulo disse que quem não trabalha não deve comer.[11] Bento de Núrsia, que fez o movimento monástico europeu diferente de outras tradições religiosas, parafraseou Paulo, dizendo: "A preguiça é uma inimiga da alma".[12] Trabalhar é imitar Deus, porque o Deus da Bíblia é um trabalhador. Ele trabalhou seis dias para criar o mundo e descansou no sétimo.[13]

Os seguidores de Bento aceitaram o ditado de que trabalho é oração, mas também experimentaram uma tensão. Eles tinham de ir ao mosteiro para orar, não para moer grãos. O fator teológico que resolveu essa tensão e impulsionou a tecnologia é o fato de que a Bíblia estabelece uma distinção entre "trabalho" e "labuta". Trabalhar é imitar Deus, mas a fadiga proveniente da labuta foi uma maldição imposta por causa do pecado humano.[14] A labuta fatigante é algo que se faz mecanicamente, um trabalho repetitivo e desumanizante. Essa distinção permitiu que os monges cristãos[15] percebessem que seres humanos não precisam fazer o que o vento, a água ou os cavalos podem fazer. Os seres humanos podem fazer o que outras espécies e as forças da natureza não podem fazer — usar a razão criativa para liberá-los da maldição da labuta fatigante. Lynn White Jr. resumiu as raízes da tecnologia ocidental:

---

[11] 2Tessalonicenses 3.10.
[12] **The Rule of St. Benedict.** Trad. cardeal Gasquet. London: Medieval Library, 1925, cap. 48.
[13] Gênesis 1.3—2.2.
[14] Gênesis 3.17-19.
[15] Não os cristãos ascetas, mas, sim, os monges beneditinos que fizeram votos de pobreza, embora cressem que o trabalho e a produtividade econômica eram uma obrigação divina.

O estudo da tecnologia medieval é, por conseguinte, muito mais que um aspecto da história econômica: esse estudo revela um capítulo na conquista da liberdade. Mais que isso, é uma parte da história da religião [...]. Com frequência, tem sido observado que [os mosteiros] na Idade Média latina foram os primeiros a descobrir a dignidade e o valor espiritual do trabalho — que trabalhar é orar. Mas a Idade Média foi ainda mais longe: os medievais gradualmente começaram a explorar as implicações práticas de um paradoxo essencialmente cristão: assim como a Jerusalém celestial não tem templo, o alvo do trabalho é acabar com todo trabalho.[16]

"Ciência aplicada" ou "teologia aplicada"?

A concepção popular equivocada de que "tecnologia é ciência aplicada" impede as pessoas de entenderem que uma tecnologia "humanizante" é um resultado único da Bíblia. White escreveu:

> É impressionante para nossa mente do século XX quão pouco impacto Galileu e seu círculo tiveram na tecnologia, seja do seu próprio tempo, seja nos 200 anos seguintes. Até o século XVII, a tecnologia europeia fora mais sofisticada que a ciência europeia e pouco relacionada com essa ciência.[17]

O historiador Jacques Barzun relata que ciência e tecnologia se uniram apenas em 1890 quando o químico *sir* Alfred Mond convenceu um grupo de empresários a tirar vantagem do que atualmente é chamado R&D (Research and Development [Pesquisa e Desenvolvimento]). Somente a partir daí, a indústria começou a contratar cientistas para conceber processos que engenheiros podiam construir em máquinas e em outros tipos de aplicação.[18]

A tecnologia ocidental não é resultado da Revolução Industrial do século XVIII. A Revoluçao Industrial foi o resultado da "invenção da invenção" ocidental. Além disso, a tecnologia ocidental antecede a ciência ocidental em pelo menos cinco séculos. O Ocidente se tornou o líder tecnológico global muito antes do nascimento da ciência moderna:

> A grande glória do final da Idade Média não estava em suas catedrais, nem em seus épicos, nem em seu escolasticismo: estava na construção pela

---

[16] WHITE, **Medieval Religion and Technology,** p. 22.
[17] Ibid., p. 131.
[18] BARZUN, **From Darwin to Decadence,** p. 600-601.

primeira vez na História de uma civilização complexa que se baseava não nas costas de escravos suados ou de trabalhadores vindos da Índia ou da China, mas basicamente em força não humana.[19]

O colapso do Império Romano levou à "idade das trevas", com desintegração política, depressão econômica, corrupção da religião e um destacado declínio na literatura, filosofia e ciência. Mas foi em meio a tais trevas que o cristianismo começou a revitalizar o espírito humano. Uma expressão dessa renovação estava na origem da tecnologia libertadora. Seu desenvolvimento ininterrupto foi traçado desde o século VIII (possivelmente, desde o VI) até os nossos dias.[20] Em contraste, as bases filosóficas da ciência moderna foram elaboradas apenas no século XIV, e livros de ciência só foram editados no XVI. Inovações tecnológicas, tal como será visto neste capítulo, aconteceram em mosteiros cristãos, enquanto a ciência cresceu em universidades cristãs.

É um fato que o Ocidente cristão usou sua superioridade tecnológica para colonizar a maior parte do mundo e que a tecnologia tem representado problemas sérios para o meio ambiente e a própria humanidade. Apesar disso, é cegueira ideológica ignorar o fato de que uma tecnologia que aconteça no interior de uma estrutura bíblica tem sido um dos principais instrumentos de emancipação humana. Ilustrarei esse ponto com alguns exemplos.

Vela latina

A "idade das trevas" foi tenebrosa na perspectiva da literatura. Por isso, há pouca informação a respeito de quem inventou a vela latina para navegar contra o vento. Alguns historiadores pensam que a técnica pode ter tido origem já no século II d.C. O que se sabe é que essa invenção eliminou as galés e o trabalho escravo. Sabemos também que a Bíblia foi a força

---

[19] WHITE, **Medieval Religion and Technology**, p. 22.
[20] Para mais detalhes, cf. JONES, Douglas. **Angels in the Architecture**. Moscow, ID: Canon Press, 1998. O argumento do autor é o de que a idade das trevas não foi "tenebrosa", mas de fato marcada por cultura moldada pela Bíblia. Alguns críticos poderão considerar sua visão da idade das trevas muito romântica, mas o autor apresenta pontos fascinantes geralmente ignorados pelos eruditos.

intelectual e moral que fez a escravidão ser vista como algo detestável. Será apenas uma coincidência que a figura mais antiga que se tem notícia de uma vela latina tenha sido encontrada em um templo cristão pré-islâmico em Al-Auja, no sul da Palestina?[21]

De fato, não é possível extrair conclusões históricas seguras de uma pintura na parede de uma igreja. No entanto, sabemos que nos séculos seguintes a Bíblia desempenhou o papel mais importante na promoção de tecnologia que libertou escravos. Também sabemos que não havia secularização naquela época. Nem filósofos pagãos nem templos promoveram ou celebraram tecnologias que emanciparam escravos. Em contraste, a Bíblia começou a ser escrita porque Deus ouviu o clamor dos escravos hebreus. Rodney Stark explica que muitas das filosofias antigas apoiaram a escravidão porque estas "não tinham conceito de pecado ou julgamento, nem revelação na qual se basear" que criticasse a escravidão. Stark prossegue:

> Ainda que seja elegante negar isso, doutrinas antiescravagistas começaram a aparecer na teologia cristã logo após o declínio de Roma, e foram acompanhadas pelo eventual desaparecimento da escravidão em todas as partes da Europa cristã.[22]

Houve boas razões econômicas para o uso da vela latina. Ela aumentou a velocidade média dos navios, diminuiu os custos, reduziu o tamanho da tripulação e permitiu que os navios viajassem para mais longe. Mas, como minha experiência em Jinja demostra, nossa era materialista superestima a força da economia. Uma cultura não vai investir em carrinhos de mão ou em bombas hidráulicas se os que têm o poder de decidir perceberem que há sobra de tempo e de poder dos homens ou das mulheres. Somente uma sociedade com um ambiente teológico que valoriza a dignidade humana usa a tecnologia como uma força para emancipação e empoderamento humano.

---

[21] WHITE JR., Lynn. Technology and Invention in the Middle Ages, **Speculum:** A Journal of Medieval Studies. April, 1940, p. 141-159.
[22] Ibid., p. 291.

O *arado com rodas e o cavalo*

Os chineses já usavam arados de ferro quando os europeus usavam arados de madeira. Mesmo assim, eles continuaram a usar o ferro muito depois de a Europa ter dominado a tecnologia do aço. Certamente, algo renovou o espírito dos agricultores europeus enquanto sua cultura literária pós-romana ainda estava atolada na idade das trevas. O humilde arado com rodas dos agricultores gerou uma força econômica que ajudou a salvar a Europa de ser colonizada pelo islã.

Durante a Idade Média, forças islâmicas foram capazes de invadir livremente a Europa. Muçulmanos conquistaram o sul da Espanha e Portugal e invadiram a França no século VIII. No século IX, eles conquistaram a Sicília e invadiram a Itália, saqueando Óstia e Roma em 846. Em 1237, começaram a conquistar a Rússia. Constantinopla foi capturada em 1453, e as batalhas de 1526 na Hungria e 1529 em Viena sugeriram que era apenas questão de tempo para que mulás, califas e xeiques governassem cidades como Roma, Viena e Florença.

Equipado com uma sega, uma lâmina horizontal, e uma aiveca (a peça que suporta a relha do arado), o novo arado europeu aumentou a produtividade ao cultivar um solo rico, pesado e até então extraído do leito de rios. Esse arado pesado precisava de pelo menos oito juntas de bois e, consequentemente, fez nascer um trabalho agrícola cooperativo, o que eventualmente levou à casa grande. Já no século VIII, o novo arado tornou possível o sistema de cultivo de três campos, o que levou a uma melhor rotação de colheita e uso de terras desocupadas, menos trabalho e mais produtividade. O aumento na produtividade tornou possível substituir bois por cavalos, mais baratos, mas mais eficientes. Isso levou a uma produtividade ainda maior. O resultado foi a eliminação da fome, a melhoria da saúde do povo e um fortalecimento das bases econômicas do Ocidente diante do islã.

Ambientalistas condenam o arado pesado por "violentar" o solo. Economistas dão-lhe o crédito por economizar trabalho ao tornar desnecessária a aragem cruzada. Historiadores sociais reconhecem que o desenvolvimento e a aceitação social do novo arado exigiu uma estrutura de mente que via o domínio humano sobre a terra como um mandato divino. Portanto, todos os três — ambientalistas (como Huxley), economistas (como Landes) e historiadores (como White) — concordam que a Bíblia criou o perfil teológico da Europa, que justificou a administração humana sobre o ambiente e iniciou a revitalização da economia europeia durante a idade das trevas.

O cavalo não é nativo da Europa. Por isso, historiadores tentam descobrir por que foram agricultores europeus que primeiro multiplicaram a vida e a força dos seus cavalos com três tecnologias simples: a ferradura, o colar do arreio (para não ferir o pescoço do animal) e o arreio. Essas três invenções resolveram três problemas antigos. Primeiro, cavalos com pernas quebradas não têm utilidade. Segundo, o sistema de jugo, adaptado para uso com cangas de bois, é ineficiente para cavalos mais rápidos. A canga dificulta a respiração dos cavalos, e, quanto mais depressa eles andarem, mais estrangulados ficarão. Terceiro, como a força animal estava tecnicamente indisponível em quantidades suficientes para puxar cargas pesadas, todas as culturas dependiam de grande quantidade de escravos para realizar grandes construções.

Para resolver o primeiro problema, os europeus inventaram a ferradura, que protege os pés do cavalo e aumenta bastante sua vida produtiva. Para resolver o segundo problema, eles inventaram o arreio moderno, que fica sobre o lombo do cavalo, permitindo ao animal respirar livremente e usar toda a sua força para puxar três ou quatro vezes mais peso que antes. Para resolver o terceiro problema, eles adicionaram traços laterais ao novo arreio. Isso tornou possível colocar vários cavalos um atrás do outro, aumentando grandemente a força animal disponível e tornando o trabalho escravo desnecessário. Depois que o estribo (que datava de muito antes) foi adicionado a essas três invenções, o cavalo fez que os exércitos da Europa se tornassem uma força terrível. A despeito de estar na idade das trevas, a Europa impulsionou a tecnologia muito mais que toda a civilização greco-romana fizera.

Da nossa perspectiva, o fato importante é que as informações mais antigas referentes a esses importantes desenvolvimentos técnicos vêm de uma pintura na Catedral de Bayeux, França, que apresenta um cavalo usado na agricultura. Um artista cristão podia celebrar essas inovações em uma igreja porque elas refletiam valores bíblicos.

O moinho d'água, o moinho de vento e a manivela

O mundo moderno usa muitas tecnologias para gerar energia da água, do vento, do carvão, do petróleo, do gás natural, do biogás e do sol, e para utilizar energia das marés, geotermal e nuclear. A primeira destas, o moinho movido à água, parece ter aparecido simultaneamente durante o século I a.C. na Jutlândia (Dinamarca), no norte da Anatólia (Turquia) e na China. O moinho de vento aparentemente foi desenvolvido no Tibete para girar cilindros de oração budistas ao redor de um eixo vertical, talvez já no século VI a.C. A partir daí, essa tecnologia foi difundida na China, onde foi usada para bombear e rebocar barcos que navegavam em canais, em lugares fechados. O uso de moinhos de vento para moer grãos surgiu no leste do Irã e no Afeganistão no século X.

A ideia de usar a energia da água e do vento para a libertação humana da labuta de um trabalho estafante não fincou raízes em nenhuma parte do mundo islâmico ou budista. Mas no Ocidente foi diferente. O primeiro uso registrado do moinho d'água vem de um abade do século VI, Gregório de Tours (538-594). Esse bispo e historiador gaulês ficou profundamente incomodado ao ver seus monges moendo grãos em pilões primitivos. Então ele encorajou a invenção, ou reinvenção, do moinho d'água para livrá-los daquela tarefa odiosa. Depois dele, mosteiros e comunidades na Europa começaram a usar o moinho d'água nos séculos X e XI e o moinho de vento no século XII para mover instrumentos que economizariam o trabalho humano.

Uma força importante por trás desse desenvolvimento foi Bernardo de Claraval (1090-1153), que fez que a Ordem dos Cavaleiros Templários se submetesse à Regra de São Bento. Em 1136, o abade Arnold de Bonneval escreveu sobre a vida de Bernardo de Claraval, descrevendo a reconstrução de Claraval. Curiosamente, ele não mencionou a igreja, mas fez um interessante relato das máquinas movidas à água da abadia que eram usadas para moer, curtir couro, metalurgia e outras atividades industriais. Uma descrição independente da vida monástica em Claraval naquele período descreve com entusiasmo a peneira automática de farinha de trigo que estava anexada ao moinho de farinha. O narrador "agradece a Deus por tais máquinas que podem aliviar os labores opressivos de homens e animais"²³ e apresenta uma longa lista de tarefas que podiam ser realizadas com a força da água.

Moinhos, d'água e de vento, tornaram-se úteis para mover máquinas pela invenção da manivela, a invenção mais importante depois da roda. Ao unir os movimentos centrífugo e centrípeto, a manivela fez que as máquinas substituíssem o braço humano. Começando talvez com mãos de pilão e pilões giratórios, a manivela se tornou quase tão comum quanto a roda, liberando seres humanos para tarefas mais criativas. No zênite de seu desenvolvimento, os antigos gregos e romanos não conheciam a manivela. Eles usavam mulheres e escravos para os trabalhos diários que máquinas começaram a fazer para monges e agricultores cristãos no século VIII da era cristã.

O *carrinho de mão* e o *volante*

O carrinho de mão pode ter sido uma invenção chinesa. Se foi mesmo, por que os vizinhos hinduístas e muçulmanos da China não conseguiram perceber seu potencial socioeconômico, reduzindo à metade o número de trabalhadores necessários para carregar cargas ao substituir por uma roda o homem na frente do carrinho? O carrinho de mão só se tornou popular na Europa Ocidental na última parte do século XIII. Desde então, as rodas têm substituído o homem em toda parte, exceto em culturas nas quais alguns seres humanos — mulheres, crianças, escravos, empregados, minorias e castas inferiores — são considerados menos humanos que outros.

Onde quer que um carrinho de mão substitui um trabalhador, um volante multiplica o poder de um trabalhador. Um volante armazena força de rotação, que faz melhor uso de energia flutuante. Isso torna possível, por exemplo, pedalar uma bicicleta uma vez só e manter a roda em rotação muitas vezes. Essa invenção engenhosa apareceu primeiro em um livro intitulado *De diversis artibus* (1122-1123), escrito por Teófilo, um teólogo com orientação tecnológica e monge beneditino. Seu livro foi motivado por sua fé. Ela codifica as necessidades necessárias para ornamentar uma grande igreja para a glória de Deus. Essas habilidades que se tornaram a chave para o sucesso econômico do Ocidente vieram de motivações religiosas.

---

²³ WHITE JR. Lynn, **Technology and Invention**... cit., p. 245.

Algumas pessoas expressam sua oposição a máquinas por motivos pragmáticos; por exemplo, novas máquinas produzem consequências nunca vistas, como desemprego ou danos à natureza. Entretanto, geralmente a suspeita tem também uma dimensão filosófica. Qual é o sentido último da tecnologia (ou da música ou da arte)? Inovar por motivos econômicos é um fenômeno relativamente novo. Muitas invenções permanecem pobres até hoje. Inventar novas tecnologias exige tremenda dedicação, trabalho intenso e muitas falhas e fracassos. Por que se preocupar? A Bíblia resolveu esse problema para Teófilo. Ele fez com a tecnologia o que Agostinho fez com a música. A tecnologia não era útil apenas para ele; ela também é significativa. Seu propósito é usar a criatividade humana para a glória de Deus e o serviço dos fracos. A ausência dessa cosmovisão impediu que monges da Índia desenvolvessem tecnologia.

O *órgão de tubos e o relógio mecânico*

O relógio mecânico providenciou o surgimento da engenharia mecânica no Ocidente. Culturas não bíblicas não criaram relógios mecânicos parcialmente pelo fato de que não valorizam o tempo do mesmo modo que o fazem culturas orientadas pela Bíblia. Antes da invenção do relógio, o órgão de tubos era a máquina mais complexa em uso, dedicada à glória de Deus. Os historiadores consideram interessante que, durante o tempo em que a igreja latina abraçou a tecnologia para auxiliar a espiritualidade, a igreja grega proibiu o uso da música em sua liturgia. É provável que o islã tenha influenciado a igreja grega mais que a Bíblia. A igreja grega insistiu que apenas a voz humana sem acompanhamento instrumental seria digna de louvar a Deus. Essa disputa teológica pode soar como simples, mas alguns historiadores pensam que pequenas escolhas desempenharam papéis-chave no desenvolvimento tecnológico do Ocidente e a relativa estagnação das civilizações cristãs orientais.

Um fato interessante a respeito do relógio é que a ideia central parece ter vindo da visão do matemático indiano Bhaskaracharya acerca do movimento perpétuo, descrita em *Siddhanta Shiromani* (1150). Acadêmicos muçulmanos discutiram sua tese durante cinco décadas depois dele, e então a liderança intelectual da Europa a discutiu por mais cinquenta anos.

Finalmente, em sua influente obra *De universo creaturarum* [A respeito das criaturas do Universo], Guillaume de Auvergne, bispo de Paris de 1228 a 1249, apresentou a sugestão de fazer um relógio para pôr em prática essas noções abstratas.

Por que um líder religioso teria tanto interesse em desenvolver um instrumento tão mundano como o relógio? Em seu fascinante estudo *Revolution in Time* [Revolução no tempo], David Landes argumenta que os relógios foram inventados porque os monges precisavam deles. Já vimos que os mosteiros cistercienses, como o de Claraval, eram empreitadas econômicas gigantescas, na linha de frente da inovação tecnológica. Mas os monges iam para os mosteiros primariamente para orar.

Um fator que os levou aos mosteiros foi o mundanismo na igreja estabelecida. Os monges se reuniam para orações conjuntas sete vezes por dia, incluindo uma antes do amanhecer e outra depois do crepúsculo, quando o relógio de sol tinha pouco uso. As orações comunitárias exigem que todos soubessem que horas eram e observassem o mesmo tempo. A partir daí, o relógio tornou-se um instrumento-chave. A administração do tempo era uma necessidade ao mesmo tempo religiosa e prática.

Em termos *práticos*, os monges precisavam trabalhar e também reservar tempo para orar. Em termos *religiosos*, eles precisavam trabalhar como um corpo, ajudando-se reciprocamente no que fosse necessário em determinado tempo. Deles também era esperado que seguissem o padrão divino de concluir seu serviço no tempo certo e descansar nos dias para isso destinados. Uma cultura moldada pela Bíblia fez da administração do tempo um aspecto do estabelecimento do domínio humano sobre o universo físico, porque a Bíblia vê o tempo como parte da realidade física. Em contraste, na cultura indiana o tempo é visto ou como um deus eterno, mas terrível (*Kal*), ou como parte da ilusão cósmica (maia).[24]

Assim como a Europa, meu país também teve comunas religiosas e gênios inventores. Por que então falhamos em desenvolver relógios um uma

---

[24] A atriz hollywoodiana Shirley MacLaine efetivamente introduziu o conceito indiano de tempo entre os leitores ocidentais. V. seu conceito de um eterno "Agora" em seu livro **Going Within** (New York: Bantam Books, 1989). [**Em busca do eu.** Editora Record, 1989.]

tradição local de engenharia mecânica? O que perdemos foi a cosmovisão bíblica. Nós não víamos o Universo como uma criação inteligente. Nós o víamos ou como divino ou como um sonho, mas não como um produto cultural real do intelecto, da vontade e do trabalho. Por conta dessa cosmovisão, nossos monges não gastaram energia intelectual para administrar o tempo. Eles gastaram seus anos encontrando maneiras de fugir da roda sem fim do tempo (*samsara*) mediante meditação que esvazia a mente. O alvo deles era fugir do trabalho, não torná-lo mais fácil. Eles não precisavam de relógios porque buscavam uma maneira de escapar de obrigações sociais; não buscavam salvação da maldição da labuta por meio de uma atividade econômica comunitariamente sincronizada.

Óculos

Os óculos fizeram da fabricação de relógios e do conserto deles uma revolução, avançando a engenharia mecânica. Os óculos foram inventados na década de 1280 nas proximidades ou de Pisa ou de Lucca, na Itália. Nossas primeiras informações a respeito dessa invenção vêm de um sermão sobre arrependimento pregado na Santa Maria Novella, em Florença, no dia 23 de fevereiro de 1306, pelo dominicano Giordano de Pisa. Tal como no caso dos relógios, os monges foram os principais patronos dos óculos. Eles precisavam estudar, especialmente a Bíblia. Um aspecto interessante do sermão de Giordano é que ele apresenta uma descrição não apenas da invenção dos óculos, mas também da recente invenção da invenção propriamente dita. Os óculos praticamente dobraram a vida produtiva dos artesãos e dos intelectuais ocidentais. Monges cristãos no Ocidente foram capazes de gastar os anos de sua maturidade trabalhando com textos e desenvolvendo tecnologias, gestando o movimento que chamamos de Renascença.

O oposto aconteceu na minha parte do mundo. Nossos monges não desenvolveram auxílios técnicos para melhorar a visão. Eles tinham orgulho de fechar olhos saudáveis durante a meditação. Até hoje, os nossos iogues "voam" para galáxias distantes em experiências "fora do corpo". Maharishi Mahesh Yogi, que promoveu a Meditação Transcendental no Ocidente, popularizou uma das técnicas de levitação por ioga nos Estados Unidos. Por que alguém inventaria o avião, se pode voar em seus devaneios?

Os monges cristãos eram diferentes porque a Bíblia lhes deu uma cosmovisão diferente. Eilmer, da Abadia de Wiltshire, em Malmesbury, Inglaterra, era um monge beneditino que pode ter sido o primeiro europeu a tentar voar, e isso no século XI. Esse monge erudito[25] construiu um planador, saltou de uma torre de 25 metros de altura, voou cerca de 180 metros, caiu, quebrou as pernas e colocou a culpa no seu projeto malfeito — ele não incluiu uma cauda em seu planador! Eventualmente, o Ocidente obteve sucesso no desenvolvimento da tecnologia para voar, enquanto nossos monges continuavam a tentar meditar, levitar e voar.

Deus fez Adão *uma alma vivente*

Tecnologia é integrar mente e músculos. É inspirar reflexão (alma) em uma ação física (matéria). Isso, de acordo com a Bíblia, é a essência do homem. Adão se tornou uma alma vivente quando Deus inspirou seu Espírito em um corpo material.[26] A tecnologia se desenvolve quando as pessoas que usam seus músculos têm permissão para desenvolver sua mente e podem usá-la. Isso significa que a tese de Benz tem de ser revista. A tecnologia medieval não se desenvolveu nas torres de marfim das universidades, mas na monotonia da vida econômica dos mosteiros cristãos.[27]

Por quê?

O monasticismo (distinto do antigo ascetismo) teve início como uma reação contra a influência corruptora do pensamento greco-romano na igreja cristã, especialmente a atitude de que o trabalho manual era algo inferior. Ainda que eventualmente essa corrupção também tenha alcançado os mosteiros, inicialmente o movimento monástico era uma busca por um cristianismo bíblico autêntico. Ele seguia a Bíblia na exaltação da virtude do trabalho manual, bem como no cultivo do amor pela Palavra de Deus.

O mundo greco-romano não estava sozinho nessa atitude de desprezar o trabalho manual. Essa atitude era comum em todo o mundo antigo.

---

[25] Alguns acreditam que ele deve ter se tornado monge depois da tentativa de seu voo. Por boas razões, Lynn White acredita que ele já era monge.
[26] Gênesis 2.7.
[27] Durante a Idade Média, os únicos departamentos de universidade a ter interesse em máquinas eram os de astrologia médica.

O Deus que libertou os judeus trabalhou por seis dias e ordenou aos seres humanos que fizessem o mesmo. Isso é o oposto da tradição hinduísta, que concebe Deus como um ser que fica meditando, um *yogeshwar* ("deus da ioga"). É praticamente impossível encontrar um guru brâmane na Índia tradicional que se pareça com o apóstolo Paulo — um rabino que fabricava tendas para sobreviver.[28] Os brâmanes diziam que trabalho manual é para castas inferiores, o resultado de um carma negativo de sua existência anterior. Mahatma Gandhi foi o primeiro líder indiano que usou um tear para tentar importar a ética paulina de trabalho para a Índia: "quando ainda estávamos com vocês, nós lhes ordenamos isso: se alguém não quiser trabalhar, também não coma".[29]

O monge alemão cuja visão bíblica efetivamente libertou a cristandade da dicotomia entre as mãos e o cérebro foi Teófilo — metalúrgico habilidoso, artesão em várias áreas, escritor estiloso, exegeta competente das Escrituras e teólogo atualizado. Sua obra *De diversis artibus* [A respeito de diversas artes], escrita em 1122 ou em 1123, que explica o volante, é o primeiro documento de destaque sobre tecnologia. Antes dele, artesãos em muitas culturas não escreviam porque não foram treinados como eruditos. E os que sabiam escrever não estavam interessados em questões técnicas.

A principal preocupação do livro de Teófilo é quanto ao lugar da tecnologia na vida espiritual de um monge. Ele se preocupava apenas com o louvor a Deus e nem um pouco a respeito do mundo além do claustro. Em princípio, esse isolamento do mundo "secular" parece estranho para um homem com tais habilidades práticas, até que se perceba que foi esse isolamento do mundo que o capacitou a ser mais bíblico e menos mundano — isto é, menos influenciado pelo esnobismo antitrabalhista e antitecnológico da cultura clássica greco-romana influente na Europa e pela igreja latina corrompida. Uma paixão pela glória de Deus impediu que a tecnologia se tornasse um ídolo, um deus falso e destrutivo.

O retorno à literatura clássica greco-romana promovido pela Renascença ajudou a criar o clima cultural que lançou as bases do desenvolvimento da

---

[28] Atos 18.3.
[29] 2Tessalonicenses 3.10.

tecnologia ocidental. Até o século XVIII as universidades europeias ensinavam teologia, filosofia, direito, medicina e matemática (ciência), mas não tecnologia. As bases intelectuais da tecnologia ocidental foram lançadas em mosteiros por monges como Hugo de São Vítor em Paris (1096-1141) e continuaram a influenciar a cultura fora da universidade. Contemporâneo de Teófilo, Hugo era um destacado teólogo e filósofo francês. Na década de 1120, ele escreveu *Didascalicon*, um guia educacional para noviços. Esse foi o primeiro livro a ensinar artes mecânicas na educação formal.

Hugo acreditava que, de acordo com a Bíblia, os seres humanos têm três defeitos básicos: na *mente* — por isso precisamos aprender a verdade por meio do estudo da teologia e da filosofia; na *virtude* — por isso os noviços precisam aprender ética; no *corpo* — por isso os que vão para os mosteiros devem estudar tecnologia para suplementar sua fraqueza física. Hugo de São Vítor foi estudado por três séculos. Isso capacitou o Ocidente a desenvolver valores culturais bíblicos dramaticamente diferentes dos promovidos pelas cosmovisões da literatura greco-romana, pelo hinduísmo e pelo budismo.

Se a tecnologia moderna foi uma força de humanização, por que então alguns críticos pós-modernos a condenam como desumanizadora? Durante o milênio anterior, o cristianismo bíblico substituiu um mundo pagão governado por espíritos por um mundo "secular" administrado pela engenhosidade e tecnologia humanas. Atualmente, muitos no Ocidente pós-cristão veem as máquinas como espíritos maus. Um exemplo é Hollywood, que está produzindo todo gênero de filmes inspirados pela ideia de que o problema humano não é um conflito entre o bem e o mal, mas entre a humanidade e as máquinas. Dentre os mais populares desses filmes, estão a trilogia *Matrix*, a série *Terminator* [*Exterminador do futuro*]) e vários episódios de *Star Trek* [*Jornada nas estrelas*]. Filmes como *Crouching Tiger, Hidden Dragon* [*O tigre e o dragão*] exaltam a mágica da meditação budista, não a inovação tecnológica. Eles ignoram o fato de que está historicamente provado que a maravilha da mente é a tecnologia, não a meditação que a esvazia.

Tentando me impressionar com o fato de que ele respeitava a Índia, meu anfitrião em Jinja me levou ao Memorial Gandhi nas margens do Nilo.

A companhia industrial que bombeava água e o banco indiano financiaram o monumento. Meu anfitrião me perguntou o que eu pensava a respeito de Mahatma Ganhdi. De maneira polida, comentei com ele que Jinja parecia seguir a perspectiva antitecnológica de Gandhi, e que seria melhor seguir os industriais e os banqueiros indianos.

A ideia de Gandhi de que a tecnologia é má e que uma vida simples e natural é moralmente superior veio de idealistas britânicos como John Ruskin. Pessoas sensíveis como ele tornaram-se críticas da Revolução Industrial britânica por causa da exploração, opressão e outros males associados às "fábricas satânicas tenebrosas". Mahatma Gandhi trouxe essa oposição à tecnologia para a Índia. Felizmente, Pandit Jawahalal Nehru, discípulo mais jovem de Gandhi, também estudou na Inglaterra e se tornou o primeiro a ocupar o cargo de primeiro-ministro da Índia. Ele sabia que sociedades não industriais podem ser tão ímpias como as industriais. O mal está em nosso coração, não na tecnologia.

Nehru também sabia que a consciência cristã da Inglaterra lutara para minimizar os males da Revolução Industrial. Isso fez que a indústria fosse uma bênção, não uma maldição. Nehru liderou a Índia além da ênfase de Gandhi no tear manual para a mecanização e a industrialização.[30] Em 2003, o governo indiano aprovou uma missão tripulada à Lua. Sábia ou não, bem-sucedida ou desastrosa, a missão será o clímax simbólico da decisão nacional de vencer a rejeição de Gandhi à tecnologia. Mas, sem os valores morais e sociais da Bíblia, isso poderá ser como construir um Taj Mahal no espaço.

Lições do Taj Mahal

Assim como as pirâmides simbolizam a glória do Egito, o Taj Mahal em Agra é uma síntese das melhores realizações da Índia pré-moderna. Nenhum fotógrafo consegue capturar sua grandeza. É preciso vê-lo para experimentar sua magnificência. O imperador mogul Sha Jahan começou

---

[30] Infelizmente, o socialismo fabiano secular de Nehru criou seus próprios problemas, mantendo a Índia atrasada, enquanto nações pequenas como Japão, Coreia do Sul e Cingapura se desenvolveram muito mais. Mas a ênfase de Nehru em educação técnica atualmente é um dos principais ativos da Índia.

a construir o Taj Mahal em 1631. Nesse mesmo ano, um viajante britânico chamado Peter Mundy viajou de Surat (norte de Bombaim) até Agra (sul de Nova Délhi), uma distância de 1.083 quilômetros, para ver o imperador. O relato do seu testemunho ocular está entre nossas mais importantes fontes de informação a respeito da construção do Taj Mahal:

> Desde Surat até este lugar, toda a estrada está coberta de cadáveres, e nosso nariz nunca livre do seu mau cheiro [...] mulheres foram vistas assando seus filhos [...]. Logo que um homem ou uma mulher morria, seu corpo era cortado em pedaços para ser comido.[31]

As chuvas de monção não caíram[32] naquele ano, e as pessoas não tinham o que comer. Por que a agricultura indiana se tornou tão dependente das chuvas? O norte da Índia tem muitos rios perenes alimentados pelas geleiras do Himalaia. Será que as pessoas que construíram o Taj Mahal não poderiam construir represas e canais para camponeses? Por que a Índia do século XVII não armazenou alimentos em armazéns como estoque para os anos de seca? Afinal, quase 4 mil anos antes de Shah Jahan, José, um escravo hebreu que chegou à posição de administrador, construiu depósitos nas margens do rio Nilo para o povo sobreviver a sete anos de fome. A civilização pré-ariana do vale do Indo tinha acesso à tecnologia de armazenamento de alimentos pelo menos 1.500 anos antes de Cristo. Além disso, aquele não foi o primeiro ano que as monções não vieram. Por que então as pessoas não produziram um excedente e o guardaram para emergências como a do ano 1631?

Meus ancestrais do século XVII morreram de fome não porque fossem pouco inteligentes, preguiçosos ou improdutivos. Um povo precisa mais do que engenhosidade para desenvolver suas terras e sua tecnologia, para aumentar sua produtividade e preparar-se para emergências. É preciso também uma liderança sábia, estabilidade política, leis justas, impostos justos e segurança econômica. Akbar, o avô de Shah Jahan, tentou ministrar justiça aos seus súditos por alguns anos, mas em 1620 a Índia estava sendo

---

[31] Citado por MASON, Philip. **The Men Who Ruled India.** Calcutá: Ruppa, 1992. p. 12.
[32] Chove na maior parte do subcontinente indiano durante os meses de monção de verão de junho a setembro. Em alguns anos, a monção não tem precipitação suficiente.

governada como sempre foi. Impostos (a "porção do rei") aumentaram de metade para dois terços da produção de um cidadão. Além disso, os coletores de impostos extraíam sua renda dos agricultores. Eles eram obrigados a recorrer à extorsão porque não recebiam salários. Os lavradores ficavam com não mais que 18% ou 20% do que produziam. Isso era um grande incentivo contra ser criativo e produtivo. A única maneira de fazer dinheiro era se unir à exploração. Reinos hinduístas, budistas e muçulmanos não existem para servir ao povo. Em tais condições, o povo existe para a glória do governante, não para a glória de Deus.[33] A descrição da rotina diária dos administradores principais durante o reinado de Shah Jahan feita pelo historiador Stanley Wolpert nos ajuda a entender a natureza da liderança não bíblica:

> A não ser que fossem requisitados em algum lugar para algum assunto urgente, todos os principais *mansabdars* (administradores) passavam em revista as tropas duas vezes ao dia diante do imperador em seu Palácio de Audiências Públicas (*Diwan-i-Am*), enquanto oficiais menos graduados permaneciam a distância, mas podiam ser chamados se sua presença fosse necessária. As virtudes da humildade, obediência, paciência e lealdade eram desse modo instiladas em todos os generais poderosos e administradores civis, ao custo da iniciativa intelectual, independência da mente, autossuficiência, integridade e coragem. Abusados e tratados como crianças por seu imperador, não era surpresa encontrar esses "nobres", por sua vez, comportando-se como tiranetes com seus servos, carregadores, soldados e com os camponeses. Todo o sistema era uma pirâmide de poder designada a perpetuar seu pináculo imperial, quer pela violência impiedosa, extorsão, intrigas de harém, suborno, quer pelo terror puro e simples. Os jardins formais, mausoléus de mármore e miniaturas persas eram como néctar extraído de um subcontinente incrustado em obediência, espoliado de suas riquezas pelos poucos que tinham razão em fazer poesia em versos persas esculpidos nas paredes ornadas do Palácio de Audiências Particulares em Délhi (*Diwan-I--Khas*), "Se há o Paraíso na terra, é aqui, é aqui, é aqui".[34]

---

[33] A ideia secular de que os indivíduos não podem existir para sua própria glória é filosoficamente instável. A noção não funciona porque indivíduos podem encontrar significado apenas em um relacionamento com algo universal — animais, raça, igreja, Estado, ideologia, natureza, ou Deus.

[34] WOLPERT, Stanley. **A New History of India**. 5. ed. New York: Oxford University Press, 1997. p. 155-156.

A fome de 1631 foi uma tragédia em massa porque a liderança da Índia estava ocupada explorando seus súditos em grandes monumentos como o Red Fort, em Nova Délhi, o Taj Mahal, em Agra, e na confecção de artefatos como o Trono do Pavão[35] — graças a isso, dizia-se que "o ouro estava em falta no mundo".

Ásia e África nunca tiveram falta de habilidade. Mas habilidade apenas não produz tecnologia libertadora. Jesus disse que as pessoas são como ovelhas que precisam de bons pastores. Sem pastores, a escravidão permanecerá sendo a norma — das mulheres de Jinja aos intocáveis da Índia. Culturas não bíblicas necessitam de mais do que tecnologia — necessitam de uma filosofia que dê valor às pessoas. De fato, a tecnologia é secular: uma pessoa de qualquer credo, ou de nenhum, pode desenvolvê-la e usá-la. Mas o secularismo não liberta, como o professor Stark demonstrou em sua pesquisa a respeito da escravidão e de sua abolição:

> Um "Quem é Quem" virtual de personagens do "Iluminismo" aceitaria totalmente a escravidão [...]. Não foram filósofos ou intelectuais seculares que apresentaram uma condenação moral da escravidão, mas as próprias pessoas que enfrentaram esse sofrimento: homens e mulheres possuídos por intensa fé cristã que se opuseram à escravidão. Porque é um pecado [...]. O ponto principal é que os abolicionistas, papas ou evangelistas usaram exclusivamente a linguagem da fé cristã [...]. Ainda que muitos clérigos no sul [dos Estados Unidos] propusessem uma defesa teológica da escravidão, a retórica pró-escravidão era completamente secularizada — faziam-se referência à "liberdade" e aos "direitos dos estados", mas não ao "pecado" ou à "salvação".[36]

A teologia bíblica aboliu a escravidão porque a considerava pecaminosa. Escravidão significa labuta, que a Bíblia apresenta como consequência do pecado. Deus amou os pecadores o bastante para enviar seu Filho para carregar os pecados deles sobre si mesmo. A maldição do pecado foi pregada na cruz do Calvário, precisamente para redimir a humanidade

---

[35] O invasor persa Nadir Shah levou o Trono do Pavão da Índia em 1739.
[36] STARK, Rodney. **For the Glory of God:** How Monotheism Led to Reformations, Science, Witch-hunts, and the End of Slavery. Princeton: Princeton University Press, 2003. p. 244, 359-360.

dessa escravidão. Fome e pobreza, de acordo com a Bíblia, não são assuntos seculares. São consequências do pecado. Logo, a salvação bíblica inclui libertação da pobreza opressiva. Essa foi a minha mensagem em Jinja.

Contudo, a tecnologia não é o suficiente para desafiar uma cultura de escravidão. Essa tarefa exige um espírito heroico. Por isso, o capítulo seguinte examinará como a Bíblia criou o heroísmo moderno.

PARTE IV
A REVOLUÇÃO DO MILÊNIO

*Então Jesus disse aos seus discípulos:
"Se alguém quiser acompanhar-me, negue-se
a si mesmo, tome a sua cruz e siga-me.
Pois quem quiser salvar a sua vida, a perderá,
mas quem perder a sua vida por minha
causa, a encontrará.*

— Mateus 16.24,25

*Quanto a mim, que eu jamais me glorie,
a não ser na cruz de nosso Senhor Jesus Cristo,
por meio da qual o mundo foi crucificado
para mim, e eu para o mundo.*

— Gálatas 6.14

Capítulo 8

HEROÍSMO
COMO UM MESSIAS DERROTADO CONQUISTOU ROMA?

O que define um herói? Herói é quem morre enquanto salva pessoas de um prédio em chamas? Ou quem morre enquanto explode um prédio cheio de pessoas inocentes? Jonathan Swift (1667-1745) afirmou: "Qualquer um que consegue ser excelente no que valorizamos, é visto por nós como um herói".[1] O que é considerado heroico em determinada cultura depende daquilo que aquela cultura valoriza.

Este capítulo examinará como a Bíblia mudou a ideia europeia de herói durante o último milênio. Há mil anos, a ideia da Europa "cristã" de heroísmo foi expressa no primeiro conflito internacional do último milênio. Foi uma cruzada na qual soldados cristãos tentaram expulsar os muçulmanos da cidade santa de Jerusalém.[2] O último grande conflito do segundo milênio da era cristã foi a Operação Tempestade no Deserto, no Kuwait, na qual soldados ocidentais arriscaram a vida para libertar muçulmanos kuwaitianos de muçulmanos iraquianos. De fato o petróleo foi a

---

[1] SWIFT, Jonathan. Cadenus and Vanessa, **Jonathan Swift:** The Complete Poems. New Haven: Yale University Press, 1983, 149, Ins.740-741.

[2] Quando os primeiros cruzados finalmente conquistaram a "Cidade Santa" em 15 de julho de 1099, eles a "purificaram" ao matar praticamente todos os seus habitantes.

motivação subjacente à ação norte-americana, mas o fato permanece de que, enquanto o Iraque invadiu o Kuwait por causa do petróleo, os Estados Unidos não podiam e não permaneceram no Kuwait para saquear o petróleo. Como aconteceu durante os últimos mil anos uma mudança global de paradigma tão grande que hoje poucos conseguem imaginar a única superpotência do mundo elegendo um Alexandre, o Grande, para colonizar outras nações?

Isso não é dizer que a política externa europeia e norte-americana não seja governada por interesse próprio. A questão é: *por que esperamos e exigimos que nações "civilizadas" enviem suas tropas apenas para libertar os oprimidos, não para explorá-los? O que nos fez mudar?* A resposta é que esperamos que o Ocidente siga não Alexandre, o Grande, Augusto ou Adolf Hitler, mas a Bíblia e sua definição de heroísmo. O Messias derrotado da Bíblia sobrepujou as ideias clássicas e medievais de heroísmo para criar o mundo moderno, que valoriza o autossacrifício mais do que a conquista do mundo e proezas militares.

As Cruzadas originais foram expedições militares levadas a cabo pelos europeus cristãos entre 1095 e 1270 para reconquistar Jerusalém e outros lugares na terra santa do controle muçulmano. O papa geralmente ordenava essas campanhas, que se originaram de um desejo de retirar dos muçulmanos o controle de terras cristãs. Oferecia-se "remissão dos pecados" (indulgências) aos cristãos que combatessem. A igreja desempenhou um papel importante nessas aventuras militares porque naquela época a cristandade estava unida mais em função da igreja que em função de algum império. Geralmente o Estado atuava como o braço policial ou militar da igreja. Não apenas as Cruzadas, mas muitas iniciativas públicas também vieram da igreja, em parte porque muitos reis eram menos poderosos que o papa e alguns líderes eclesiásticos ambiciosos queriam ampliar seu poder político e religioso.

A igreja tinha parceiros econômicos que avistaram novas possibilidades nas Cruzadas. Uma das suas motivações era manter os "heróis" europeus causadores de problemas — cavaleiros e nobres — longe de suas vistas. Se fosse para que eles combatessem e morressem, melhor seria que o fizessem em terras distantes. Dessa maneira eles seriam imortalizados, se não no céu, como alguns papas garantiam, pelo menos em canções. Em suma: qualquer que tenha sido a justificativa, as Cruzadas se tornaram uma barbárie religiosa.

Há, porém, conteúdo no argumento apresentado por alguns eruditos de renome como Jacques Ellul (1912-1994) de que as Cruzadas representaram a islamização do cristianismo.[3] Na aurora do segundo milênio da era cristã, a civilização islâmica era superior à cristandade europeia em muitos sentidos. A Europa aprendeu muito com o mundo islâmico, e uma das coisas que aprendeu foi a ideia de usar a espada para promover a religião. A Bíblia pode até dar base para um teólogo elaborar um argumento em favor de uma "guerra justa". Mas ninguém aprenderá de Jesus ou de seus apóstolos o uso da espada para coagir uma conversão ao cristianismo.[4]

Das Cruzadas o milênio cristão se moveu aos conquistadores. Os reis católicos da Espanha, de Portugal e da França enviaram seus soldados junto com seus sacerdotes para a América do Sul e as ilhas do Caribe em busca de ouro. Os sacerdotes erigiam uma cruz na praia, alegando a posse da terra antes que os soldados saíssem — geralmente para matar, estuprar e saquear. São histórias horríveis. Um soldado "cristão" arrancou um bebê dos braços da mãe que o amamentava, atirou-o a uma rocha e depois o deu como alimento ao seu cão.[5] Os nativos eram vistos como menos que humanos. As Cruzadas pelo menos tinham uma justificativa histórica, política e estratégica. Em contraste, a despeito das aventuras heroicas de homens como Colombo, o que moveu os conquistadores foi a cobiça.

Seguindo os conquistadores, a ideologia do colonialismo começou a dominar o cenário global. A primazia foi usurpada por nações protestantes

---

[3] Cf. ELLUL, Jacques. **Subversion of Christianity.** Trad. Geoffrey W. Bromiley. Grand Rapids: Eerdmans, 1986, cap. 5. [**Anarquia e cristianismo.** São Paulo: Garimpo Editorial, 2010.]

[4] O Novo Testamento justifica o uso da espada pelo Estado para reprimir o mal. V., p. ex., Romanos 13.1-5.

[5] Para um relato em primeira mão das atrocidades dos conquistadores, v. LAS CASAS, Bartolomé de. **The Devastation of the Indies:** A Brief Account. Trad. Herma Briffault. Baltimore: Johns Hopkins University Press, 1992. [**O paraíso destruído:** a sangrenta história da conquista da América. Porto Alegre: L & PM, 2001.] Ainda que houvesse movimentos significativos na Espanha de resistência aos abusos nas Índias Ocidentais, foi difícil impedir o avanço dos conquistadores.

como a Inglaterra, fortalecida pela tecnologia, educação, liberdade e ciências que foram motivadas pela Bíblia. O mal do colonialismo ficou simbolizado pelos primeiros catorze anos do domínio britânico em Bengala, no leste da Índia, marcado por corrupção e caos administrativo (1757-1770). O impacto devastador na economia local foi ampliado pelo fato de que houve uma falha na chuva de monções que levou à morte por fome cerca de 10 milhões de pessoas. Lorde Curzon, que foi vice-rei na Índia, observou:

> Durante o verão daquele ano (1770) foi registrado que os maridos venderam seu gado, seus implementos agrícolas, seus filhos e suas filhas, até que nenhum comprador de crianças pudesse ser encontrado; eles comeram as folhas das árvores e a grama do pasto; e, quando chegou o calor do verão, os vivos comeram a carne dos mortos. As ruas das cidades estavam entulhadas com os montes promíscuos dos cadáveres e dos moribundos; nem mesmo os cães e os chacais davam conta daquela tarefa revoltante.[6]

Durante o século XIX os evangelicais britânicos conseguiram transformar o mal do colonialismo em bênção para o meu país.[7] Não obstante, todos concordam que o colonialismo[8] — uma nação governando outra — é um mal.

Como um milênio que começou com as Cruzadas e chegou aos conquistadores e ao colonialismo terminou com o Kuwait e Kosovo — nações que um dia foram cristãs enviando seus exércitos para libertar os muçulmanos kuwaitianos de muçulmanos iraquianos, e os muçulmanos de Kosovo de cristãos ortodoxos? Por que na aurora do terceiro milênio nenhum presidente dos Estados Unidos — seja este admirado, seja odiado — pode chegar ao ponto de pensar em controlar o Afeganistão?[9]

---

[6] **Lord Curzon in India:** Being a Selection from His Speeches as Viceroy and Governor-General of India, 1898-1905. London: Macmillan, 1906. p. 393.

[7] V. meus livros **India:** The Grand Experiment; **Missionary Conspiracy:** Letters to a Postmodern Hindu; **William Carey and the Regeneration of India**.

[8] A Índia era um milhar de pequenos reinos quando a East India Company [Companhia das Índias Orientais] a colonizou. A ideia da Índia como uma nação unificada veio (indiretamente) da Bíblia durante o período colonial.

[9] Ele pode pensar que a colonização é a única maneira de abençoar o Afeganistão, mas por enquanto não pode dizer isso nem ao seu melhor amigo. Essa ideia é mortalmente impensável.

A resposta é que a Bíblia substituiu a ideia clássica do herói como o conquistador do mundo e a ideia medieval do herói como o cavalheiro corajoso pela ideia do herói como alguém que se sacrifica pelo bem dos outros. Permita-me começar com uma história pessoal.

Um tipo diferente de herói

Em 1982 Ruth e eu fomos para um pequeno período sabático de palestras e estudos na Europa. Naquela mesma noite, sem que soubéssemos, dois homens atacaram meu pai e minha madrasta no sítio onde eles moravam, a cerca de seis quilômetros do sítio no qual morávamos. Eles espancaram meu pai e minha madrasta, amarraram meu pai em uma cadeira, estupraram a moça que vivia com eles e roubaram os bens de meu pai. Um dos ladrões pegou uma faca e ameaçou furar os olhos de meu pai. Ele só parou porque meu pai prometeu que no dia seguinte lhe daria tudo que tinha em sua conta bancária, as economias de toda uma vida.

Meu pai se aposentou cedo e veio nos ajudar em nosso crescente projeto de desenvolvimento rural. Ele sabia quão estressante era nosso trabalho, por isso me encorajou a tirar dois meses para palestrar, estudar e terminar a redação do meu livro *Truth and Social Reform* [Verdade e reforma social].[10] Ele se ofereceu para conduzir os projetos enquanto os pais de Ruth em Bareilly, no estado de Uttar Pradesh, iriam tomar conta das nossas filhas.

Papai cumpriu a promessa feita aos bandidos. Ele só foi à polícia depois de entregar o dinheiro aos bandidos no local combinado. Mas a polícia não iria nem registrar a ocorrência, e papai começou a suspeitar de que tudo aquilo poderia ser mais que um simples roubo — que os "poderes que existem" estavam usando os criminosos para atacar o nosso projeto. Nesse caso, eu seria o alvo, e o ataque a ele seria apenas um truque — uma mensagem para seu filho.

A indiferença da polícia tornou impossível para meu pai e minha madrasta continuarem a viver naquela casa no sítio, tão isolada e vulnerável. Então eles se mudaram para uma pensão na cidade, perto do hospital cristão,

---

[10] A nova edição ampliada tem o título de **Truth and Transformation**: A Manifesto for Ailing Nations. Seattle, WA: YWAM, 2009.

a poucas centenas de metros de distância de um primo de meu pai, um médico aposentado. Mas, em vez de refúgio, a mudança deles trouxe um choque ainda mais devastador do que fora o ataque inicial que sofreram. Poucos dias depois minha tia e o marido dela foram encontrados assassinados. Alguns homens invadiram a casa deles, os amarraram, roubaram e os esfaquearam dezenas de vezes. Os especialistas forenses disseram que, ao que tudo indicava, os assassinos tiveram prazer em cometer aquela brutalidade.

Mal havia se passado uma noite desde o assassinato quando um dos nossos trabalhadores trouxe um voluntário quase morto, chamado Ashraf, ao dr. Mategaonker no hospital. O trabalhador e Ashraf, que era muçulmano, serviam a vítimas da seca em uma cidade chamada Nagod. Eles dormiam em quartos distantes a cerca de nove metros um do outro. Às 2 horas da madrugada, Ashraf ouviu alguém bater na porta. Quando ele a abriu, dois homens o atacaram com machados. Ele pegou um banquinho de madeira e inutilmente tentou usá-lo como escudo. Os homens o derrubaram e o deixaram morrer, levando todos os seus pertences.

O impacto cumulativo desses e de outros incidentes relativamente menores era convencer a nossa comunidade de que os políticos, a polícia e os criminosos podem ter juntado forças para nos eliminar ou nos expulsar daquela região. Nosso principal opositor, o político citado no capítulo 2, temia nossa crescente influência. Ele pode ter sido encorajado por alguns líderes religiosos hindus que temiam que nosso trabalho pudesse eventualmente levar muitas pessoas a se tornarem seguidoras de Jesus Cristo.

Por que eles não contra-atacaram nossa influência oferecendo eles mesmos auxílio aos pobres e famintos? Eles tinham à disposição todos os recursos do governo indiano. Mas o Escritório de Desenvolvimento Regional por meio do qual deveriam trabalhar era considerado um dos mais corruptos departamentos governamentais. Oficiais e líderes eleitos, habituados a malversar recursos públicos destinados ao desenvolvimento local, não poderiam ser solicitados a se tornarem honestos simplesmente para contra-atacar a nossa influência. Outra dificuldade dos nossos oponentes era que eles consideravam uma proporção significativa das pessoas necessitadas a quem servíamos como *intocáveis*. Seguir o mandamento "Ama a teu próximo como a ti mesmo" exigia mais que recursos materiais.

Para servir aos intocáveis, eles iriam precisar de uma fonte de poder espiritual que transcendesse seus preconceitos culturais e até os colocasse em risco de terem conflitos familiares ou serem expulsos de suas castas.

Ruth e eu voltamos para a Índia dois meses depois do ataque ao meu pai. Ele e o dr. Mategaonker, o líder da nossa organização, enviaram três rapazes a Nova Délhi para nos impedir de voltar à região. Eles suspeitavam que eu seria teimoso e insistiria que pelo menos Ruth não correria risco. Pensaram que Ruth iria concordar em pôr a segurança das nossas duas filhas em primeiro lugar, antes do nosso trabalho.[11] Relembrando os acontecimentos horríveis dos últimos meses, nossos três amigos propuseram que seria mais seguro para nós iniciarmos um trabalho novo nas favelas de Nova Délhi.

Eu, porém, queria evidências conclusivas, não palpites razoáveis, de que os mais altos oficiais planejaram usar criminosos para pôr fim ao nosso trabalho. Ninguém, até mesmo eu, tinha dúvidas de que o mais importante político local nos odiava. Ninguém duvidava de que ele tinha ligações com criminosos conhecidos. Sua influência sobre a polícia já me havia colocado na cadeia. Mesmo assim, eu queria uma evidência de que estávamos contra um plano organizado apoiado pelas mais altas autoridades, políticas e civis. Na falta de evidência concreta, argumentei que a conspiração poderia ser diabólica, isto é, sobrenatural. O que mais poderia produzir tal cegueira espiritual e consciências distorcidas? Não tínhamos recursos para combater nossos oponentes, mas, se o mal que se nos opunha era espiritual, então estávamos em uma batalha que não dependia das nossas armas. Argumentei com meus amigos que Deus nos dera os recursos adequados em *oração* e *fé* para vencer aquela conspiração. De qualquer maneira, Jesus nos chamou para tomarmos nossa cruz e segui-lo.[12]

O rumo que eu iria tomar estava claro para mim, mas eu não queria influenciar a decisão de Ruth. Seria absurdo sugerir que a ameaça a ela ou às nossas filhas era hipotética. O próprio Jesus Cristo sabia que fé não significa segurança diante da morte; a fé algumas vezes leva ao martírio. Ruth decidiu pensar e orar a respeito. Ela tinha de decidir não apenas por si mesma, mas também por causa das duas filhas pequenas. Sabia que o marido

---

[11] Nivedit e Anandit tinham na época respectivamente 5 e 3 anos de idade.
[12] Lucas 9.23,24.

dela não tinha nada, a não ser a fé. A experiência, os fatos e as promessas eram contra mim. No dia seguinte ela anunciou sua decisão: "Não há razão para seguir Jesus com coração dividido. Se é para segui-lo, devemos confiar nele em todo o caminho. Vou com você ainda que nossos amigos decidam ficar em Nova Délhi".

Poucos minutos depois que ela anunciou sua decisão, o telefone tocou. Era Liz Brattle. Ela tinha retornado da Austrália como voluntária da InterServe. Em 1976 havia datilografado meu livro *The World of Gurus* [O mundo dos gurus]. Agora, anos depois, no outono de 1976, sem nos escrever, Liz voltara para a Índia sem qualquer aviso a fim de trabalhar como minha secretária! Ela telefonou porque ouvira dizer que Ruth não voltaria para a vila. Queria a confirmação disso, porque, se fosse esse o caso, a InterServe não iria permitir que a vida dela corresse risco.

Poucos minutos depois de acabarmos de falar com Liz, houve outra chamada. Era Kay Kudart,[13] uma pessoa que ainda não conhecíamos. Kay disse que ela era estudante nos Estados Unidos. Fazia parte do programa da HNGR (Human Needs and Global Resources [Necessidades Humanas e Recursos Globais]) do Wheaton College, em Illinois, que exigia que ela participasse de um estágio de seis meses em um país em desenvolvimento. Ela não conseguira entrar em contato conosco na vila porque não tínhamos telefone. O professor dela a aconselhou a simplesmente chegar e se apresentar, porque nossa comunidade aceitava quase todo mundo que vinha. Quando chegou a Nova Délhi, ela ouviu as histórias terríveis, mas sua fé era tão maluca como a nossa. Ela foi feliz o bastante por ter tido um guia em Nova Délhi que era igualmente radical em sua fé; não obstante, ele tinha responsabilidade. Dissera a ela que não lhe permitiria correr qualquer risco se Ruth não fosse.

A região ficou estupefata quando chegamos de volta ao campo de batalha com três moças e duas meninas pequenas. Para nossos vizinhos e oponentes, heroísmo implicava a capacidade de revidar — encontrar nossos inimigos e nos vingarmos. Eles presumiam que tínhamos importado armas secretas do Ocidente.[14] Não ocorreu a nenhum deles que alguém pudesse escolher

---

[13] O nome dela atualmente é Kay Holler.
[14] Ganhei de herança da minha sogra um rifle .22. Mas, como a polícia se recusou a me dar a licença para porte de armas, não pude guardá-lo mais que alguns poucos

servir a seus inimigos e sacrificar a vida por eles. Para nós era uma guerra espiritual. E tínhamos uma arma secreta — a oração. Quando me lembro de tudo isso, penso que Liz e Kay foram parte da resposta às nossas orações. Elas se tornaram um escudo eficiente. As autoridades distritais devem ter tido receio de feri-las, pois isso daria proporções internacionais à situação, motivo pelo qual atuaram comandando aqueles que lideravam a oposição.[15] A decisão de Ruth de voltar para Chhatapur foi heroica ou tola? Era sábio correr o risco de ser violentada e morta para continuar a servir a Deus entre camponeses pobres? Nossa escolha estava baseada em nossas crenças. Era algo contrário aos conceitos clássicos e medievais de heroísmo.

O herói clássico

O mundo clássico greco-romano nunca teria oferecido o Prêmio Nobel da Paz a Jimmy Carter, ex-presidente dos Estados Unidos que não conseguiu se reeleger. Para ser um herói clássico, ele precisaria ter feito estratégias, forjar alianças, tramar assassinatos e voltar ao poder de maneira violenta. Um herói era alguém que tinha o poder de conquistar e dominar os outros. O modelo grego era Alexandre, o Grande (356-323 a.C.), um dos conquistadores mais cruéis da História, que marchou da Grécia à Índia. Ele se considerava divino, e seus contemporâneos também pensavam o mesmo. Por isso ele ordenou que as cidades gregas o adorassem como um deus. Ele deixou seu império, em suas próprias palavras, "para o mais forte", diferentemente de Jesus, que disse que os pobres e humildes herdariam o Reino de Deus. O convite de Alexandre ao mais forte fez que surgissem conflitos entre seus oficiais, e em cinquenta anos eles dividiram seu reino.

César Augusto (63 a.C.-14 d.C.) era o herói romano ideal. Consolidou seu poder ao assassinar 300 senadores e 200 cavaleiros, incluindo o orador Cícero, que nessa época estava idoso. Augusto fez de si mesmo e de

---

meses. Naquela época eu tinha uma pistola a ar, boa para caçar macacos. Mas a nossa arma mais temida era o secador de cabelos de Ruth, que eles pensavam que fosse uma arma de raios *laser*!

[15] Meu pai morreu uns poucos meses depois, e depois ouvimos falar que aqueles que o assaltaram morreram em um acidente envolvendo a motocicleta que eles compraram com o dinheiro que roubaram dele.

seus sucessores deuses na terra. A ideia clássica de heroísmo se tornou tão enraizada na consciência ocidental que Napoleão Bonaparte (1769-1821) tentou ressuscitar o Império Romano, tomando como modelo o governo de Augusto. A busca de Napoleão por poder e glória levou a Europa a guerras terríveis e sem sentido. William Blake (1757-1827) lamentou: "O veneno mais forte que se conhece veio da coroa laureada de César".[16]

Essa compreensão clássica do herói como uma pessoa com poder é quase universal. É o núcleo da ideia hindu de herói. É por isso que muitos deuses e deusas do hinduísmo são representados com armas em suas muitas mãos. Isso também explica por que criminosos famosos podem vencer eleições democráticas na Índia. Uma vez eleitos, sua culpa é extirpada. O hinduísmo exige que um herói espiritual também conquiste seu próprio corpo ao controlar sua alimentação (comida e bebida), sua sexualidade e ações involuntárias como a respiração. Um herói islâmico é também um indivíduo com poder, assim como é alguém de piedade e de oração. É essa a razão principal pela qual um terrorista pode ser um muçulmano devoto e um herói aos olhos do clero ortodoxo.

O herói medieval

A Igreja católica romana herdou a compreensão clássica de heroísmo, bem como a cultura dos bárbaros germânicos e dos aristocratas francos. Essas culturas valorizavam a bravura pessoal, a força física e a habilidade no uso das armas. A bravura militar — a habilidade de derrotar homens em combate — se tornou a virtude da cavalaria. O caos sociopolítico que se seguiu ao colapso do Império Romano no século V da era cristã aconteceu novamente após o colapso da dinastia Carolíngia (751-987). Sem uma autoridade central ou instituições de justiça que reforçassem contrastes, a sociedade da Europa feudal teria entrado em colapso total se a virtude da lealdade não tivesse alcançado preeminência. Um cavaleiro era considerado um herói se tivesse proezas *e* se fosse leal ao seu senhor.

A lealdade como virtude foi cultivada por menestréis andarilhos que compunham e divulgavam contos épicos de feitos dos cavaleiros. Junto com

[16] William Blake, "Auguries of Innocence" [Augúrios de inocência], linha 97.

os cavaleiros, eles dependiam da generosidade (liberalidade) das cortes. Também era interesse dos menestréis exaltar a generosidade como uma virtude nobre. A generosidade ocupava lugar importante nas canções deles. Os grandes heróis eram os mais generosos, os que doavam mais.

O passatempo favorito dos aristocratas patronos dos menestréis e trovadores era obter favores das damas da corte. Isso exigia cortesia. Se a cortesia devia ser uma virtude, esta teria que ser estendida também aos outros cavaleiros. Por isso o amor cortês e a cortesia foram adicionados à bravura, à lealdade e à generosidade como virtudes medievais.

O objetivo último da vida de um herói medieval era encontrar a glória, isto é, ter seu prestígio obtido em batalhas glorificado em canções e em histórias. Ele também saqueava seus inimigos, tomando-lhes os bens, e, evidentemente, também conquistava mulheres. Os torneios eram substitutos para as guerras. Por volta do século XII os torneios tornaram-se uma instituição florescente no norte da França e dali logo se espalharam para outras regiões.

A Europa feudal não tinha um exército permanente para manter esses cavaleiros sob disciplina, nem um mecanismo legal que garantisse que as aspirações a heroísmo dos cavaleiros não interferisse na necessidade de paz, estabilidade, lei e ordem da sociedade. Durante séculos a Europa não teve uma ordem política que regulamentasse o heroísmo dos cavaleiros.[17] Esse vácuo foi preenchido pela igreja.

Em 1022 a Igreja católica romana iniciou um movimento chamado "Trégua e Paz de Deus". Foi editado um decreto restringindo a guerra particular. Essa ordenança foi baseada em um cânone mais antigo que proibia hostilidades entre a noite do sábado e a manhã da segunda-feira. A igreja agora ampliava a proibição para banir todos os tipos de guerra particular. Por volta do ano 1040 a proibição foi aplicada entre o pôr do sol da quarta-feira e o nascer do sol da segunda-feira. Posteriormente foram incluídas as épocas do Advento, Natal e Quaresma. A penalidade por violação da trégua era a excomunhão. Essa era uma ameaça extremamente poderosa naquela época não secularizada. Significava perder a segurança social nesta vida e na vindoura.

---

[17] A igreja enviou cavaleiros nas Cruzadas para libertar Jerusalém em parte porque em casa eles eram um incômodo muito grande.

O sucesso real da igreja pode não ter sido grande, mas a igreja fez alguma coisa porque as autoridades civis tinham fracassado. A tentativa da igreja de proteger os que não podiam se defender da nobreza que não obedecia a nenhuma lei foi nobre. A "Trégua de Deus" logo se espalhou por toda a França, Itália e Alemanha. O Concílio Ecumênico de 1179 a aplicou a toda a cristandade ocidental.

Proibições formais e excomunhões não eram as únicas armas da igreja contra os heróis medievais. Em sua respeitada obra *French Chivalry* [Cavalaria francesa], Sidney Painter afirma que "a maior quantidade de críticas às ideias e práticas da cavalaria veio da pena dos eclesiásticos".[18] Um exemplo é o maior de todos os teólogos católicos romanos, Tomás de Aquino (1225-1274), que condenou a cavalaria com base no fato de que os cavaleiros buscavam a "glória" por meio do homicídio e a "vanglória" por meio da rapina. Em 1128 Galbert de Bruges argumentou em seus textos que desejar a fama era algo digno, mas um nobre matar pelo único propósito de obter glória é pecado. São Bernardo de Claraval (1090-1153), João de Salisbury (1115-1180) e um pregador famoso chamado Jacques de Vitry estavam entre os críticos mais ferrenhos da cavalaria.

Como resultado desses textos, o Concílio de Clermont (1130) proibiu os torneios, classificando-os como disputas homicidas. Decidiu-se que ninguém que fosse morto em torneios seria sepultado em solo consagrado. Os Concílios de Latrão de 1139 e 1179 confirmaram a proibição, que se tornou parte da lei canônica entre as decretais do papa Gregório IX (1147-1241).

A cavalaria religiosa

Enquanto escritores católicos de destaque lançaram um ataque frontal ao conceito e à prática medieval de heroísmo, a igreja adotou outra estratégia para manter a cavalaria debaixo de sua autoridade moral. A igreja a ritualizou. No século XIII a igreja pediu aos cavaleiros que dedicassem suas armaduras em um altar. O cavaleiro ficava a noite inteira orando e jejuando.

---

[18] PAINTER, Sidney. **French Chivalry:** Chivalric Ideas and Practices in Medieval France. Baltimore: Johns Hopkins Press, 1940. p. 150. Muitas das informações no meu livro sobre o herói medieval são extraídas da obra de Painter.

Antes de colocar sua armadura, tomava um banho ritual. Rituais elaborados foram criados para transformar aqueles cavaleiros em "cavaleiros de Deus". Esperava-se que isso lhes desse um sentido de responsabilidade de servir a Deus e à igreja e de cuidar dos fracos e indefesos.

Na língua inglesa medieval, esse processo encontrou seu ponto culminante em Sir Gawain and the Green Knight.[19] Esse poema aliterativo é nossa principal fonte de informação sobre a corte do semilendário rei Arthur. O poema exalta o espírito heroico como sendo a chave para a renovação da sociedade. "Sir Gawain e o Cavaleiro Verde" define a cortesia heroica como *gentilesse* — a dedicação da força superior de um cavaleiro para a honra ou o serviço daqueles com menos poder neste mundo. O poema situa o código de cortesia entre os feitos gloriosos da civilização da Europa medieval. Por intermédio da cortesia, todas as pessoas, incluindo as menores, poderiam praticar a virtude heroica.

A tentativa da igreja de trazer a cavalaria sob sua autoridade moral teve resultados notáveis. Um destes foi a organização da Ordem dos Cavaleiros Templários. Dois cavaleiros franceses iniciaram a ordem em 1119 como um pequeno grupo militar em Jerusalém. O objetivo deles era proteger os peregrinos que visitavam a terra santa depois da Primeira Cruzada. Desde seu início, a ordem era militar em sua natureza, e logo recebeu sanção papal. O Concílio de Troyes lhes deu uma regra austera, seguindo o padrão dos cistercienses. Os cavaleiros templários começaram a ser convocados regularmente para transportar dinheiro da Europa para a terra santa. Consequentemente eles desenvolveram um sistema bancário eficiente que desfrutava da confiança dos líderes e dos nobres europeus. Gradualmente os templários se tornaram os banqueiros de grande parte da Europa e acumularam riquezas; entretanto, poder e riqueza trouxeram corrupção e problemas. O rei Felipe IV da França e o papa Clemente V os suprimiram e os saquearam, classificando-os como uma seita satânica.

Os Cavaleiros Teutônicos do Hospital de Santa Maria em Jerusalém são outro exemplo de cavalaria modificada. Eles eram uma ordem militar religiosa organizada por cruzados alemães em 1190-1191 na Palestina, e em 1199 receberam reconhecimento papal. Os membros eram cavaleiros ale-

---

[19] *Sir* **Gawain e o Cavaleiro Verde**. Rio de Janeiro: Editora Francisco Alves, 1997. [N. do T.].

mães de nascimento nobre. Por volta de 1329 eles tinham toda a região do Báltico como propriedade feudal que lhes fora dada pelo papa. Existem até hoje como ordem de caridade e de cuidado para doentes, com sede em Viena.

A despeito desses exemplos notáveis, o fato permanece de que a ideia de uma cavalaria cristã não pode ser sustentada. Não há base bíblica para isso. A cavalaria exigia "nobre nascimento" e glorificava a bravura física, habilidade no uso de armas e assassinatos. Esses valores são contrários ao espírito de Cristo e dos apóstolos. A ideia de cavaleiros de Cristo começou a ser minada pela *Devotio Moderna*, um movimento de reforma espiritual com base na Holanda que enfatizava o exemplo moral de Cristo. Um representante clássico desse movimento é o tratado espiritual *Imitação de Cristo*,[20] escrito pelo monge alemão Thomas à Kempis (1379-1471).[21] O significado do livro está no fato de que ele enfatiza a natureza interna e espiritual do discipulado cristão, enquanto a ideia de uma cavalaria religiosa focalizava atos externos. *Imitação de Cristo* se tornou uma ponte entre o mundo medieval e a ideia moderna de espiritualidade cristã tal como entendida por Desidério Erasmo e Martinho Lutero.

Heroísmo moderno

Roland Bainton, biógrafo de Martinho Lutero, deu-nos a vinheta do herói moderno. O Concílio de Constança (1417), que queimou Jan Hus na fogueira, suprimiu o movimento de reforma iniciado por John Wycliffe. Um século depois um monge e professor na Universidade de Wittenberg deu o pontapé inicial da Reforma. Conhecer o contexto nos ajudará a apreciar o heroísmo de Lutero.

Em 1516 Alberto de Brandenburgo tomou emprestada uma quantia substancial de banqueiros alemães para comprar o arcebispado de Mainz do papa Leão X. Alberto era muito jovem, mas já era bispo de Halberstadt e de Magdeburgo. Dinastias poderosas tinham interesse em manter a igreja como um negócio familiar. Ser arcebispo de Mainz faria de Alberto o primaz

---

[20] Há várias versões de *Imitação de Cristo* em português. [N. do T.]
[21] Alguns eruditos argumentam que Thomas à Kempis pode não ter sido o autor desse livro, ainda que ele represente sua compreensão de espiritualidade cristã.

(o bispo mais elevado de uma província) da Alemanha. Mas ocupar três bispados era irregular. Para tanto, era necessário pagar o preço altamente incomum de 10 mil moedas de ouro (ducados). Alberto sabia que o dinheiro iria falar, porque o papa estava precisando.

O papa autorizou Alberto a vender indulgências (certificados de remissão dos pecados) para levantar fundos. Metade do dinheiro seria destinada ao papa, para a reconstrução da Catedral de São Pedro, em Roma, e o restante seria para Alberto pagar o empréstimo que tomara para subornar o papa. Lutero tinha lido o Novo Testamento recentemente traduzido do grego por Erasmo. Reconhecido como o principal erudito humanista do seu tempo, Erasmo naquela época lecionava em Cambridge. Por intermédio dessa tradução e das notas marginais que explicavam por que essa tradução divergia em alguns pontos cruciais da tradução mais antiga conhecida como *Vulgata*, Lutero aprendeu que Jesus já tinha pago o preço exigido para a salvação de alguém. Jesus é o Cordeiro de Deus, sacrificado na cruz como nosso substituto. Ele tomou sobre si a penalidade plena do nosso pecado. Não há como seres humanos pagarem pela salvação. Tudo que precisamos é nos arrepender do nosso pecado e aceitar o dom gratuito de Deus pela fé.

Lutero compreendeu que vender indulgências é explorar as massas em nome da religião. Como sacerdote, Lutero era responsável por instruir seu rebanho e protegê-lo de lobos vorazes. Só que naquele caso os lobos eram seus superiores, e ele tinha feito votos de obedecer-lhes. Mas ele também era um professor com certas liberdades acadêmicas; ele tinha o direito de expressar suas opiniões para o escrutínio dos seus pares. Em 31 de outubro de 1517 ele pregou suas famosas 95 teses na porta da Igreja do Castelo de Wittenberg. Esse ato foi um chamado a um debate acadêmico. Foi uma declaração de que a igreja estava em erro e que a venda de indulgências era uma exploração corrupta das massas pobres. Seu desafio foi tão sensacional que imediatamente cópias do seu texto começaram a ser produzidas. Um desafio fora lançado a uma civilização de mil anos.

Em dezembro de 1520 perguntou-se a Lutero se ele estava disposto a comparecer perante o imperador Carlos V para ser julgado por heresia. Jan Hus (1369-1415), o reformador checo, e outros dos predecessores de Lutero foram queimados na fogueira, a despeito da garantia da igreja de salvo-conduto. Lutero ainda não havia recebido essa garantia. Ele respondeu com estas palavras:

> Vocês me perguntam o que farei se eu for convocado pelo imperador. Eu irei mesmo que esteja tão doente que não consiga ficar de pé. Se César me convoca, é Deus que está me convocando. Se a violência for usada, como geralmente acontece, eu entrego minha causa a Deus. Aquele que vive e reina salvou os três jovens da fornalha de fogo do rei da Babilônia, e, se ele não me salvar, minha cabeça não vale nada comparada à de Cristo. Agora não é hora para pensar em segurança. Devo tomar cuidado para que o evangelho não seja envergonhado pelo nosso medo de confessar e selar nosso ensino com nosso sangue.[22]

Felizmente Frederico, o duque da Saxônia e patrono da universidade de Lutero, obteve um salvo-conduto. Lutero enfrentou o tribunal na cidade de Worms. As autoridades pretendiam intimidá-lo para que ele se submetesse ou eliminar a ameaça que representava para o *status quo*. É difícil encontrar palavras que expressem melhor esse fato do que as de Bainton:

> A cena tem algo de dramático. Ali estava Carlos, herdeiro de uma longa linhagem de soberanos católicos — de Maximiliano, o romântico; de Fernando, o católico; de Isabel, a ortodoxa — descendente da casa dos Habsburgos, senhor da Áustria, da Burgúndia, dos Países Baixos, da Espanha e de Nápoles, imperador do Sacro Império Romano, reinando sobre um domínio maior que o de Carlos Magno, símbolo da unidade medieval, encarnação de uma herança gloriosa, mas que se desvanecia; e diante dele um simples monge, um filho de mineiro, com nada a sustentá-lo, a não ser sua fé na Palavra de Deus. Ali o passado e o futuro se encontravam. Alguns viriam ali o início dos tempos modernos... O que o capacitou [Lutero] não foi nem tanto o fato de que ele estava na presença do imperador, mas que ele e o imperador igualmente seriam chamados a responder diante do Deus todo-poderoso.[23]

Lutero não procurava ser um herói. Ele estava sendo obediente à sua consciência, que ele declarava ser cativa à Palavra de Deus. Ele não

---

[22] BAINTON, Roland. **Here I Stand**. England: Lion Publishing, 1978. p. 174.
[23] Ibid., p. 181-182.

sabia que estava inaugurando uma nova era, liberando uma nova fonte de poder, redefinindo o heroísmo ou lutando por uma nova fonte de autoridade civilizacional.

A Bíblia redefine o heroísmo

A Igreja católica romana prestou uma contribuição esplêndida ao transformar a ideia ocidental de herói. Mesmo assim, a despeito das exceções, o herói moderno só surgiu depois que a Bíblia começasse a plasmar a consciência ocidental.[24] *Paraíso perdido*, o épico de John Milton (1608-1674), por exemplo, é uma força que alterou um paradigma. O herói (ou anti-herói) desse épico puritano é Lúcifer (Satanás), que ganha quando os seres humanos caem em pecado, perdendo o paraíso. Lúcifer revela o caráter do seu heroísmo quando diz que "é melhor reinar no inferno que servir no paraíso". Uma implicação é que o heroísmo clássico é diabólico. Em sua busca por poder, esse tipo de heroísmo transforma nosso mundo em um inferno.

O heroísmo clássico entra em rota de colisão frontal com a Bíblia porque, enquanto aquele valoriza o poder, o heroísmo de Cristo valoriza a verdade. Outros reinos abrigaram atos heroicos ao cultivar classes raciais, geográficas, linguísticas, religiosas, e orgulho e ódio entre classes. Jesus fez do *amor* o valor supremo do Reino de Deus. Esse amor não é sentimentalismo. Vai além de amar ao próximo como a si mesmo. Sua manifestação suprema foi a cruz: sacrificar-se pelos outros, incluindo os inimigos.

O heroísmo de Jesus substituiu a brutalidade pelo amor, o orgulho pela humildade e o domínio sobre os outros pelo serviço autossacrificial. Ele exemplificou isso quando se humilhou, pegou uma bacia com água e uma toalha de um servo e começou a lavar os pés dos seus discípulos. Isso, ele disse, é o Reino de Deus. Ele é o Rei dos reis e Senhor dos senhores. Ele alegou que todo poder nos céus e na terra são dele. Ele, porém, não veio para ser servido, mas para servir; não para matar, mas para dar vida eterna. Tudo isso não é uma coleção de homilias pregadas por um guru assentado

---

[24] Patrício é uma boa exceção. Cf. CAHILL, Thomas. **Como os irlandeses salvaram a civilização**. Rio de Janeiro: Objetiva, 1999.

em um trono de ouro. Esses ensinamentos mudaram a história porque foram emanados de uma vida vivida na arena pública.

Tornei-me consciente do poder de transformação do evangelho quando em 1963 ouvi pela primeira vez Pandit Jawaharlal Nehru, a primeira pessoa a ocupar o cargo de primeiro-ministro da Índia. Ele começou seu discurso com as seguintes palavras: "Meus concidadãos, venho a vocês como seu *primeiro servo*, porque é isso que a expressão *primeiro-ministro* significa literalmente". Essas palavras me impressionaram, porque, mesmo sendo um jovem, eu sabia que nenhum líder na longa história da Índia jamais vira a si mesmo como um servo. Pandit Nehru agiu dessa maneira porque a Bíblia tinha transformado Allahabad, onde nós dois crescemos. De Allahabad ele foi estudar na Inglaterra. O sistema político britânico estava sob a autoridade da Palavra de Deus mediante longas lutas espirituais. Muitos heróis morreram para tirar o poder dos reis e entregá-lo aos servos (ministros). Como resultado, o *primeiro servo* se tornou mais importante que o rei. Jesus iniciou essa revolução quando ensinou: "e quem quiser ser o primeiro deverá ser escravo; como o Filho do homem, que não veio para ser servido, mas para servir e dar a sua vida em resgate por muitos".[25]

Como o reino de Lúcifer que cultua o poder veio a aceitar um Cristo humilhado e crucificado como o Deus todo-poderoso?

A igreja viu a cruz de Cristo como o único caminho para a salvação. O apóstolo Paulo escreveu que os judeus buscavam uma demonstração de poder miraculoso e que os gregos consideravam o evangelho como loucura porque eles buscavam conhecimento. Não obstante, ele estava determinado a não pregar nada, a não ser a cruz de Cristo, porque a fraqueza de Deus na cruz do Calvário era mais poderosa que o homem mais poderoso. A loucura do evangelho é mais sábia que toda a sabedoria dos filósofos gregos.[26]

Seguindo a ênfase do Novo Testamento sobre a cruz, os pregadores pregaram sobre a cruz, os pintores a pintaram, os poetas escreveram poemas a seu respeito e os cantores cantaram a respeito das glórias da "rude cruz". Carpinteiros e pedreiros fizeram tantas cruzes que ela se tornou o símbolo da civilização cristã. Arquitetos colocaram-na no centro das janelas

---

[25] Mateus 20.27,28.
[26] 1Coríntios 1—3.

de vidro de suas igrejas e catedrais. À medida que as massas começaram a meditar no significado da cruz, a consciência do Ocidente foi mudada de dentro. Um cavaleiro triunfante e brutal não poderia mais ser um herói inspirador cristão. Ele era o oposto do Messias crucificado e humilhado que morreu para que os outros pudessem viver.

A Bíblia garantiu que o heroísmo assumisse um novo significado. O heroísmo a partir de então passou a significar uma fé robusta que se recusa a se dobrar diante do mal e da falsidade. Uma fé que triunfa sobre a última arma de Satanás, o medo da morte.[27] Essa fé envolve uma rendição a Deus que autoriza a Deus sacrificar você em benefício dos outros.[28] Esse foi o heroísmo de Wycliffe, Hus, Lutero, Tyndale, Calvino, Knox e de todos que os seguiram para criar o mundo moderno.

Esses não eram super-homens. Eram pessoas como nós — falíveis, com pés de barro. Eles cometeram erros. Lutero justificou a violência para reprimir a revolta dos camponeses. Muitos luteranos não toleraram os anabatistas. Eles eram filhos de uma época medieval brutal e intolerante. Mesmo assim, tornaram-se os pioneiros do mundo moderno porque também transcenderam o seu próprio tempo. Eles iniciaram a maior revolução do segundo milênio da era cristã — uma revolução que, entre outras coisas, transformou heróis em servos que sacrificam a si mesmos.

---

[27] Hebreus 2.14,15.
[28] João 15.13.

Capítulo 9

REVOLUÇÃO
O QUE FEZ DE TRADUTOTES PESSOAS QUE MUDARAM O MUNDO?

William Tyndale (1492-1536) não deveria ter ficado chocado, mas ficou. O bispo Tunstall queimou cópias do Novo Testamento de Tyndale, a primeira tentativa de imprimir a Bíblia em língua inglesa.[1] O bispo não agiu impulsivamente. No dia 24 de outubro de 1526 ele pregou seu primeiro sermão contra o Novo Testamento de Tyndale na magnífica Catedral de São Paulo, em Londres.[2] Ele então conduziu uma queima pública da Bíblia. Então, no verão de 1529 ele comprou todo o estoque de Bíblias que havia na Antuérpia, no outro lado do Canal da Mancha, para queimá-las em uma fogueira imensa. Não muito depois disso o bispo de Cambrai presidiu ao julgamento de Tyndale, o que fez que o próprio tradutor da Bíblia fosse queimado.

A ferocidade dessa oposição não deve ter surpreendido Tyndale, porque os bispos Fisher e Wolsey já haviam queimado exemplares do Novo Testamento de Lutero que foram importados para a Inglaterra. E queimas semelhantes já tinham acontecido na Europa continental onde Tyndale estava escondido como um fugitivo, recusando-se a se retratar de compartilhar as opiniões do herege Martinho Lutero.

---

[1] A tradução mais antiga, inspirada por John Wycliffe, precedeu a invenção da imprensa no Ocidente.

[2] A atual catedral foi construída por *sir* Christopher Wren no século XVII. Quatro igrejas ou catedrais foram anteriormente construídas no mesmo lugar desde o ano 604 da era cristã.

Seu crime? Ele foi estrangulado e queimado como um herege, ainda que fosse também culpado de deixar a Inglaterra sem permissão e de ilegalmente traduzir a Bíblia para o inglês. As "Constituições do [Arcebispo] Arundale" declararam ser ilegal a tradução da Bíblia para o inglês em 1408 em resposta à tentativa anterior de John Wycliffe (1330-1384) e seus colegas em Oxford.

Tyndale sabia que os bispos ingleses há mais de um século estavam queimando todos os manuscritos e fragmentos da Bíblia de Wycliffe que eles encontravam. Os bispos mandaram queimar até pessoas que possuíam fragmentos ou cópias dessa Bíblia. Possuir algumas poucas páginas da Bíblia era evidência[3] de que a pessoa era um lolardo — um seguidor de John Wycliffe. Aquele distinto professor de Oxford foi postumamente declarado "herege" no Concílio de Constança em 1417. Seus restos mortais foram exumados e queimados, e as cinzas, jogadas no rio Avon.

Por que bispos queimavam Bíblias, tradutores da Bíblia e os que as compravam?

A acusação de "heresia" era uma desculpa proverbial. A Bíblia foi queimada porque os que a traduziram haviam iniciado uma batalha pela alma da Europa. Eles estavam transformando a civilização de mil anos na Europa de medieval em moderna. Eram revolucionários que buscaram fazer a autoridade do papa sujeita à Palavra de Deus.

Cada civilização está ligada à fonte última de autoridade que dá a cada cultura significado intelectual, moral e justificação social. Para marxistas, essa fonte pode ser *Das Kapital* [O capital][4] ou o Partido Comunista. Para os muçulmanos, pode ser o *Alcorão* ou o califado. Roma criou o núcleo do que hoje chamamos de Ocidente. Da queda de Roma até a Reforma, o papado foi a principal autoridade para os cristãos ocidentais. Até o presente, a civilização ocidental teve pelo menos cinco diferentes fontes de autoridade cultural: Roma, o papa, a Bíblia, a razão humana e o atual niilismo individualista cujo futuro será determinado por guerras culturais quase democráticas. Este capítulo narra a história dos Reformadores que substituíram a autoridade do papa pela da Bíblia.

---

[3] Na teoria era possível possuir legalmente uma cópia da Bíblia, depois de obter uma permissão do bispo. Na prática a permissão nunca era concedida. Não obstante, ainda existem 200 manuscritos da Bíblia de Wycliffe.

[4] MARX, Karl. **O capital**. São Paulo: Conrad do Brasil, 2003.

A fase romana

A influência de Roma sobre o Ocidente durou da ascensão de Augusto César por volta de 27 a.C. até o saque de Roma no ano 410 da era cristã. Antes de Augusto, Roma era uma república, governada por algumas poucas famílias poderosas que mantinham as ambições umas das outras em xeque. Depois que o Senado assassinou Júlio César em 44 a.C., seu sobrinho Augusto fez de si mesmo a fonte de autoridade definitiva no Império Romano. Isso fez que houvesse quase duas décadas de guerra civil sangrenta. César já era um líder militar, mas ele fez de si mesmo a única autoridade política e religiosa — o "Senhor". Sua autoridade se baseava no poder da espada. Filósofos e poetas, artistas e arquitetos, contadores de histórias e sacerdotes se uniram em torno do poder cruel de César para construir toda uma civilização. Depois de Augusto, cada César que se sucedeu no poder geralmente iniciava seu reinado divinizando seu predecessor.

A era de Augusto aceitou que a espada era mais poderosa que a pena porque os romanos sabiam que filósofos, contadores de histórias e escritores não conheciam a verdade. Poetas como Virgílio usavam mitos religiosos para escrever uma propaganda esteticamente esplêndida que justificava o uso que Augusto fez da espada ao se tornar o Senhor divino. Essa desconsideração para com a verdade transformou a pena em algo sem poder. Escritores, poetas, filósofos e oradores adquiriram patrocínio, mas perderam legitimidade. Por exemplo, Cícero, um dos maiores filósofos e oradores romanos, apoiou Augusto no início de sua luta por poder. O insincero Augusto o recompensou quando ordenou que fosse assassinado.

Jesus veio ao mundo nessa cultura politicamente opressiva e liberou o poder da verdade. O governador romano Pôncio Pilatos ficou impressionado quando Jesus declarou que não era outro religioso fazedor de mitos. Ele veio para testemunhar a respeito da verdade.[5] Durante séculos ninguém invocou a autoridade da verdade. Jesus não apenas alegou que conhecia Deus porque ele era o "Filho unigênito" de Deus. Ele declarou que suas palavras eram palavras de Deus e que ele encarnava a verdade.[6] Pilatos o ameaçou com a crucificação quando Jesus desafiou o senhorio de César e

[5] João 18.37.
[6] João 14.6.

o totalitarismo mentiroso de Roma. Sua palavra "deem a César o que é de César e a Deus o que é de Deus"[7] significa que César não tinha o direito de exigir lealdade naquilo que pertence a Deus. A crença de Jesus de que o reino do mundo deve pertencer a Deus iniciou o longo conflito entre a espada e os seguidores de Jesus, os seguidores da verdade.

Os seguidores de Jesus estavam cansados das histórias e dos reinos dos homens. Eles buscavam o Reino de Deus, um reino que não tem sua autoridade derivada da espada, da filosofia ou de mitos, mas da verdade. Por conseguinte, enquanto os seguidores de Jesus honravam as autoridades civis como divinamente ordenadas, seu compromisso com a verdade os fortaleceu para resistirem à espada quando eram ordenados a dobrar os joelhos diante da falsidade. Os cristãos não viam a si mesmos como "revolucionários". Eles não tentaram usurpar o trono de César. Foi o compromisso deles com a verdade que os proibiu de atribuir divindade a César ou de se submeterem à força bruta à parte da bondade.

O Império Romano era pluralista. Havia tolerância para com todas as lendas e religiões. O que o império se recusou a tolerar foi uma rejeição da finalidade de sua própria autoridade. Muitos seguidores de Cristo foram queimados vivos por imperadores desde Nero (37-68 d.C.) até Diocleciano (284-305 d.C.) porque o compromisso que eles tinham com o Deus verdadeiro era uma ameaça ao absolutismo de Roma.

A declaração de Jesus de que os que vivem pela espada vão morrer pela espada[8] revelou-se profética para Roma. Alarico, o visigodo, liderou os bárbaros germânicos em um triunfo retumbante sobre Roma no ano 410 da era cristã. Essa derrota lançou uma pá de cal no mito de que César era Senhor. Foi o fim não apenas de um império, mas de uma civilização edificada sobre lendas, poesia e poder. No lugar de César e de seu mito, os bárbaros trouxeram o caos — deixando um grande vácuo.

A fase papal

A queda de Roma fez que burocratas fugissem de seus postos levando tudo que pudessem carregar. Eles tinham boas razões para temer o povo que haviam saqueado com o apoio do exército imperial. Em muitos casos,

[7] Mateus 22.21.
[8] Mateus 26.52.

o único oficial que permaneceu para ajudar o povo foi o bispo ou o sacerdote. Durante os primeiros cinco séculos depois de Cristo, o bispo local era o ancião da comunidade e era escolhido pelo povo. Sua autoridade vinha de seu histórico de serviço à comunidade, liderança, sabedoria e integridade.

Jesus descrevera o papel do líder como o de um pastor para com o seu rebanho. O bom pastor, tal como Jesus ensinou por palavras e atos, dá sua vida por suas ovelhas. Cipriano (c. 200-258), o bispo aristocrático de Cartago, exemplificou a visão de Jesus quanto à liderança. Cipriano descreveu seu estilo democrático de liderança que serve: "Desde o início do meu episcopado decidi não fazer nada da minha opinião particular sem o conselho e o consentimento do povo".[9] Infelizmente, depois do século V, esse estilo se tornou exceção.[10]

Tempos de turbulência não são benéficos para a alfabetização e a educação.[11] No caos que se seguiu à queda de Roma, com frequência o bispo era a única pessoa alfabetizada em uma região. A democracia, que depende de um eleitorado bem informado, começou a desaparecer da igreja. Chefes analfabetos apoiados por gangues locais preenchiam o vácuo administrativo deixado pela ausência de autoridades apontadas por uma autoridade secular. Bispos se tornaram mentores desses chefes. Em tempos turbulentos as pessoas têm a tendência de se curvar perante qualquer que prometer segurança, estabilidade e justiça. Nem os bispos nem os chefes faziam qualquer objeção quanto a aumentar seus poderes à custa do povo.

Além de serem educados, o bispo local estava ligado a uma organização maior, cuja sede estava em Roma, que fora a cidade imperial. A Igreja romana foi a única entidade que manteve a genialidade romana quanto à organização e grandeza. Seu bispo alegava ter Deus ao seu lado, capacitando-o a conferir legitimação divina a autoridades civis. Portanto, tornou-se interesse dos governantes defender a autoridade dos bispos.

[9] CIPRIANO, Cartas: 1-81 (249-258 d.C.), em **The Fathers of the Church**, v. 5. Trad. Sister Rose Bernard Donna. Washington: Catholic University of America Press, 1964. p. 43.
[10] A palavra "democrático" nesse contexto é usada em contraste com a natureza hierárquica do governo da igreja tal como foi desenvolvida na Igreja católica romana, não no sentido moderno de governo democrático de igreja tal como foi desenvolvido pelos presbiterianos depois da Reforma Protestante.
[11] V. a história de João Amós Comênio, no capítulo 12, como uma notável exceção.

Um governante particular pode ser mais poderoso que um bispo ou um papa, mas a cristandade tinha apenas um papa,[12] e ele podia sempre contar com o apoio de governantes rivais que queriam ampliar seus pequenos reinos. Em razão do fato de os papas reivindicarem para eles o poder de perdoar os pecados e livrar as almas do purgatório, qualquer um que desejasse governar em algum dos países da cristandade deveria se voltar para a igreja para receber legitimação divina. Os papas utilizaram esse poder primeiro para mobilizar os cristãos contra os muçulmanos por intermédio das Cruzadas. Depois começaram a utilizar esse poder para mobilizar os cristãos contra os governantes cristãos que desagradavam à hierarquia eclesiástica.[13]

Dessa maneira, com o passar do tempo a Igreja católica romana preencheu o vácuo criado pela queda do Império Romano. O papa se tornou a fonte última de autoridade. A civilização cristã se tornou a "cristandade", enquanto o bispo de Roma pontificava como a voz infalível de Deus, o árbitro definitivo em todos os assuntos. Ele decidia se o Sol girava ou não ao redor da Terra, se Henrique VIII poderia se divorciar de sua esposa ou se a Bíblia poderia ser traduzida para a língua inglesa.

Esse poder não precisava ter transformado a igreja em uma estrutura hierárquica e autoritária. A hierarquia deveria ter se submetido à Palavra de Deus, que faz de todos os filhos de Deus um "sacerdócio real".[14] Mas ignorantes da Palavra de Deus, bispos e sacerdotes fizeram de si mesmos responsáveis por prestar contas não ao povo de Deus, mas ao papa. Com isso a Igreja tinha a posse de praticamente todos os centros de aprendizagem e erudição.[15] Esses centros poderiam ter sido usados para educar o povo de Deus, mas era interesse da igreja manter o povo alfabetizado longe da Bíblia.

---

[12] A era de Wycliffe foi uma exceção. Dois papas rivais combateram um ao outro amargamente. Por um breve período um terceiro papa fez a situação ficar ainda mais complicada. A rivalidade entre eles foi um fator importante que impediu Wycliffe de ser queimado como um herege.

[13] Para exemplos de abusos do poder alegado de conceder indulgências, v. SHELDON, Henry C. **History of the Christian Church**, v. 2, p. 320-321.

[14] 1Pedro 2.9.

[15] Universidades, como mosteiros e outras ordens religiosas, tinham um grau de autonomia como "sindicatos", de estudantes (como em Bolonha) ou de professores (como em Oxford). Como tais, se autoadministravam, mas sob a autoridade geral da igreja. O bispo concedia licença aos professores, e a igreja poderia mandar queimar qualquer um deles sob a acusação de heresia.

A igreja adquiriu seu poder em nome da verdade mediante serviço dedicado, compromisso com a sabedoria e trabalho organizado e disciplinado. Essa reputação em grande parte é legítima; a igreja não tinha necessidade de reforçar seu poder com falsificações, enganos e magia, além do uso de uma diplomacia maliciosa, guerras e assassinatos. Uma falsificação famosa que concedeu poder secular à igreja foi a *Doação de Constantino*. Esse documento do século VIII alegava ter sido escrito por Constantino, o imperador romano do século IV, e delegava poderes temporais ao papa Silvestre, que o batizara. Somente na Renascença um filólogo devotado e escritor chamado Lorenzo Valla (1405-1457) comprovou que aquele documento era falso.[16]

Na época de Tyndale a Igreja de Cristo marcada pela devoção tornou-se a Igreja romana marcada pelo poder. O poder cegou tanto a hierarquia da igreja que esta começou a perseguir os seguidores devotos de Jesus Cristo tal como os imperadores romanos fizeram mil anos antes. Os palácios dos bispos se transformaram em câmaras de tortura para cristãos dedicados. Por exemplo, o pintor Edward Freese foi aprisionado na casa do bispo em Fulham. Seu crime? Na porta de uma nova hospedaria em Colchester ele pintou "certas sentenças das Escrituras [em inglês]: e por isso soube-se com certeza que ele era um dos que são chamados de hereges".[17]

A fase bíblica

A Estrela d'Alva da Reforma

Esses "hereges" não eram ateus nem agnósticos. Eram Reformadores.[18] Eles questionaram se a autoridade última pertencia à igreja. Nunca faltaram

---

[16] HERBERMANN, Charles G. et al. (Ed.). Donation of Constantine, **The Catholic Encyclopedia**. New York: The Encyclopedia Press, 1913. p. 119: "Esse documento é, sem dúvida, uma falsificação, elaborada não se sabe exatamente onde entre os anos 750 e 850". Ainda que John Wycliffe e outros críticos de Roma tenham argumentado a favor da legitimidade desse documento diante das críticas de Valla, o trabalho deste último demonstrou sem a menor sombra de dúvida que o documento era mesmo ilegítimo.

[17] DANIELL, David. **William Tyndale:** A Biography. New Haven: Yale University Press, 1994. p. 181-185.

[18] Neste livro as palavras "Reforma" e "Reformadores" com R maiúsculo são usadas para se referir aos pioneiros e aos líderes da Reforma Protestante, incluindo os predecessores de Lutero, como Wycliffe e Hus.

vozes que se levantaram por reformas práticas. Com frequência eram ouvidas, e tinham empregos, desfrutavam da proteção de bispos e de outras autoridades eclesiásticas. Lorenzo Valla, por exemplo, era um secretário papal. Os novos Reformadores foram punidos como hereges porque substituíram a autoridade do papa pela autoridade da Palavra de Deus. John Wycliffe não foi o primeiro reformador desse tipo, mas um dos maiores eruditos do seu tempo e usou sua pena contra a espada do papa (que instrumentalizava as forças seculares). Ele levantou a questão da autoridade definitiva, desafiando as próprias bases de uma igreja governada por homens pecaminosos e, algumas vezes, tolos. Eis nas próprias palavras de Wycliffe o coração da questão:

> Não devemos crer na autoridade de nenhum homem, a não ser que diga a Palavra de Deus. É impossível que qualquer palavra ou ato do homem seja de autoridade igual à das Santas Escrituras [...]. Os crentes devem averiguar por eles mesmos os assuntos verdadeiros de sua fé, ao ter as Escrituras em uma língua que compreendam. Pois as leis elaboradas por prelados não devem ser recebidas como matéria de fé, nem devemos confiar em sua instrução pública nem em nenhuma de suas palavras, mas apenas no que está baseado nas Escrituras Sagradas, pois estas contêm toda a verdade [...]. É o orgulho de Lúcifer, e um orgulho ainda maior que o dele, dizer que os mestres das tradições do homem, feitas por pecadores tolos, são mais úteis e necessárias ao povo cristão que os pregadores do evangelho.[19]

O povo respeitava e seguia os Reformadores porque eles não promoviam a si mesmos. Eram homens devotos e eruditos que arriscaram a vida pelo bem público, incluindo o bem da Igreja. Eles queriam libertar e fortalecer as massas ao dar-lhes o conhecimento e a autoridade da verdade, traduzindo-lhes as Escrituras nas línguas vernaculares.

Algumas vezes governantes seculares também apoiavam e defendiam os Reformadores que apontavam, de acordo com a Bíblia, que Deus lhes concedera certa autoridade e que era errado a igreja usurpar o poder que pertencia ao Estado. Esse foi o contexto da entrada de Wycliffe na vida

---

[19] Citado por SHELDON, Henry C. **History of the Christian Church**, v. 2. Peabody, MA: Hendrickson Publishers, 1988. p. 411.

pública, além da vida acadêmica em Oxford. Incitado pelo rei francês, o papa exigira que Eduardo III pagasse (junto com as dívidas atrasadas) o tributo anual imposto pelo não respeitável papa Inocêncio III. A Inglaterra havia descontinuado o pagamento desse tributo injusto havia muito tempo.

O povo da Inglaterra se ressentiu dessa exigência. O Parlamento votou contra ela em 1366. Mas não era seguro desobedecer ao papa. A França adoraria entrar em uma guerra santa para apoiar o papa. Um crítico da decisão do Parlamento dirigiu seu ataque contra Wycliffe, a quem considerava a mente pensante por trás da política do Parlamento. Wycliffe fora ordenado e indicado como sacerdote de várias pequenas paróquias. Destas, a mais conhecida é Lutterworth, onde permaneceu de 1374 a 1384. Que direito tinha ele de ir contra a igreja? Alguém tinha o direito de discordar do papa, a voz de Deus na terra? Os ataques levantaram a questão se a autoridade definitiva está com o papa ou nas Escrituras.

Esse ataque provocou a poderosa pena de Wycliffe, que iniciou uma revolução porque lutou com a questão da verdade. No princípio, os textos de Wycliffe fizeram dele o campeão de uma causa nacional. Depois de sua morte os mesmos textos renderam-lhe o título de "herege". Muitos católicos devotos já tinham falado contra a corrupção na igreja. O que fez de Reformadores como Wycliffe revolucionários foi o fato de que eles introduziram uma mudança fundamental — as Escrituras devem estar acima dos homens, o que inclui os papas.

Os seguidores de Wycliffe começaram a traduzir a Bíblia para o inglês para que o povo pudesse ler a Palavra de Deus e descobrir a verdade. A tradução de Wycliffe (feita antes da invenção da imprensa) foi copiada e estudada. Essa tradução expôs muitas das decepções que estavam na raiz das reivindicações da igreja ao poder. Levar em consideração as implicações sociais da tradução da Bíblia no tempo de Wycliffe nos ajudará a entender por que ele é chamado de "a Estrela d'Alva da Reforma" e por que a tradução da Bíblia deu origem ao mundo moderno.

No tempo de Wycliffe falavam-se três línguas na Inglaterra. À semelhança das demais elites europeias, a elite intelectual da Inglaterra falava o latim. A Bíblia era o livro *deles*. Traduzida por Jerônimo (347-419), a *Vulgata* latina teve influência por cerca de mil anos. Líderes eclesiásticos, incluindo o próprio Wycliffe, faziam parte desse clube exclusivo. Abaixo deles havia a nobreza, que falava francês ou seu dialeto anglo-normando. Eles tinham algumas porções das Escrituras disponíveis em seu dialeto que estava em declínio. Na base da pirâmide social estavam os camponeses analfabetos, que falavam o inglês primitivo. Naquela época não se pensava em um iluminismo. Esforços literários como os *Canterbury Tales* [Contos da Cantuária] de Chaucer (1343-1400) aconteceram depois de Wycliffe. Muitos dos contemporâneos de Wycliffe rejeitaram a ideia de que a Bíblia pudesse ser traduzida para um dialeto rústico como o inglês.

O elitismo mantém as outras pessoas numa posição baixa. Lança mão de tudo, incluindo a língua, a educação e a religião para oprimir as massas. A Bíblia poderia ser usada para fazer oposição à igreja, porque cuidar dos pobres e oprimidos é um dos principais valores bíblicos.[20] Moisés começou a escrever a *Torá* depois de libertar os hebreus de sua escravidão no Egito. O Novo Testamento nasceu no contexto dos judeus colonizados por Roma. A Bíblia é uma filosofia da liberdade. A Bíblia é totalmente diferente das especulações dos sábios e filósofos de castas superiores do meu país que ensinam que os que sofrem em ignorância, pobreza e desamparo passam por isso por causa de um carma ruim em vidas anteriores. Os tradutores da Bíblia iniciaram o que os marxistas mais tarde tentaram criar — uma sociedade sem classes. Alister McGrath, historiador de Oxford, escreveu que, ao encorajar a tradução da Bíblia para a língua inglesa,

> Wycliffe ameaçou destruir todo o edifício do domínio clerical em assuntos de teologia e vida eclesiástica. A tradução da Bíblia para a língua inglesa seria um nivelador social em uma escala até então desconhecida. Todos seriam capazes de ler o texto sagrado da cristandade e julgar tanto o estilo de vida como os ensinos da igreja medieval em suas bases. A própria ideia produziu ondas de choque sobre a igreja complacente daquele tempo.[21]

---

[20] Nietzsche estava muito próximo da verdade quando escreveu: "O cristianismo floresceu de raízes judaicas, e compreensivelmente um crescimento nesse solo representa o contramovimento de qualquer moralidade de raça ou privilégio: o cristianismo é a religião antiariana por excelência". Cf. The Twilight of the Idols, **The Portable Nietzsche**. Trad. Walter Kaufmann. New York: Viking Press, 1954. p. 504-505. [N. do T.: Há várias edições de **O crepúsculo dos ídolos** em português.]

[21] McGrath, Alister. **In the Beginning:** The Story of King James Bible. London: Hodder & Stoughton, 2001. p. 19.

Algumas pessoas ridicularizam os Reformadores protestantes, mas desfrutam da noção de igualdade humana. Essas pessoas não sabem que os Reformadores pagaram com a própria vida para fazer da ideia bíblica de igualdade um princípio fundamental do mundo moderno. Hoje todos aceitamos que elevar a condição dos oprimidos é algo nobre. Na Inglaterra de Wycliffe elevar camponeses ao *status* da aristocracia era uma ideia abominável. Henry Knighton, um dos críticos de Wycliffe, escreveu a respeito da reação das elites ao esforço radical dele de elevar a condição dos camponeses, mulheres e outros "porcos":

> John Wycliffe traduziu o evangelho, que Cristo confiou aos clérigos e doutores da igreja para que estes possam administrá-lo convenientemente aos leigos [...]. Wycliffe traduziu-o do latim para o inglês — que não é a língua angelical. Como resultado, aquilo que antigamente era conhecido apenas dos clérigos letrados e daqueles com bom entendimento se tornou comum e disponível para os leigos — de fato, até as mulheres já podem ler. O resultado é que as pérolas do evangelho foram jogadas aos porcos.[22]

Muitas pessoas não compreendem que o mundo moderno nasceu naquelas controvérsias teológicas que hoje nos parecem triviais. Nas mãos de Wycliffe a doutrina bíblica da predestinação e a controvérsia em torno da transubstanciação se tornaram "a bomba que abalou o papado".[23] Ele utilizou o ensino bíblico sobre a predestinação para argumentar que Deus, não a igreja, escolhe quem vai ser salvo. A igreja é formada por santos e pecadores. Pode ser que até mesmo um papa não seja predestinado para a salvação. De igual maneira, quando ele zombou da ideia da transubstanciação, roubou dos sacerdotes seu poder mágico de transformar pão e vinho comuns no próprio corpo e sangue de Jesus Cristo. Esses ensinamentos lançaram a Inglaterra em um turbilhão.

Wycliffe foi suspeito de incitar uma revolução quando a tensão social do seu tempo culminou com a revolta dos camponeses em 1381. Multidões de trabalhadores frustrados marcharam sobre Londres. Os instigadores

---

[22] McGrath, Alister. **In the Beginning**... cit., p. 20.
[23] Wood, Douglas C. **The Evangelical Doctor**. Herts, UK: Evangelical Press, 1984. p. 82.

justificaram seu ato invocando a erudição de Wycliffe. Christopher de Hamel, um especialista em manuscritos de Oxford e de Cambridge, resumiu toda a situação, ao dizer: "O inglês era a língua dos camponeses. Logo, ao propor que a Bíblia deveria ser traduzida, Wycliffe tocou na questão do preconceito de classes que ainda perturba a sociedade da Inglaterra e que na época era pior ainda".[24]

Wycliffe foi um herói que desdenhou sua própria classe e ficou ao lado dos "porcos", dos oprimidos. Por quê? Não porque estivesse tentando ganhar uma eleição democrática. A democracia seguiu seu caminho. Antes, Wycliffe seguiu Moisés, que preferiu "ser maltratado com o povo de Deus a desfrutar os prazeres do pecado durante algum tempo".[25] Ele seguiu Jesus, que pregou boas-novas aos pobres.[26] Não foi a busca de uma posição mais elevada em sua carreira nem a correção política que inspiraram Wycliffe a iniciar seu trabalho de traduzir a Bíblia para a língua inglesa. O mesmo compromisso fortaleceu pessoas para copiarem à mão, e elas fizeram desse trabalho uma ameaça à sua própria vida. Até mesmo para ler uma tradução era necessário ter uma permissão especial, e qualquer um que fosse pego com uma cópia poderia ser julgado por heresia e queimado.

Desidério Erasmo

Um pedido poderoso para traduzir as Escrituras veio um século mais tarde com Desidério Erasmo (1466?-1536), um escritor líder da Renascença. Esse escritor, erudito e humanista holandês interpretou tendências intelectuais da Renascença da Itália para o norte da Europa. Patronos da alta cultura reconhecem-no como o mais destacado erudito humanista. Papas e bispos o cortejavam. Erasmo aceitou a ajuda proveniente deles, mas criticou-lhes a corrupção. Ele defendeu uma reforma moral na igreja, especialmente depois de 1513, quando o papa Leão X convocou uma nova cruzada contra os turcos. O papa ofereceu aos cruzados remissão plenária de todos os pecados e reconciliação com o Altíssimo. Erasmo era amigo do

---

[24] HAMEL, Christopher de. **The Book:** A History of the Bible. London: Phaidon Press, 2001. p. 168-169.
[25] Hebreus 11.25.
[26] Lucas 7.22.

papa, mas escreveu uma obra apaixonada, intitulada *Reclamação da paz*. Ele argumentou que o Senhor Jesus ordenou à igreja que levasse o evangelho ao mundo, não a espada.

Erasmo viajou por toda a Europa e testemunhou suas lutas e dores. Ele conhecia muito bem toda a sabedoria grega e romana disponível naquele tempo, inclusive o que foi traduzido para o latim por eruditos muçulmanos, mas não encontrou nada, a não ser a Bíblia que pudesse produzir reforma e paz. Ele advogou que a Bíblia deveria ser traduzida e tornada acessível aos lavradores e até às mulheres:

> Cristo deseja que seus mistérios sejam publicados tão abertamente quanto possível. Eu gostaria que a mais simples das mulheres pudesse ler os Evangelhos e as Epístolas Paulinas. Tudo que eu gostaria é que esses textos fossem traduzidos em todas as línguas e pudessem ser lidos e entendidos não apenas pelos escoceses e irlandeses, mas também pelos turcos e pelos sarracenos [...]. Que assim, como resultado, o fazendeiro cantasse alguns dos seus versos enquanto arasse a terra, o tecelão os murmurasse enquanto girasse seu tear, o viajante diminuísse o peso da jornada com histórias desse tipo! Que todas as conversas dos cristãos sejam extraídas dessa fonte.[27]

Erasmo se lançou à tarefa de produzir uma nova tradução do Novo Testamento. Ele usou os melhores manuscritos gregos que lhe estavam disponíveis e corrigiu erros cometidos por Jerônimo 1.100 anos antes. Uma correção "menor" veio a ser fundamental para a Reforma e também uma das frases bíblicas mais disputadas do século XVI. João Batista, o predecessor de Cristo, convocou seus ouvintes ao arrependimento. Jerônimo traduziu arrependimento como *penitentiam agite*, que significa "façam penitência".

Erasmo sugeriu que a expressão latina equivalente deveria ser *resipiscite*, "arrependam-se". A preocupação de Lutero era produzir uma tradução acurada. Ele não tinha ideia de que sua tradução iria abalar grande parte da superestrutura da religiosidade medieval: cristãos em peregrinações, comprando indulgências e fazendo penitências para obter méritos

---

[27] DESIDÉRIO ERASMO. The Paraclesis, **Christian Humanism and the Reformation: Selected Writings of Erasmus**. Ed. e trad. John C. Olin. New York e Evanston: Harper and Row, 1965. p. 97.

espirituais e a graça de Deus. Como Martinho Lutero percebeu, a redescoberta de uma verdade bíblica simples feita por Erasmo libertou as pessoas da exploração econômica em nome da religião.

Martinho Lutero

Lutero seguiu o conselho de Erasmo com respeito à tradução da Bíblia. Muitos temiam que Lutero fosse eliminado como um herege depois de sua heroica atuação no tribunal de Worms.[28] Mas Frederico, seu patrono na universidade, deu ordem a alguns soldados de sua confiança que "sequestrassem" Lutero, ocultassem-no e o protegessem. Eles o ocultaram no Castelo de Wartburg. Ainda que tivessem pensado que Lutero fora assassinado, seus amigos começaram a receber cartas e textos dele que apresentavam as bases da Reforma.

Lutero detestou aquele confinamento, que lhe gerou insônia e problemas psicossomáticos. Além de escrever cartas e livros, ele também usou o tempo para traduzir o Novo Testamento para o alemão. Essa foi a base para a reforma da Europa de língua alemã. As massas populares, que não sabiam nem grego nem latim, começaram a ler e a ouvir a Palavra de Deus em uma língua que entendiam. Essa verdade democratizada capacitou gente simples (que no futuro seriam eleitores) para se envolver em controvérsias entre a união igreja-Estado e os Reformadores. O Novo Testamento de Lutero teve centenas de cópias impressas,[29] incluindo várias edições pirateadas. Foi isso que estabeleceu o padrão para a língua alemã moderna.

William Tyndale

Para o povo de língua inglesa, William Tyndale levou o bastão de Lutero. Depois de se formar em Oxford, acredita-se que William Tyndale tenha passado algum tempo em Cambridge. Como o rio Cam deságua no mar,

---

[28] V. o capítulo 8 sobre heroísmo.
[29] "Houve mais de 50 edições apenas entre 1522 e 1529, não incluindo edições posteriores de porções separadas do Novo Testamento. O ponto máximo foi em 1524, quando havia mais de 47 edições diferentes da tradução de Lutero" (HAMEL, **The Book**, p. 232).

contrabandistas acharam mais fácil levar os livros proibidos de Lutero para Cambridge que para Oxford. Alguns estudantes estavam profundamente preocupados com a situação na igreja e o país. Eles eram estudantes devotos, mas desafiaram a proibição oficial, frequentavam *pubs* para ler os livros contrabandeados que continham a literatura subversiva de Lutero. Isso fez de Cambridge a porta de entrada das ideias da Reforma na Inglaterra.

O segredo era a marca registrada da Europa hierárquica e pré-democrática. Mas segredos têm seus próprios meios de vazar. Alguns destes eram tão perturbadores quanto excitantes. De acordo com o historiador John F. D'Amico, ainda que o voto de castidade fosse compulsório para o clero, o concubinato e a prostituição eram instituições florescentes em Roma. Quase todo o clero, incluindo os papas, participavam dessa corrupção.[30] E havia muitas histórias sobre simonia — comprar e vender poder na igreja.

Alberto comprar seu arcebispado do papa era um exemplo. Mas nem todos os bispos vendiam indulgências para pagar suas dívidas. Alguns prefeririam o caminho mais rápido de extorquir seus sacerdotes. O papa Alexandre VI, por exemplo, prendeu o cardeal Orsini com base em acusações dúbias. O cardeal convenientemente morreu pouco depois de ter sido preso, o que permitiu ao papa confiscar seu considerável patrimônio.[31] Histórias como essa fizeram os estudantes levantar questões. Oxford e Cambridge eram instituições da igreja, e muitos dos seus estudantes estavam se preparando para servir a Deus. Servir à igreja seria o mesmo que servir a Deus? Muitos estudantes concordaram com Lutero que uma reforma era a maior necessidade naquele momento.

Vários fatores convenceram Tyndale de que o analfabetismo bíblico era uma fonte importante da corrupção da Europa. O professor David Daniell, uma das maiores autoridades em Tyndale, explicou que alguns sacerdotes

---

[30] D'AMICO, John F. **Renaissance Humanism in Papal Rome:** Humanists and Churchmen on the Eve of the Reformation. Baltimore: Johns Hopkins University Press, 1983. p. 5-6. A Bíblia não exige votos clericais de castidade. Ela exige líderes espirituais que agem com integridade. Mas era o papa, não a Bíblia, que governava a igreja.

[31] McCABE, Joseph. **Crises in the History of the Papacy:** A Study of Twenty Famous Popes Whose Careers and Whose Influence Were Important in the Development of the Church and in the History of the World. New York: G. P. Putnam's Sons, 1916. p. 263.

que sabiam pouco latim "glosavam e alegorizavam alguns textos das Escrituras, distorcendo-os em formas curiosas conforme uma tradição de séculos de exegese da igreja — e usando a Bíblia em latim, que algumas vezes divergia muito (e convenientemente) dos originais gregos".[32]

Os sacerdotes com frequência distorciam a Palavra de Deus e desobedeciam a ela, incluindo os Dez Mandamentos. Muitos sacerdotes nem os conheciam. Em 1551, três décadas após o Novo Testamento de Tyndale, o bispo Hooper, que apoiava a Reforma, descobriu que em Gloucestershire, um dos lugares mais devotos da Inglaterra, "do insatisfatório clero, 9 não sabem quantos mandamentos existem, 33 não sabem onde se encontram na Bíblia (o evangelho de Mateus é um dos palpites que mais aparece) e 168 não conseguem repeti-los".[33]

Tyndale primeiramente tornou conhecida sua decisão de fazer a Palavra de Deus disponível para as massas quando um sacerdote o aconselhou que "é melhor para nós estar sem a lei de Deus que sem a lei do papa". Tyndale respondeu: "Se Deus conservar minha vida por mais muitos anos, eu vou fazer que um garoto que conduz um arado saiba mais das Escrituras que tu".[34] Esta resposta foi um eco do desejo que Erasmo expressara quando ponderou a respeito de como reformar a cristandade.

Tyndale pediu permissão para traduzir a Bíblia para o inglês ao bispo Tunstall de Londres. Tunstall havia ajudado Erasmo com a tradução para o latim, mas se recusou a permitir uma tradução para o inglês. Ele considerou Tyndale como mais um que queria ascensão na carreira eclesiástica, ansioso por demonstrar seus talentos literários. É também provável que o bispo não quisesse produzir outro Wycliffe ou um Lutero inglês.

Tyndale passou mais um ano em Londres explorando todas as possibilidades para traduzir a Bíblia legalmente. Finalmente entendeu que ninguém na Inglaterra permitiria que ele fizesse o que era necessário para reformar sua nação — traduzir a Bíblia para o inglês. A missão de dar

---

[32] DANIELL, **William Tyndale**, p. 77.
[33] PRICE, F. Douglas. Gloucester Diocese under Bishop Hooper, 1551-3, **Transactions of the Bristol and Gloucestershire Archaeological Society**, 55 (1938): 101.
[34] FOXE, John. **The Acts and Monuments of John Foxe**, v. 5. London: R. B. Seeley and W. Burnside, 1837-41. p. 117.

a Palavra de Deus ao povo exigia que ele colocasse sua vida em risco. Ele saiu da Inglaterra, esperando encontrar apoio na Europa continental, onde a Reforma de Lutero já havia começado. Esse "fugitivo" precisava apenas de alguns poucos apoiadores secretos para nos dar o maior livro da língua e da cultura inglesas.

Os bispos viam a tradução de Tyndale como uma ameaça porque ela transferiria o poder dos líderes para o povo, e isso implicava que a hierarquia católica romana era mais romana que cristã. Por exemplo, Tyndale deliberadamente decidiu não traduzir a palavra grega *ekklesia* por "igreja". Jesus usou *ekklesia* para descrever a comunidade de seguidores que deixaria tudo para trás. Graças aos filólogos da Renascença, Tyndale soube que a palavra originariamente significava uma "assembleia" ou "congregação" democrática. Nas palavras de William Barclay, teólogo do século XX,

> A *ecclesia* [*ekklesia*] era o povo reunido em uma assembleia [nas cidades-estado da Grécia]. Ela consistia em todos os cidadãos que não perderam seus direitos cívicos. Tirando o fato de que suas decisões deveriam se conformar às leis do Estado, seus poderes para todos os efeitos eram ilimitados [...]. Duas outras coisas são interessantes de observar: todas as suas reuniões começavam com uma prece e um sacrifício. Segundo, era uma democracia verdadeira. As duas palavras que a caracterizavam eram "igualdade" (*isonomia*) e "liberdade" (*eleutheria*). Era uma assembleia na qual todos tinham direitos iguais e tarefas iguais a desempenhar.[35]

Outras traduções de Tyndale também tiveram implicações poderosas. Por exemplo: o Novo Testamento ensina que cada crente é um sacerdote; por isso Tyndale usou a palavra "sacerdote" apenas para os sacerdotes judeus no Antigo Testamento. Os líderes cristãos são "presbíteros" — pastores, cuidadores, anciãos ou bispos do povo — que derivam sua autoridade terrena da congregação, não de uma hierarquia com autoridade final em Roma.

O *éthos* democrático do Novo Testamento de Tyndale era uma ameaça, não apenas para a Igreja católica romana, mas também para a monarquia. Consequentemente, os reis ingleses começaram a ter interesse ativo em supervisionar as traduções da Bíblia.

---

[35] BARCLAY, William. **New Testament Words**. Norwich, UK: SCM Press, 1964. p. 68-69. [**Palavras chaves do Novo Testamento**. São Paulo: Edições Vida Nova, 1985.]

Tyndale foi preso, julgado e condenado. Seu martírio marcou a morte do mundo medieval e o início do moderno. Ainda que não tenhamos os detalhes do seu martírio, a cena pode ser recriada de relatos de mortes semelhantes:

> Na manhã de 6 de outubro de 1536 em Vilvorde, Bélgica, uma grande multidão se reúne atrás de uma barricada. No meio do círculo, duas grandes traves são erguidas na forma de uma cruz com correntes de ferro e uma corda de cânhamo passando por buracos no alto das traves. Arbustos, palha e toras de madeira são rapidamente ajuntados. O procurador-geral (o advogado do imperador) e seus colegas estão assentados em cadeiras altas especialmente preparadas dentro do círculo. Do lado de fora, em uma plataforma alta, alguns bispos estão assentados. Um sacerdote acorrentado é levado até onde estão os bispos. O promotor o condena como *"William Tyndale — arqui-herege"*. Como evidência de sua culpa, uma cópia do Novo Testamento de Tyndale é dada ao bispo que preside à cerimônia. Artigos de culpa são lidos. O óleo da unção é simbolicamente jogado sobre as mãos de Tyndale; o pão e o vinho da missa são colocados em suas mãos e rapidamente retirados. Suas vestes sacerdotais são cerimonialmente retiradas. Quando Tyndale foi entregue aos guardas, o bispo começa a folhear o Novo Testamento.
>
> A multidão se abre para permitir que os guardas passem com o prisioneiro pela barricada. À medida que se aproximam da cruz, permite-se que o prisioneiro ore. Um último apelo é feito para que ele reconsidere. Então ele caminha sozinho até a cruz. Os guardas se ajoelham para amarrar seus pés na base da cruz. A corrente é colocada em seu pescoço, com o laço de cânhamo pendurado. Os arbustos, a palha e as toras de madeira são amontoados ao redor do prisioneiro, formando uma espécie de cabana com ele dentro. O carrasco se posiciona atrás da cruz e olha para o procurador-geral. Tyndale ora com um brado: "Senhor, abre os olhos do rei da Inglaterra!". O procurador-geral dá o sinal. O carrasco rapidamente puxa o laço de cânhamo, estrangulando Tyndale. O procurador-geral observa Tyndale morrer e, então, pega a tocha de cera acesa que estava perto dele. Ele a entrega ao carrasco, que toca a palha e os arbustos. À medida que o corpo de Tyndale queima, a multidão exulta. Os bispos caminham em direção ao fogo e nele jogam o Novo Testamento. Mas eles não percebem que a oração de Tyndale foi ouvida.

Os olhos do rei da Inglaterra foram abertos pouco depois da execução de Tyndale. Suas palavras, incorporadas a várias versões da Bíblia, foram lidas em igrejas inglesas e ao redor do mundo. Sua autoridade superou a dos papas. As palavras de Tyndale moldaram a língua de Shakespeare, iniciaram revoluções na Inglaterra e nos Estados Unidos, democratizaram nações e deram início a uma nova civilização na qual o direito se tornou superior ao poder.

A Bíblia de Genebra

A tradução da Bíblia feita por Tyndale ameaçou a organização hierárquica da sociedade medieval. A ameaça se tornou particularmente poderosa algumas poucas décadas depois da *Bíblia de Genebra* ter incorporado muito da tradução de Tyndale.

O rei Eduardo VI, que reinou de 1547 a 1533, era simpático ao protestantismo e indicou Reformadores como Martin Bucer para Cambridge e Oxford. Depois da morte do rei em 1553, Maria Túdor, que viria a ser conhecida como "Bloody Mary" ["Maria, a Sanguinária"] reinou de 1553 a 1558. Ela inverteu a política oficial e trouxe a Inglaterra de volta ao papado. Em 1554 ela se casou com Filipe II, rei da Espanha, e iniciou a perseguição dos protestantes na Inglaterra. Maria ordenou a morte de aproximadamente 300 protestantes.

Alguns conseguiram fugir para Genebra, uma cidade-estado independente que vivia sob a influência intelectual e moral de João Calvino. Entre esses refugiados estavam William Whittingham, que mais tarde se casou com uma irmã de João Calvino, Anthony Gilby, Thomas Sampson, Miles Coverdale, John Knox e Laurence Tomson. Esses eruditos produziram a primeira Bíblia de estudo protestante, a *Bíblia de Genebra*, em 1560, que incorporou muito do trabalho de Tyndale. Essa versão tinha uma tradução acurada e um trabalho de qualidade com ilustrações, mapas, prefácios e notas de estudo que explicavam os "lugares difíceis".[36]

Por volta de 1600 a *Bíblia de Genebra* se tornara a Bíblia dos protestantes de língua inglesa. Ela se tornou uma ameaça à monarquia maior que o Novo Testamento de Tyndale, porque não apenas seguiu sua tradição, como também adicionou notas marginais. Tyndale tinha notas explicativas

[36] As passagens difíceis da Bíblia. [N. do T.]

nas margens do seu primeiro Novo Testamento, mas sua primeira tentativa de publicar essa tradução com notas teve de ser abortada depois que foram impressas as primeiras 22 páginas do evangelho de Mateus. Ele escapou de ser preso por pouco.

Em sua segunda e bem-sucedida tentativa de imprimir o Novo Testamento, Tyndale eliminou as notas para fazer que a edição ficasse pequena — mais fácil de ser contrabandeada pelo canal da Mancha até a Inglaterra. A *Bíblia de Genebra* reintroduziu as notas — algumas de autoria do próprio Tyndale, mas muitas eram dos Reformadores de Genebra, incluindo o destacado John Knox — para expor o *éthos* não hierárquico, igualitário e libertário da Bíblia. O dr. McGrath assim explicou o significado da *Bíblia de Genebra*:

> A oposição oficial à *Bíblia de Genebra* não conseguiu impedir que ela se tornasse a Bíblia mais lida da era elisabetana e, por conseguinte, da era jacobina. Ela nunca obteve sanção oficial, mas nem precisava de tal apoio do poder instituído político e religioso para receber aceitação entusiasmada e generalizada. Ainda que no princípio tenha sido importada de Genebra — as impressões inglesas dessa Bíblia foram proibidas por bispos nervosos —, mesmo assim vendeu muito mais que suas concorrentes.[37]

Por mais de cem anos a *Bíblia de Genebra* dominou o mundo de língua inglesa. Foi a Bíblia usada por Shakespeare. A *Bíblia King James* foi publicada em 1611, mas foram necessários cinquenta anos para conseguir superar a *Bíblia de Genebra*. Os peregrinos e puritanos a levaram para as praias do Novo Mundo, onde os colonos americanos viveram com ela.[38]

A Bíblia King James

O rei James [Tiago] I se opôs aos puritanos que lutaram pela *Bíblia de Genebra*. Ele sustentou a doutrina do direito divino dos reis, que a *Bíblia de Genebra* desafiou. Suas crenças colidiram com a ideia bíblica da igualdade

---

[37] McGrath, Alister. **In the Beginning:** The Story of the King James Bible. London: Hodder & Stoughton, 2001. p. 127-129.
[38] Sproul, R. C. (Ed.). **The Reformation Study Bible**. Nashville: Thomas Nelson, 1995. p. iv.

humana, promovida pelos Reformadores. Antes de se tornar rei da Inglaterra, James reinara na Escócia, e, durante um encontro acalorado, Andrew Melville, um líder da Reforma escocesa

> segurou o rei e o acusou de ser um "servo tolo de Deus". Melville declarou que, ainda que apoiassem James como rei em público, em particular todos eles sabiam que Cristo era o verdadeiro rei da Escócia, e seu reino era a *kirk*[39] — um reino do qual James era mero súdito, não um senhor ou cabeça. James ficou chocado com esse ataque físico e verbal, porque isso significava que Melville e seus aliados representavam uma ameaça ao trono escocês.[40]

James se opusera ao puritanismo antes de se tornar rei da Inglaterra. Em 1598 ele escreveu dois livros defendendo o direito divino dos reis, *The True Law of Free Monarchs* [A verdadeira lei dos monarcas livres] e *Basilikon Doron* [A dádiva dos reis]. Nas palavras de Alister McGrath,

> James I sustentava que os reis foram ordenados por Deus para governar as nações do mundo, promover a justiça e dispensar a sabedoria. Portanto, era imperativo que os reis fossem respeitados e obedecidos incondicionalmente e em todas as circunstâncias. As diversas notas produzidas na *Bíblia de Genebra* ensinaram o contrário. Reis tiranos não deveriam ser obedecidos, e de fato havia razões excelentes para sugerir que eles deveriam ser destronados.[41]

Um exemplo está nas notas marginais de Daniel 6.22, que implicam que os mandamentos dos reis devem ser desobedecidos se entram em conflito com a lei de Deus.

> Pois ele [Daniel] desobedeceu ao mandamento do rei ímpio para obedecer a Deus, mas com isso não lançou nenhuma injúria sobre o rei, que não deveria ordenar nada que desonrasse Deus.[42]

---

[39] *Kirk* é a palavra usada no inglês falado na Escócia, que significa "igreja". [N. do T.]
[40] McGrath, **In the Beginning,** p. 140.
[41] Ibid., p. 143-144.
[42] Disponível em: <http://www.bible.crosswalk.com/Commentaries/GenevaStudyBible/gen.cgi?book=da&chapter=006>. Acesso em: 28 mar. 2012.

As notas de Daniel 11.36 indicavam que os dias dos tiranos opressores estavam contados. Os puritanos estavam sofrendo por causa dos seus pecados, mas esse sofrimento não iria durar para sempre.

Os tiranos irão prevalecer enquanto Deus permitir que seu povo seja punido. Mas ele mostra que isso é apenas por um tempo.[43]

McGrath afirmou: "Observe-se também que as notas genebrinas regularmente usam a palavra 'tirano' para se referir aos reis; a *Bíblia King James* nunca usa essa palavra — um fato observado com aprovação e alívio por muitos monarquistas naquela época".[44]

O rei James autorizou uma nova tradução da Bíblia para diminuir as implicações republicanas da *Bíblia de Genebra*. Essa versão é tão famosa quanto a versão do próprio rei Tiago. Ela incorporou cerca de 90% do Novo Testamento de Tyndale e muito do Antigo Testamento que Tyndale traduzira antes de ser preso.

⁂

As reformas bíblicas não pararam no Ocidente. À medida que a igreja começou a estudar a Bíblia, muitos compreenderam que Deus queria abençoar todas as nações da terra que sofriam por não conhecer a verdade.[45] Os crentes que queriam servir a Deus resolveram tornar a Bíblia disponível para todos em sua língua nativa. Eles criam que, à medida que o povo conhecesse a verdade, a verdade os libertaria.[46] Na aurora do século XIX essa crença inspirou o maior movimento de tradução e publicação da Bíblia em todas as línguas do mundo que a História presenciou. Os tradutores transformaram línguas orais em línguas literárias. No processo, esses linguistas construíram as pontes intelectuais sobre as quais ideias modernas puderam viajar do Ocidente para o resto do mundo. Isso é o que atualmente chamamos de "globalização" — o tema do capítulo seguinte.

---

[43] Disponível em: <http://www.bible.crosswalk.com/Commentaries/GenevaStudyBible/gen.cgi?book=da&chapter=011>. Acesso em: 28 mar. 2012.
[44] McGrath, **In the Beginning,** p. 143.
[45] Gênesis 12.3; 18.18; Oseias 4.6,14; Romanos 1.18-32; Mateus 28.18-20 etc.
[46] João 8.31,32.

O que a igreja fez para se opor à Bíblia foi terrível. Mas, ainda que a maior parte da igreja não seja mais uma perseguidora, a oposição à Bíblia não acabou. Os últimos dois séculos testemunharam ataques ferozes à Bíblia, não apenas em países marxistas, muçulmanos ou hindus. O presente livro começou a ser escrito em resposta a um ataque desse tipo desferido por Arun Shourie. A Bíblia permanece como uma ameaça aos que desejam que a autoridade do homem supere a de Deus, aos que querem preservar culturas opressoras baseadas na falsidade e no pecado. O sr. Shourie estava certo ao ver a Bíblia como o mais perigoso desafio intelectual ao Hindutva. Intelectuais ocidentais que querem que o homem seja a medida de todas as coisas também estão certos ao ver a Bíblia como uma ameaça. A Bíblia declara ser a Palavra de Deus. E isso implica que palavras, valores e crenças irão nos ferir se não estiverem alinhados com o que nosso Pai celestial disse que é verdadeiro e bom.

PARTE V
A REVOLUÇÃO INTELECTUAL

> *Na comunidade de protestantes de Lincoln a supremacia da Bíblia como o livro da vida diária encorajou habilidades básicas de leitura [...]. Palavras e ideias eram inseparáveis em uma nação dominada pela Bíblia. Foi-lhe dado trânsito total como o sistema dominante de crenças. Ela foi também o grande livro das histórias ilustrativas, referências iluminadoras e máximas incisivas para a conduta diária. Mais que qualquer outro aglutinador, foi a Bíblia que uniu a sociedade [...]. Aos 6 anos de idade Abraham Lincoln começou a ler, e o texto básico de sua casa era a Bíblia.*
> — Fred Kaplan, *Lincoln: The Biography of a Writer*[1]

---

[1] New York: HarperCollins, 2008. p. 3-4.

Capítulo 10

LÍNGUAS

COMO O PODER INTELECTUAL FOI DEMOCRATIZADO?

Margaret Tatcher, primeira-ministra da Inglaterra, era conservadora demais para se render à mídia. A declaração a seguir, extraída de um discurso de 1988, ilustra quão politicamente incorreta ela era. A verdade dos seus comentários só começou a ser considerada depois que terroristas nascidos e criados na Grã-Bretanha começaram a ameaçar o país. Falando com uma humildade incomum para chefes de Estado, ela disse:

> Somos uma nação cujos ideais foram fundados com base na Bíblia. Também é quase impossível entender nossa literatura sem levar em consideração esse fato. Esse é o exemplo prático para garantir que nossas crianças na escola recebam aquilo que a tradição judaico-cristã desempenhou em modelar nossas leis, nossos costumes e nossas instituições. Como você poderá entender Shakespeare e *sir* Walter Scott ou os conflitos constitucionais do século XVII na Escócia e na Inglaterra sem esse conhecimento fundamental? Mas eu gostaria de ir além disso. As verdades da tradição judaico-cristã são infinitamente preciosas, não somente, como eu creio, porque são verdadeiras, mas também porque providenciam o impulso moral que pode levar à paz, no significado verdadeiro da palavra, que todos desejamos [...]. Há pouca esperança para a democracia se o coração dos homens e das mulheres nas sociedades

democráticas não puder ser tocado por algo maior que eles mesmos. Estruturas políticas, instituições estatais, ideais coletivos não são o bastante [...]. [A democracia] exige uma vida de fé [...] para o bem-estar temporal e espiritual da nação.[1]

Que papel a Bíblia desempenhou ao criar a língua, a literatura e a cultura inglesas, incluindo as noções de nação, Estado-nação e nacionalismo?

Os americanos ainda toleram a ideia de patriotismo, mas *nacionalismo* é uma palavra suja para muitas pessoas formadas em universidades seculares nas últimas três décadas. Seja uma virtude, seja um vício, é útil entender que no cenário mundial o nacionalismo é um fenômeno recente. Se o primeiro-ministro britânico morrer no exercício de sua função, os ingleses vão pedir aos franceses, alemães ou holandeses que lhes enviem outro para ocupar a função? Isso seria inconcebível, mesmo sendo a Grã-Bretanha parte da União Europeia. Como outras nações, os britânicos vão querer alguém do seu próprio povo que os lidere.

Contudo, em momentos diferentes de sua história, os britânicos convidaram um monarca holandês, William III, e um aristocrata alemão, George I, para ser seu rei. Por que eles teriam permitido — ou simplesmente solicitado — que um monarca estrangeiro assumisse o poder? Porque a Europa era um império — cristandade — e a religião era mais importante que o nacionalismo. Os interesses de uma fraternidade internacional de clérigos e aristocratas superam os de nações individuais. No despertar da Reforma, foi a Bíblia que reorganizou a Europa como modernos Estados-nações. O desenvolvimento das línguas nacionais por intermédio de traduções da Bíblia foi apenas o primeiro passo rumo aos Estados-nações linguísticos. A Bíblia também providenciou a justificativa teológica para lutar para construir um Estado-nação independente como a Holanda.

Latim

Jesus era judeu e ensinou principalmente aos judeus. Mas, de acordo com muitos biblistas, os discursos públicos de Jesus não foram pronunciados

---

[1] **Christianity and Conservatism.** Ed. Rt Hon Michael Alison MP e David L. Edwards. London: Hodder and Stoughton, 1990. p. 337-338.

em hebraico, que naquela época era uma língua sagrada, mas morta. Ele ensinou em aramaico, que era a língua falada pelo povo em Israel desde o exílio babilônico.

Quando seus discípulos escreveram o Novo Testamento, eles seguiram o princípio de usar o vernáculo — isto é, a língua nativa do povo que pretendiam alcançar. Eles escreveram o Novo Testamento no grego popular, conhecido como *koiné*, uma linguagem comercial falada em toda a extensão do Império Romano. Dois séculos antes, 70 eruditos judeus traduziram as Escrituras hebraicas para o grego, a chamada *Septuaginta*.

Gradualmente o latim substituiu o grego como o vernáculo do império. Seguindo Jesus e seus apóstolos, o erudito cristão Jerônimo levou a cabo a árdua tarefa de traduzir a Bíblia inteira do hebraico e do grego para o latim. Cria que era essencial que o povo tivesse as Escrituras em sua própria língua. Ele concluiu o projeto no ano 405 da era cristã, e sua tradução ficou conhecida como *Vulgata* porque foi escrita na língua "vulgar" ou comum do povo.

Pouco depois o Império Romano entrou em colapso, e gradualmente o latim se tornou uma língua morta. As línguas dos povos europeus continuaram a mudar com conquistas, migrações, mesclas e evoluções linguísticas. Mas passados mil anos ninguém depois de Jerônimo se preocupou em traduzir a Bíblia para as línguas dos povos da Europa.

A falta de patrocínio financeiro para a alfabetização nos vernáculos nacionais reforçou o monopólio do latim. No entanto, uma razão mais importante era a atitude esnobe dos letrados. Eles criam que as línguas locais dos homens simples eram de pouco valor e que todo estudo sério, jurisprudência e literatura só podiam acontecer em latim. Por que alguém deveria aprender a ler em uma língua na qual ninguém escrevia? Como consequência, para ler, era necessário aprender latim.

Isso significava que somente a aristocracia e o clero poderiam ter educação. O tempo e o dinheiro necessários para educar o povo em latim eram proibitivos para muitas famílias. A imprensa não existia, e os estudantes tinham de copiar seus próprios livros-texto em caros papéis de pergaminho. Também não era fácil encontrar eruditos. Muitos homens e mulheres que eram capazes de ensinar latim haviam feito votos monásticos ou assumido ordens clericais na igreja. Suas tarefas espirituais, escolásticas ou eclesiásticas não permitiam que sobrasse tempo para o ensino. Esse sistema de castas linguístico fortaleceu o poder da igreja na Europa, mas manteve a Europa enfraquecida.

A elite intelectual e religiosa não cria que um livro profundo como a Bíblia pudesse ser traduzido para línguas de lavradores. Em todo caso, os lavradores eram analfabetos, e suas línguas não tinham forma escrita. Esses foram alguns dos fatores que fizeram de tradutores como Lutero e Tyndale Reformadores revolucionários. Eles democratizaram a língua. Apropriaram-se de um conhecimento que pertencia apenas às elites e o levaram às massas. Essa revolução progrediu e transformou a maneira pela qual os europeus entendiam o papel do Estado-nação e o papel do povo nos assuntos do governo.

Esses tradutores-Reformadores seguiram o exemplo de Jesus ao usar as línguas do povo. Eles propiciaram um ambiente no qual as línguas modernas da Europa puderam se desenvolver e florescer. Ao traduzir a Bíblia para línguas como alemão, francês e inglês, eles cavaram o túnel intelectual através do qual o conhecimento, espiritual e secular, iria passar. Isso fortaleceu o povo que tinha sido ignorado e oprimido pela elite falante do latim.

Quando os europeus se tornaram alfabetizados, o único livro que muitas famílias possuíam era a Bíblia, que se tornou a fonte de sua língua e de sua cosmovisão. A ideia de "governo do povo, para o povo e pelo povo" só se tornou possível porque a língua materna do povo se tornou a língua da aprendizagem e do governo. O homem comum, que antigamente não tinha a menor noção de assuntos governamentais e legais, poderia agora participar de debates nacionais e na tomada de decisões. De igual maneira, a moderna economia de livre-mercado, que permite a qualquer um livremente contribuir com seu potencial para o bem de todos, tornou-se possível porque as línguas populares se tornaram fortes o bastante para serem as línguas da lei, da tecnologia e do mercado.

Transformando a Índia — Um breve estudo de caso

Meu interesse na Bíblia e em sua tradução para as línguas populares não veio do que ela realizou na Europa, mas do que ela realizou na Índia.

Eu cresci no coração da região da Índia onde se fala híndi, em Allahabad, a cerca de 80 quilômetros de Kashi, onde Tulsidas escreveu o mais importante épico religioso do norte da Índia, *Ramcharitmanas*. Sempre me disseram que o híndi, minha língua materna, viera desse grande épico. Quando comecei a ler o clássico, fiquei intrigado porque eu não conseguia entender uma única sentença. O "híndi" do autor era completamente diferente do meu, e isso me fez pensar: *de onde exatamente veio minha língua materna — nossa língua nacional?*

Fiquei surpreso ao descobrir que duzentos anos antes, quando os britânicos começaram a dominar o norte da Índia, a língua falada na nossa corte não era nem o híndi nem o urdu. Antes dos britânicos, os muçulmanos dominaram a nossa terra, e eles não estavam interessados em nossas línguas. Também não estavam interessados na língua primitiva de Amir Khusro, um poeta muçulmano do século XIII. Eles pensavam que ele corrompera suas línguas clássicas, o árabe e o persa, ao misturá-las com os dialetos falados ao redor de Déhli. Foi necessário que um tradutor da Bíblia britânico, o rev. Henry Martin (1781-1812), forjasse aqueles dialetos em uma língua literária, o urdu moderno. Durante um tempo o urdu foi a língua oficial de Uttar Pradesh, o meu estado, antes de se tornar a língua nacional do Paquistão.

De igual maneira, não foram eruditos hindus que desenvolveram o híndi, a língua nacional da Índia. Tradutores da Bíblia, como o rev. Gilchrist e missionários linguistas como o rev. Kellog, fizeram do dialeto do poeta Tulsidas (1532-1623 d.C.) a base para o desenvolvimento do híndi moderno como língua literária.

O sânscrito poderia ter sido a língua da corte da Índia pré-britânica, mas não foi. O sânscrito *é* o tesouro nacional da Índia. Mas os que tinham a chave para esse tesouro intelectual não o compartilharam nem com suas próprias mulheres, muito menos com homens que não eram brâmanes. A religião dos brâmanes exigia que eles tratassem seus vizinhos como intocáveis. O sânscrito foi usado para manter o povo distante do conhecimento que era poder.

Ashoka (304-232 a.C.), o maior líder budista da Índia, usou a língua pali e textos brâmanes para disseminar sua sabedoria por todo o país. O pali se tornou a língua da erudição budista. Mesmo assim, na aurora do século

XIX não havia na Índia nenhum erudito capaz de ler uma única sentença nos pilares de Ashoka encontrados em toda parte no país. Pior ainda — a natureza anti-histórica do hinduísmo fez que durante séculos nenhum indiano sequer ouvisse o nome de Ashoka até os anos 1830, quando um erudito anglo-indiano, James Prinsep, encontrou a chave para a leitura dos textos brâmanes nos pilares.

Os esforços de Ashoka para unificar a Índia geográfica ao promover uma escrita, uma língua e uma sabedoria foram magníficos. Mas por que esses esforços fracassaram? Um fator foi a perseguição dos brâmanes, mas isso não explica por que a escrita brâmane se extinguiu. A filosofia de Ashoka trabalhou contra sua agenda social que poderia ter feito da Índia uma nação grandiosa e unificada, edificada sobre uma grande literatura.

Buda, como já vimos, ensinou que a realidade última é o silêncio ou *shoonyta*. A mente humana é um produto da *avidhya* (ignorância primeva). Ela não foi feita à imagem de Deus; as palavras, a linguagem e a lógica humana não têm correlação com a Verdade. O caminho para a iluminação é esvaziar a mente de todos os pensamentos e palavras. O alvo é alcançar o silêncio absoluto. Portanto, os monges budistas raramente estudavam suas próprias escrituras. Eles não tinham motivação religiosa para ter o trabalho de transformar as línguas dos seus vizinhos em línguas literárias, para tornar o pensamento de Buda acessível a todos. A missão dos monges era propagar técnicas de meditação para *esvaziar* a mente de qualquer pensamento. Eles não tinham que encher a mente com grandes ideias.

Fiquei absolutamente surpreso ao aprender que, quando o Raj Britânico (o Império Britânico Indiano) teve início no norte da Índia, a língua da corte era o persa! O imperador mogul Humayun reconquistou o reino do seu pai com a ajuda de 14 mil soldados persas. Seu filho Akbar (1556-1605 d.C.), o maior dos imperadores moguls, patrocinou artistas e escritores indianos, incluindo os que escreviam em híndi antigo. Ele promoveu sua língua religiosa, o árabe, mas também compreendeu que não tinha uma língua por meio da qual pudesse governar a Índia. Akbar manteve o persa como a língua da corte. O persa fez pelos moguls o que o sânscrito fizera pelos brâmanes. Isso excluiu muitos indianos do poder. Uma maneira de manter o governo dos líderes, para os líderes e pelos líderes é conservá-lo em uma língua que os liderados não entendem.

No século XVIII, quando os britânicos começaram a dominar a Índia, eles enfrentaram esse mesmo problema de comunicação. A situação deles era ainda pior, porque, diferentemente dos moguls que se estabeleceram no país, os governantes ingleses iam para a Índia por períodos curtos. A East India Company [Companhia das Índias Orientais] que dominava o subcontinente era uma companhia comercial. Seus líderes estavam interessados em cortar despesas, não em gastar dinheiro em projetos não comerciais, como o desenvolvimento de línguas locais. O colonialismo não desenvolveu as línguas populares.

A Companhia das Índias Orientais da Inglaterra precisava de empregados indianos que falassem um pouco de inglês. Uns poucos ingleses, chamados de classistas, divulgaram o sânscrito, o árabe e o persa. Nem os classistas nem a companhia tinham interesse em educar uma classe de indianos que enriqueceria as línguas indianas, educaria as massas e prepararia a Índia para a liberdade e o autogoverno. Esta era a agenda dos seguidores de Jesus Cristo, que buscavam obedecer ao mandamento de amar ao próximo como a eles mesmos. É preciso ler os textos de Charles Grant (1792), membro do Parlamento britânico, do reformador neo-hindu Raja Rammohun Roy (1823), do missionário escocês Alexander Duff (1830) e dos ingleses Charles Trevelyan (1834 e 1835) e seu cunhado lorde Macaulay (1835) para compreender que esses homens se opuseram aos classistas e lutaram a favor da língua inglesa como o melhor meio de enriquecer as línguas populares indianas.

Intelectuais hindus que leram apenas trechos de Rammohun Roy e de lorde Macaulay presumem que esses homens divulgaram a língua inglesa para colonizar, não para libertar, a mente indiana.[2] Mas Mahatma Gandhi (um indiano de Gujarati educado na Inglaterra) e Rabindranath Tagore (um indiano de Bengala, cuja língua materna era o bengali e que era professor de língua inglesa)[3] entenderam Macaulay e os missionários cristãos. Os dois se encontraram na década de 1920 e decidiram que o híndi, não o sânscrito ou o inglês, deveria ser o futuro da Índia.

[2] Esse é um dos ataques mal informados de Arun Shourie a Macaulay.
[3] Rabindranath Tagore recebeu o Prêmio Nobel de Literatura em 1913. Alguns dos seus livros foram publicados no Brasil por diferentes editoras. [N. do T.]

Para nos dar nossa língua nacional, os missionários lutaram contra os interesses comerciais da Companhia das Índias Orientais. O rev. John Borthwick Gilchrist (1759-1841) trabalhou para a companhia na Faculdade Fort William, em Calcutá. Ele desenvolveu "Tabelas e Princípios" do hindustâni em seu parco tempo, submetendo-o ao colegiado da faculdade para publicação no dia 6 de junho de 1802. No dia 14 de junho o colegiado não apenas devolveu o material, como o proibiu de publicá-lo. Gilchrist insistiu em promover a causa do hindustâni pagando um alto preço pessoal para isso.

O hindustâni e o urdu são as raízes do híndi. O rev. Claudius Buchanan (1766-1615), vice-reitor da Faculdade Fort William, registrou o esforço pioneiro do rev. Henry Martin para dar ao hindustâni a posição que mais tarde concederia à Índia e ao Paquistão suas línguas nacionais:

> O rev. Henry Martin, B.D., professor do St. John's College de Cambridge foi para a Índia há mais ou menos cinco anos [...]. Depois de adquirir as mais altas honras acadêmicas em ciências e ser uma celebridade no conhecimento dos clássicos, ele se dedicou a adquirir o conhecimento das línguas árabe e hindustâni [...] a grande obra que prendeu com tanta firmeza a atenção desse erudito orientalista nos últimos quatro anos é sua tradução da Bíblia para a língua hindustâni [...]. Sua principal dificuldade está em estabelecer a ortografia dessa língua e em definir que proporção de palavras deve ser incluída das fontes persas e árabes; pois o hindustâni ainda está em sua infância, como uma língua escrita e gramatical; e é provável que a obra do sr. Martin contribua muito para estabelecer seu padrão.[4]

Décadas de serviço sacrificial de tradutores da Bíblia fizeram que o governo britânico concordasse em fazer do hindustâni a língua usada desde a corte até os níveis mais baixos da administração. Isso significava que agora uma pessoa poderia ir até um tribunal britânico no norte da Índia e entender o promotor, as testemunhas e os advogados que estavam trabalhando em sua causa, e o juiz que emitia a sentença. O trabalho dos tradutores da Bíblia tornou possível para um indiano habilidoso escrever em uma língua que os indianos poderiam entender.

---

[4] BUCHANAN, Claudius. **Christian Researches in Asia:** With Notices of the Translation of Scriptures into the Oriental Languages. 9. ed. London: G. Sidney, 1812. p. 213-214.

Gandhi e Tagore não foram os primeiros a ver que o futuro da Índia estava no híndi. A burocracia britânica preferiu o urdu durante décadas porque até o final do século XIX o híndi não era uma língua. Cada cidade do norte da Índia falava um dialeto diferente. As pessoas que moravam em Allahabad, minha cidade natal, não entendiam o "híndi" de Tulsidas, ainda que ele fosse de Benares, cidade vizinha à nossa. Essa situação linguística problemática só mudou depois que o rev. S. H. Kellog, um missionário norte-americano em Allahabad, reuniu mais de uma dúzia de dialetos para criar o híndi atual. Ele intitulou sua gramática de híndi (que ainda está em uso) de *A Grammar of the Hindi Language: In Which Are Treated the High Hindi, Braj and the Eastern Hindi of the Ramayan of Tulsi Das, also the Colloquial Dialects of Rajputana, Kumanon, Avadh, Riwa, Bhojpur, Magadh, Maithila etc.* [Uma gramática da língua híndi: na qual são tratados o alto híndi, braj e o híndi oriental do *Ramaiana* de Tulsi Das, e também os dialetos coloquiais de Rajputana, Kumanon, Avadh, Rkwa, Bhojpur, Magadh, Maithila etc.].

A despeito dos melhores esforços dos tradutores e administradores, dúvidas quanto à viabilidade do híndi continuaram até o século XX. Foi o trabalho da Kashi Nagari Pracharini Sabba[5] que tornou possível a nossos líderes políticos terem a confiança de que o híndi se tornaria nossa língua nacional. Muitos indianos não sabem que a figura-chave por trás da obra da Sabba foi o missionário norte-americano rev. E. Greaves, em Benares. O dr. Shyan Sunder Das, editor de *Shabd Sagar*, o importante periódico em híndi da Sabba, registrou o seguinte tributo a Greaves em seu prefácio:

> No dia 23 de agosto de 1907 o membro mais entusiasmado da sociedade e que mais queria seu bem (nao apenas alguém com "bons sentimentos"), o rev. E. Greaves, propôs na reunião do Comitê de Gerenciamento que a Sociedade deveria aceitar a responsabilidade de produzir um dicionário de híndi que fosse abrangente [...]. Ele também nos mostrou como isso poderia ser realizado.[6]

Tradutores da Bíblia e missionários não nos deram apenas o híndi, nossa língua nacional. Cada língua literária da Índia é um testemunho do

---

[5] The Kashi Society for Promotion of Nagari Script [Sociedade Kashi para Promoção de Textos Nagari].
[6] *Shabd Sagar* (Varanasi: Nagri Pracharini Sabha, 1924).

trabalho deles. Em 2005 um erudito do povo malyalee de Mumbai, chamado Babu Verghese, submeteu uma tese de doutorado de 700 páginas à Universidade de Nagpur.[7] Ele demonstrou que os tradutores da Bíblia, usando em sua maior parte dialetos de indianos analfabetos, criaram 73 línguas literárias modernas. Dentre essas estão a língua nacional da Índia (o híndi), do Paquistão (o urdu) e de Bangladesh (o bengali). Cinco eruditos brâmanes examinaram a tese de Verghese e lhe outorgaram o título de doutor (ph.D.) em 2008. Eles também recomendaram por unanimidade que sua tese, quando publicada em formato de livro, deveria ser leitura obrigatória para estudantes de linguística indiana.

Três missionários ingleses — William [Guilherme] Carey, Joshua Marshman e William Ward — começaram o trabalho de aprender centenas de dialetos falados por indianos analfabetos para transformá-los nas já mencionadas 73 línguas literárias e criar suas gramáticas e dicionários. O impacto na criação da moderna Ásia Meridional foi bem sumarizado pelo historiador Hugh Tinker:

> E assim em Serampore, nas margens do rio] Hooghly, pouco depois de 1800, os principais elementos na atual Ásia Meridional — identificação linguística popular ("linguismo"), a imprensa, a universidade, a consciência social — vieram à luz. O Ocidente e a Ásia Meridional estavam prestes a se relacionar um com o outro, não em termos de poder e lucro, mas também em termos de ideias e princípios.[8]

O Trio de Serampore, como os missionários ficaram conhecidos, começaram com a tradução da Bíblia e depois fundaram a faculdade que cresceu e se tornou a Universidade de Serampore. Eles decidiram usar o bengali, não o inglês, como a língua da faculdade, porque os missionários observaram que as famílias indianas queriam que seus filhos aprendessem apenas o suficiente de inglês para que trabalhassem para o Raj Britânico. Mas os missionários não dedicaram sua vida para produzir bons empregados que falavam inglês para o Raj Britânico. Eles queriam indianos que viriam à sua faculdade para aprender a cultivar a mente e o espírito, para questionar as

---

[7] **The Impact of Bible Translations on Indian Languages — A Study.**
[8] **South Asia**: A Short History. London: Macmillan, 1989. p. 100-101.

trevas socioeconômicas ao seu redor, para inquirir e encontrar a verdade que liberta indivíduos e constrói grandes nações. A Bíblia ensina que o Criador nos deu o dom da linguagem porque nos amou. O *amor inclui a comunicação, e a comunicação de grandes ideias exige uma linguagem igualmente grande.*

A Bíblia e o nacionalismo

A Bíblia fez mais que criar as atuais línguas inglesa, alemã, holandesa, híndi, urdu e bengali. Ela também criou a ideia moderna de Estado-nação e o valor do que chamamos de *nacionalismo*.

O nacionalismo adquiriu má fama por conta das atrocidades que inspirou durante o século XX. O nacionalismo germânico que produziu duas guerras mundiais era uma perversão secularizada de um valor bíblico. Católicos romanos praticantes que detestam o nacionalismo secularizado, mas não apreciam o nacionalismo bíblico, alimentaram a reação recente contra o nacionalismo e o desejo de um continente único na Europa.

Para nós que vivemos na Índia e no Paquistão é fácil apreciar o nacionalismo, porque a vida toda temos testemunhado os conflitos entre xiitas e sumitas. Por que alguns muçulmanos de vez em quando matam seus compatriotas como um dever religioso? Cada conflito é aparentemente motivado por um incidente insignificante, mas a razão subjacente é que lealdade à nação e aos seus cidadãos não é uma virtude islâmica. Para os sunitas, a autoridade está em Meca; para os xiitas, a autoridade — o califado — está na Pérsia.[9]

Na Inglaterra alguns muçulmanos acreditam que não há base no *Alcorão* para valorizar o nacionalismo britânico. De fato, o dever religioso deles é fazer a Inglaterra se submeter à lei da Sharia.[10] Essa ameaça é parte do contexto social do discurso da sra. Tatcher citado no início deste capítulo. Não pode haver dúvida de que o receio dela é legítimo. Sem a Bíblia, suas universidades não teriam fundamentação filosófica para crer na própria ideia de Estado-nação. Por outro lado, eles têm boas razões históricas para

---

[9] A antiga Pérsia é o atual Irã. [N. do T.]
[10] Sharia é a transliteração em caracteres latinos da palavra árabe usada para o conjunto de leis (religiosas e civis) do islamismo. [N. do T.]

desprezar o nacionalismo (secularizado) e bases pragmáticas razoáveis para transferir a soberania federal para uma União Europeia.

A Reforma Protestante fragmentou o Sacro Império Romano nos atuais Estados-nações, geralmente definidos pela língua. Começando em Gênesis 11, a Bíblia ensina que as nações são uma criação do Deus soberano. Ainda que todos os seres humanos tenham vindo dos mesmos pais, eles foram separados em diferentes comunidades linguísticas como resultado de sua pecaminosidade. Viver em uma nação particular pode ser infernal, mas Estados-nações soberanos atuam como barreiras contra um totalitarismo global. O apóstolo Paulo disse aos atenienses:

> Ele não é servido por mãos de homens, como se necessitasse de algo, porque ele mesmo dá a todos a vida, o fôlego e as demais coisas. De um só fez ele todos os povos, para que povoassem toda a terra, tendo determinado os tempos anteriormente estabelecidos e os lugares exatos em que deveriam habitar.[11]

Assim como Jesus, Pedro e Paulo sofreram a natureza opressora do imperialismo romano, Wycliffe, Hus, Lutero e Tyndale também sofreram o imperialismo. Eles tiveram facilidade em reconhecer o significado do ensino da Bíblia concernente à identidade nacional. Esse conceito desempenha papel central na narrativa bíblica, de Gênesis a Apocalipse.

A narrativa começa com a promessa de Deus de fazer de Abraão uma grande nação. A promessa incluía descendentes, posse de terra particular, autoridade para governar, prosperidade econômica e sujeição do povo em obedecer à lei de Deus.[12] A promessa de Deus se tornou a base para a ligação dos descendentes de Abraão com a terra prometida e sua história. Essa promessa fez do nacionalismo um valor judaico especial.

O Antigo Testamento é a história de 12 tribos se tornando uma nação, sob uma lei comum, supervisionada pelos anciãos, com ou sem um rei. A responsabilidade primária do rei era a defesa do povo. Sacerdotes e profetas ajudavam os anciãos a verificar se o rei vivia e atuava sob a lei de Deus. Quando esses doze grupos de povos se uniram para obedecer à autoridade de Deus, eles prosperaram. Quando o tribalismo superou a

---

[11] Atos 17.26,27.
[12] Gênesis 12.1-4; 15.4-7; 18.18,19.

identidade nacional sob um Deus e uma lei, eles foram para a escravidão. O Antigo Testamento inspirou as tribos hebreias a viverem como uma tribo unificada seguindo os princípios da justiça divina. Isso os ensinou a transcender as lealdades tribais e a adorar o Deus único juntos, convidando todas as nações — de fato, convidando toda a criação — para se unir ao povo no culto a esse Deus.

O nacionalismo judaico, que inspirou poetas ingleses e indianos, tornou-se parte explícita da poesia bíblica depois que os habitantes do Sul (Judá) foram levados cativos para a Babilônia. Não se pode entender a poesia de poetas como Tennyson, Cowper e Blake sem entender o nacionalismo judaico, expresso em salmos como: "Tu te levantarás e terás misericórdia de Sião, pois é hora de lhe mostrares compaixão; o tempo certo é chegado";[13] "Junto aos rios da Babilônia nós nos sentamos e choramos com saudade de Sião"; "Que a minha mão direita definhe, ó Jerusalém, se eu me esquecer de ti!".[14] Por ser a cidade-templo, Jerusalém se tornou sagrada para todos os judeus — a cidade de Deus.[15]

Contudo, ser a cidade de Deus exige que seus habitantes vivam de acordo com a lei de Deus. O fracasso em agir assim trouxe a condenação dos profetas e o juízo de Deus. Isso deu um sabor especial ao patriotismo bíblico — amar o povo e a terra é um reflexo do próprio amor de Deus para com seu povo. O nacionalismo bíblico é diferente do nacionalismo germânico secularizado. O primeiro era teocêntrico, não tinha uma cultura — ou uma raça — como centro. Como um produto da promessa e da lei de Deus, o povo tinha de permanecer penitente e autocrítico. Personagens do Antigo Testamento como Moisés, Daniel, Neemias e vários dos profetas exibiram poderosamente esse nacionalismo peculiar e penitente.

Os capítulos 6 e 9 do livro de Daniel são os melhores exemplos do nacionalismo penitente. Daniel amava sua nação a ponto de jejuar e orar por sua reconstrução. Ele arriscou ser jogado na cova dos leões por orar pela restauração de Jerusalém. Os babilônios destruíram a cidade santa dos judeus, mas Daniel nunca os amaldiçoou. De fato, ele dedicou sua vida a servir a Nabucodonosor, o rei que destruiu Jerusalém.

---

[13] Salmos 102.13,14.
[14] Salmos 137.1,5,6.
[15] 1Crônicas 23.25.

O profeta Jeremias, uma testemunha ocular da destruição de Jerusalém, moldou o nacionalismo de Daniel, quando disse que era necessário servir aos "inimigos" da nação. O conselho de Jeremias aos cativos na Babilônia foi o oposto exato do que algumas mesquitas atualmente ensinam na Grã-Bretanha. Jeremias pediu aos exilados judeus que "Busquem a prosperidade da cidade para a qual eu os deportei e orem ao Senhor em favor dela, porque a prosperidade de vocês depende da prosperidade dela".[16]

O nacionalismo de Daniel não foi uma exceção. Neemias também amava seu povo, sua terra e sua cidade arruinada a ponto de arriscar a vida para reconstruir as ruínas, físicas, psicológicas e morais de sua nação. Foi esse modelo de nacionalismo bíblico que inspirou poetas ingleses. Eles eram profundamente críticos dos pecados da Inglaterra, mas mesmo assim ansiavam por vê-la reconstruída como uma Nova Jerusalém. Em seu poema "Inglaterra" William Cowper (1731-1800) declarou: "Inglaterra, com todas as tuas faltas, mesmo assim ainda te amo". O poema "Jerusalém" de William Blake (1757-1827) ainda é cantado em igrejas inglesas. Ele condenou os "tenebrosos moinhos satânicos" da Inglaterra, mas concluiu seu poema com uma determinação que parece retirada do livro de Neemias:

> *Não vou abandonar a luta mental,*
> *Nem a espada dormirá em minha mão,*
> *Até que tenhamos construído Jerusalém*
> *Na terra verde e bela da Inglaterra.*

A Europa do século XIX secularizou o nacionalismo bíblico. Isso produziu um banho de sangue que poderia ter sido evitado e transformou o *nacionalismo* em uma palavra suja. José, bisneto de Abraão, aprendeu com as experiências de sua vida que Deus o escolheu (como indivíduo) e a seu povo para abençoar todas as nações do mundo. Suas futuras gerações tiveram de enfrentar guerras sangrentas para conquistar sua terra prometida e consolidar sua liberdade (os britânicos, os americanos e os seguidores de Mahatma Gandhi também lutaram para conquistar ou para preservar sua liberdade). Mas, assim que os descendentes de Abraão conquistaram

---

[16] Jeremias 29.7.

sua terra, seu nacionalismo não se transformou em uma ameaça para as demais nações. Eles creram na soberania de Deus e que, assim como Deus lhes dera sua terra, ele também dera terras aos edomitas, moabitas, ismaelitas e assírios. E os descendentes de Abraão creram que foram escolhidos para abençoar outras nações, para servir a elas como a luz de Deus.

Em contraste, o nacionalismo germânico secularizado não se baseou na crença da soberania de Deus como expressa no ensino de Paulo em Atos 17.26,27. Albert Einstein, um judeu alemão, chamou o nacionalismo de uma doença mortal de nações infantis porque ele sofreu o nacionalismo arrogante que matou milhões de pessoas do seu povo. Sua denúncia é contra uma versão falsificada e secularizada do nacionalismo. Mas se esquece de que a Bíblia, que inspirou a identidade nacional inglesa, também inspirou a solidariedade humana internacional.

Os profetas judeus conheciam que a promessa de Deus de abençoar sua nação era contingente à obediência que o povo deveria ter à lei de Deus. O amor que tinham por sua nação os capacitou a criticar sua própria cultura e seus próprios líderes à luz da superior lei moral de Deus. Os líderes judeus mataram muitos dos próprios profetas e até crucificaram seu Messias. Mas o Antigo Testamento ajudou o Ocidente a se tornar uma cultura autocrítica de maneira saudável. O Antigo Testamento ensinou os governos ocidentais a respeitar a liberdade dos seus "profetas" ou escritores que expuseram a corrupção e clamaram por reformas. Culturas não bíblicas não dão muita importância a uma imprensa livre.

A presença britânica na Índia mostrou que o nacionalismo britânico, quando ancorado na soberania de Deus, era a fonte de um equilíbrio saudável entre o amor pela nação e a preocupação internacional.

Jesus demonstrou esse equilíbrio. Conquanto tenha vindo para as "ovelhas perdidas da casa de Israel",[17] ele também pediu aos seus discípulos que fossem a todas as nações como missionários, a começar por sua própria capital, Jerusalém.[18] Esse ensinamento inspirou ingleses como William [Guilherme] Carey a ir para a Índia a fim de servir, educar e libertar os indianos ao introduzir as ideias bíblico-europeias de Estado-nação e nacionalismo.

---

[17] Mateus 10.6.
[18] Mateus 28.18-20; Atos 1.8 etc.

O politeísmo indiano presumiu que cada tribo e casta tinham um deus distinto. Portanto, cada casta tinha seu próprio *darma*, ou dever religioso. Eles não podiam ser unidos ou iguais diante de uma lei de um Deus que se dirigia igualmente a todos os grupos de povos. Tal como muitas outras culturas, a cultura religiosa da Índia não produziu nem o nacionalismo nem o internacionalismo. Não havia um sentido de missão global. Em contraste, a Bíblia ensina o monoteísmo, a ideia de que há apenas um Deus para todo o Universo e que ele ama o mundo inteiro. Ele escolheu Abraão e seus descendentes como um povo especial, mas apenas para abençoar "todas as nações da terra" por meio deles.[19]

Para tradutores da Bíblia como William Carey, esse equilíbrio entre o nacionalismo e o internacionalismo significava que seria possível amar a própria nação e também o país a que foram chamados a servir. Na Índia do século XIX isso significava que, enquanto os empregadores da Companhia das Índias Orientais ganhavam dinheiro e voltavam para a Inglaterra, missionários como William Carey gastaram sua vida e suas posses a serviço da Índia.

O politeísmo separa os povos de acordo com os deuses e deusas. A Índia geográfica se tornou vulnerável à colonização, primeiro da parte dos muçulmanos, depois da parte dos europeus, porque o hinduísmo enfraqueceu os hinduístas. O hinduísmo não considerava todos os hinduístas como cidadãos iguais da Índia. Os não arianos eram categorizados como *dasa*, *dasyu*, *asura*, *rakshara*, *malichha* (escravos, servos, demônios, monstros, intocáveis etc).

Tradutores da Bíblia como Carey, Buchanan, Martyn e Gilchrist começaram a criar uma nova identidade nacional para a Índia moderna. O nacionalismo humilde e penitente da Bíblia, equilibrado com um senso de responsabilidade internacional, atraiu escritores hinduístas como Madhusudan Dutt a Cristo e à Inglaterra. Depois de ir a Cristo em 1843, Dutt se tornou fluente em dez línguas europeias e indianas. Ele lia Milton, Homero, Virgílio, Dante e Tasso em suas línguas originais. Mais tarde, influenciado por seus amigos missionários, Dutt entendeu que ainda que Milton, seu herói poético, tenha sido o ministro para o latim no governo de Oliver Cromwell, ele escreveu sua poesia para o povo na língua que este compreendia, o inglês.

[19] Gênesis 18.18.

Dutt percebeu que, se ele realmente quisesse seguir o exemplo de Milton, precisaria escrever em bengali. Um dia, em um súbito impulso e encorajado pelo entusiasmo de alguns dos seus amigos em relação ao teatro bengali, ele decidiu escrever em sua língua e desistiu de vez do inglês como veículo de expressão literária — ainda que com grande relutância.

Dutt passou a usar a língua utilizada pelo movimento nacionalista bengali. Ele usou sua poesia para dar voz ao seu amor por Bengala. "Acenda Bengala, que a joia da Índia ela possa esperar",[20] suplicou ele, aplicando o espírito da poesia inglesa à Índia. Com sua poesia, Bengala veio a se tornar a joia da Índia, liderando a Renascença indiana. Bengala se tornou o berço do nacionalismo, do avivamento e da reforma da Índia. Daquela região saíram muitos dos primeiros reformadores, literatos, nacionalistas e intelectuais da Índia. "Por que a Providência deu essa terra majestosa como presa e espólio aos anglo-saxões?", perguntou Dutt. Ele mesmo respondeu a essa pergunta: "Era missão dos anglo-saxões renovar, regenerar, cristianizar os hindus — para revirar este vasto oceano a fim de que possa ser restaurado tudo que é belo e agora está sepultado neste deserto líquido".[21]

Como o compromisso linguístico da minha nação com as nações cristãs ilustra, o nacionalismo não precisa ser uma doença. Conjugado com o poder reformador da Bíblia, o nacionalismo pode ser uma poderosa força redentora. A Índia sofreu dominação muçulmana e europeia durante nove séculos, mas em todo esse tempo ninguém nos uniu com um senso de identidade nacional. Nem ninguém despendeu energia para vencer a dominação estrangeira. A Índia não produziu um Gandhi sob o domínio mogul. Os generais hindus apoiaram o império mogul. Apenas quando os tradutores da Bíblia começaram a desenvolver nossas línguas é que ideias bíblicas começaram a se espalhar em nossa terra.

---

[20] Traduzido por Nirad C. Chaudhuri em **The Autobiography of an Unknown Indian**. Disponível em: <http://www.books.google.com.br/books?id=7tYuow3GXFkC&printsec=frontcover&dq=The+Autobiography+of+an+Unknown+Indian&hl=ptBR&sa=X&ei=JzlzT4DsCMe5twfd1dmNBg&ved=0CDIQ6AEwAA#v=onepage&q=The%20Autobiography%20of%20an%20Unknown%20Indian&f=false>. Acesso em: 28 mar. 2012.

[21] DUTT, Michael Madhusudan. **The Anglo-Saxon and the Hindu**. Madras, 1854.

Tal como na Europa, a Bíblia capacitou nosso povo a cultivar uma consciência nacionalista. Nossos líderes nacionais, como Gandhi e Nehru, providenciaram liderança para o movimento nacionalista, mas eles não tinham uma "nação" para liderar sem a ideia bíblica de nação que chegou a nós com a revolução linguística iniciada pela tradução da Bíblia e pela literatura inglesa introduzidas pela educação cristã.

Antes de examinarmos como a Bíblia criou a educação moderna, vejamos seu impacto na literatura.

Capítulo 11

LITERATURA

POR QUE PEREGRINOS CONSTRUÍRAM NAÇÕES?

Khushwant Singh (nascido em 1915) é um sique[1] secularizado e um dos mais conhecidos escritores da Índia. Durante décadas ele lecionou literatura inglesa na Universidade de Déhli. Várias vezes declarou que lê dois capítulos da Bíblia por dia, porque ninguém pode entender a literatura inglesa sem primeiro ler a Bíblia.

De igual maneira a Bíblia é necessária para entender a literatura escrita no século XIX e início do século XX na Índia, período conhecido como "Renascença indiana". Por exemplo, pode-se ler qualquer poema da obra *Gitanjali* em uma igreja cristã sem que se suspeite que seu autor, o poeta bengali Rabindranath Tagore (1861-1941), laureado com o Nobel de Literatura, não era cristão. A Renascença indiana deu início a vários movimentos de reforma, que tiveram início com Madhusudan Dutt, criador do nacionalismo indiano.

Como parte da Europa, a Inglaterra herdou grandes livros, épicos e mitos do período greco-romano. Mas nenhuma dessas obras exerceu a mesma influência na literatura inglesa como a Bíblia — um livro asiático. A influência

---

[1] A palavra "sique" (*sikh*) significa "discípulo" e se refere a uma religião criada no Punjab (região que é parte da Índia e do atual Paquistão), como uma mescla de hinduísmo e islamismo. Todos os siques têm "Singh" no seu nome, que significa "leão". [N. do T.]

direta e indireta da Bíblia na literatura inglesa supera a influência de Homero no desenvolvimento da literatura grega e latina. Ruth Aproberts, uma professora canadense especialista em literatura vitoriana, concordou com Khushwant Singh quando afirmou: "Praticamente todos os escritores da literatura inglesa se basearam na Bíblia, e os mais memoráveis são os grandes recontadores dos elementos bíblicos".[2]

Os heróis de Homero são entusiasmantes. São terríveis quando estão armados. São um bom entretenimento, mas os leitores não podem segui-los se quiserem edificar nações grandes e fortes. Em contraste, o Peregrino vacilante de Bunyan começou apenas com o peso do pecado em suas costas e a Bíblia em suas mãos. Milhares de pregadores falaram a respeito dele. Centenas de milhões de leitores meditaram a respeito dele e cantaram a respeito de sua busca, e muitos se tornaram peregrinos também.

A Bíblia tem exercido uma autoridade singular sobre a literatura europeia porque ela é diferente de todas as outras histórias. Antes de qualquer outra coisa, a Bíblia tem um peso de veracidade. A tradição alega ter sido Moisés o principal autor de Gênesis, o primeiro livro da Bíblia. Mas Moisés nasceu cerca de 400 anos depois de José, cuja narrativa conclui o livro. O autor não conheceu as pessoas a respeito de quem escreveu. Ele não conversou com nenhuma testemunha ocular. Pelo que sabemos, ele não teve acesso a nenhuma fonte primária. E ele não faz nenhuma alegação semelhante à do profeta Maomé que um anjo teria aparecido a ele em um transe profético e lhe revelado as narrativas. Portanto, os heróis e eventos descritos em Gênesis poderiam ser chamados de "lendas" passadas de geração em geração.

A tradição oral teve bastante tempo para que contadores de histórias habilidosos a enfeitassem. Mesmo assim, ninguém fez das narrativas bíblicas algo parecido com os épicos indianos ou gregos. Editores competentes poderiam ter usado aqueles séculos para refinar e polir as narrativas, pois Gênesis tem uma estrutura literária extremamente bem construída. Por que nenhum contador de histórias fez de seus ancestrais Abraão, Isaque, Jacó e José heróis como Aquiles ou Ulisses?

[2] APROBERTS, Ruth. **The Biblical Web.** Ann Arbor, MI: University of Michigan Press, 1994. p. 10.

Abraão travou uma batalha e venceu quatro reis que haviam derrotado outros cinco e levaram seu sobrinho cativo. Mesmo assim, Gênesis não diz nada sobre sua bravura, sua estratégia militar ou habilidade no uso de armas. O texto também não fala de Deus realizando um milagre para ajudá-lo a ganhar a batalha. A narrativa soa como mundana. Seu objetivo é mostrar a lealdade de Abraão ao seu sobrinho egoísta e sua integridade ao se recusar a ficar com os bens do seu sobrinho que ele recuperou na batalha. Um décimo destes foi dado ao rei de Salém (mais tarde, Jerusalém), que alimentou seus homens, e o restante foi devolvido aos seus proprietários legítimos.

A Bíblia sugere que o heroísmo de Abraão consistiu no fato de ser ele um homem simples e tímido que creu na promessa de Deus e lhe obedeceu. A primeira vez que eu li Gênesis como um adulto, fiquei chocado com a timidez de Abraão e de seu filho Isaque. Eles tiveram tanto medo dos homens ímpios com quem conviveram que chegaram a dizer que sua esposa era sua "irmã". Um rei mesquinho, Abimeleque, levou a palavra de Abraão ao pé da letra e tomou a bela "irmã" dele para seu harém. Abraão não fez nada do tipo que Ram, o herói divino do *Ramaiana*, o épico religioso da Índia, fez a Ravana, depois que este tomou Sita, a esposa de Ram, para o seu harém. Ram organizou um exército de macacos, construiu uma ponte sobre o oceano, incendiou o Sri Lanka, trouxe sua esposa de volta em uma máquina voadora e inspirou o *Avatar* de James Cameron. Abimeleque, por outro lado, devolveu a esposa de Abraão porque Deus o repreendeu em um sonho.[3]

Essas intervenções divinas nos assuntos domésticos de um nômade insignificante não são bases razoáveis para desprezar a Bíblia como um mito? Muito pelo contrário. Essa simplicidade chocante inspira confiança de que a Bíblia registra a realidade. As narrativas da Bíblia são verdadeiras, não mitos. Seu realismo não é nem a criação de um artista nem uma invenção. Longe de ser algo meramente estético, o realismo da Bíblia é um meio de veicular a mensagem do nosso Criador que se preocupa com sua criação. Ele intervém em nossa história pessoal e nacional em resposta a uma fé humilde. Essas narrativas carregam uma marca de autoridade ausente nas lendas clássicas.

O filólogo, crítico literário e erudito alemão Erich Auerbach comparou o Ulisses (Odisseu) de Homero a Abraão no relato do sacrifício de Isaque.

[3] Gênesis 20.1-17.

Ele concluiu que ainda que não exista evidência histórica disponível para a narrativa bíblica, seu caráter literário é o oposto dos mitos gregos:

> [O narrador bíblico] [...] tinha de acreditar na verdade objetiva da narrativa do sacrifício de Abraão — a existência de ordens sagradas da vida se baseava na verdade desta e de narrativas similares. Ele tinha de crer passionalmente nessa narrativa; ou (tal como muitos intérpretes racionalistas criam e ainda creem) ele tinha de ser um mentiroso consciente — não um mentiroso inofensivo como Homero, que mentia para dar prazer, mas um mentiroso político com um fim definido em vista, mentindo no interesse da alegação de uma autoridade absoluta.[4]

Os mitos indianos, assim como os greco-romanos, são a respeito de aristocratas — os sábios e a elite dominante. Em contraste, os heróis de Gênesis são pessoas comuns com pés de barro. Abraão e Sara eram nômades idosos que só puderam ter um filho quando Deus os visitou. Ele os abençoou por sua hospitalidade com estranhos e prometeu abençoar todas as nações da terra por meio dos seus descendentes.[5]

Homero não tomaria nenhum de nós como herói. Mas todos nós podemos ser como Abraão e Isaque, Jacó e José. Se coisas extraordinárias podem acontecer a pessoas simples, se mediante a obediência da fé podemos nos tornar uma bênção para o nosso próximo e para as nações da terra, então todos nós podemos ser heróis.

A mensagem de que Deus é um Salvador compassivo é outra distinção que fez da Bíblia uma fonte de uma literatura que constrói nações. Deus faz coisas extraordinárias porque está comprometido em abençoar seus filhos.

Outra característica que contribuiu para essa capacidade única é o fato de que a Bíblia capacitou pensadores em diferentes culturas e épocas para que estes pudessem entender o seu mundo. A narrativa da Bíblia começa no princípio, tem uma visão realista a respeito do mal —

---

[4] AUERBACH, Erich. **Mimesis:** The Representation of Reality in Western Literature. Trad. Willard R. Trask. Princeton: Princeton University Press, 2003. p. 14. [**Mimesis:** a representação da realidade na literatura ocidental. São Paulo: Perspectiva, 1998.]

[5] Gênesis 18.

sua causa, consequências terríveis e cura — e conclui com uma perspectiva profética de um futuro glorioso. Dessa maneira a narrativa bíblica nos oferece uma cosmovisão que se revela progressivamente. Isso capacitou grandes escritores como John Milton e J. R. R. Tolkien a encontrar sentido na confusão do mundo, ao mesmo tempo que permitiu a Shakespeare encontrar sentido nas lutas comuns e trágicas de jovens amantes como Romeu e Julieta.

A transformação e o desenvolvimento do caráter é uma importante característica da Bíblia que teve impacto enorme na literatura moderna. Os heróis de Homero não mudam. Mas Jacó mudou. Ele inicia sua jornada enganando seu pai, roubando a bênção do seu irmão e trapaceando com seu sogro. Suas experiências com Deus o transformaram em uma pessoa muito diferente. Só então ele abençoa seus filhos e netos com uma fé profética que se projeta para o futuro. Moisés é um arquetípico herói relutante, que influenciou grandemente a ideia hollywoodiana de herói. Simão, que negou seu Senhor três vezes, foi transformado em Pedro — a rocha. Saulo de Tarso iniciou sua jornada como um perseguidor da igreja, mas se tornou Paulo, um apóstolo que sofre pela verdade.

As personagens bíblicas mudam à medida que Deus convoca indivíduos que o sigam, não à cultura. Deus ordena a Noé que construa uma arca — um ato de julgamento profético sobre a corrupção de seu tempo. Deus ordena a Abraão: "Saia da sua terra, do meio dos seus parentes e da casa de seu pai, e vá para a terra que eu lhe mostrarei".[6] Deus escolheu Abraão para ser seu amigo: "Eu sou o Deus Todo-poderoso; ande segundo a minha vontade e seja íntegro. Estabelecerei a minha aliança entre mim e você e multiplicarei muitíssimo a sua descendência".[7] Deus quer que andemos com ele, não que sigamos as tradições e os conselhos de homens rebeldes. Para fazer diferença, é preciso ter uma vida diferente.

As narrativas bíblicas de transformação individual que impactaram a História se tornaram uma característica essencial da arte e da literatura modernas. A Bíblia influenciou escritores que mudaram o mundo. É algo dramaticamente diferente dos avatares dos épicos indianos, como Rama

---

[6] Gênesis 12.1.
[7] Gênesis 17.1,2.

e Krishna, que preservaram o darma — o *status quo*. Isso apresentou um problema para os novelistas indianos. Meenakshi Mukherjee, um crítico literário, professor de língua inglesa na Universidade Jawaharlal Nehru, em Déhli, percebeu muito bem essa tensão:

> A tradição picaresca do romance europeu alcançou um propósito maior — libertou o protagonista da rigidez de uma sociedade estática para ser o livre agente que poderia em certa medida moldar seu próprio destino. *Robinson Crusoé* (1719), *Moll Flanders* (1722) e *Pamela* (1740), três dos primeiros exemplos do romance inglês, mostram como a personagem principal é um agente ativo, não passivo, que desafia o seu destino. Já o romancista indiano teve de trabalhar em sociedade marcada pela tradição na qual nem a profissão de um homem nem o seu casamento são seus assuntos pessoais. Sua vida foi mapeada por sua família, ou por sua comunidade ou por sua casta. Na rígida estrutura hierárquica familiar e social da Índia do século XIX, o individualismo não era uma qualidade fácil de traduzir literariamente.[8]

A Bíblia exerceu uma autoridade única sobre escritores literários ao apresentar uma visão que se desvela do mundo e da vida que alega ser verdadeira. Essa alegação exige que nossa literatura e cultura sejam confrontadas e conformadas à vontade revelada de Deus. Como o nosso mundo é muito diferente do mundo bíblico de pastores de ovelhas, lavradores e coletores de impostos, os escritores encontraram muito terreno para serem imaginativos e fazer nosso mundo mais bíblico. Como Auerbach declarou: "Longe de buscar, como Homero, apenas nos fazer esquecer nossa própria realidade durante algumas poucas horas, [a Bíblia] busca superar nossa realidade: devemos encaixar nossa própria vida ao seu mundo, sentir-nos como elementos em sua estrutura da história universal".[9]

Em contraste com os poemas homéricos, a Bíblia se apresenta como nossa única autoridade que explica a história ao mesmo tempo que lhe dá um significado último. Longe de sufocar o pensamento, sua alegação capacitou os crentes a interpretar e aplicá-lo ao seu mundo que está sempre

---

[8] MUKHERJEE, Meenakshi. **Realism and Reality:** The Novel and Society in India. Nova Déhli: OUP, 1996. p. 7.
[9] AUERBACH, op. cit., p. 15.

em transformação. Isso tornou possível para escritores criativos estarem ancorados na rocha da verdade eterna enquanto sua imaginação voava com e além do tempo em que viveram.

T. S. Eliot declarou que "a Bíblia tem tido uma influência *literária* sob a literatura inglesa não porque ela é considerada literatura, mas porque é considerada o livro que veicula a Palavra de Deus. E o fato de que homens de letras atualmente a discutem como 'literatura' provavelmente indica o fim de sua influência 'literária' ".[10]

A influência da Bíblia na literatura inglesa é ilustrada amplamente em sua história.

Literatura inglesa primitiva

Diversos dialetos populares se tornaram o inglês antigo [Old English] nos séculos VII e VIII da era cristã. Havia mosteiros em atividade por toda a Europa. Da Itália à Inglaterra, da Irlanda à Espanha os mosteiros usavam o latim. Mas na Inglaterra alguns deles começaram a escrever a literatura inglesa. Um dos primeiros historiadores da Inglaterra, Beda, o Venerável, (673-735 d.C.), contou a respeito de Caedmon, um pastor de ovelhas em um monastério do século VII. Uma noite o analfabeto Caedmon recebeu miraculosamente um dom para escrever poesia em sua língua materna, o anglo-saxão (um antepassado germânico do inglês antigo). Quando a abadessa responsável pelo mosteiro ouviu a poesia de Caedmon, ela o pôs para estudar a Bíblia. Ele então parafraseou narrativas bíblicas em poesia em línguas locais que seriam inteligíveis até para o mais rude camponês inglês.[11]

Conquanto Caedmon seja excepcional, a poesia em inglês antigo tem um sabor bíblico, desde "The Dream of the Rood" ("O sonho do crucifixo"), a respeito da vitória de Cristo sobre o pecado na cruz, até *Bewoulf*, um poema épico intercalado com comentários bíblicos a respeito dos

---

[10] ELIOT, T. S. **Selected Essays.** London: Faber and Faber, 1999. p. 390.
[11] BEDA, O VENERÁVEL. **Bede's Ecclesiastical History of the English Nation.** Trad. J. Stevens, rev. J. A. Giles. New York: E. P. Dutton. 1. ed. 1910, reimp. 1958. p. 205-208.

méritos e deméritos apresentados ao longo da narrativa. Os poetas anglo-saxões sempre deram atenção à literatura vernacular da Bíblia.

Literatura inglesa renascentista

Essa consciência bíblica se tornou conspícua na literatura da Renascença na Inglaterra nos séculos XVI e XVII. A dra. Louise Cowan, editora de *Invitation to the Classics* [Convite aos clássicos], era diretora de um departamento de língua inglesa e coordenadora de um programa de pós-graduação. Ainda que a educação universitária que ela recebeu tenha demolido sua fé infantil, ensinar *Hamlet* começou a abrir seus olhos para a fé e o heroísmo bíblico. Horácio, amigo de Hamlet, o aconselha a cancelar seu duelo. Mas a fé que Hamlet tem vence essa advertência. "Há uma providência especial na queda de um pardal", declara Hamlet, fazendo alusão a Jesus confortando seus discípulos preocupados de que nenhum pardal cai se não for pela vontade do Pai.[12] Hamlet coloca sua vida nas mãos de Deus, afirmando a soberania divina: "Se tiver que ser agora, não está para vir; se não estiver para vir, será agora; e se não for agora, mesmo assim virá. O estar pronto é tudo.[13]

Os professores de Cowan fizeram de Shakespeare um descrente — um livre-pensador. Eles o descreveram como um gênio que escrevia por dinheiro, não pela arte. Suas comédias não passavam de frivolidades, suas tragédias, niilistas. Shakespeare, criam eles, resumiu seu perfil secular em *King Lear* [Rei Lear]: "Como moscas para rapazes levianos, somos nós para os deuses. Eles nos matam por diversão".[14]

Ler Shakespeare para seus alunos forçou a professora Cowan a reconsiderar:

> Essa menção à providência me atingiu por estar em contraste marcante com a angústia anterior de Hamlet. Isto me levou à emanação de uma

---

[12] Mateus 10.29.
[13] SHAKESPEARE, William. **The Tragedy of Hamlet, Prince of Denmark. [A tragédia de Hamlet, príncipe da Dinamarca.** Trad. professora Ana Amélia Carneiro de Mendonça.]
[14] SHAKESPEARE, **Rei Lear** (Ato 4, cena 1).

força viva. O que Shakespeare pretendia que seus leitores pensassem de uma virada tão radical? Isso de fato não sugeria que o autor viu e entendeu a mudança levada a efeito em Hamlet pela fé? [...] Já li *Hamlet* várias vezes durante os últimos meses e descubro, cada vez, evidências da percepção espiritual de Shakespeare, e gradualmente tem se tornado aparente que sua perspectiva não é simplesmente espiritual, mas assumidamente cristã. O amor sacrificial é evidente em toda parte em seus dramas. *Graça* é uma palavra-chave em seus textos; *mal* é sua contraparte. Suas comédias em particular eram ilustrações virtuais de temas e passagens das Escrituras. Hoje, é claro, vários estudiosos já reconhecem e até mesmo exploram a fé cristã de Shakespeare; mas no meu tempo essa descoberta pareceu monumental. Parecia reconhecer o secularismo do nosso tempo e discernir o lado tendencioso de muitos estudiosos.[15]

A influência clássica de Grécia e Roma

A literatura greco-romana pré-cristã influenciou tremendamente a Europa cristã. Iluminar o papel fundamental da Bíblia na rica tradição literária do Ocidente não é dizer que literaturas antigas não tenham mérito ou influência. Os clássicos romanos e gregos produziram muito da melhor literatura do Ocidente. Poetas como Ésquilo, Virgílio, Homero e Sêneca eram habilidosos contadores de histórias. Eles tiveram percepções da psicologia e exploraram criticamente sua cultura, separando-se da maior parte da cultura mundial. Mesmo assim, com toda essa genialidade, eles não conseguiram encontrar uma base para uma mudança cultural positiva. Sua visão de mundo estava marcada pelo fatalismo imposto por deuses mesquinhos. Isso não lhes deu base para uma fé que move montanhas. Seus deuses imprevisíveis, depravados, faziam que bons e maus sofressem. Por que então escolher o bem, se a transigência deixa a vida mais fácil?

Dramaturgos como Ésquilo defenderam a democracia de Atenas, mas o povo a usou para lucro pessoal à custa do bem da *polis*. Políticos atenienses importantes frequentemente eram exilados por políticos que usavam métodos moralmente duvidosos. Essa democracia executou Sócrates por ter este criticado a autoindulgência deles. O grande poeta Virgílio (70-19 a.C.)

---

[15] COWAN, Louise; GUINNESS, Os (Ed.). **Invitation to the Classics**. Grand Rapids: Baker Books, 1998. p. 19-20.

escreveu *Eneida* como uma propaganda para que a mitologia e a história culminassem no reinado de César Augusto.

Um tema persistente nas narrativas ocidentais é a centralidade da viagem no desenvolvimento da trama. A *Odisseia* de Homero segue a longa viagem de Odisseu [Ulisses] de volta para casa depois do término da Guerra de Troia. Escrita em uma época de guerras intermináveis, retornar para casa e a esposa era o clímax do heroísmo. Eneias, o herói de Virgílio, deixou seu lar em Troia para fundar a cidade imperial de Roma. Em Eneida, Virgílio habilidosamente aplica o poder da dicção poética ao motivo da jornada.[16]

Os cristãos de Roma tiveram de lidar com o objetivo dos poetas pagãos. A Roma de Virgílio não era nada, a não ser uma grande fantasia literária. A Roma verdadeira de César os torturou, crucificou e os queimou vivos. A experiência dos mártires confirmou a cosmovisão bíblica que seres humanos pecaminosos são incapazes de edificar uma cidade justa sem a ajuda divina.

Em seu clássico *A cidade de Deus*, Agostinho (354-460 d.C.) deu atenção a essa tensão. Para os judeus, Jerusalém era a cidade de Deus. Mas os cristãos viam a si mesmos como "estrangeiros e peregrinos na terra".[17] Eles buscavam "a cidade cujo arquiteto e edificador é Deus."[18] O último livro da Bíblia, Apocalipse, revela a nova Jerusalém — o paraíso celestial para o povo de Deus. Agostinho fez mergulhar esse alvo bíblico profundamente no subconsciente da Europa.

Dante Alighieri (1265-1321) usou a jornada da fé cristã em *A divina comédia*, rivalizada apenas pelo *Paraíso perdido*, de John Milton. Ainda que Dante tenha escolhido Virgílio como o guia do inferno e do purgatório, ele não deificou seu ancestral latino. Antes, explorou as batalhas religiosas do seu tempo navegando pelas esferas do *Inferno*, *Purgatório*[19] e *Paraíso*. Sua jornada cósmica termina com uma visão da Divindade trina:

[16] Um *motivo* é um elemento na história que aparece repetida e significativamente, como o motivo do messias na trilogia *Matrix*. Nesse caso, a jornada é um motivo que aparece em diversas obras diferentes, não simplesmente muitas vezes em uma obra.
[17] Hebreus 11.13.
[18] Hebreus 11.10.
[19] Conforme a teologia católica, o purgatório é um lugar intermediário entre o céu e o inferno em que os cristãos batizados sofrem como penitência por seus pecados

Na profundidade da clara substância
Da luz profunda apareceram para mim três círculos
De três cores e igual circunferência;
E o primeiro parecia estar refletido no segundo,
Como um arco-íris refletido por um arco-íris, e o terceiro
Parecia ser uma chama igualmente soprada pelos dois [...]
Ó luz eterna, existindo apenas em ti mesma,
Que és o único que conhece a ti; e que, conhecido por ti
E conhecendo, ama e sorri para ti mesmo![20]

A jornada tremenda de Dante serve como uma metáfora divina para os valores necessários ao desenvolvimento da cidade de Deus na terra. Assim como o Pai, o Filho e o Espírito Santo são "de três cores e igual circunferência", também os seres humanos — que encontram sua "efígie" na face da Trindade — devem atuar como indivíduos enquanto mantêm alvos e instituições coletivos. Dante acredita que a única força que pode fazer dessa unidade uma realidade é o amor divino. Sem esse amor as pessoas agem como os condenados no inferno de Dante — eles abusam, insultam e canibalizam uns aos outros, sem preocupação com seu comportamento destrutivo.

Imitar a cidade de Deus enquanto estamos na terra se tornou a visão impulsionadora dos mais famosos viajantes da História: os Peregrinos da América do Norte. Aqueles que navegaram da Inglaterra ao que são atualmente os Estados Unidos no navio *Mayflower* sabiam que estavam longe da "terra santa", Jerusalém. Por que então eles chamavam a si mesmos de "peregrinos"? Porque eles buscavam a nova Jerusalém, um lugar onde a vontade de Deus é feita "assim na terra como no céu".[21] Eles buscavam um lugar onde a lei e a graça de Deus iriam governar no lugar da impiedade e opressão humanas. Os antecessores dos Peregrinos, poetas e escritores, foram alimentados por essa ideia de uma nova Jerusalém.

antes de irem para o céu. Os protestantes rejeitam essa doutrina por considerarem-na sem base bíblica.

[20] ALIGHIERI, Dante. **The Divine Comedy,** 1320, canto XXXIII. [**A divina comédia.** 2. ed. São Paulo: Editora 34, 2010. 3 v.]

[21] Mateus 6.10.

Essa ideia de uma Jerusalém celestial inspirou grandes obras literárias, como *Pilgrim's Progress* [O *peregrino*],[22] de John Bunyan (1628-1688), que fez a espiritualidade bíblica penetrar fundo na alma da civilização ocidental. Diferente do herói de Homero, o peregrino de Bunyan não está voltando para casa. Bunyan escreveu: "Eu vi um homem [...] com seu rosto [virado de costas] de sua própria casa, um livro em sua mão e uma carga pesada em suas costas".[23] O Peregrino também não seguiu o exemplo do herói de Virgílio, ao fundar outra cidade imperial. Sua arma não era uma espada, mas um livro — a Bíblia. Seu alvo não era combater os arrogantes e impor sua lei aos conquistados. Seu alvo primeiro era a liberação do peso do seu próprio pecado e vencer as tentações que o acometiam.

O herói de Bunyan está muito distante dos heróis de Homero, Aquiles e Ulisses. Aquiles é grande, é astuto, belo e imortal, e é o "mais terrível de todos os homens". Ulisses é cheio de truques, mestre do disfarce e do engano, capaz de enfrentar dificuldades sem fim para alcançar o único propósito virtuoso que tem — voltar para seu lar, para sua família. Mas, na Inglaterra, a visão de herói que Bunyan tem é a de um peregrino que venceu. Durante quatro séculos os cristãos de língua inglesa cantaram o heroísmo da peregrinação no subconsciente de sua cultura:

> Quem valoriza a verdadeira visão,
>
> Que se aproxime,
>
> Alguém será constante,
>
> Venha o vento, venha o tempo,
>
> Não há desencorajamento
>
> Nada o fará ceder
>
> Do seu primeiro e declarado intento
>
> De ser um peregrino.[24]

---

[22] Há diversas edições de **O peregrino** em português. [N. do T.]

[23] BUNYAN, John. **The Pilgrim's Progress**. Ed. W. R. Owens. Oxford: Oxford University Press, 2009, xii, 10.

[24] Idem, **Works**, v. III, p. 235. Ed. George Offor. Esse grande hino tem muitas versões, algumas das quais expressam o heroísmo do Peregrino melhor que o próprio original.

Bunyan ficou preso três meses por se recusar a obedecer a um ato elisabetano contra a liberdade religiosa. Por fim ficou doze anos preso, em diferentes condados e diferentes ocasiões, o que lhe deu tempo para escrever 60 livros. O *peregrino* foi traduzido para o holandês, o francês e o galês quando ele ainda estava vivo. Desde então o livro já foi traduzido para mais de 200 línguas. Depois da Bíblia, é o segundo livro mais traduzido e publicado. Foi por meio desse livro que o puritanismo entrou na corrente principal da vida religiosa inglesa.

Os peregrinos de Bunyan foram bem-sucedidos onde os heróis de Homero e Virgílio não conseguiram, pois edificaram cidades e nações que eram limpas por fora porque enfatizavam a limpeza por dentro — na vida interior do espírito. Mas essa revolução literária foi bem além de cidades limpas. Em "Puritans as Democrats" ("Puritanos como democratas") o historiador Jacques Barzun conclui que as reformas sociais, econômicas e políticas que nossa época atribui ao Iluminismo vieram na verdade de escritores que expuseram a Bíblia:

> Que a língua inglesa encapsulou cada ideia e atitude na linguagem religiosa e usou precedentes das Escrituras como sua maior autoridade dá ao período a aura de uma luta a respeito de causas obsoletas. Mas essas causas eram duplas, e as ideias ocultas pela linguagem piedosa eram [...] prenhes para o futuro. Os grupos e líderes classificados como puritanos, presbiterianos, independentes, eram reformadores sociais e políticos. Eles diferenciavam principalmente no grau de seu radicalismo.[25]

Se Barzun estiver correto, então as universidades seculares enganaram as gerações, pois creram que as grandes ideias que construíram o mundo moderno vieram do Iluminismo secular? A trajetória de John Lilburne (1614-1657) pode nos ajudar a entender a resposta.

Lilburne era integrante da revolução a respeito da qual Barzun fala. Contemporâneo de John Milton e de John Bunyan, e um panfletário, John Lilburne se tornou um dos mais radicais escritores puritanos daquele tempo. Ele aplicou a Bíblia a questões sociais, econômicas e políticas, ajudando a estabelecer os fundamentos do nosso mundo moderno. Seu desafio à

---

[25] BARZUN, **From Dawn to Decadence**, p. 264.

liderança e às instituições do seu tempo foi tão profundo que ele foi preso diversas vezes. Mais de uma vez ele escapou do martírio por pouco. A respeito dele, Barzun afirmou:

> Lilburne merece mais fama do que a posteridade lhe concedeu. Bem no meio do século XVII, eis um escritor que declara e exige os direitos do homem. Seu programa foi um dos que fizeram a glória dos teóricos do século XVIII, e seu comportamento desde então se tornou a política padrão para revolucionários, o que prevalece até os nossos dias. Sua falha é que, ainda que invoque a lei da natureza, seu argumento é cheio de biblicismos.[26]

Barzun aponta que o que Lilburne tinha em mente, dezenas de seus colegas puritanos panfletários também advogavam. Muitos eram republicanos, queriam o direito de voto para todos, a abolição de privilégios para algumas classes sociais, igualdade perante a lei, livre-comércio e melhor distribuição de renda. Alguns poucos defendiam a tolerância. Mas todos eles extraíram esses alvos das Escrituras. Em razão de seu "preconceito", historiadores modernos traçam a origem dessas ideias em fontes seculares, não nos textos dos puritanos nos quais elas tiveram origem. Eles preferem traçar a origem do livre-comércio em Adam Smith a localizá-la na discussão de Lilburne sobre a parábola dos talentos. Com esse preconceito, dariam a John Locke o crédito da ideia de que todos os homens nascem livres e iguais perante a lei, não a um obscuro pregador anabatista.

O pregador citou Paulo, que disse que "em Deus não há parcialidade" e que para Deus "não há diferença entre judeus e gentios".[27] Outros puritanos insistiam que a graça de Deus é livre — todos compartilham dela assim como compartilham do pecado de Adão. Logo, ninguém está em posição de superioridade em relação a ninguém; a única superioridade é a do espírito. Para racionalistas, não há como argumentar contra isso.

Literatura no Ocidente secular

Foi apenas a partir de 1900 que a literatura secular superou a literatura religiosa em vendagens na Inglaterra — ainda que muito da literatura

---

[26] BARZUN, **From Dawn to Decadence**, p. 270.
[27] Romanos 2.11 e 10.12.

ocidental "secular" seja um subproduto da Bíblia. Um exemplo é o laureado poeta inglês Alfred, lorde Tennyson (1809-1892), filho do clérigo anglicano dr. George Clayton Tennyson. Tennyson é classificado como um poeta secular, mas todo o seu *corpus* poético está imbuído de sensibilidade religiosa. A análise de Tennyson feita por Henry van Dyke inclui uma longa lista de 47 páginas de citações e alusões bíblicas nas obras do poeta.[28]

Pela mesma forma, apenas a lista de referências bíblicas nos textos de John Ruskin (1819-1900) — que teve grande impacto em Mahatma Gandhi — dá mais de 300 páginas. Ruskin não era teólogo ou professor de Bíblia. Ele ocupou a Cátedra Slade de Arte em Oxford e escreveu sobre arte e arquitetura, rebelando-se contra a monotonia estética e os efeitos socialmente degradantes da Revolução Industrial, e explorou os efeitos domésticos, sociais, morais e espirituais da arte e da arquitetura.[29]

Ainda que dominada pelo humanismo secular, a elite do século XX falhou em enfraquecer o poder da narrativa bíblica na literatura. O humanismo secular rejeita a cosmovisão bíblica de um Universo cheio de significado com o bem triunfando sobre o mal, providenciando a esperança de redenção. Jean-Paul Sartre (1905-1980) expressou com maestria a terra intelectualmente estéril do ateísmo existencial em *A náusea* (1938).[30] No mundo de Sartre, cada aspecto da existência humana é jocoso. Até mesmo a tortura seguida de estupro e o assassinato de uma jovem são trivializados como mais um evento sem sentido em um Universo vazio. A solução de Sartre para esse dilema é fugir da nossa existência absurda ao criar algo (nesse caso, uma gravação de *jazz*) que exista independentemente de nós.

Em *O estrangeiro*,[31] Albert Camus (1913-1960) de maneira similar examina a vida estúpida de um degenerado que — aparentemente sem motivo — assassina um estrangeiro numa praia da Argélia. Enquanto uma

---

[28] VAN DYKE, Henry. **The Poetry of Tennyson.** 10. ed. New York: Charles Scribner's Sons, 1905. p. 391-437.

[29] MCAFEE, Cleland Boyd. **The Greatest English Classic:** A Study of the King James Version of the Bible and Its Influence on Life and Literature. Harper, 1912. p. 286.

[30] Há várias edições de **A náusea** em português. A mais recente é da Ediouro (2006). [N. do T.]

[31] Há várias edições de **O estrangeiro** em português. A mais recente é a 16ª da Record (2006). [N. do T.]

grande peça literária, o texto não dá uma base para as reformas morais que Camus buscava. Esse texto pode ecoar a experiência de pessoas mergulhadas na depressão de sua crença na falta de sentido da vida. Mas mesmo assim não apresenta o estímulo para que elas saiam de sua angústia existencial e façam do seu mundo um lugar melhor.

As histórias que nos inspiram, que acendem nossa imaginação e clamam por reforma social — mesmo no século XX secularizado — com frequência foram inspiradas pela cosmovisão bíblica. *East of Eden* (1953),[32] de John Steinbeck (1902-1968), ganhador do Prêmio Nobel, é uma releitura da rivalidade entre Caim e Abel. Em contraste com o fatalismo oriental, a Bíblia ensina que os seres humanos têm liberdade genuína. A premissa do romance de Steinbeck subsiste ou cai, dependendo de como for traduzida a palavra hebraica *timshel* em Gênesis 4.7. A mensagem dominante é que os seres humanos não são escravos do destino ou de forças além do seu controle, como os astros. Antes, temos liberdade, habilidade de escolher. De acordo com Steinbeck, *timshel* significa que as pessoas podem vencer o pecado.

A influência da Bíblia na literatura continua imbatível até o tempo presente. Por exemplo, o herói de *The Green Mile*, de Stephen King, é uma figura, um tipo de Cristo.[33] O próprio King esclareceu essa questão:

> Não muito tempo depois que comecei a escrever *The Green Mile*, percebi que minha personagem principal era um homem inocente que provavelmente seria executado pelo crime de outro. Decidi dar-lhe as iniciais J.C., como o mais famoso inocente de todos os tempos. Vi isso pela primeira vez em *Light in August* (que é o meu romance de Faulkner favorito),[34] no qual o cordeiro sacrificial é chamado de Joe Christmas. Dessa maneira, o presidiário do corredor da morte por nome John Bowe se tornou John Coffey. Eu não estava certo, até o final da narrativa, se o meu J.C. iria viver ou morrer.[35]

---

[32] Publicado no Brasil sob o título **A leste do Éden** pela Editora Record em 2005. [N. do T.]

[33] O romance **The Green Mile,** de Stephen King, escrito em 1996, foi traduzido no Brasil sob o título *À espera de um milagre*. Foi adaptado para o cinema como um filme de grande sucesso em 1999, interpretado por Tom Hanks e Michael Clarke Duncan. [N. do T.]

[34] Publicado no Brasil como **Luz em agosto** pela Cosac-Naify. [N. do T.]

[35] KING, Stephen. **On Writing:** A Memoir of the Craft. New York: Scribner, 2000. p. 197.

Outro dos romances de King, *Black House* (2001), também apresenta de maneira muito forte o tema bíblico da redenção.[36] Depois que o herói, Jack Sawyer, salva uma pequena cidade no Wisconsin de um assassino serial e no processo liberta multidões de crianças de todas as raças e línguas de uma força maligna de outra dimensão, uma mulher louca dispara várias vezes contra ele. Antes de morrer, ele estende a mão perfurada por uma bala e olha para a mulher com uma expressão de perdão nos seus olhos. Ele é então levado para um universo paralelo onde "o Deus-Carpinteiro" tem outros trabalhos para ele realizar.

Contudo, o conceito de King de uma realidade redentora transcendente contrasta profundamente com a tendência da literatura contemporânea. A literatura do Ocidente na atualidade é perita em usar formas estéticas para analisar e diagnosticar os problemas da cultura ocidental. Escritores como Don DeLillo, Umberto Eco, José Saramago e Julian Barnes — mestres da forma e dos prazeres estéticos — fizeram um trabalho importante para apontar onde o Ocidente precisa com urgência melhorar. No entanto, eles foram muito menos eficientes em apresentar uma fonte positiva para reforma na cultura ocidental.

Desde a década de 1960, os escritores ocidentais encontram sentido em tradições raciais ou étnicas, na práxis de diversos feminismos, nos costumes da identidade sexual de alguns grupos e nas tradições de suas regiões geográficas. Enquanto esses escritores localizaram muitos centros importantes de atividade e identidade cultural, poucos têm se mostrado dispostos a dar o passo seguinte, afirmar que seu centro pessoal *em geral* resolveria a doença do Ocidente. Eles pressupõem que, como seres humanos, não podemos encontrar qualquer fonte de significado fora ou além da identidade local dos nossos grupos — que não há fonte de autoridade transcendente à qual apelar em prol de reforma social e institucional.

A outra escola dominante dos escritores ocidentais advoga levar a vida na base do "jogar à vontade". Eles creem que, se nós continuamente reinventarmos a realidade em meio aos nossos ambientes sociais, psicológicos e econômicos tão mutáveis, seremos capazes de atender a nossas necessidades imediatas. Na prática, se não em termos darwinistas teóricos, eles

---

[36] Publicado no Brasil como **A casa negra** pela Objetiva em 2007. [N. do T.]

pressupõem que nada existe fora do momento. O melhor que alguém pode esperar é atender às necessidades de cada momento.

Há certa verdade nesse ponto, pois agimos e falamos de acordo com nosso contexto. Mas esse conceito de "jogar à vontade" perdeu a noção de uma força unificadora para os elementos diversos da vida moderna. Proponentes dessa perspectiva rejeitam a visão trinitária de Dante que, em meio à diversidade e fragmentação de nossa vida individual, uma unidade pode emergir para dar amplitude, profundidade e sentido às nossas diferentes experiências.

Sem um Deus trinitário, muitos escritores pós-modernos têm pouca escolha, a não ser imergir no momento em uma tentativa de esquecer sua necessidade real de transcendência. Na busca perpétua por sua alma pessoal, eles exacerbaram a perda da alma coletiva do Ocidente.

O impacto da Bíblia na literatura foi a fonte da autoridade cultural do Ocidente. Uma rejeição da Bíblia está resultando em anarquia moral e intelectual. Por conseguinte, muçulmanos de segunda geração estão reexaminando o islã em sua busca por uma maneira de preencher o vácuo criado por uma educação secularizada. Consideremos a seguir a influência da Bíblia na educação.

Capítulo 12

UNIVERSIDADE

POR QUE EDUCAR NOSSOS SÚDITOS?

Por que a minha universidade em Allahabad tem uma igreja, mas não um templo hinduísta ou uma mesquita muçulmana?[1] Porque a universidade foi inventada e estabelecida por cristãos.

Nem o colonialismo nem o comércio disseminaram a educação moderna ao redor do mundo. Soldados e comerciantes não educam. A educação foi uma empreitada missionária cristã. Foi parte integral das missões cristãs, porque a educação moderna é um fruto da Bíblia. A Reforma bíblica, nascida em universidades europeias, tirou a educação dos mosteiros e a disseminou por todo o mundo.

No capítulo 3 eu contei sobre como a universidade abalou minha fé adolescente e por que tomei a decisão de testar se seria cumprida a predição bíblica de que todas as nações seriam abençoadas por intermédio dos descendentes de Abraão. Fiquei impressionado ao descobrir que a Bíblia foi a fonte de praticamente tudo de bom que há na minha cidade natal, até mesmo as universidades seculares que diminuíram a importância da Bíblia.

Na confluência dos rios "santos" Ganges, Yamuna e do mítico Saraswati,[2] Allahabad é reverenciada como um dos

---

[1] A Igreja da Santíssima Trindade era parte da Universidade de Allahabad até poucas décadas atrás.
[2] O rio Saraswati não existe mais, mas pode ter tido uma corrente subterrânea em algum momento da História.

lugares mais sagrados da Índia. Os rios eram os caminhos naturais para transporte de pessoas e de cargas antes que os britânicos construíssem nossas estradas e ferrovias. O Ganges e o Yamuna permitiram que se viajasse até o Himalaia, ao norte, e até a baía de Bengala, no sudoeste. Consequentemente Allahabad recebe a maior assembleia do mundo a cada doze anos, chamada Kumbh Mela.

Akbar, o maior imperador mogul,[3] construiu um imenso forte em 1583 na confluência estratégica da nossa cidade, renomeando-a "morada de Allah". Um dos Pilares de Ashoka (232 a.C.)[4] comemora o primeiro sermão de Buda na cidade vizinha de Sarnath.

Por volta do ano 263 a.C. Ashoka se converteu ao budismo em reação aos horrores da guerra iniciada por sua marcante expansão imperial. Ele erigiu esses pilares ornamentados, geralmente com 15 metros de altura, para celebrar pontos notáveis de uma peregrinação budista que ele realizou por volta do ano 253 a.C. Muitos dos pilares estão inscritos com editos imperiais, e a razão da localização particular de um pilar é algo notável. Governantes posteriores da Índia ocasionalmente têm transcrito suas próprias histórias nesses pilares.

Festas anuais têm atraído importantes líderes religiosos, políticos, econômicos e intelectuais hindus para essa confluência nos últimos dois mil anos. O dinheiro que os peregrinos doam é incalculável. Mesmo assim, as civilizações hinduísta, budista e islâmica não fundaram uma única instituição de ensino nesse centro da civilização do Ganges.

Alguns dos "homens santos" nas proximidades da confluência de Allahabad eram tão brilhantes como os monges que fundaram Oxford e Cambridge. Eles não fundaram uma universidade por conta do interesse de sua religião em "matar" sua mente. Eles deitam em pregos, enterram-se ou se cobrem apenas de cinzas ou esterco de vaca, usam drogas e buscam

[3] Os moguls eram uma dinastia muçulmana que conquistou e governou boa parte da Índia de 1526 até por volta de 1761. Eles construíram algumas das mais excelentes edificações da Índia, como o Taj Mahal, o Red Fort e Jama Masjid. Akbar, o maior dos moguls, patrocinou alguns dos nossos melhores poetas, artistas e músicos.
[4] Os Pilares de Ashoka são uma série de monumentos erigidos pelo imperador mauriano Ashoka, que governou por volta de 271 a 233 a.C.

iluminação. O caminho deles para a iluminação é Jnana Marg — o caminho do conhecimento do *Self*, de Deus, ou da unidade de tudo. Mesmo assim, eles não têm interesse no mundo material, que pensam ser maia, uma ilusão.

A filosofia deles não lhes deu motivação para acumular conhecimento secular paulatinamente, que é a marca da educação moderna. Em contraste, a visão bíblica fez a ciência moderna possível ao capacitar a mente cristã a estar contente com um conhecimento parcial e finito, que cresce e se incrementa por meio dos esforços coordenados que acontecem geração após geração.

As poucas instituições educacionais hinduístas que surgiram em Allahabad foram organizadas em resposta às iniciativas cristãs. Essas imitações não foram inspiradas pela cosmovisão hinduísta. Em geral a educação oferecida aos jovens brâmanes acontece não em instituições, mas nas casas dos gurus.[5] Em lugares como Nalanda e Takshila, o budismo edificou centros educacionais religiosos.[6] Mas, no segundo milênio da era cristã, esses centros estavam em declínio. Desapareceram por completo com a conquista muçulmana da Índia.

Tashila se localiza a aproximadamente 64 quilômetros da atual Rawalpindi, no Paquistão. Mas ela nunca foi bem organizada como Nalanda.

A Índia mogul foi um dos maiores impérios muçulmanos.[7] Mas os muçulmanos não desenvolveram nenhuma instituição educacional notável na Índia. O historiador Michael Edwardes resumiu a situação da educação na Índia pré-britânica da seguinte maneira:

> O tipo de educação que os britânicos encontraram quando chegaram à Índia era quase totalmente religiosa, e a educação superior para hindus e muçulmanos era puramente literária. A educação superior hindu era praticamente um monopólio brâmane. Os brâmanes, a casta sacerdotal, passam seu tempo [em escolas chamadas Tols] estudando textos religiosos em uma

---

[5] O guru é um mestre religioso e guia espiritual pessoal no hinduísmo. Centros de erudição hinduísta como Varanasi, Ujjain ou Kanchi têm gurus eruditos, mas não dispõem de instituições educacionais comparáveis a uma universidade.

[6] Nalanda, perto de Patna, em Bihar, começou como um grande centro de erudição budista durante o Período Gupta, no século V da era cristã, mas o local foi arruinado no século XII.

[7] Esse império incluía o Paquistão e Bangladesh.

língua morta, o sânscrito. Há várias escolas [chamadas Pathshalas] que usam línguas vivas, mas poucos brâmanes enviam seus filhos para tais lugares, onde o principal assunto ensinado é a preparação de contadores. A educação superior muçulmana é realizada [em madrasas[8]] em uma língua viva — o árabe, que não é falado na Índia. Mas há também escolas nas quais se ensinava o persa[9] e alguns assuntos seculares. O Estado — distinto dos governantes individuais — não aceitava nenhuma responsabilidade pela educação.[10]

Fazia sentido para Akbar fortificar Allahabad a fim de consolidar seu domínio islâmico. Mas não faz sentido para a maioria das pessoas por que razão os imperialistas britânicos fundariam universidades para educar seus súditos para que estes se autogovernassem. Por quê? Os evangelicais britânicos forçaram os líderes colonialistas a educarem os indianos para a liberdade.[11] Eles fundaram a Universidade de Allahabad como Muir Central College [Faculdade Central Muir] em 1873, em homenagem ao seu principal patrono, *sir* William Muir (1819-1905). Apesar de ser o tenente governador das Províncias Unidas, Muir era o maior apologeta cristão em relação ao islã. Por volta de 1887 a faculdade cresceu a ponto de se tornar a quarta universidade indo-britânica na Índia, depois de Calcutá, Madras e Bombaim (Serampore era uma universidade holandesa).

Michael Edwardes explicou o motivo por trás da missão educacional cristã:

> A decisão de concentrar-se em providenciar educação ocidental na língua inglesa foi tomada por outros motivos além da economia [...]. A educação tinha tons morais, políticos e comerciais aos olhos de homens como Macaulay. Ele e os que pensavam como ele seguiam princípios evangélicos, não utilitaristas. Charles Grant foi o profeta da educação inglesa na Índia, não James Mill. De fato, Mill foi tremendamente cético a respeito da efetividade de *qualquer* forma de educação na Índia. Os tons morais evidentemente eram de caráter cristão [...]. Macaulay e outros olhavam

---

[8] As madrasas são escolas onde se aprende o islã.
[9] O persa era a língua da Índia mogul até 1837.
[10] EDWARDES, Michael. **British India 1772-1947**. Nova Délhi: Rupa & Co., 1994. p. 110.
[11] Para uma documentação detalhada desse ponto, v. meu livro **India:** The Grand Experiment.

para um futuro no qual indianos, tendo adquirido um gosto pela "civilização europeia", poderiam pedir a vinda de instituições europeias e até a independência em relação à Inglaterra.[12]

Charles Grant (1746-1823)

Os registros educacionais do governo indiano começaram com citações extensas de Charles Grant. Ele chegou a Bengala em 1768, quando a seca devastadora de 1769-1770 matava milhões. Aquela fome motivou Grant a reformar a administração britânica para transformar a mente, a economia, a indústria e a economia indianas. Esses alvos seculares aceitáveis a não cristãos foram inspirados pela cosmovisão bíblica de Grant. Ele entendeu a educação como a base para seus alvos, porque os problemas da Índia "secular" vinham de sua cosmovisão religiosa. Para transformar a cultura econômica da Índia, seria necessário transformar seus pressupostos religiosos.

Grant chegou à Índia como um jovem não cristão, sem nem um centavo, disposto a ganhar dinheiro. Ele viu a corrupção e o desgoverno que enriqueciam alguns ingleses, mas destruíam a economia de Bengala. Em meio a essa corrupção, Grant viu Richard Bechner, seu patrão cristão, que alimentava 7 mil pessoas por dia em Murshdabad, exercitando "todo o seu ser para aliviar o sofrimento daquelas pessoas famintas". Mais tarde, em Calcutá, uma tragédia pessoal — a morte de suas duas filhas — forçou Grant a enfrentar as questões da vida e da eternidade. Ele se tornou cristão e passou a se reunir com dois outros homens para estudar a Bíblia e orar. A Bíblia não lhe deu especulações filosóficas nem um Criador ausente e distante. Antes, ela lhe revelou um Deus intimamente envolvido na história humana. A missão de Jesus de inaugurar o Reino de Deus para os pobres era radicalmente diferente da missão de Grant e de sua companhia na Índia.

Estudar a Bíblia capacitou Grant a fazer da missão de Deus a sua própria. A Palavra de Deus, tal como Grant concluiu, exigia que a missão britânica se realinhasse com os propósitos de Deus para a Índia. No dia 17 de setembro de 1787 Grant fez seu famoso apelo em prol do trabalho missionário a 14

[12] EDWARDES, **British India**, p. 115-117.

figuras públicas na Grã-Bretanha.[13] A única resposta positiva veio de Charles Simeon (1759-1836), de Cambridge. Simeon foi o vigário da Igreja [Anglicana] da Santíssima Trindade e professor no King's College [Universidade de Cambridge]. Este pregador influente, algumas vezes chamado de pai do evangelicalismo moderno, desafiou estudantes a servir à Índia.

Em 1790 Grant retornou à Inglaterra desapontado com o fato de que seu apelo para missões parecia não ter recebido nenhuma atenção. Então, mediante circunstâncias impressionantes, ele se tornou amigo de William Wilberforce, um evangelical membro do Parlamento. Wilberforce estava doente quando recebeu o apelo de Grant em prol da Índia. Com esse encorajamento, Grant escreveu seu argumento a favor das missões: *Observations on the State of Society among the Asiatic Subjects of Great Britain, particularly with respect to Morals and on the Means of Improving it. Written Chiefly in the Year 1792* [Observações concernentes ao estado da sociedade entre os súditos asiáticos da Grã-Bretanha, particularmente com respeito à moral e quanto aos meios de melhorá-la. Escrito principalmente no ano de 1792].

Ainda que não publicado formalmente até 1797, o livro de Grant foi a base reconhecida pelo Parlamento em seu debate de 1793 a respeito das missões. Em 1812 o Parlamento ordenou sua publicação como um documento governamental, como a melhor fonte de informações a respeito da Índia. Os argumentos de Grant para a missão e para a educação estão inseparavelmente ligados (naquela época ainda não havia barreiras legais que separavam Igreja e Estado quanto à educação). Seus argumentos iniciaram um movimento que capacitou a Índia a se tornar um dos maiores centros educacionais do mundo.

Grant endereçou seu livro aos líderes britânicos que sabiam como a Bíblia e as universidades cristãs ajudaram a reformar a sociedade, a política e a economia da Inglaterra. Ele advogou a mesma bênção para a Índia:

> A cura verdadeira para as trevas é a introdução da luz. Os hindoos (*sic*) erram porque são ignorantes; e seus erros nunca lhes foram expostos. A comunicação da nossa luz e do nosso conhecimento provará ser o melhor remédio para os seus

---

[13] Para conhecer o texto integral de sua carta, v. meu livro **Missionary Conspiracy**. Mussoorie: Good Books, p. 154-159.

problemas [...] é perfeitamente possível para o nosso país compartilhar paulatinamente nossa língua com os hindoos; e depois disso, por meio da língua, torná-los familiarizados com nossas obras literárias mais fáceis, a respeito de uma variedade de temas [...] nossas artes, nossa filosofia e nossa religião [...]. Com a nossa língua, muito da nossa literatura poderá ser, e será, comunicada em tempo oportuno [...] os hindoos verão o grande uso que fazemos da razão em todos os nossos assuntos e afazeres; eles também aprenderão a raciocinar, tornar-se-ão familiarizados com a história do seu próprio povo [...] eles gradualmente terão interesse em várias obras, compostas para enfatizar a virtude e impedir o vício; a massa geral de suas opiniões será retificada; e, acima de tudo, eles verão um sistema melhor de moral e de princípios. Novas visões de dever como criaturas racionais lhes serão abertas; e aquela escravidão mental na qual eles estão presos há tanto tempo irá gradualmente se dissolver [...] talvez nenhuma aquisição em filosofia natural [ciência] irá iluminar a massa do povo tão efetivamente como a introdução dos princípios de mecânica [tecnologia] e sua aplicação à agricultura e artes úteis [...]. No momento é maravilhoso ver quão inteiramente eles se resignam ao precedente: a tradição é a lei mais forte que eles têm.[14]

William Wilberforce (1759-1833)

A cada vinte anos a Companhia Britânica das Índias Orientais [*British East India Company*] tinha de renovar seu alvará de atuação junto ao Parlamento. Em 1793 William Wilberforce usou esse pedido de renovação para apresentar ao Parlamento o argumento de Grant a favor das missões. Wilberforce apresentou o documento de Grant perante a Câmara dos Comuns.[15] Eles argumentaram que era imoral deixar a Índia à mercê de comerciantes e soldados. De acordo com a Bíblia, a Grã-Bretanha como uma nação cristã tinha uma obrigação diante da Providência. Portanto, o Parlamento solicitaria à Companhia Britânica das Índias Orientais que permitisse que missionários-educadores servissem na Índia.[16]

[14] **Selections from the Educational Records**. Nova Délhi: National Archives of India, p. 81-90.
[15] A Câmara dos Comuns [*House of the Commons*] é no sistema parlamentarista bicameral britânico uma espécie de Câmara dos Deputados. [N. do T.]
[16] No século XVIII a educação era inseparável das missões porque a igreja providenciava educação religiosa e secular. A Índia não tinha professores para a companhia contratar.

Wilberforce ganhou a causa pelo voto na Câmara dos Comuns, mas foi derrotado na Câmara dos Lordes.[17] Ele sofreu oposição do lucrativo comércio de escravos da África conduzido pela companhia britânica. Muitos lordes e MP's (membros do Parlamento) tinham ações em companhias africanas e indianas. Eles não queriam que missionários interferissem em seus interesses econômicos. Depois de sua derrota no Parlamento, Wilberforce escreveu a um amigo: "É uma ideia chocante que deveríamos deixar 60 milhões dos nossos próprios súditos, ou melhor, dos nossos inquilinos (pois arrecadamos cerca de 17 milhões de libras esterlinas do aluguel das terras deles), permanecerem em um estado de barbárie e ignorância, escravos das superstições mais cruéis e degradantes".[18]

A batalha parlamentar de Wilberforce continuou por vinte anos. Grant se tornou um integrante do grupo mais íntimo de Wilberforce, a *Clapham Sect* [Grupo de Clapham].[19] Isso o ajudou a se tornar o diretor e depois o presidente da Companhia das Índias Orientais. Grant começou enviando os protegidos de Charles Simeon de Cambridge como capelães para a Índia. Dentre esses homens vindos de Cambridge, estavam alguns dos maiores tradutores e divulgadores da Bíblia de todos os tempos.

Henry Martyn (1781-1812) marcou seu lugar na História ao traduzir o Novo Testamento para o urdu e para o persa. Seu trabalho com a língua urdu foi a base para a elaboração do híndi, a minha língua materna. Martyn também foi o revisor da Bíblia em árabe. Claudius Buchanan (1766-1815) foi o vice-reitor da primeira faculdade da Índia britânica, chamada Fort William. Eles supervisionaram e promoveram o desenvolvimento das línguas modernas da Índia por intermédio da tradução da Bíblia. Mais tarde, Grant se tornou membro do Parlamento. Sua batalha parlamentar pelas missões foi finalmente vencida em 1813. A Coroa condicionou a licença para funcionamento da companhia à permissão desta para que missionários

---

[17] A Câmara dos Lordes [*House of Lords*] é a chamada Câmara Alta no sistema parlamentarista bicameral britânico. [N. do T.]

[18] WILBERFORCE, Samuel. **The Life of William Wilberforce**. London: John Murray, 1872. p. 340.

[19] O Grupo de Clapham era formado por reformadores sociais esclarecidos da Igreja anglicana, liderado por William Wilberforce. Clapham é o nome do bairro de Londres onde eles se reuniam. [N. do T.]

atuassem na Índia e que esta investisse 100 mil rúpias do seu lucro anual na educação de indianos.

William Carey (1761-1834)

Em 1792, enquanto Grant se esforçava para sacudir o Parlamento e a igreja, William [Guilherme] Carey, um sapateiro que se tornou linguista, publicou o que se tornou o manifesto das missões protestantes ocidentais modernas: "Uma investigação quanto à obrigação dos cristãos para usar meios para a conversão dos pagãos". Ele perguntou se a antiga ordem de Jesus ainda era levada a sério por seus seguidores — de ir a todo o mundo, fazer discípulos de todas as nações e ensinar-lhes a obedecer a tudo que Deus ordenou.[20] O foco de Carey estava na obrigação missionária, não na Índia propriamente. Ele escreveu para cristãos simples, não para parlamentares. Por isso, seus argumentos são explicitamente bíblicos. Tal como Grant, Carey defendeu o ensino do evangelho para transformar o mundo não civilizado.

Em 1793 Carey foi para a Índia para se tornar o pai da educação nas línguas do povo. Seguido por Joshua Marshman, a faculdade da missão organizada em Serampore em 1818 foi a primeira da Índia a usar línguas populares.[21] Carey, o líder da missão, lecionava metade de cada semana em Serampore e a outra metade na Faculdade Fort William, em Calcutá. Um dos maiores tradutores da Bíblia de todos os tempos, Carey se tornou um modelo para um incontável número de missionários-educadores. Além de seu trabalho linguístico, Carey lecionava regularmente sobre ciências e astronomia e tinha grande conhecimento de botânica, jardinagem, silvicultura e agricultura. Uma inundação devastou seu jardim. Mas os espécimes de pedras que coletou por toda a Índia ainda estão em exibição em sua faculdade, lembrando-nos que o interesse científico da Índia começou com a chegada da Bíblia. A influência de Carey sobre reformadores indianos como Raja Rammohun Roy deu início à Renascença indiana.

---

[20] Mateus 28.28.
[21] O rei dinamarquês concedeu a Serampore uma Licença Real em 1827. Infelizmente, em 1883 Serampore passou a oferecer cursos e graus apenas em teologia. Em vez de ensinar assuntos "seculares" da perspectiva da cosmovisão cristã, a faculdade os deixou à mercê da ideologia da secularização.

Raja Rammohun Roy (1772-1833)

As 100 mil rúpias que o Parlamento exigiu que a Companhia das Índias Orientais investisse em educação deram início à "controvérsia linguística" da Índia.[22] Todo mundo que fosse familiarizado com a Reforma na Europa concordaria que a mente indiana não progrediria em questões seculares sem desenvolver suas línguas nativas. Mas nem os pundits hindus nem os mulás muçulmanos[23] queriam desenvolver tais línguas.[24] Os britânicos especialistas em orientalismo defenderam a causa da promoção das línguas clássicas da Índia: sânscrito para os hindus, árabe e persa para os muçulmanos. A companhia concordou em iniciar uma faculdade que utilizaria o sânscrito.[25] A oposição mais ferrenha veio do renomado erudito em sânscrito Raja Rammohun Roy, que viu que isso poderia manter a Índia em trevas perpétuas. Em 1832 ele escreveu uma carta contundente ao governo britânico, argumentando que

> (organizar) o sistema de educação em sânscrito é a melhor maneira de manter este país nas trevas, se tal fosse a política da legislatura britânica. Mas, como o desenvolvimento da população nativa é assunto do governo, isso consequentemente deve promover um sistema mais liberal e ilustrado de instrução, que envolva matemática, filosofia natural, química e anatomia, com outras ciências úteis, o que pode ser realizado com o resumo proposto ao se empregar alguns poucos cavalheiros na Europa com talento e educação, e providenciar uma faculdade aparelhada com os livros, instrumentos e qualquer outro aparato necessário.[26]

---

[22] A Faculdade Serampore não se qualificava para receber esse auxílio porque era uma faculdade particular, dirigida por uma missão batista em uma colônia dinamarquesa, fora da jurisdição britânica.

[23] O pundit é um especialista nas leis e tradições indianas, e o mulá é o clérigo muçulmano. [N. do T.]

[24] No norte da Índia, por exemplo, o poeta Tulsidas produziu uma versão do *Ramaiana* em khari boli (o híndi antigo). Mas os brâmanes se recusaram a aceitá-la como escrituras sagradas.

[25] A Companhia já tinha de fato organizado uma faculdade em Benares que utilizava o sânscrito.

[26] Carta escrita de Calcutá, datada de 11 de dezembro de 1823. **Selections from the Educational Records.** Nova Délhi: National Archives of India, p. 81-90.

A proposta de Roy ecoou a visão de Grant e foi defendida pelos "anglicistas" contra os orientalistas. Os anglicistas criam que a melhor maneira de fortalecer as línguas populares da Índia era educar um grupo de indianos que falavam inglês e que seriam capazes de traduzir um conhecimento europeu para línguas indianas vivas. Alexander Duff (1806-1878), missionário escocês, deu início a uma faculdade em inglês em Calcutá em 1830. Ele se tornou o mais importante dos anglicistas. Sua faculdade, fundada com as bênçãos de William Carey, imediatamente se tornou uma instituição de sucesso entre os indianos.

Os professores e os alunos da faculdade de Duff tinham uma vantagem em relação a Carey: eles não precisavam de livros em inglês traduzidos antes de ensinar e aprender. Indianos que sabiam inglês podiam estudar ciência, literatura, história, filosofia e economia. O capitalismo de Adam Smith tornou-se imensamente popular, ainda que tenha solapado a filosofia econômica intrínseca ao sistema de castas hinduísta. A experiência bem-sucedida de Duff tornou-se a política britânica oficial, grandemente por causa de seu jovem amigo evangelical Charles Trevelyan.

Charles Trevelyan (1807-1886)

Trevelyan, um empregado civil da Companhia Britânica das Índias Orientais, afirmou inequivocamente que o alvo da missão educacional evangelical era acabar com o domínio britânico na Índia. Seu influente livro *On the Education of the People of India* [A respeito da educação do povo da Índia] foi contundente:

> A conexão existente entre dois países tão distintos como a Inglaterra e a Índia não pode ser permanente: nenhum esforço político pode impedir os nativos de eventualmente reconquistarem sua independência. Mas há dois meios de chegar a esse ponto. Um é pela revolução; e o outro? Pela reforma [...]. [A revolução] pode terminar na alienação total da mente e na separação dos interesses entre nós e os nativos; o outro meio [reforma] em uma aliança permanente, fundada no benefício e na boa vontade mútuos [...] faremos uma troca de súditos úteis por aliados que são ainda mais úteis [...] treinados por nós para a felicidade e independência, e capacitados com nossa

aprendizagem e nossas instituições políticas, a Índia irá permanecer como o mais orgulhoso monumento da benevolência britânica.[27]

Como um empregado civil poderia ousar defender que a Inglaterra educasse a Índia para terminar com o domínio britânico e esperar que o Parlamento apoiasse sua paixão? Trevelyan casou-se com a irmã de Thomas Babington, o lorde Macaulay — um membro do Conselho Supremo que governava a Índia. Lorde Macaulay viveu com Charles e Hannah. Macaulay já tinha argumentado a questão da liberdade da Índia perante o Parlamento em Londres — cinco anos antes de Trevelyan escrever linhas tão fascinantes.

Lorde Macaulay (1800-1859)

Wilberforce e Grant passaram o bastão da luta pela emancipação da Índia aos seus sucessores no Parlamento, lorde Macaulay e Charles Grant Jr. Esses jovens cresceram como filhos do Grupo de Clapham. A longa batalha parlamentar de Wilberforce contra o tráfico escravagista foi finalmente vencida pelo discurso de Macaulay em 1833. Aquele também foi o ano da renovação da licença para a Companhia das Índias Orientais.

Macaulay trabalhou como secretário da diretoria da Companhia das Índias Orientais. Charles Grant Jr. era o gerente. Grant esboçou os termos da nova licença para funcionamento, e Macaulay ajudou o Parlamento a aceitar as implicações da atividade missionária por meio da educação. Sua retórica era muito nobre. Seus apelos ao caminho do "dever", da "sabedoria" e da "honra nacional" fazem sentido apenas no contexto de uma cosmovisão compartilhada e moldada pela Bíblia. Nenhum outro invasor da Índia — arianos, gregos ou muçulmanos — jamais teve um senso similar de dever.

> Será que vamos manter o povo da Índia ignorante para que seja submisso? Ou vamos dar-lhe conhecimento sem uma ambição que o motive? Ou será que vamos motivá-lo e não lhe providenciar recursos? [...] O caminho do dever está plenamente diante de nós: e esse caminho é também o da sabedoria, da prosperidade e da honra nacionais [...]. O destino do nosso império

---

[27] TREVELYAN, Charles. **On the Education of the People of India.** London: Longman, Orme, Brown, 1838. p. 192-193.

indiano está coberto por trevas espessas. É difícil formar qualquer conjectura quanto ao destino reservado para um Estado que não se parece com nenhum outro na História e que forma por si mesmo uma classe separada de fenômenos políticos. As leis que regulam o crescimento e sua queda ainda nos são desconhecidas. Pode ser que a mentalidade pública da Índia possa expandir sob nosso sistema até que o supere; que por um bom governo possamos educar nossos súditos para que sejam capacitados para um governo melhor; que, tendo sido instruídos no conhecimento europeu, eles possam em algum momento no futuro solicitar instituições europeias. Se tal dia virá, eu não sei. Mas jamais tentarei impedi-lo ou atrasá-lo. Seja lá quando for, será o dia de maior orgulho na história inglesa.[28]

Por que o Parlamento aceitaria uma missão tão radical como essa? Nem todos estavam motivados pelos ideais morais de Macaulay. Depois da "guerra cultural" de quatro décadas de Wilberforce, poucos tinham coragem de defender a escravidão. O debate sobre a política indiana ocorreu contra o pano de fundo da Guerra da Independência dos Estados Unidos, que deu fim ao domínio britânico nos Estados Unidos. Assim como a Bíblia libertou a Inglaterra, ela foi a força moral por trás do Grande Despertamento, que deu início à Guerra da Independência. A audiência de Macaulay no Parlamento pode ter frustrado suas ideias, mesmo que eles soubessem que não poderiam impedir os indianos de ter contato com a Bíblia e que a Bíblia seria o combustível que alimentaria a fogueira de sua liberdade.

Um ano após fazer seu discurso histórico, Macaulay foi à Índia ajudar a companhia a implementar suas recomendações. Na qualidade de membro legal do conselho governamental, solicitaram-lhe que resolvesse a controvérsia linguística. Macaulay ouviu todos os lados e decidiu no dia 2 de fevereiro de 1835 que o inglês serviria melhor às línguas populares da Índia que o sânscrito, o árabe ou o persa. Portanto, ele recomendou que fundos públicos concedessem educação nos moldes ingleses aos indianos, o que enriqueceria os idiomas nativos. Macaulay escreveu um texto famoso conhecido como "Minuta", que foi mais condenado que lido na Índia:

[28] Sr. Macaulay no dia 26 de julho de 1833, **Hansad Parliamentary Debates**, Third Series, v. XX (London, 1833).

> É impossível para nós, com nossos meios limitados, tentar educar todo o povo. No presente devemos fazer o melhor que pudermos para formar uma classe que possa ser intérprete entre nós e os milhões a quem governamos; um grupo de pessoas, indianos de sangue e de cor, mas ingleses em preferências, opiniões, costumes e no intelecto. Devemos deixar que essa classe refine os dialetos populares do país, para enriquecê-los com termos da ciência emprestados da nossa nomenclatura ocidental, e para traduzi-los por graus que se adéquem para veicular conhecimento à grande massa da população.[29]

A licença de 1833, que Macaulay e Grant Jr. conduziram no Parlamento, pedia à Companhia das Índias Orientais que indicasse indianos para os mais elevados níveis da administração. Mesmo assim, em 1853 a companhia ainda não tinha contratado indianos, não por conta de algum preconceito, mas porque a Índia não tinha graduados qualificados. Nessa época, veteranos como Duff, Macaulay e Trevelyan já tinham voltado para a Inglaterra. Eles propuseram a solução: a Índia deveria ter universidades.

A despeito da oposição de pesos pesados da companhia, como o filósofo John Stuart Mill (1806-1873), a campanha cristã pela educação foi vitoriosa. Um evangelical devoto, *sir* Charles Wood, liderou o comitê que escreveu o "Dispacho [*sic*] Educacional" de 1854. Isso levou à fundação das três primeiras universidades na Índia em 1857. A Universidade de Allahabad surgiu três décadas depois.

Soldados hindus e muçulmanos no exército britânico se revoltaram contra o Raj no grande motim indiano de 1857. Para expulsar os britânicos do solo indiano, eles massacraram homens, mulheres e crianças da Inglaterra. Os britânicos retaliaram com força brutal e sufocaram o motim. Por causa do motim, o governo do monopólio da companhia foi encerrado, e a Coroa britânica assumiu a responsabilidade direta de governar a Índia. Isso deu aos protestantes liberais (que gradualmente se tornaram humanistas seculares) uma oportunidade de assumir a educação patrocinada pelo Estado.

---

[29] MACAULAY, Thomas Babbington. Minute of the 2nd of February, 1835, em **Speeches by Lord Macaulay with His Minute on Indian Education.** London: Oxford University Press, Humphrey Milford, 1935. p. 359.

Os cristãos liberais culparam os evangelicais por terem acendido a fogueira da liberdade da Índia. Essa acusação tinha bases críveis. A liberdade da Índia era um alvo estabelecido pelos evangelicais e por seus descendentes. Eles aborreceram os indianos por se oporem a crenças e práticas tradicionais, como a queima de viúvas, o infanticídio, o sistema de castas que considerava algumas pessoas intocáveis, a prostituição cultual, a poligamia e a idolatria. Os evangelicais ocuparam posições importantes na Companhia das Índias Orientais por décadas e apoiavam a conversão de hindus e muçulmanos a Cristo. Por ocasião do triunfo final de suas campanhas educacionais, os cristãos que criam na Bíblia perderam seu poder para modelar a instituição que eles criaram.

Assim que os protestantes liberais obtiveram controle das universidades, eles solaparam a essência espiritual da Bíblia, promovendo apenas seus frutos espirituais e sociais. Eles puseram em dúvida a confiabilidade da Bíblia, mas lutaram por seus princípios de dignidade, igualdade e direitos humanos; sua moralidade e racionalidade, que Grant desejara para a Índia; as ideias de nacionalismo, civilidade e justiça, que William Carey disse que era necessário disseminar, e suas ideias de liberdade sob a lei, defendidas por Macaulay e Trevelyan.

A questão é: *por que a Bíblia promoveu a educação com alvos seculares?* A Bíblia tem uma espiritualidade unicamente "deste mundo". Ela ensina que Deus criou Adão e Eva para viverem em um paraíso terrestre. Mesmo depois da Queda, Deus quer "falar" conosco, durante nossa jornada neste mundo. As tristezas, "cardos e espinhos" na terra são resultados do pecado humano. O temor a Deus, a sabedoria e a justiça exaltam as nações. Jesus prometeu que os humildes receberão a terra por herança.[30]

Por volta de 1885 essa educação bíblica aguada criou uma classe de indianos educados. O servidor público civil britânico aposentado Allan Octavian Hume (1829-1912) os incentivou a criar o Congresso Nacional Indiano. Esse congresso liderou o movimento para a independência da Índia. Formados das universidades de Calcutá e Bombaim o iniciaram, mas Allahabad eclipsou essas universidades em importância na luta pela libertação da Índia. Sua cultura educacional e política, forjada por sua municipalidade, sua

---

[30] Mateus 5.5.

Suprema Corte, sua universidade e localização estratégica deram à Índia cinco dos primeiros sete que ocuparam a posição de primeiro-ministro.[31]

Essa história da revolução educacional da Índia é meramente ilustrativa. Durante os séculos XIX e XX as missões ocidentais repetiram esse processo em boa parte do mundo não ocidental. Essas missões deram origem a centenas de universidades, além de financiá-las, bem como a milhares de faculdades e dezenas de milhares de escolas. Eles educaram milhões e transformaram nações. Essa missão gigantesca e global foi inspirada e sustentada por um livro — a Bíblia. Como retorno, homens mal informados, como Arun Shourie, têm atacado a Bíblia e as missões ocidentais.

A Bíblia e a educação europeia

Da mesma forma que as invasões islâmicas deram fim à erudição budista na Índia no segundo milênio da era cristã, as conquistas bárbaras praticamente deram fim à educação clássica na Europa no primeiro. Ainda que nunca completamente perdida, a educação ficou tão diminuída que o período que vai do século V ao IX na Europa é algumas vezes chamado de "era das trevas". O analfabetismo era a norma na maior parte do mundo, até que o movimento missionário começou a transformá-lo.

Eruditos seculares afirmam que os gregos e romanos criaram as primeiras universidades. Mas historiadores como Charles Haskins indicam que, ainda que os gregos e os romanos tenham tido escritores e mestres brilhantes, eles não fundaram organizações permanentes nem bibliotecas ou grupos acadêmicos.[32]

Durante o período medieval a erudição sobreviveu na Europa em mosteiros cristãos isolados antes que as catedrais dessem início a escolas para homens que atendessem às necessidades das instituições cristãs. Influenciados por visionários como Agostinho, bispo de Hipona (354-430), Flávio Magno Aurélio Cassiodoro (480-524) e Anício Mânlio Severino

---

[31] Pandit Jawaharlal Nehru, Lal Bahadur Shastri, sra. Indira Gandhi, Chandra Shekhar e V. P. Singh tinham raízes políticas e famílias importantes em Allahabad, ainda que nem todos eles tenham estudado na universidade da cidade.

[32] HASKINS, Charles H. **The Rise of Universities**. New York: Henry Holt, 1923. p. 3.

Boécio (480-524), alguns mosteiros e algumas escolas de catedrais cresceram e se tornaram universidades.

O texto mais influente para a educação medieval foi o tratado de Agostinho sobre a educação cristã intitulado *De doctrina christiana*. Ele afirma que todas as ciências conhecidas dos filósofos pagãos eram úteis para a interpretação da Bíblia. Portanto, os estudantes devem aprender línguas, história, gramática, lógica e ciências. Esses estudos trouxeram os estudantes ao limiar de um rico terreno de verdade espiritual encontrado na Bíblia. O alvo último da erudição era escavar a mina do conhecimento das Escrituras. "O trabalho de interpretação é um trabalho científico, não uma questão de inspiração da sorte",[33] mesmo se essa interpretação for veiculada em alegoria e especulação imaginativa. O fruto dessa erudição bíblica tinha de ser canalizada para o mundo; por conseguinte, cada estudante precisava estudar a arte da retórica, ensinada por mestres como Cícero.

Cassiodoro desenvolveu um texto didático alternativo em seu tratado intitulado *Saber divino e secular*. Ele "adotou a visão de Agostinho da unidade das ciências seculares a serviço da interpretação bíblica".[34] Mas a maneira pela qual ele organizou esse texto possibilitou a estudantes e professores focalizarem ou o saber secular ou o saber sagrado, sem focar o relacionamento entre um e outro, sem integrá-los em uma cosmovisão. Portanto, sua popularidade gradualmente decaiu.

Boécio foi o terceiro autor influente. Quando o sol estava se pondo sobre o Império Romano, ele tentou traduzir toda a erudição grega para o latim. Suas obras influenciaram a vida intelectual da Igreja no século XI e promoveram Aristóteles. Graças ao apoio dado por eruditos muçulmanos, Aristóteles se tornou imensamente popular durante os séculos XIII e XIV. Mas, a despeito de suas muitas contribuições positivas, a influência da autoridade de Aristóteles impediu a Europa de experimentar o poder da Bíblia até a Reforma do século XVI.

Decerto a vida intelectual da Europa era mais complexa do que pode ser discutido aqui. O historiador de Oxford *sir* Richard William Southern

---

[33] SOUTHERN, R. W. **The Making of the Middle Ages** (1953). London: Pimilco, 1993. p. 164.
[34] Ibid., p. 165.

(1912-2001) observou que "o erudito monástico do século XI escreveu suas obras nos intervalos entre os serviços eclesiásticos que eram conduzidos com leituras da Bíblia".[35] Mas no século XII a leitura da Bíblia entrou em declínio, sendo substituída por lições especiais para um grande número de dias de santos. O arcebispo Thomas Cranmer (1489-1556) reclamou que a Bíblia fora substituída por "histórias, lendas com multidões de responsoriais, versos, vãs repetições, comemorações e sinodais".[36]

Nas escolas, os comentários bíblicos deixavam pouco tempo para se ler a Bíblia propriamente. Não obstante, estudar a interpretação da Bíblia permaneceu central a todo o sistema de ensino. Southern afirmou:

> Foi nas escolas que a interpretação bíblica dos Pais foi reunida de forma conveniente e anexada a partes relevantes do texto. A *Glosa ordinária*, a mais antiga de todas as obras do século XII que consolidavam o saber antigo, era um dos textos indispensáveis para o estudo. O texto da Bíblia era comentado em toda parte e se tornou o ponto de partida para discussões de muitos tipos — gramaticais, dialéticas, teológicas e históricas. As escolas do século XII não eram centros de pesquisa do sentido místico das Escrituras do tipo que Agostinho queria que os eruditos realizassem. Mas eles fizeram que o texto bíblico se tornasse mais conhecido do que era antigamente [...]. Eles fizeram da Bíblia [...] [uma] parte da língua secular e da literatura divina.[37]

Mais uma vez a questão é: por que a Bíblia, um livro asiático, manteve sua influência sobre a mentalidade ocidental mesmo depois que a maior parte da literatura grega, romana e islâmica se tornou disponível? Dois fatores são importantes:

1. *A educação medieval era uma tarefa religiosa*

Praticamente toda a educação era eclesiástica. H. G. Wells admitiu com má vontade:

> A Igreja católica providenciou o que a República Romana perdera, um sistema de ensino popular, muitas universidades e métodos de

---

[35] SOUTHERN, **The Making of the Middle Ages**, p. 207.
[36] Ibid.
[37] Ibid., p. 208.

comunicação intelectual. Por essa conquista, ela abriu o caminho para novas possibilidades de governo humano [...] possibilidades que ainda estão sendo apreendidas e elaboradas [...]. Mas ainda que seja certo que a Igreja católica, com sua propaganda, seus apelos populares, suas escolas e universidades, tenha aberto a perspectiva do estado educacional moderno na Europa, é igualmente certo que ela nunca teve a intenção de fazer nada desse tipo. Ela não enviou conhecimento com sua bênção; o deixou desacompanhado.[38]

Como, por que e quando a educação que pertencia à Igreja se tornou disponível para todos? Logo veremos o papel que Reformadores como Martinho Lutero e João Amós Comênio desempenharam para transformar a educação medieval na educação moderna. Primeiro precisamos entender por que a Bíblia permaneceu central para a educação mesmo depois que teólogos ficaram fascinados com Aristóteles e a leitura da Bíblia declinou em escolas e em igrejas.

2. A Bíblia é uma biblioteca única

A Bíblia permaneceu central para a educação porque ela é uma biblioteca — uma coleção única de livros selecionados com extremo cuidado. Os 66 livros da Bíblia foram escritos por pelo menos 40 autores, em um período de mil e seiscentos anos, em três línguas diferentes, e, a despeito de tudo isso, conta apenas uma história.[39] Essa metanarrativa começa com a criação e termina com a recriação.

Uma característica impressionante dessa biblioteca é que seus livros apresentam uma visão da vida e do mundo que se expande, é progressiva, mas mesmo assim coerente. Ela apresenta uma cosmovisão consistente e reveladora, que explica a realidade e a situação humanas. Ela dá propósito a uma vida aparentemente absurda, significado à busca humana por moral e esperança em meio ao mal terrível. Ela inspira fé em Deus em um Universo que parece ser governado por um acaso aleatório, se não por um destino

---

[38] WELLS, H. G. **The Outline of History**. New York: Garden City Books, 1961. p. 587-588.

[39] Um dos motivos para rejeitar outros livros judeus ou cristãos como não canônicos foi o fato de que alguns dos seus ensinamentos divergiam daqueles de autoridade reconhecida.

ou uma sorte caprichosos. Monges não a estudaram ou a ensinaram porque estavam procurando emprego. Eles a estudaram porque a Bíblia pede que se busque o conhecimento da verdade.

A reforma da educação

O chamado para a Reforma: Martinho Lutero

A educação moderna começa com o apelo de Martinho Lutero para uma revisão completa da educação medieval. Ele fez um apelo apaixonado em 1520 em seu texto "Carta aberta à nobreza cristã". "Eu creio", disse Lutero à aristocracia germânica, "que não há obra mais digna de papas ou imperadores que uma reforma completa das universidades. Por outro lado, nada pode ser mais diabólico ou desastroso que universidades que não são reformadas".[40] Lutero observou que as universidades renascentistas de propriedade da igreja e por esta administradas estavam se tornando "lugares para treinamento de jovens nos moldes da cultura grega". Eram instituições "onde se vive de qualquer maneira, onde pouco se ensina das Sagradas Escrituras e da fé cristã, onde apenas o cego e pagão mestre Aristóteles tem mais autoridade que Cristo".[41]

Lutero conhecia Aristóteles e o ensinou. Lutero cria que para a Reforma acontecer, "a *Física*, a *Metafísica*, *A respeito da alma* e a *Ética* de Aristóteles, que até então se pensava que eram seus melhores livros, deveriam ser completamente descartados com os outros dos seus livros que se vangloriam em falar a respeito da natureza, ainda que nada possa ser aprendido nesses livros a respeito da natureza ou do espírito".[42] Lutero deixaria apenas a *Lógica*, a *Retórica* e a *Poética* de Aristóteles — sem comentários.[43]

Depois disso Lutero rejeitou todo o curso de direito canônico "da primeira à última letra"[44] porque "nas Escrituras há mais do que o suficiente

---

[40] **Luther's Works**, v. 44, **The Christian in Society**. Ed. James Atkinson. Philadelphia: Fortress Press, 1966. p. 202.
[41] Ibid., p. 200.
[42] Ibid.
[43] Ibid., p. 201.
[44] Ibid., p. 202.

a respeito de como devemos nos comportar em todas as circunstâncias. O estudo da lei canônica apenas atrapalha o estudo das Sagradas Escrituras".[45] Então ele apelou para um corte dramático na lei secular que "se tornou um deserto".[46] A vida seria bem mais fácil se o cipoal de leis fosse transformado em um jardim cuidadosamente aparado. Menos leis, com "governantes sábios, lado a lado com as Sagradas Escrituras, seriam leis o suficiente".[47]

Lutero deixou as reformas médicas para os especialistas, mas mirou a teologia. "Nossos queridos teólogos salvaram a si mesmos de trabalho e preocupações. Eles simplesmente abandonam a Bíblia e lecionam a respeito de sentenças".[48] A Reforma deixaria tudo isso de cabeça para baixo. "O número de livros de teologia deve ser reduzido [...]. Não são muitos livros que fazem um homem letrado, nem mesmo a sua leitura. Mas, se um bom livro é lido com frequência, não importa quão pequeno seja, isso faz de um homem um conhecedor das Escrituras e um devoto."[49]

Em resumo: Lutero defendeu que, para reformar a universidade, a Bíblia deveria ser colocada no centro do currículo. Seu apelo à nobreza cristã foi um movimento histórico. Para o bem ou para o mal, aí teve início a transferência da autoridade educacional da igreja para o Estado. Ela trouxe dinheiro não procedente da igreja — impostos do povo e presentes de mercadores e outras pessoas ricas — para a educação. Lutero não advogava controle político sobre nossa mente. Em seu esquema, a Palavra de Deus, não o Estado, o doador ou a igreja, tem autoridade última sobre nossa mente. A universidade, a igreja e o Estado eram súditos da Bíblia. Não obstante, certo ou errado, Lutero deu início à tendência de manter o Estado responsável pela educação, não apenas a igreja.

A iniciativa de Lutero fez que a liderança governamental se tornasse envolvida com a educação superior e a alfabetização das massas. A Reforma exigiu de cristãos leigos que lessem a Bíblia e julgassem se os Reformadores

---

[45] **Luther's Works**, v. 44, p. 202.
[46] Ibid., p. 203.
[47] Ibid.
[48] Ibid., p. 204. A referência de Lutero a "sentenças" é na verdade ao **Livro das sentenças** de Pedro Lombardo, uma obra de comentários sobre as Escrituras.
[49] Ibid., p. 205.

estavam certos. Para Lutero e Tyndale, não bastava tornar a Bíblia disponível para o povo em alemão ou em inglês. As pessoas precisavam ler em sua própria língua. Isso não poderia ser feito apenas por meio de escolas ligadas a catedrais. Cada paróquia precisava educar suas crianças. O desejo de ler a Bíblia se tornou o combustível que colocou em movimento o motor da alfabetização da Europa. É por isso que John Dewey, que talvez tenha feito mais para secularizar a educação nos Estados Unidos que qualquer outro, avisou aos secularistas que fossem devagar em seus ataques ao cristianismo. Dewey observou:

> Essas pessoas [cristãos evangelicais] formam a espinha dorsal do interesse filantrópico social, da reforma social por meio da ação política, do pacifismo, da educação popular. Elas incorporam e expressam o espírito da boa vontade humilde para as classes que estão em desvantagem econômica e em relação a outras nações, especialmente quando as últimas demonstram disposição para uma forma republicana de governo [...] este tem sido o elemento responsável por apelos no mundo dos negócios, e mais oportunidades iguais para todos, igualdade de oportunidades. Elas seguiram Lincoln na abolição da escravatura e seguiram Roosevelt em sua denúncia de corporações "más" e na agregação da riqueza.[50]

A descrição que Dewey faz dos Estados Unidos se aplica a muitos países. Em Kerala, o segundo estado mais alfabetizado da Índia,[51] a palavra para escola é *pallikudam* — "[o prédio] perto da igreja".

João Amós Comênio (1592-1670)

Martinho Lutero fez um apelo em prol da reforma da universidade, mas foi absorvido pela reforma da igreja. Por isso muitos consideram

---

[50] DEWEY, John. The American Intellectual Frontier, **New Republic**, 10 May 1922, v. 30. New York: Republic Publishing, p. 303.
[51] De acordo com o jornal **India Today**, edição de 5 de julho de 1999, Mizoram, o estado com maior população cristã da Índia (98%), é também o mais alfabetizado do país (95%), enquanto em Kerala a taxa de alfabetização é de 93%. Kerala abriga a mais antiga comunidade cristã da Índia, com origem nas atividades missionárias do apóstolo Tomé, no século I da era cristã.

João Amós Comênio (Jan Amos Komensky) o pai da educação moderna. Comênio nasceu no dia 28 de março de 1592 em Nivnice, Morávia, atualmente na República Checa. Faleceu em 15 de novembro de 1670 depois de servir aos Irmãos morávios como bispo, escrever cerca de 90 livros sobre educação, demonstrando sua filosofia educacional em vários países, inspirando o nascimento da Real Sociedade de Ciências na Inglaterra e ajudando a organizar a primeira universidade moderna em Halle, Alemanha. A Universidade de Halle mais tarde se uniu à de Lutero para formar a Universidade Wittenberg-Halle.

Quando Comênio era jovem, pensou que as escolas medievais eram "matadouros da mente". Ele se esforçou para transformá-las em "fábricas felizes de humanidade", uma "imitação do céu". Comênio se baseou nas ideias educacionais advogadas pelo pensador alemão Wolfgang Ratke (1571-1635), que por sua vez foram baseadas nas ideias do filósofo britânico Francis Bacon. Tais ideias começaram com princípios como proceder das coisas aos nomes, do particular ao geral, da língua materna para línguas estrangeiras. Depois de estudar filosofia e teologia, Comênio voltou para sua Boêmia natal como pregador e professor. Sua escola inovadora rapidamente se tornou bastante conhecida. Durante a Guerra dos Trinta Anos (1618-1648), seu país foi derrotado pelas forças católicas em 1620. Ele poderia ter conservado sua escola se tivesse se convertido ao catolicismo, mas preferiu manter a liberdade e fugiu como refugiado.

Comênio conheceu a guerra, a fome, a doença, a morte de sua esposa e de seus filhos, o incêndio de sua escola e dos seus livros, a traição política e desapontamentos nas mãos de políticos e governantes. Alguns dos seus livros foram escritos sob o patrocínio político de reis, e outros enquanto se escondia em florestas frias e perigosas. Buda conheceu o sofrimento de segunda mão. Comênio o experimentou de primeira mão. Ele escolheu ser um "servo sofredor" de Cristo, seguindo o Messias martirizado. Buscava mais que alegria e paz interior; procurava ver a Europa libertada do reino de Satanás.

Comênio acreditava que discipular as gerações seguintes por meio da educação seria criar um mundo novo. Viu a educação como um meio de formar de novo a imagem de Deus na humanidade. Ele denominou sua filosofia bíblica de *Pansofia*, integrando toda sabedoria, secular e sagrada, em uma estrutura bíblica.[52]

Historiadores seculares ainda precisam reconhecer a contribuição de Comênio ao mundo moderno. Esse pai da educação moderna é frequentemente ignorado porque poucas vezes fez alguma declaração sem justificá-la com base na Bíblia. Todas as personagens revistas neste capítulo — homens como Grant, Wilberforce, Carey, Roy, Duff, Trevelyan, Macaulay e Muir — seguiram Comênio, ainda que alguns deles não estivessem cônscios disso. Não apenas a Índia moderna, mas também os Estados Unidos foram moldados pela visão de Comênio. A diferença é que os pioneiros da educação norte-americana sabiam da dívida que tinham com Comênio. Eles o convidaram a ir para o Novo Mundo a fim de liderar a nova faculdade que organizaram, Harvard, na Nova Inglaterra. O otimismo de Comênio com a educação teve impacto tão profundo em alguns colonos puritanos nos Estados Unidos que eles preferiram ser uma comunidade educacional antes de se tornar uma nação comercial ou industrial.[53]

Na falta de uma cosmovisão coerente, a educação secular está fragmentando o conhecimento. Pedaços de educação não relacionados uns aos outros não dão base para se ter uma visão como a de Comênio para mudar o mundo por meio da educação. A universidade secular não conhece um Messias que promete um reino aos pobres, aos fracos, aos doentes e aos destituídos infelizes.

Turquia

Em 1871 a Junta Americana de Comissários para Missões Estrangeiras enviou Mary Mills Patrick (1850-1940) como missionária à Turquia.

---

[52] WEIMER, Hermann. **Concise History of Education**. New York: Wisdom Library, 1962. p. 78.
[53] Em seu livro **The Soul of the American University:** From Protestant Establishment to Established Nonbelief. New York: Oxford University Press, 1994. p. 33, George Marsden declara: "Um dos fatos marcantes da história norte-americana é que apenas seis anos depois de se estabelecerem no sertão de Massachussetts os puritanos organizaram o que viria a ser uma faculdade de alta reputação. A educação superior era para eles uma alta prioridade na edificação civilizacional".

Em 1875 ela foi transferida para Scutari (Üsküdar), um bairro asiático de Constantinopla, para lecionar no Colégio Americano para Moças, também conhecido como "Lar Escola". Com a ajuda da filantropa norte-americana Caroline Borden, ela transformou a escola na atual Faculdade Feminina [Women's College] de Constantinopla. Foi necessária uma força heroica para mantê-la aberta no tempo das Guerras Balcânicas, da Revolução Turca e da Primeira Guerra Mundial. Por meio dessas lutas, a escola evoluiu, de uma instituição voltada primariamente para minorias de mulheres cristãs gregas, armênias e búlgaras, para se tornar um centro líder de educação superior para mulheres turcas, oferecendo todo tipo de carreiras, inclusive odontologia e medicina. A Faculdade Feminina ainda existe como parte do Roberts College [Faculdade Roberts], atendendo a homens e mulheres.

Coreia

A maior universidade para mulheres do mundo é a Ewha, em Seul, Coreia do Sul. Essa instituição orgulha-se de ter 140 mil graduados, 21 mil estudantes, 14 faculdades e 13 centros de pós-graduação. Não mais que um século atrás, a opressiva ordem social da Coreia era dominada pela dinastia Chosun. Sua cultura educada zombava da ideia de ensinar às mulheres outra coisa que não fosse cuidar do marido e dos filhos. A península Coreana era pouco mais que um território para escaramuças entre os dois gigantes da Ásia, a China e o Japão. Até mesmo as sociedades missionárias tinham pouco interesse nos campos de matança da Coreia. Seu destino mudou com uma discussão ocorrida na pequena cidade de Ravenna, Ohio, em 1883.

Enquanto a Sociedade Missionária Feminina Estrangeira da Igreja Episcopal Metodista discutia planos missionários para o Japão e a China, uma mulher idosa suplicou aos seus pares que não desprezassem o pequeno reino na península Coreana aninhado entre os dois gigantes asiáticos. Três anos mais tarde, Fary F. Scranton (1832-1909), uma missionária metodista com 52 anos de idade, iniciou a primeira escola para mulheres da Coreia em uma casa localizada no que atualmente é o bairro Chong-dong em Seul. Não foi fácil para ela encontrar moças estudantes. A única mulher disposta a assumir o risco da desaprovação social foi a concubina do rei. Por volta de 1887 Mary já tinha sete alunas, e Minbee, a esposa de Gojong, o imperador da Coreia, deu à nova escola o nome de Ewha Hagdang, que significa "Escola da pera que floresce". Um labor como esse ajudou a transformar aquele pequeno reino em um dos maiores países da Ásia.

Além da elite

O esnobismo do sistema inglês de classes sociais é zombado em filmes e livros. Poucos sabem que a Bíblia inspirou o desafio a esse esnobismo mais eficiente da História por meio do movimento de Escola Dominical iniciado por Robert Raikes (1735-1811).

Raikes, o combativo editor do *Gloucester Journal*, ficou frustrado com reformas penitenciárias não eficientes que estavam acontecendo na Inglaterra. Ele concluiu que "o vício pode ser mais bem prevenido que curado". Uma visita às favelas de sua cidade abriu seus olhos para a desgastante degradação das crianças. Ele compartilhou o problema com o reverendo Thomas Stock na pequena cidade de Ashbury, Berkshire. Juntos, eles pensaram em uma escola que poderia ser administrada por voluntários aos domingos, onde as crianças de lares pobres não seriam forçadas a trabalhar. Muitos escritores escreviam para os ricos, para quem tinha dinheiro para comprar seus livros e tempo para ler. Mas Jesus disse que veio pregar boas-novas aos pobres. Raikes e Stock escolheram a Palavra de Deus como currículo da nova escola e se comprometeram a alcançar as crianças que viviam nas ruas.

O movimento da Escola Dominical teve início em julho de 1780, com a sra. Meredith dando aulas em sua própria casa em Souty Alley. Os meninos mais velhos eram orientados a cuidar dos mais novos. Raikes escreveu quatro livros-texto tendo a Bíblia como conteúdo. Pouco a pouco meninas receberam permissão para participar. Raikes assumiu a maior parte dos custos financeiros. Outras escolas foram abertas em Gloucester e nos arredores. Ainda que Raikes tenha falecido em 1811, por volta de 1831 cerca de 25% de 1.250.000 crianças britânicas frequentavam a Escola Dominical. A Inglaterra caminhava para ser uma sociedade alfabetizada, educada pela Palavra de Deus, não pelo Estado.

Restaurando a dignidade humana aos surdos e cegos

Os gregos tinham o costume de usar garotos cegos como escravos remadores em seus navios e garotas cegas como prostitutas. Jesus, no entanto, restaurou-lhes a visão. Já no século IV cristãos começaram a abrir abrigos para cegos. No ano 630 alguns cristãos organizaram um tifolocômio em Jerusalém (*typholos* = cego, *komeo* = cuidar de). No século XIII o rei Luís IX construiu o Hospice dês Quinze-Vingts para cegos em Paris. No século XVI cristãos começaram a ensinar cegos a ler, usando letras elevadas moldadas em cera ou madeira. A educação para os cegos começou seriamente depois de 1834 quando Louis Braille, um cego organista de igreja, inventou o sistema de seis pontos de letras em relevo. O movimento missionário cristão levou essa invenção para todo o Planeta, desafiando a negligência e o desprezo tradicionais para com os cegos, inspirando organizações seculares a absorver um pouco do espírito de Cristo.

A filosofia secularizada de "sobrevivência do mais forte" de Darwin jamais investiria dinheiro para o desenvolvimento de uma educação que humanizasse os deficientes. Todas as culturas tradicionais os abandonaram ao seu próprio destino ou carma. Alguns deliberadamente expuseram bebês deficientes à morte. A Bíblia é a única que apresenta um Deus compassivo que veio a este mundo para nos salvar do pecado e suas consequências — o que inclui a doença e a morte. Ele abriu os ouvidos dos surdos e a boca dos mudos. Ele deu aos seus discípulos o poder de amar os que não são amados. Os cristãos entenderam que a educação desempenha um papel central na restauração da dignidade dos deficientes.

A educação formal para os surdos começou com Charles-Michel de l'Épée (1712-1789). Essa educação chegou aos Estados Unidos por intermédio de Thomas Gallaudet (1787-1851). Épée, um padre em Paris, desenvolveu a linguagem de sinais para surdos. Em 1754 ele financiou e fundou em Paris a primeira escola pública para surdos, a "Institution Nationale dês Sourds-Muets à Paris" (Instituição Nacional para Surdos-Mudos em Paris). A linguagem de sinais que ele elaborou capacitou os franceses que eram surdos a comunicarem palavras e conceitos. Ela influenciou o surgimento de outras línguas europeias de sinais e se tornou a base para a língua americana de sinais por meio de Gallaudet, um egresso da Universidade de Yale e do Seminário Teológico Andover. Gallaudet levou essa inovação aos Estados Unidos em 1817 para ajudar os surdos a "ouvir" o evangelho de Cristo. Ele fundou a Escola Americana para os Surdos em Hartford, que por sua vez levou à organização da Universidade Gallaudet para surdos em Washington, D.C.

Educação secular

A Universidade de Harvard é um dos exemplos mais atraentes da simbiose entre a Bíblia e a educação. Os puritanos deram início a essa instituição de ensino menos de dez anos depois de terem chegado aos Estados Unidos, antes de iniciarem qualquer tipo de indústria. A Bíblia inspirou diretamente as primeiras 123 faculdades e universidades nos Estados Unidos que ensinaram assuntos não religiosos. A Bíblia o fez porque Deus ordenou aos seres humanos que estabelecessem seu domínio sobre a terra. A história da secularização das universidades norte-americanas é bem apresentada por George Marsden em *The Soul of the American University: From Protestant Establishment to Established Nonbelief*.[54]

Quais serão os resultados de uma educação conscientemente antibíblica?

Uma cosmovisão como a da Bíblia transformou a informação em sabedoria e em conhecimento significativo. Ela deu um propósito à educação que ia além de capacitar jovens para o trabalho. Filósofos seculares rejeitaram a Bíblia, mas não encontraram alternativa ao seu grande apego à grande figura da verdade. Eles sabem que, por si mesma, a mente humana não pode encontrar respostas para o sentido e o propósito da vida e do Universo. Esse secularismo não é mais que uma fase transitória, tal como sua encarnação anterior, o deísmo.

A educação cristã (especialmente a ciência baseada na Bíblia, discutida neste capítulo) desenvolveu o conhecimento paulatinamente, como um quebra-cabeça, porque Deus já nos deu a figura completa. As universidades seculares sobreviveram porque a cultura mais ampla conservou o perfil bíblico. Agora, tendo rejeitado a Bíblia, o Ocidente tenta encontrar sentido por meio de mitos. O Ocidente está seguindo Joseph Campbell, George Lucas e James Cameron, e está inventando e vendendo mitos, tal como a Grécia o fez depois de entender que a mente finita não pode compreender a verdade universal. A Inglaterra deu universidades à Índia para nos libertar. O Ocidente agora está nos dando seus mitos jovens que podem apenas escravizar. Isso é irônico, porque foi a busca do Ocidente pela verdade que deu início à ciência. Por isso, o capítulo seguinte tratará da ciência.

[54] V. nota de rodapé 53.

Capítulo 13

CIÊNCIA

QUAL É SUA FONTE?

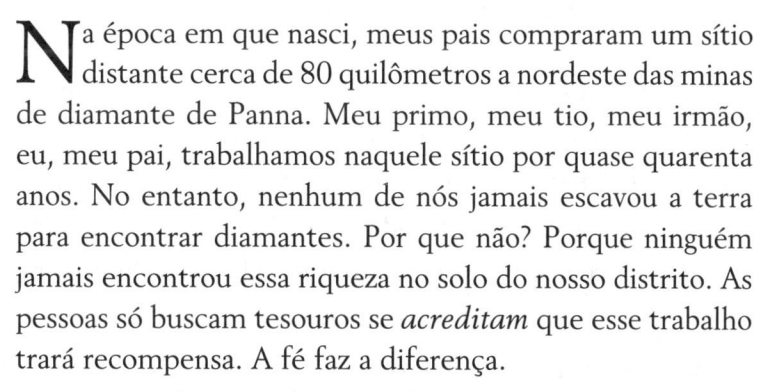

Na época em que nasci, meus pais compraram um sítio distante cerca de 80 quilômetros a nordeste das minas de diamante de Panna. Meu primo, meu tio, meu irmão, eu, meu pai, trabalhamos naquele sítio por quase quarenta anos. No entanto, nenhum de nós jamais escavou a terra para encontrar diamantes. Por que não? Porque ninguém jamais encontrou essa riqueza no solo do nosso distrito. As pessoas só buscam tesouros se *acreditam* que esse trabalho trará recompensa. A fé faz a diferença.

Uma cultura pode ter indivíduos capazes, mas eles não procuram "leis da natureza" se creem que a natureza é encantada e governada por milhões de pequenas divindades como um deus da chuva, uma deusa do rio ou em um rato *deva*.[1] Se até os planetas são deuses, então por que os humanos deveriam procurar seguir leis estabelecidas? As culturas que cultuam a natureza geralmente usam a magia para manipular os poderes invisíveis que a governam. Tais culturas não desenvolvem ciência e tecnologia para estabelecer "domínio" sobre a natureza. Alguma dessa "magia" pode parecer "funcionar", mas os magos não buscam um entendimento sistemático e coerente da natureza.

---

[1] Um *deva* no hinduísmo é uma criatura espiritual que está acima dos humanos, mas não chega a ser propriamente uma divindade. Seria em geral o correspondente a um anjo na tradição judaico-cristã. Os hinduístas acreditam que os *devas* não são nem bons nem maus, e que podem ser manipulados pelos seres humanos com o fim de se conquistar alguma coisa. [N. do T.]

- A Índia antiga produziu grandes cirurgiões como Sushruta. Por que essa tradição não se desenvolveu a ponto de gerar a medicina científica?
- Na Índia do século V, Aryabhata sugeriu que a Terra gira em seu eixo e ao redor do Sol. Astrólogos indianos tinham conhecimento de sua teoria, mas não mudaram suas práticas.
- Os gênios antigos e medievais da Índia são reconhecidos em toda parte. Um matemático indiano desconhecido criou o conceito do algarismo zero. Matemáticos como Brahmagupta (século VII), Mahavira (século IX) e Bhaskara (século XII) estavam eras adiante do Ocidente.

Por que a matemática da Índia não se tornou a linguagem da ciência? Imagine crescer em uma cultura que acredita que o mundo que você vê e toca não é real — antes, é maia, uma ilusão, um sonho. Você dedicaria sua vida para estudar o mundo "irreal"? Você não iria tentar escapar deste mundo? Você não tentaria meditar para ir "para dentro" de sua consciência — e lá tentar encontrar a "realidade"?

Os monges chineses e os sábios hindus não eram homens sem capacidade. Eles perderam a motivação filosófica. Eles buscavam um paraíso psicológico, uma alegria no interior de sua consciência. Até o século XVI a mente ocidental cristã também procurou uma salvação espiritual ou psicológica. *Foi apenas quando uma porção maior da cristandade teve condições de ler a Bíblia e a levou a sério que se começou a entender que a perda do Éden foi a perda de um paraíso terrestre.*

A paixão do Ocidente pela ciência começou quando a Bíblia inspirou os cristãos a dedicarem sua vida a resgatar o mandato esquecido de Deus à humanidade de ter domínio sobre a natureza.[2] O primeiro historiador da Real Sociedade de Ciências, Thomas Sprat (1635-1713), explicou que o objetivo daquela sociedade era capacitar a humanidade a restabelecer o "domínio sobre as coisas".[3] Foi esse exercício religioso-científico que coletou os dados que demonstraram o desígnio aparente que há na natureza.

---

[2] Gênesis 1.27-29.
[3] SPRAT, Thomas. **History of the Royal Society**, p. 62, apud HARRISON, Peter, **The Bible**, p. 231.

Darwin mais tarde teorizou que esse desígnio pode ter resultado de seleção natural randômica.

Durante o século XX a ciência começou cada vez mais a se mesclar com a tecnologia e a indústria. Entretanto, até o século XIX a ciência era "filosofia natural" ou "história natural", uma subdivisão da teologia: "teologia natural" ou "revelação geral". O método científico de estudar a natureza se desenvolveu da teologia, com base em uma maneira particular de ver o mundo material à luz da Bíblia. Essa visão do mundo assume que este é *real*. Não é nem a "sombra" platônica nem a maia [ilusão] hindu.

Os pioneiros da ciência criam que o reino material é real, não mágico, encantado ou governado por espíritos e demônios. Eles partiram do pressuposto de que o mundo é inteligível porque Deus o criou de maneira *racional*, *ordenada* e regido por *leis naturais*. Esses pioneiros investiram seu tempo, esforço, recursos e vida estudando o Universo físico porque criam que Deus o criou *bom*.[4] O mundo não foi criado por uma divindade maligna para enganar almas puras fazendo-as ter contato com matéria impura. A investigação científica teve início com a pressuposição de que os seres humanos foram criados como gerentes da criação e que nem o destino nem os deuses os prendem. Ao entender a natureza, podemos administrá-la e controlá-la para beneficiar nosso futuro e nós mesmos.

Esse perfil científico nasceu como crítica ao racionalismo aristotélico. O método científico presume que a lógica humana é válida, mas esta deve ser subserviente aos fatos observados, porque o homem é finito, caído e falível. Os cientistas usam a lógica para encontrar o sentido dos fatos. Eles *teorizam* para explicar o mundo. Mas para uma teoria ser científica ela deve fazer *predições quantitativas* que são empiricamente verificáveis, ou pelo menos falsificáveis. Uma teoria é modificada ou substituída se não se adéqua aos fatos observados ou se observações posteriores não se encaixarem em suas predições.

A ciência se baseia em um paradoxo. Ela deve confiar que os seres humanos podem *transcender* a natureza (entendê-la, dominá-la e modificá-la).

---

[4] Gênesis 1.25,31. "E Deus viu que ficou bom [...]. E Deus viu tudo o que havia feito, e tudo havia ficado muito bom".

A despeito disso, a ciência exige humildade — aceitar que os seres humanos não são divinos, mas finitos e caídos — com tendência para o pecado, o erro e o orgulho. Portanto, a ciência precisa de mais do que lógica aristotélica e iluminação individual. A ciência precisa de objetividade, fatos observados, observação conjunta e uma atitude constante de teste cético. "Assim como o ferro afia o ferro, o homem afia o seu companheiro".[5] Para que haja acumulação de conhecimento, é necessário o esforço organizado não apenas de escolas e universidades, mas de uma comunidade científica — uma rede competitiva, mas cooperativa, de pessoas que desenvolvem a ciência.

A ciência teve de rejeitar duas crenças opostas: 1) a ideia reducionista de que o ser humano é simplesmente parte da natureza — uma engrenagem na máquina, incapaz de transcendê-la, e 2) a noção da ciência de que o ser humano é o Ser Divino e que aquele poderia ser iluminado apenas por uma percepção ou uma experiência mística; isso seria se tornar infinito, saber tudo e não precisar de correção.

A disseminação global da educação ocidental fez dessa maneira científica de ver a natureza algo tão comum que muitas pessoas educadas não percebem que o perfil científico é uma maneira peculiar de ver o mundo — um método objetivo ("secular") moldado por uma cosmovisão bíblica. A ciência usa métodos objetivos para observar, organizar e entender o mundo natural.[6]

Contudo, essa perspectiva não é nem "natural", nem "universal", nem "senso comum". É uma maneira peculiar de ver as coisas. A Europa não tropeçou no método científico por acaso ou tentativa e chance. Alguns indivíduos no mundo antigo podem ter olhado para a natureza de um prisma científico, mas a perspectiva deles não se tornou parte de sua cultura intelectual.

A perspectiva científica floresceu na Europa como um desenvolvimento da teologia bíblica medieval nutrida pela igreja. Os teólogos estudavam

---

[5] Provérbios 27.17.
[6] Alguns cientistas, sem noção quanto às raízes teológicas da ciência moderna, tentam definir a ciência como uma compreensão exclusivamente materialista da natureza, excluindo explicitamente qualquer possibilidade da existência de Deus ou que ele possa criar ou interagir com a natureza (materialismo filosófico). Entretanto, a existência do Criador não pode ser excluída *a priori* sem um conhecimento do Universo e de como este se originou. As consequências da criação e intervenção de Deus devem ser observadas objetivamente e depois sujeitas à ciência racional.

ciência por motivos bíblicos. Seu espírito científico germinou durante os séculos XII e XIV e floresceu após a Reforma do século XVI — depois que a Europa se tornou mais alfabetizada, um lugar no qual as pessoas poderiam ler a Bíblia e se tornarem conscientemente bíblicas.

Minha formação intelectual me deu informações confusas a respeito de como a Bíblia e a ciência se relacionam. Em O *Tao da física*, Fritjof Capra, um físico que se transformou em místico e ambientalista, observa:

> A noção de leis fundamentais da natureza é derivada da crença em um legislador divino, crença essa com raízes profundas na tradição judaico-cristã. Nas palavras de Tomás de Aquino, "há uma lei eterna, uma inteligência, uma razão que existe na mente de Deus e que governa todo o Universo". Essa noção de uma lei eterna e divina da natureza influenciou grandemente a filosofia e a ciência ocidentais. Descartes escreveu a respeito das seis leis que Deus impôs à natureza, e Newton cria que o objetivo mais elevado da obra científica é evidenciar a respeito das seis leis que Deus imprimiu à natureza.[7]

Capra e todos aqueles familiarizados com Aldous Huxley culparam a Bíblia por ter criado uma confusão ecológica ao produzir a ciência e a tecnologia. Outros alegam que a Bíblia e a ciência são incompatíveis e que esta última surgiu da redescoberta da erudição grega na época do Renascimento.

Como essas duas opiniões — de que a Bíblia é incompatível com a ciência *e* que ela é a fonte da ciência — não podem ser verdadeiras, resolvi investigar o assunto. Descobri que os que culpam a Bíblia por ter dado à luz a ciência moderna têm pelo menos um pouco de razão. Para o bem ou para o mal, a Bíblia criou e sustentou a visão científica. Cientistas que criam na Bíblia deram início à "revolução científica" dos séculos XVI e XVII.

---

[7] CAPRA, Fritjof. **The Tao of Physics**. Flamingo S., 1975. p. 317. [**O Tao da física**. São Paulo: Cultrix, 28. ed., 2011.] As ideias de Aldous Huxley e Lynn White Jr. começaram a circular na Índia nos anos 1960. Mais tarde, Capra se tornou muito popular no país. Ele é um dos muitos que condenam o cristianismo por ter criado a ciência e a confusão ecológica. Outro livro também popular é **Aquarian Conspiracy**, de Marilyn Ferguson (Los Angeles: J. P. Tarcher, 1980 [**A conspiração aquariana**. São Paulo: Nova Era, 14. ed., 2009]), que culpa o cristianismo pela ciência, tecnologia, opressão social e crise ecológica.

A observação de Capra de que a crença nas leis da natureza veio da Bíblia foi validada por uma pesquisa cuidadosa feita por Francis Oakley.[8]

A Bíblia inspirou os pioneiros da ciência a seguirem nesse caminho para descobrir as leis da natureza — uma jornada longa, tediosa, exigente e de muitas gerações. A Bíblia diz que Deus "determinou as fronteiras do mar para que as águas não violassem a sua ordem".[9] Esse Legislador estabeleceu as "Leis da Natureza".[10] Essas leis podem ser entendidas porque fomos criados à imagem de Deus para entender e administrar a natureza.[11]

Capra simplesmente afirmou o que cientistas e pesquisadores disseram antes dele. Chatterjee, o meu amigo ateu da Universidade de Allahabad, concordava com a opinião de Bertrand Russell de que o ateísmo é a fonte da ciência. Ele rejeitou o politeísmo e o panteísmo hindus como igualmente antitéticos em relação à ciência. Não se pode ao mesmo tempo cultuar a Mãe Terra e ter domínio sobre ela, dissecando-a, entendendo-a, controlando-a, administrando-a e modificando-a. Os cientistas tiveram de presumir que o cosmo é um objeto inanimado, natural (ou "secular"). Eles tiveram de pressupor que em alguns aspectos o homem pode cuidar da natureza ao entendê-la e administrá-la ou "dominá-la".

Chatterjee rejeitou também o panteísmo hindu — a ideia de que tudo é um (Brama). Isso faz do Universo ou maia ou a "dança" de Deus — não a "obra das mãos de Deus", um artesanato de Deus. Uma pintura ou uma máquina são trabalhadas. Elas refletem o pintor ou o engenheiro que as fizeram, mas são distintas do seu criador. Em contraste, a dança e o dançarino são um. Se Deus e a natureza são um, então a natureza não tem um Legislador, nem há "leis da natureza" para serem descobertas.

O panteísmo pode dizer que a natureza é um organismo vivo — Gaia ou "Mãe Terra". A "ordem" da natureza não é outra coisa, a não ser o ritmo

---

[8] Cf. o ensaio de Oakley intitulado Christian Theology and the Newtonian Science: The Rise of the Concept of the Laws of Nature, em **Church History**, v. 30 (The American Society of Church History, 1961), p. 433-457.

[9] Provérbios 8.29. Conforme o historiador Francis Oakley, foram versículos como esse que moldaram a ideia de "leis naturais". V. seu ensaio Christian Theology and the Newtonian Science, **Church History**, v. 30, 1961.

[10] Constituição dos Estados Unidos, Declaração de Independência, 1776.

[11] Gênesis 1.26,27. "Façamos o homem à nossa imagem, conforme a nossa semelhança. Domine ele sobre [...]."

de sua dança — imprevisível, sem leis matemáticas a serem quantificadas. Chatterjee argumentou que se a Terra é uma deusa, então é a sua vontade — não leis obrigatórias e científicas — que a governam.

No entanto, o ateísmo de Russell fez surgir uma questão: por que a China não produziu ciência? Alguns integrantes da elite chinesa se orgulhavam de seguir uma essência, ou princípio, universal, conhecida como o Tao; outros criam em *yin* e *yang*.[12] Se o ateísmo de Russell fosse o pressuposto da ciência, então a China deveria ter desenvolvido a ciência antes da Europa. Ainda que perplexo pela diferença entre sua crença e a realidade, Russell teve a audácia de afirmar que, desde que a civilização chinesa não conhecia do Deus da Bíblia que interfere na natureza, sua ciência logo ultrapassaria a ocidental.

Ninguém em nossa universidade nos contou que o coautor de Russell, Alfred North Whitehead, considerou seus argumentos cuidadosamente e depois chocou os intelectuais ocidentais nas Preleções Lowell, na Universidade de Harvard, em 1925. Whitehead declarou que a ciência ocidental se originou do ensino bíblico de que o cosmo é produto de uma "racionalidade inteligível de um ser pessoal [Deus]". A implicação é que seres pessoais — humanos — poderiam entender o cosmo. Whitehead afirmou de maneira mais elaborada o seguinte:

> No entanto, eu não penso que tenha trazido a maior das contribuições do medievalismo para a formação do movimento científico. Quero dizer a crença inexpugnável de que cada acontecimento detalhado pode estar em relação com seus antecedentes de maneira perfeitamente definida, exemplificando princípios gerais. Sem essa crença, os labores incríveis dos cientistas seriam inúteis. É esta convicção instintiva vividamente apresentada antes da imaginação que é a força motivadora da pesquisa — que há um segredo que pode ser descoberto. Como essa convicção foi tão vividamente implantada na mentalidade europeia? Quando comparamos esse tom de pensamento na Europa com a atitude de outras civilizações entregues a si mesmas, parece haver apenas uma fonte para essa mentalidade. Ela deve ter se originado

---

[12] *Yin* e *yang* é um conhecido conceito da filosofia tradicional chinesa que expressa a crença em uma dualidade e equilíbrio que deve haver entre jogos de oposições no Universo, como o positivo e o negativo, a força e a fraqueza etc. [N. do T.]

na insistência medieval a respeito da racionalidade de Deus, entendida como a energia pessoal de Jeová (*sic*).[13]

Whitehead concluiu que a China fracassou em desenvolver a ciência porque muito de sua história não tinha uma convicção firme em um Criador todo-poderoso.[14] Joseph Needham (1900-1985), historiador marxista que passou sua vida investigando a ciência e a civilização chinesas, confirmou a opinião de Whitehead. Needham fez uma pesquisa tentando encontrar explicações materialistas para o fracasso da China. Finalmente, sua integridade venceu sua ideologia. Ele concluiu que não havia boas razões geográficas, raciais, políticas ou econômicas para explicar o fracasso da China para desenvolver a ciência. Os chineses não desenvolveram a ciência porque nunca lhes ocorreu que esta fosse *possível*. Eles não tinham uma ciência porque "a concepção de um legislador divino celestial impondo ordens à natureza não humana nunca se desenvolveu na China".[15]

Os gregos, egípcios, chineses, indianos e muçulmanos pré-modernos tiveram muitas percepções quanto à natureza; eles observaram fatos, anotaram informações, desenvolveram habilidades, acumularam sabedoria e transmitiram seu conhecimento às gerações seguintes. Temos boas razões para nos maravilharmos da maneira acurada com a qual o matemático, astrônomo, geógrafo e poeta grego Eratóstenes (c. 276-196 a.C.) mediu a circunferência da Terra. Ele determinou astronomicamente a diferença de latitude entre Syene (a atual Aswan) e Alexandria, no Egito, onde ele era o bibliotecário da mais famosa biblioteca da Antiguidade. Nosso princípio de flutuação tem o nome de Arquimedes (287-212 a.C.), que também estudou em Alexandria. Seus princípios matemáticos da alavanca, da polia e do parafuso são impressionantes. Hiparco (c. 190-120 a.C.), que muito influenciou Ptolomeu, calculou o ano solar em 365 dias e 6 horas, com uma impressionante diferença de apenas sete minutos em relação ao tempo real

---

[13] WHITEHEAD, Alfred North. **Science and the Modern World:** Lowell Lectures, 1925. New York: Macmillan, 1967. p. 12.
[14] Mas há alguma evidência de que os chineses antigos criam em um Criador todo-poderoso.
[15] NEEDHAM, Joseph. **Science and Civilization in China,** v. 2. Cambridge: Cambridge University Press, 1956. p. 581.

(365 dias, 5 horas, 48 minutos e 46 segundos) e o período lunar em 29 dias, 12 horas, 44 minutos e 2,5 segundos (na realidade, 29 dias, 12 horas e 18 minutos).A despeito dessas realizações impressionantes, os antigos não desenvolveram uma cultura da ciência. Ainda que tivessem observado atentamente, eles não modelaram o mundo. Não fizeram nenhum esforço para verificar empiricamente suas explicações. Nem mesmo Copérnico (1473-1543) elaborou uma teoria heliocêntrica preliminar. Foi o cristão devoto Isaac Newton (1642-1727) que formulou as órbitas planetárias em razão da gravidade. Sem explicação há fatos, mas não há ciência. Como Charles Darwin observou:

> Cerca de trinta anos atrás, havia tanto a dizer que os geólogos deveriam observar, não teorizar; e me lembro bem de alguém dizer que àquela altura um homem poderia ir a um areal, contar seus seixos e descrever-lhes as cores. Quão estranho é que ninguém tenha percebido que toda observação deve ser a favor ou contra alguma opinião se for para esta ter alguma serventia.[16]

Quando os antigos tentaram explicar o mundo, eles usaram a intuição,[17] a lógica, mitos, misticismo ou racionalismo — à parte de observação empírica. Por exemplo, a lógica baseada na intuição de Aristóteles (384-322 a.C.) afirmou que, se você jogar duas pedras de um penhasco, a pedra que tiver o dobro de peso cairá duas vezes mais rápido que a pedra mais leve. Nenhum estudioso aristotélico — grego, egípcio, romano, cristão ou muçulmano — jamais testou a teoria de Aristóteles jogando duas pedras de um lugar alto. Finalmente Galileu Galilei (1564-1642), fundamentado na Bíblia, testou e negou a pressuposição de Aristóteles, ao demonstrar que bolas de massa diferente caem juntas no chão.[18]

---

[16] **More Letters of Charles Darwin**. Ed. Francis Darwin e A. C. Seward, v. 1. New York: Appleton & Co., 1903. p. 195.

[17] Antes de Demócrito na Grécia, o filósofo indiano Pakudha Katyayana, um contemporâneo de Buda no século VI a.C., ensinou que o mundo era feito de átomos. Algumas teorias atômicas indianas quanto ao Universo físico eram brilhantes e estão de acordo com a física moderna. No entanto, essas teorias eram baseadas na intuição e na lógica, sem ciência experimental.

[18] Galileu foi um pioneiro na ciência experimental. Ele contradisse Aristóteles ao jogar uma bala de canhão e uma bala de mosquete do alto da Torre de Pisa e

A intuição, a lógica, a observação, a experimentação, a informação, as técnicas, a especulação e o estudo de textos imbuídos de autoridade existiam antes do século XVI. Por eles mesmos, não se constituem em ciência sustentável. Se alguém insistir que as descobertas antigas provam que a ciência é mais antiga que a Bíblia, então será preciso insistir que culturas não bíblicas sufocaram e mataram aquele começo promissor. Foi só na Europa que a astrologia se transformou em astronomia, a alquimia em química e a matemática na linguagem da ciência. E isso se deu apenas nos séculos XVI e XVII — depois que a mentalidade cristã ocidental levou a sério o mandamento da parte de Deus: "Sejam férteis e multipliquem-se! Encham e subjuguem a terra! Dominem sobre os peixes do mar, sobre as aves do céu e sobre todos os animais que se movem pela terra".[19]

O mandamento de dominar a terra está na Bíblia há alguns milhares de anos. Se é assim, por que então não houve ciência sustentável até o século XVI? O professor Harrison afirmou que a ciência teve início quando os cristãos começaram a ler a Bíblia literalmente:

> Apenas quando a narrativa da Criação foi despida de seus elementos simbólicos é que o mandamento de Deus a Adão pôde ser relacionado a atividades mundanas. Se o jardim do Éden fosse apenas uma alegoria sublime, tal como Fílon, Orígenes e mais tarde Hugo de São Vítor sugeriram, não haveria muito incentivo em tentar restabelecer um paraíso na terra. Se o mandamento de Deus a Adão de cultivar o jardim tivesse um significado primariamente simbólico, como Agostinho acreditava, então a ideia de que o homem deveria restabelecer o paraíso pela jardinagem e pela agricultura não teria tido o impacto que teve na mentalidade do século XVII.[20]

A igreja perseguiu alguns indivíduos que, à semelhança de Galileu, eram cientistas. Mas a igreja é mais culpada de queimar Bíblias, tradutores da Bíblia e teólogos do que de banir livros de ciência de cientistas que

demonstrar que elas caíam juntas — ou por jogar as balas do alto do cesto de observação no mastro de um navio.
[19] Gênesis 1.28.
[20] HARRISON, Peter. **The Bible, Protestantism and the Rise of Natural Science.** Cambridge: Cambridge University Press, 1998. p. 207.

a incomodavam. O cristianismo é contrário à teologia, ou não é responsável por compilar, preservar e propagar a Bíblia?

Líderes religiosos no meu país, a Índia, nunca perseguiram alguém como Galileu. Isso me dá o direito de ter orgulho? Pois bem, no século XIX nossos professores ensinavam — em uma faculdade fundada pelos britânicos — que a Terra se apoiava nas costas de uma imensa tartaruga![21] Nós nunca perseguimos alguém como Galileu porque a Índia hinduísta, budista, animista ou muçulmana nunca produziu um. Quem não tem filhos, nunca tem conflitos com adolescentes.

A igreja não executou cientistas por causa da ciência destes. Os conflitos ("heresias") eram teológicos, morais, sociais, pessoais, políticos ou administrativos. A ciência nasceu na universidade — uma instituição inventada pela igreja. Quase todos os primeiros dos cientistas antigos trabalharam em universidades, supervisionados por bispos. Muitos deles eram teólogos e exegetas. Giordano Bruno (1548-1600) é tido como cientista assassinado pela igreja. A igreja o viu como um monge renegado e um mago hermético, que praticou um pouco de astronomia, mas não prestou nenhuma colaboração à ciência. Bruno ensinou uma filosofia especulativa e imanentista[22] sobre a alma do mundo como um número infinito de mundos. Esse seu imanentismo, influenciado pela Grécia antiga e pelo islã, atrasou a ciência.

De fato a igreja e o Estado medievais falharam em criar um judiciário independente ao qual condenados pudessem apelar buscando justiça. Pode-se criticá-los por não respeitarem os direitos humanos. Isso se aplica a toda e qualquer cultura. Isso em si não demonstra que a igreja era oposta

---

[21] As escrituras hindus apresentam vários relatos da Criação. Kurma — a grande tartaruga — é a segunda encarnação do deus Vixnu. Ele veio apoiar a Terra quando deuses e demônios estavam batendo o oceano de leite para encontrar o néctar da vida. Cf. Bramhi Samhita de Kurma Purana, 500-800 d.C. Reginald Heber, o primeiro bispo anglicano da Índia (1783-1826), soube que isso era ensinado no Sanskrit College, na cidade de Varanasi. O texto de Heber intitulado "A Journey Through India" (1828) ajudou a forçar a Companhia das Índias Orientais a introduzir a educação moderna na Índia. V. meu livro **Missionary Conspiracy**: Letters to a Postmodern Hindu, 1996.

[22] Essa é a ideia de que as leis da natureza são inerentes ou imanentes nas coisas, não impostas pelo Criador.

à ciência. Muitas universidades e indústrias tratam seus cientistas e não cientistas injustamente. Com exceção de um judiciário independente — que em si é um produto da Bíblia —, as instituições de hoje seriam tão opressoras como as medievais.[23] Perseguir um subordinado é abuso de poder, não oposição à ciência.

Galileu era revolucionário, brilhante e popular — mas cáustico. Em 1616 foi investigado, ainda que homenageado pelos cardeais em Roma, e recebeu do papa Paulo V uma garantia de boa vontade e apoio. Conquanto advertido de se apegar à ciência e tratar Copérnico como uma hipótese, Galileu escreveu sua *Carta a Castelli*, seu aluno muito zeloso, argumentando que o sistema heliocêntrico de Copérnico era coerente com a Bíblia. Mestres aristotélicos tinham ciúme da popularidade de Galileu e se sentiam feridos por seus insultos. A Inquisição primeiramente desprezou as acusações deles de que sua *Carta* contradizia a Bíblia.

No *Diálogo a respeito dos dois grandes sistemas mundiais* (1632), Galileu depreciou os aristotélicos e defendeu Copérnico como uma tese, não como uma hipótese. Depois que o *Diálogo* recebeu autorização de ser publicado, a Liga acusou Galileu de ter colocado o tolo Simplício como uma figura das opiniões do papa Urbano sobre cosmologia.[24] Galileu era amigo pessoal do papa Urbano VIII; mas zombar do seu protetor e rejeitar os conselhos passou dos limites. Convocado mais uma vez, Galileu retornou a Roma, ainda que Veneza lhe tenha oferecido asilo político e a Alemanha pudesse obrigá-lo.[25] A Inquisição examinou *Diálogo* em 1633 e encontrou poucos erros teológicos, mas a proibiu e o sentenciou por ter violado regras não publicadas de 1616.

Tradutores da Bíblia como Tyndale foram enforcados e queimados. Galileu, o cientista, teve sua pena comutada para prisão domiciliar, tendo

---

[23] Alguns estudiosos já demonstraram que a política universitária conduzida pela Liga foi a causa primária da perseguição a Galileu. Cf. PEACOCK, Roy E. **A Brief History of Eternity**: A Considered Response to Stephen Hawkings' A Brief History of Time. Wheaton, IL: Crossway Books, 1991.

[24] O texto de Galileu apresenta uma conversa entre três personagens (Simplício, Salviati e Sagredo) com opiniões diferentes: Simplício, que defende o geocentrismo, é, como seu nome sugere, "simples" ou "simplório". [N. do T.]

[25] Lutero zombou do modelo de Copérnico, mas os amigos do reformador publicaram o livro do astrônomo.

sido hospedado pelo arcebispo de Siena. Ele voltou para sua cidade natal, Arceti, sob vigilância, e recebeu permissão para terminar seu *As duas novas ciências* (1638). Em 1734 o Vaticano permitiu que *Diálogo* fosse impresso e em 1822 suspendeu oficialmente a proibição.

O papa Leão XIII em 1891 disse: "A igreja e seus pastores não são opostos à ciência verdadeira e sólida [...] mas a abracem e a encorajem e a promovam com a maior dedicação possível [...] a verdade não pode contradizer a verdade, e precisamos estar certos de que algum erro já foi cometido ou na interpretação das palavras sagradas ou na discussão polêmica em si".

Em 1992 o papa João Paulo II afirmou: "Galileu, um crente sincero, demonstrou ter mais percepção [quanto à interpretação da Bíblia] que os teólogos que o condenaram". O papa escreveu a Benedetto Castelli: "Se as Escrituras não podem errar, certamente seus intérpretes e comentadores podem, e têm errado de muitas maneiras". Ele afirmou que "Galileu [...] entendeu que apenas o Sol poderia estar no centro do [...] sistema planetário".[26]

O poder corrompe, e a igreja abusou desse poder. Isso não prova que a Bíblia é contra a ciência. Por acaso o governo é contra a justiça e os direitos humanos porque reis, presidentes, ditadores e tribunais a perverteram e violaram os direitos humanos? Repetindo: a ciência nasceu em universidades administradas pela igreja. Elas nasceram sob o patrocínio da igreja e em nenhum outro lugar.

Controvérsias como os conflitos a respeito de evolução, *design* inteligente e criação não são conflitos entre ciência e religião. A teoria da evolução teve início como uma teoria imaginativa brilhante para explicar a origem das espécies sem apelar para Deus. Conquanto exista alguma base objetiva para uma "microevolução", ou uma variação em uma mesma espécie, a controvérsia primária é quanto à plausibilidade da macroevolução — e as pressuposições filosóficas da ciência. O ateísmo filosófico sequestrou a teoria elegante, mas não comprovada, de Darwin como uma arma em sua cruzada ideológica. O geneticista Richard Lewontin resumiu a ciência evolucionista moderna na revisão que fez de Carl Sagan:

[26] Alocução do Santo Padre João Paulo II, 31 de outubro de 1992, na Santa Sé.

Ficamos do lado da ciência, a despeito do absurdo patente de algumas de suas construções, *a despeito* do seu fracasso em cumprir muitas de suas extravagantes promessas de saúde e vida, *a despeito* da tolerância da comunidade científica em relação a muita coisa não comprovada, porque temos um compromisso anterior, um compromisso com o materialismo. Não é que métodos e instituições da ciência de alguma maneira nos forcem a aceitar a explicação material do mundo fenomênico, mas, pelo contrário, somos forçados por nossa aderência *a priori* às causas materiais a criar um aparato de investigação e um conjunto de conceitos que produzam explicação material, não importa quão contraintuitiva ou mistificadora seja para os não iniciados. Além disso, o materialismo é um absoluto, porque não podemos permitir que haja um Pé Divino na porta.[27]

Em seu livro *For the Glory of God: How Monotheism Led to Reformations, Science, Witch-Hunts and the End of Slavery* [Para a glória de Deus: como o monoteísmo produziu reformas, ciência, caça às bruxas e o fim da escravidão], Rodney Stark demonstra como o darwinismo, que já foi uma teoria brilhante e plausível, tornou-se um "ocultismo arrogante"[28] — um fanatismo secular. Os sumo sacerdotes contemporâneos da academia propagam a teoria da macroevolução como "fato"; mas a verdade é que, um século e meio depois de Darwin, os cientistas ainda não têm explicações quantitativas para como os maiores grupos biológicos se originaram, nem para a Origem da Vida (ODV).

Como poderia um "acaso" não inteligente produzir novos organismos com matéria previamente não existente? É possível, por exemplo, produzir gatos maiores ou menores, marrons ou pretos — mas não gatos voadores. Cientistas esperam descobrir evidências fósseis para a macroevolução. No entanto, os registros fósseis apresentam categorias de classificação biológica plenamente formadas que permaneceram praticamente sem qualquer mudança até o presente ou até se tornarem extintas.

[27] LEWONTIN, Richard. Billions and Billions of Demons (resenha de **The Demon-Haunted World:** Science as a Candle in the Dark, de Carl Sagan, 1997, **The NY Review**, 9 January 1997, p. 31. [**O mundo assombrado pelos demônios**. São Paulo: Companhia das Letras, 2006.]
[28] Princeton: Princeton University Press, 2003. p. 178-192, 394.

Biólogos evolucionistas têm insistido fortemente que a macroevolução é inquestionável. Mas eles enfrentam uma evidência cada vez maior de uma incrível complexidade bioquímica e informações genômicas. O bioquímico Michael Behe avaliou taxas de mutação e descobriu que duas mutações seria o máximo que se poderia conseguir por mutação randômica em condições semelhantes às da Terra.[29] Uma dinâmica populacional evolucionária demonstra uma carga de mutação crescente. Atualmente o *Mendel's Accountant*[30] permite que até estudantes do ensino médio rapidamente avaliem e visualizem essas tendências.[31] As probabilidades subsequentes de macroevolução da sopa química prebiótica são astronomicamente pequenas, de tal modo que é preciso ter muita fé para crer nessa possibilidade.

Alguns cristãos se opõem fortemente à evolução. Outros assumem que Deus a utilizou. Mas muitos cientistas cristãos sustentam que os pontos fortes e fracos da microevolução e da macroevolução devem ser estudados e ensinados objetivamente como uma teoria. O matemático William Dembski e o biólogo molecular Jonathan Wells exploram sistemas biológicos da perspectiva do *design* inteligente como uma teoria científica.[32] Os cientistas precisam avaliar objetivamente todos os fatos disponíveis para descobrir se apoiam o *design* inteligente na bioquímica ou então para demonstrarem que a vida e as espécies poderiam ter se originado de mecanismos neodarwinistas.

As sombras e o nascimento da revolução científica

A Bíblia não é um livro europeu. Entre o século V e o XI estudiosos europeus tinham a tendência de ver a natureza através das lentes do filósofo

---

[29] BEHE, Michael J. **The Search for the Limits of Darwinism**. New York: Free Press, 2008.
[30] Mendel's Accountant é um programa de computador que realiza uma simulação numérica realista de processos de mutação ao longo do tempo. Para detalhes, consulte: <http://www.mendelsaccountant.info/>. [N. do T.]
[31] SANFORD, J. et al. "Mendel's Accountant: A biologically realistic forward-time population genetics program", SCPE, 8 (2), July 2007, p. 147-165. Disponível em: <http://www.mendelsaccount.sourceforge.net/>. Acesso em: 15 jan. 2011.
[32] DEMBSKI, William A.; WELLS, Jonathan. **The Design of Life.** Dallas: The Foundation for Thought and Ethics, 2007.

europeu Platão. Ele ensinou que o reino das Ideias é o mundo real e que o mundo material é apenas sua sombra.

Por exemplo, uma casa pode ser completamente diferente de outra. Por que então ambas são chamadas de "casa"? Platão responderia da seguinte maneira: porque ambas são sombras da mesma "Ideia" da "casa" ideal que existe no domínio *real*, não material ou espiritual das ideias. O mundo material é apenas sua sombra. Cada objeto *real* pode ter um número infinito de sombras, dependendo da origem, distância e ângulo da luz. Um estudo das sombras lança alguma luz sobre sua origem. Os eruditos medievais estudavam a natureza da *sombra* para, antes de qualquer coisa, entender a *realidade* espiritual.[33]

Por essa razão alguns pais da Igreja europeus viam o Universo físico como uma imagem inferior, transitória e decadente de um reino eterno e espiritual. Eles também entenderam a natureza como um *hieróglifo* — um livro sagrado escrito com gravuras de objetos naturais como animais, aves, árvores e montanhas. A natureza foi considerada como um livro pictórico escrito por Deus para encher o mundo criado com símbolos a fim de nos levar ao mundo superior das realidades espirituais. Por exemplo, quando vemos uma formiga, devemos aprender virtudes como disposição para o trabalho, diligência, organização social e planejamento para o amanhã. Para eles não havia sentido em estudar as formigas por causa delas próprias. Considerando que podemos aprender tantas lições diferentes das formigas, cristãos antigos como Orígenes (185-254) adotaram o método *alegórico* de interpretação de textos. Filósofos gregos desenvolveram o método hermenêutico alegórico para interpretar seus poemas, lendas e mitos, com o intuito de higienizar narrativas moralmente problemáticas. Por exemplo, com respeito a Homero, Heráclito afirmou: "Se o que ele escreveu não é alegoria, então tudo é uma grande impiedade".[34] Fílon, o judeu alexandrino, adotou esta abordagem alegórica para encontrar a filosofia grega nas Escrituras hebraicas — o Antigo Testamento — e depois trazer o resultado para a cultura judaica.[35]

---

[33] A metafísica platônica não foi o único obstáculo à ciência. Alguns sustentaram a ideia pagã de que uma divindade menor e malévola criou o mundo e que a matéria era intrinsecamente má. Outros criam, como os gnósticos, que a matéria é irreal.
[34] Harrison, **The Bible**, p. 18.
[35] V. o capítulo 6, "Racionalidade".

Assim como Fílon, os cristãos alexandrinos estavam imersos no pensamento helenista. Eles adotaram o método alegórico grego de ler o livro das *palavras* de Deus (a Bíblia) e o livro hieroglífico das *obras* de Deus (a natureza). Eles criam que cada criatura é um símbolo divinamente criado para nos ensinar uma lição. Essa atitude prejudicou uma compreensão da natureza. A ciência nasceu depois que a igreja começou a ler a Bíblia de maneira literal, não alegórica. Em outras palavras: quando a cristandade começou a ler qualquer um desses livros (a Bíblia ou a natureza) objetiva ou indutivamente para ver o que é ensinado, em vez de ver o que ela queria ou pensava que deveria encontrar.

Peter Harrison, professor de humanidades e ciências sociais na Universidade de Bond, Austrália, tem evidências massivas[36] de que a ciência se tornou uma "revolução" porque os Reformadores protestantes insistiram que a palavra de Deus na Bíblia e na natureza deve ser lida de maneira literal, não alegórica.

> A emergência de uma história natural "adequada" [...] se deu grandemente em razão do esforço dos Reformadores protestantes [...]. O senso comum supõe que por ocasião do início do período moderno os indivíduos começaram a ver o mundo de maneira diferente, eles não puderam acreditar no que leram na Bíblia. Neste livro vou sugerir o contrário: que, quando no século XVI o povo começou a ler a Bíblia de maneira diferente, viu-se obrigado a abandonar as concepções tradicionais de mundo que tinha. A Bíblia — seu conteúdo, as controvérsias que gerou, questões variantes como autoridade e, o mais importante, a nova maneira com que foi lida pelos protestantes — desempenhou um papel central no surgimento das ciências naturais no século XVII.[37]

Teólogos católicos estabeleceram as bases da ciência nos séculos XIII e XIV.[38] O sucesso da Reforma em estabelecer a autoridade intelectual

---

[36] Harrison acumula evidências de que a Bíblia é a fonte da ciência, mas crê que a Bíblia criou a ciência apenas de modo indireto. Qual foi a causa direta? Sua resposta: a maneira literal com que alguns Reformadores protestantes leram a Bíblia.
[37] HARRISON, **The Bible**, p. 4.
[38] Para uma boa introdução a esse tema, v. GLOVER, Willis B. **Biblical Origins of Modern Secular Culture**: An Essay in the Interpretation of Western History.

da Bíblia disseminou na cultura popular os ensinamentos bíblicos a respeito de Deus, criação, homem, pecado, salvação, conhecimento, educação e o sacerdócio de todos os crentes. Essas ideias bíblicas, como veremos, foram cruciais para o nascimento do que atualmente chamamos de revolução científica.

Vários estudos recentes exploraram o papel da Bíblia no desenvolvimento da ciência moderna. Para os não especialistas, um excelente ponto de partida é o já citado *For the Glory of God* [Para a glória de Deus] de Rodney Stark. Stark, que lecionou sociologia na Universidade de Washington, tornou-se profundamente interessado em história. Ele criou uma "Galeria dos astros na ciência", uma lista com 52 dos mais importantes cientistas que foram pioneiros na revolução científica, começando com a publicação do *De revolutionibus* de Copérnico em 1543. Stark revisou todas as crenças pessoais deles e descobriu que, com exceção de dois, todos os demais eram cristãos. Apenas Paracelso e Edmund Halley poderiam ser chamados de céticos.

Sessenta por cento dos homens que criaram a ciência eram cristãos "devotos" — católicos e protestantes que fizeram ciência "para a glória de Deus". Os demais eram cristãos "nominais". Ainda que estes não fossem de uma devoção destacada, esta era inteiramente satisfatória para seus associados.[39] As estatísticas de Elaine Howard Ecklund talvez sejam melhores.[40] Alguns especialistas que estão debatendo a respeito da lista de Stark provavelmente irão contestar os dados apresentados por Ecklund. O que é incontestável a respeito da tese de Stark é que, dentre os cristãos devotos que foram pioneiros na ciência moderna, havia pessoas como Robert Boyle (1627-1691), que "gastou considerável parte dos seus limitados fundos".[41] *Sir* Isaac Newton, amigo de Boyle, "era tão interessado em teologia e na profecia bíblica como em física — ele escreveu mais de 1 milhão de palavras sobre esses assuntos".[42] Esses homens promoveram a Bíblia porque viram-na como um livro que poderia ser uma fonte para a ciência.

Macon, GA: Mercer University Press, 1984.
[39] Cf. STARK, **For the Glory of God**, p. 160-163, 198-199.
[40] ECKLUND, Elaine Howard. **Science vs. Religion**: What Scientists Really Think. Oxford: Oxford University Press, 2010.
[41] STARK, op. cit., p. 159.
[42] Ibid., p. 171. Newton escreveu longos comentários a respeito dos livros bíblicos de Daniel e Apocalipse.

Inferência ou pressuposição

Alguns cientistas pensam que "Deus" — um agente criador inteligente por trás do cosmo — é uma *inferência* necessária para o que conhecemos a respeito do Universo. Historicamente o conceito bíblico de Deus não é o de inferência, mas de *pressuposição*, ou fonte, da ciência. Isso será mais facilmente entendido quando se discutir por que o islã não desenvolveu a ciência.

O islã se apropriou do conhecimento grego por meio da igreja oriental, que preservara e copiara os manuscritos gregos. Eruditos islâmicos traduziram-nos para o árabe e assim ampliaram seu conhecimento da tradição grega. Eles levaram para a Europa seus manuscritos gregos e suas traduções. Por que então o islã não conseguiu fazer a ciência se desenvolver? Eruditos têm investigado essa questão. Uma das explicações é o fracasso de eruditos islâmicos em criticar as bases do pensamento grego, especialmente sua cosmologia e seu racionalismo. Nos séculos XII e XIII a pseudociência greco-islâmica quase tragou o Ocidente. Por motivos discutidos no Apêndice, a Europa leu a Bíblia e nela creu como a verdade revelada de Deus. Isso a salvou da cosmovisão grega, incompatível com a Bíblia.

O islã crê em um Criador pessoal e todo-poderoso; o que falta ao islã é a Bíblia. Ainda que Maomé tenha declarado a Bíblia como divinamente inspirada, os muçulmanos só a leem para criticá-la. Os compiladores de uma obra islâmica composta por volta do século X, intitulada *Rasa'il* ou *Enciclopédia dos irmãos da pureza*, abraçaram a ideia grega de que o mundo é *Gaia*, um imenso organismo vivo com sua própria mente e alma. Isso abriu o caminho para ideias panteístas, cíclicas, animistas e mágicas que permearam a cosmovisão islâmica. Isso infectou o islã com o problema crítico da perspectiva platônica grega, de que o mundo é compreensível a partir das "formas" eternas dos seus objetos. Para os gregos, *conhecer* algo é conhecer suas formas. Quando a mente conhece essas formas, captura-se a essência — a lógica inerente, necessária e imanente — das coisas. Esse conhecimento é definitivo. Não pode ser desafiado ou mudado pela experiência.

Esse "necessitarianismo metafísico" aristotélico e islâmico[43] tornou desnecessária a verificação empírica do "conhecimento verdadeiro". Isso fez que

---

[43] Cf. OAKLEY, Christian Theology... cit., p. 438-439. O necessitarianismo metafísico significou que as coisas se comportaram de certa maneira por causa de sua

filósofos muçulmanos como Avicena (980-1037), Averróis ou Ibn Rushd (1128-1198) se tornassem intransigentes e inflexíveis seguidores de Aristóteles. Eles criam que a física de Aristóteles era completa e infalível. Logo, se alguma observação contradissesse Aristóteles, o problema estaria com a observação — ela deveria ser incorreta ou ilusória.

Os teólogos europeus estudaram todos os grandes livros. Eles eram abertos a receber conhecimento dos gregos, mesmo que este fosse via intérpretes, tradutores e eruditos muçulmanos. Entretanto, o compromisso deles era com a Bíblia. A cosmovisão bíblica se desenvolveu sobre Aristóteles e se opôs à cosmovisão cosmológica grega.

A Bíblia purificou a confiança de Aristóteles na razão humana da influência contaminadora do animismo. A Bíblia a fortaleceu ao fundamentá-la na imagem de Deus. Em seu ensaio seminal intitulado "Christian Theology and Modern Science of Nature" [A teologia cristã e a ciência moderna da natureza], M. B. Foster declarou:

> A primeira grande contribuição da teologia cristã ao desenvolvimento da moderna ciência natural foi o fortalecimento que ela forneceu ao elemento científico do próprio Aristóteles; em particular, forneceu uma justificativa para a fé, que para Aristóteles era um pressuposto sem base, já que a razão na natureza pode ser descoberta pelo exercício da razão no homem. O elemento "racionalista" na filosofia da natureza de Aristóteles era incoerente com o "animismo" que ele manteve lado a lado com aquele. Esse animismo é completamente incompatível com a doutrina cristã, e precisou ser completamente eliminado de qualquer teoria da natureza que pretendia ser coerente com uma teologia cristã.[44]

A percepção de Foster é importante: as conquistas de Alexandre, o Grande, disseminaram as ideias gregas até lugares tão distantes como a Índia. Mas, em muitas culturas, o animismo, o gnosticismo e o misticismo suplantaram a razão e a evidência. A Bíblia reforçou a confiança grega na

"forma" inerente ou lógica interior. As leis naturais eram por isso "imanentes" em natureza, não impostas à natureza por Deus. Porque eram imanentes às coisas, elas dependiam de Deus.

[44] **Mind: A Quarterly Review**, v. 44, 1935, p. 31.

mente humana e, ainda mais importante, removeu a irracionalidade intrínseca ao animismo.

Foster explica que por conta do nascimento da ciência a discordância com Aristóteles foi mais importante que a concordância quanto à utilidade da razão. Ele chama essas discordâncias de elementos "não gregos" da Bíblia. Eles foram criticamente responsáveis pela ciência.

> Qual é a fonte [histórica] dos elementos não gregos que foram importados para a filosofia pelos filósofos da pós-Reforma e que constituem a modernidade da filosofia moderna? [...] Qual é a fonte daqueles elementos não gregos na moderna teoria da natureza pelos quais o caráter peculiar da moderna ciência da natureza podem ser determinados? A resposta à primeira pergunta é: a revelação cristã [a Bíblia], e a resposta à segunda: a doutrina cristã da criação.[45]

Quais foram esses ensinamentos "não gregos" que se tornaram a base da ciência? A Bíblia começa com: "No princípio criou Deus os céus e a terra". Por via de consequência, o cosmo não é eterno e Deus não faz parte dele. Deus é livre e existia antes do cosmo. Ele era livre para criar qualquer tipo de cosmo que desejasse. Não havia formas eternas, nem uma lógica preexistente que prendesse Deus. Alberto Magno (Alberto, o Grande, ou *Doctor universalis*, c. 1206-1280) introduziu a ciência e a filosofia árabes no mundo medieval e as criticou. Os teólogos católicos medievais compreenderam que o "necessitarianismo" de Aristóteles contradizia a liberdade e a onipotência do Deus da Bíblia.

Como consequência, o bispo de Paris Etienne Tempier e o arcebispo da Cantuária Robert Kilwardby convocaram o Concílio Eclesiástico de 1277, que rejeitou formalmente a ideia grego-islâmica do que Deus pode ou não pode fazer. Eles aprenderam na Bíblia que Deus é livre. Por isso, nem o cosmo nem a lógica humana podem prendê-lo. Essa crença se tornou um dos pilares do princípio científico: precisamos empiricamente *observar* o que Deus fez, não presumir o que ele poderia ou não fazer com base em

---

[45] FOSTER, M. B. The Christian Doctrine of Creation and the Rise of Modern Natural Science, **Mind: A Quarterly Review**, janeiro de 1934, p. 448.

nossa intuição e em nossa lógica. Se a essência das "formas" gregas for passível de conhecimento, a lógica seria capaz de deduzir as propriedades dos objetos sem observação empírica.

Mais tarde John Locke reafirmou essa objeção bíblica a Aristóteles ao declarar que a "essência real" dos objetos naturais é impossível de ser conhecida.

Nem todas as declarações do Concílio de 1277 foram úteis. Mas ele clarificou algumas questões e produziu uma reflexão intensa. A crítica mais forte à filosofia natural (ou ciência) greco-islâmica veio dos teólogos franciscanos nominalistas. William [Guilherme] de Ockham (1285-c.1349), o mais destacado dos nominalistas, estudou e lecionou na Universidade de Oxford (1309-1319). Conhecido como *Doctorinvincibilis* [doutor invencível] e como *Venerabilis inceptor* [nobre iniciador], ele formulou o princípio da "navalha de Ockham".[46] Ele derrubou a perspectiva aristotélico-islâmica, alicerçando a lei natural e todos os valores éticos na vontade de Deus, não na necessidade metafísica ou nas formas ideais. Ockham estabeleceu uma distinção entre o poder absoluto de Deus (*agistrat absoluta*), pelo qual ele pode fazer qualquer coisa, e seu poder ordenado (*agistrat agistra*), pelo qual ele de maneira condescendente trabalha dentro da lei natural e moral que ele mesmo estabeleceu.

O papa João XXII denunciou algumas implicações morais dos ensinos de Ockham, mantendo-o preso de 1324 a 1328. Entretanto, muitos teólogos católicos influentes levaram adiante seus ensinos. Entre os que defendiam Ockham estava o filósofo escolástico francês Jean Buridan (1300-1358), da Universidade de Paris, e seus renomados sucessores, Pierre d'Ailly (1350-1420) e Jean Gerson (1363-1429), ambos chanceleres dessa universidade. D'Ailly por sua vez influenciou Martinho Lutero e Zwinglio, trazendo a perspectiva de Ockham sobre a Bíblia para a Reforma Protestante e estimulando a ciência empírica.

O professor Willis B. Glover resumiu da seguinte maneira:

> A doutrina bíblica da criação é única; nenhuma outra religião desenvolveu algo parecido. Na doutrina bíblica, Deus está em sentido ontológico em total descontinuidade com o mundo. Este, por sua vez, é completamente

---

[46] Ou seja, se uma explicação simples basta, não há necessidade de buscar outra mais complicada; ou, conforme sua popularização na ciência: entre duas teorias que explicam igualmente os mesmos fatos, a mais simples é a correta. [N. do R.]

dependente de Deus; o mundo continua a existir porque essa é a vontade de Deus. A unidade do mundo está na vontade ou no propósito de Deus, não em algo que lhe seja inerente. Sua ordem, portanto, não está de modo algum ligada a Deus. A completa liberdade de Deus com respeito a toda a criação foi uma influência fundamental no pensamento medieval tardio. Como os atos criativos de Deus não estão sujeitos a verdades eternas, o conhecimento do mundo não pode ser derivado dedutivamente da filosofia, mas deve vir por meio de observação real. Além disso, não pode ser certo conhecimento porque decerto ninguém pode saber com certeza o que Deus vai fazer a seguir. Essa perspectiva permeou a filosofia ocidental, especialmente em sua tradição empírica, aquele tipo de ceticismo relativo que reconhece que o conhecimento humano tem alguma validade, mas vê de maneira parcial e apenas aproximada.[47]

Os dois livros de Deus

Francis Bacon (1561-1626) e Galileu Galilei (1564-1642) são considerados os fundadores do método científico — a confiança na observação empírica sobre a lógica ou a autoridade humana.[48] Ambos sustentaram a verdade dos dois livros de Deus — o livro da natureza e o livro da Palavra de Deus, a Bíblia. Ambos devem ser estudados para que melhor se conheça Deus. Em 1603 Francis Bacon, lorde chanceler da Inglaterra e um dos fundadores da Real Sociedade, escreveu, citando Jesus:

> Pois nosso Salvador disse: "Vós errais não conhecendo as Escrituras nem o poder de Deus" (Mt 22.29), deixando-nos dois livros para estudar, se quisermos nos livrar do erro: primeiro, as Escrituras, que revelam a vontade de Deus, e depois as criaturas [ciência natural], que expressam seu poder, sendo o último uma chave para o primeiro, não apenas abrindo nosso entendimento para conceber o verdadeiro sentido das Escrituras pelas noções gerais da razão e das regras do discurso, mas principalmente por abrir nossa crença, ao nos fazer meditar sobre a onipotência de Deus, que está assinada e esculpida principalmente em suas obras.[49]

---

[47] GLOVER, **Biblical Origins,** p. 10-11.
[48] Cf. MACLACHLAN, James. **Galileo Galilei, First Physicist.** New York: Oxford University Press, 1997.
[49] BACON, Francis. **The Advancement of Learning.** London: Henrie Tomes, 1605. A edição de 1893 por David Price (Cassell & Company) está disponível em: <http://www.fullbooks.com>.

Galileu escreveu de modo semelhante em 1615:

> Pois a Bíblia Sagrada e os fenômenos da natureza procedem igualmente da palavra divina, a primeira, ditada pelo Espírito Santo, e os últimos como executores obedientes do mandamento de Deus.[50]

Em 1776 os colonos americanos fundaram os Estados Unidos da América sobre estas "leis da natureza e da natureza de Deus".[51] Muitos secularistas associam a Bíblia ao dogmatismo e a ciência ao ceticismo ou à abertura de mente. Por essa razão, vale a pena repetir que a abertura intelectual do Ocidente, que o distinguiu de Platão e do islã, é o resultado de uma teologia que se baseia na Bíblia. A abertura intelectual do Ocidente teve início com a epistemologia dos nominalistas medievais que perceberam que a doutrina bíblica de Deus faz mais sentido que uma lógica subserviente à observação empírica. Como Glover afirmou:

> Os nominalistas evitaram a heresia averroísta de pensar que Deus agiu de acordo com alguma necessidade de sua própria natureza. Porque a criação é um ato completamente livre de Deus, sua própria existência não era necessária. E, porque Deus é completamente livre para estabelecer a ordem da criação que quiser, a ordem que ele estabeleceu de fato não pode ser conhecida por dedução de quaisquer princípios, mas apenas por observação e por revelação. No que tange ao mundo físico, o conhecimento dos seus objetos e das relações que há entre eles só pode ser logrado empiricamente [...]. A contingência do mundo sobre a liberdade absoluta de Deus tem implicações céticas. Deus poderia fazer o que bem entendesse independentemente de qualquer ordem racional que pudesse guiar a mente humana em suas predições; portanto, nada foi previsível em qualquer sentido absoluto. Se alguém insistir com Aristóteles que somente o que pode ser conhecido com alguma certeza é conhecimento válido, então toda ciência física é um esforço vão.[52]

Por que então deveríamos estudar ciência? Filósofos como Platão e Aristóteles olharam para a natureza para descobrir verdades metafísicas

---

[50] Galileu Galilei, "Letter to the Grand Duchess Christina of Tuscany" ["Carta à Grande Duquesa Christina da Toscana"], 1615.
[51] Constituição dos Estados Unidos, Declaração de Independência, 1776.
[52] GLOVER, op. cit., p. 83-85.

e universais, inclusive o sentido e o propósito da existência. Eles trabalharam de modo abstrato e dedutivo. Mas suas conclusões se tornaram pressuposições *a priori* de gerações futuras, e tais pressuposições acorrentaram a mentalidade europeia. A Europa não foi capaz de desenvolver o método científico antes que essas correntes fossem quebradas pela doutrina bíblica da liberdade divina. Como o professor Glover afirmou, a Bíblia não os guiou apenas a questionar a ideia aristotélico-islâmica do conhecimento absoluto, mas

> Ela também imprimiu sobre eles a realidade e o valor da criação material [...]. Eles aceitaram o significado de que conhecimento condicional do mundo lhes era possível. O fato histórico é que o interesse científico foi estimulado neles.[53]

A ciência é um estudo objetivo ("secular") das leis da natureza *por causa de* sua inspiração bíblica como criação de Deus, não apesar disso. A ciência não foi fundada sobre a pressuposição de um materialismo sem Deus.

Muitos filósofos e cientistas atualmente não esperam que seja possível ter respostas para as "grandes questões" e que só podemos conhecer o que pode ser descoberto pela ciência. Essa atitude leva ao niilismo. Quase todos os fundadores da ciência pensaram de modo diferente. Eles queriam estudar questões pequenas e específicas, porque criam que o Criador já tinha respondido às grandes questões na Bíblia. Eles criam que era seu dever e privilégio o que não fora revelado, mas fora escrito na natureza. Francis Bacon citou explicitamente a Bíblia para dar sentido às investigações profundas quanto a detalhes da criação: "é a glória de Deus ocultar um tema; pesquisar um tema é a glória dos reis".[54] Glover afirmou que isso implica que

> O propósito que orientou a criação foi inescrutável (com exceção daquilo que Deus revelou); isso era propósito de Deus, não algo inerente ao que foi criado. A causa final, portanto, foi banida da física; o objetivo da física é descobrir a causa eficiente que operou na ordem que Deus estabeleceu para os objetos físicos no mundo. Esse foi um passo crucial da antiga física para a física do mundo moderno [...] eles estavam livres para realizar os estudos

---

[53] GLOVER, op. cit., p. 84.
[54] Provérbios 25.2.

limitados e fragmentados do mundo físico que têm sido a marca da ciência moderna e o caminho para suas maiores conquistas.[55]

Pecado e ciência

O ensino da Bíblia sobre a criação foi um fator-chave por trás do nascimento moderno. As perspectivas bíblicas quanto ao pecado, a maldição imposta por ocasião da Queda e a salvação são igualmente importantes.

O mundo pré-moderno não lidou com doenças, fome, secas, calamidades naturais ou injustiças do modo com que lidamos. Como Thomas Hobbes observou, a vida é tragicamente "solitária, pobre, vil, brutal e curta". Para sábios como Buda, a realidade do sofrimento é a primeira verdade inescapável ou "nobre". Esse sofrimento fez os gnósticos pensarem que o mundo material é mau. Portanto, eles criam que Deus não poderia ter se encarnado em um corpo material.

Os cristãos viveram no mesmo mundo que as demais pessoas viveram — um mundo cheio de sofrimento inexplicável. João, o amigo mais chegado de Jesus, refutou os ensinos gnósticos como uma heresia demoníaca,[56] porque ele e outros foram testemunhas oculares da vida corporal, morte, ressurreição e ascensão de Jesus. Para aqueles discípulos, a encarnação física, ressurreição e ascensão de Jesus eram a prova definitiva de que a matéria é boa,[57] existindo para a glória de Deus.[58]

Algumas filosofias, como a Ciência Cristã e o *Curso sobre Milagres da Nova Era*, veem os problemas físicos como ilusórios. A Bíblia lida com problemas reais do mundo físico. Eles eram intrínsecos à natureza, o resultado de um trabalho malfeito do Criador? Não. A Bíblia apresenta o sofrimento como algo anormal que Deus detesta. O sofrimento veio como uma maldição sobre a rebelião de Adão e Eva (chamada de "Queda").[59] A Bíblia ensina que "quando a coroa da criação caiu, o seu domínio caiu

---

[55] GLOVER, op. cit., p. 84-85.
[56] 1João 4.1-3.
[57] V. 1Timóteo 4.1-5.
[58] Salmos 19.1; Apocalipse 4.11.
[59] Gênesis 3.17-18; 2Crônicas 7.14; Oseias 4.1-6.

com ela".⁶⁰ Conforme a Bíblia, o pecado prejudica seriamente as tentativas humanas de estabelecer domínio sobre a terra.⁶¹

As "boas-novas" de acordo com a Bíblia são que Jesus Cristo veio para nos salvar do nosso pecado.⁶² Ele assumiu nosso pecado e sua maldição na cruz.⁶³ Jesus morreu por nosso pecado.⁶⁴ Portanto, ele é capaz de nos perdoar quando nos arrependemos e pedimos perdão.⁶⁵ Os leitores do Antigo Testamento sabiam que o dom divino da salvação inclui cura para a nação,⁶⁶ o que é confirmado pelo Novo Testamento:

> "A natureza criada aguarda, com grande expectativa, que os filhos de Deus sejam revelados. Pois ela foi submetida à futilidade, não pela sua própria escolha, mas por causa da vontade daquele que a sujeitou, na esperança de que a própria natureza criada será libertada da escravidão da decadência em que se encontra para a gloriosa liberdade dos filhos de Deus. Sabemos que toda a natureza criada geme até agora, como em dores de parto. E não só isso, mas nós mesmos, que temos os primeiros frutos do Espírito, gememos interiormente, esperando ansiosamente nossa adoção como filhos, a redenção do nosso corpo".⁶⁷

Francis Bacon, o "pai do método científico", expressou o relacionamento do pecado com a ciência com estas palavras famosas:

> Para o homem a Queda foi do seu estado de inocência e do seu domínio sobre a criação. Mas estes dois, mesmo nesta vida, podem ser restaurados: o primeiro, pela religião e pela fé, e o último, pelas artes e ciências.⁶⁸

Natureza: livro de Deus

No meu país os *ashrams* hinduístas e os mosteiros budistas não ensinam ciência. Mas por que então universidades na Europa — instituições

---

⁶⁰ Harrison, **The Bible**, p. 58.
⁶¹ Gênesis 4.10-12; 6.3-7.
⁶² Mateus 1.21.
⁶³ Gálatas 3.13.
⁶⁴ 1Coríntios 15.3.
⁶⁵ 1João 1.8-9.
⁶⁶ 2Crônicas 7.14.
⁶⁷ Romanos 8.19-23.
⁶⁸ Bacon, Francis. **Novum Organum with Other Parts of the Great Instauration**. Trad. e ed. Peter Urbach e John Gibson. Chicago: Open Court, 1994. p. 292-293.

igualmente religiosas — desenvolveram e ensinaram a ciência? Estudiosos da Bíblia aprenderam que ler o "livro da natureza" era mais importante que ler livros em grego e em latim. Estes foram escritos por homens, mas o primeiro foi escrito por Deus. Paracelso afirmou que, antes de estudar Galeno, Avicena e Aristóteles, deveríamos estudar o livro da natureza, que é uma biblioteca de livros que "Deus mesmo fez, escreveu e encadernou".[69]

Alguns teólogos chegaram até a defender que o estudo da natureza deveria preceder o estudo das Escrituras, porque, como disse o médico e escritor inglês *sir* Thomas Browne (1605-1682), a natureza é "o manuscrito público e universal de Deus".[70] Tertuliano, teólogo do século II, ensinava que Deus escreveu o livro da natureza muito antes de as Escrituras terem sido compiladas.[71]

À medida que os teólogos europeus começaram a estudar a Bíblia seriamente, eles entenderam que Adão e Eva conheceram a natureza antes da Queda. Um dos resultados da Queda foi perder o conhecimento da natureza. Para recobrar a imagem do Criador, era necessário ser renovado em nossa mente. Ao conhecer o mundo, as pessoas podiam iniciar a restaurar as coisas à sua unidade original, que possuíam com a mente divina. Ao controlar e dominar o mundo, os seres humanos poderiam ser restaurados a sua posição original como vice-reis de Deus na terra.

Durante a Idade Média, muitos cristãos pensaram que a redenção significava uma fuga do mundo, o domínio sobre os desejos humanos, e ser absorvido em Deus. Mas um estudo atento da Bíblia sugeriu que a redenção significa não ser absorvido misticamente por Deus, mas a restauração da semelhança com Deus, o que inclui a redescoberta do conhecimento criativo e ordenado do mundo natural e do poder sobre ele.

Essa nova compreensão da salvação bíblica é geralmente associada a Francis Bacon. Entretanto, é em geral aceito que isso começou séculos antes dele. Adelard de Bath (falecido depois de 1142) disse: "Se alguém

---

[69] HARRISON, **The Bible**, p. 194.
[70] BROWNE, *sir* Thomas. Religio Medici. In: FROWDE, Henry (Ed.). **Browne's Religio Medici and Digby's Observations**. London: Clarendon Press, 1909. p. 32.
[71] TERTULIANO. **Adversus Marcionem**. Ed. e trad. Ernest Evans. Oxford: Clarendon Press, 1972. p. 47.

nascido ou educado neste mundo negligencia o plano subjacente à sua maravilhosa beleza e se atém à discrição, essa pessoa é indigna e, se fosse possível, deveria ser expulsa do mundo".[72]

A Reforma Protestante despertou o interesse popular na descoberta e no conhecimento da verdade, e isso deu um estímulo à ciência. Os reformadores levaram a sério a exortação de Cristo de que conhecer a verdade leva à libertação.[73] Lutero enfatizou a ideia bíblica do sacerdócio de todos os crentes.[74] Consequentemente todos os seres humanos devem fazer tudo para a glória de Deus.[75] Como tudo existe para a glória de Deus[76] e os céus declaram sua glória,[77] é direito do povo de Deus estudar todas as coisas, até mesmo os céus. Por isso quase todos os pioneiros da ciência eram cristãos e quase todos, cristãos devotos. Eles trabalhavam para a glória de Deus.

---

[72] Cf. HARRISON, op. cit., p. 63.
[73] João 8.32.
[74] 1Pedro 2.9.
[75] 1Coríntios 10.31.
[76] Apocalipse 4.11.
[77] Salmos 19.1.

PARTE VI
O QUE FEZ DO OCIDENTE O MELHOR?

Para a pessoa individual no Ocidente, o mito do pecado original e redenção se transformou em um ritual de confissão de culpa. A confissão da culpa não apenas alivia o confessor deste peso; também o purifica. Se o indivíduo que confessa demonstra ser inocente, mas não obstante assume o peso da culpa coletiva, ele santifica sua própria individualidade mundana, realiza uma cristomimesis e, como um líder político, participa do carisma do herói. Por isso o ritual europeu de confessar a culpa pelos pecados do passado baseia-se em uma mitologia que permanece se os políticos que realizam o ritual são indivíduos que ignoram a origem cultural de suas ações.

— Bernhard Gibsen[1]

---

[1] Constitutional Practice of Community of Memory? Some Remarks on the Collective Identity of Europe, **Reflections on Multiple Modernities:** European, Chinese, and Other Interpretations. Ed. Dominic Sachsenmaier and Shmuel Eisenstadt. Boston: Brill, 2002. p. 211.

Capítulo 14

MORALIDADE

POR QUE ALGUNS SÃO MENOS CORRUPTOS?

Em filmes como *Wall Street: o dinheiro nunca dorme* e *A rede social*, Hollywood mostra o capitalismo secular mudando o moto dos Estados Unidos para "Nós confiamos na cobiça".[1] No verão de 2010 o Congresso dos EUA aprovou um ato de 2.300 páginas para regulamentar o setor financeiro. Esse ato é uma admissão da corrupção em massa nesse setor da economia. A corrupção em Wall Street já se tornou parte do cenário. A imoralidade crescente mais uma vez já começou a ferir a credibilidade da igreja. Apesar de tudo isso, a moralidade tradicional do Ocidente, facilmente percebida em pequenas cidades e vilas, é incompreensível para muitos visitantes não ocidentais.

Por exemplo, em 1982 eu fui à Inglaterra para uma conferência sobre desenvolvimento econômico. Embarquei em Nova Délhi depois da meia-noite e estava com muito sono, mas o cavalheiro sique assentado a meu lado não parava de falar. Ele estava voltando para a Inglaterra depois de visitar seus pais em uma aldeia no Punjab, noroeste da Índia. Não podia entender por que eu vivia na pobreza, servindo aos pobres. Ele assumiu como sua missão me convencer de que eu deveria me estabelecer na Inglaterra. Argumentava que fazer negócios na Inglaterra era

---

[1] O moto tradicional dos Estados Unidos, impresso nas cédulas do dólar é "Nós confiamos em Deus". [N. do T.]

fácil e lucrativo. Depois de ser perturbado por mais de uma hora, comecei a perder a paciência. Mas tinha algo que me intrigava. Ele não falava uma única frase sem cometer um erro. Como alguém que falava um inglês tão ruim conseguiu ser um empresário na Inglaterra? Então eu lhe perguntei: "Diga-me, senhor, por que fazer negócios na Inglaterra é tão fácil?".

"Porque lá todo mundo confia em você", respondeu ele, sem parar nem por um instante. Como até aquele momento eu não me havia aventurado no mundo dos negócios, não tinha parado para pensar em quão importante a confiança é nessa atividade. Eu estiquei minha poltrona e comecei a dormir.

Depois da conferência o sr. Jan van Barneveld me recebeu em sua casa em Doorn, na Holanda. Uma tarde Jan me disse: "Venha, vamos tomar um leite". Caminhamos por entre lindas árvores bem podadas até uma fazenda de laticínios. Eu nunca tinha visto nada como aquilo: uma fazenda limpa e meticulosamente em ordem, com cerca de cem vacas, mas nenhum empregado. As vacas eram ordenhadas automaticamente, e o leite era bombeado para um grande tanque que parecia um caldeirão.

Entramos na sala onde o leite era armazenado, onde Jan abriu a torneira daquele caldeirão e encheu sua caneca. Depois ele foi até o peitoril da janela e pegou uma caixa cheia de dinheiro. Ele pegou sua valise, tirou uma nota de 20 florins[2] e a colocou na caixa. Trocou o dinheiro, o colocou em sua valise, guardou a caneca e saiu. Eu não conseguia acreditar no que via. Disse-lhe: "Se você fosse um indiano, teria de levar o leite e o dinheiro com você". Jan riu. Mas naquele momento comecei a entender o que o empresário sique tentara me dizer.

Se fosse na Índia e eu saísse com o dinheiro e o leite, o dono do laticínio teria de contratar alguém para trabalhar no caixa. Quem iria pagá-lo? Eu, o consumidor, e, com isso, o preço do leite subiria. Mas, se o consumidor fosse corrupto, por que o dono do laticínio deveria ser honesto? Ele iria adicionar água ao leite para ganhar mais dinheiro. Eu então iria pagar mais por leite adulterado. Aí eu iria reclamar: "O leite está adulterado; o governo precisa nomear fiscais".

[2] O florim era a unidade monetária da Holanda antes da implantação do euro. [N. do T.]

Quem iria pagar os fiscais? Eu, que pago impostos. Mas se o consumidor, o produtor e o fornecedor são corruptos, por que os fiscais seriam honestos? Eles seriam subornados pelo fornecedor. Se ele não os subornasse, os fiscais o denunciariam e iriam tomar providências para que o leite azedasse antes que eu o comprasse.[3]

Quem pagaria pelo suborno? Mais uma vez eu, o consumidor, pagaria o custo adicional. Depois de pagar pelo leite, pelo empregado no caixa, pela água, pelo fiscal e pelo suborno, sobraria pouco dinheiro para eu comprar chocolate em pó para adicionar ao leite — por isso, minhas crianças não tomariam leite e ficariam mais fracas que as crianças holandesas. Tendo gasto dinheiro a mais no leite, eu não teria condições de levar meus filhos para tomar um sorvete. O funcionário do caixa, a água, o suborno e o fiscal não agregam valor ao leite. A indústria de sorvete, sim. Minha corrupção me impede de incentivar um serviço que agrega valor. Isso reduz a capacidade da nossa economia de gerar empregos.

Alguns anos atrás compartilhei essa história em uma conferência na Indonésia. Um participante egípcio começou a gargalhar alto. Quando todo mundo olhou para ele, ele explicou: "Nós, egípcios, somos mais espertos que esses indianos. Quando ninguém estivesse olhando, levaríamos o leite, o dinheiro e as vacas". Aquele cavalheiro foi bondoso demais em relação a nós, indianos.

O cinismo na Índia

Muitos anos depois da minha viagem à Holanda, ouvi o "tio" Emmanuel[4] reclamar que eles estavam comprando um leite altamente adulterado em Mussoorie. Disse a ele que Ruth finalmente encontrara um leiteiro honesto e que estávamos comprando leite puro. Depois de gastar meia hora tentando convencer o tio de que ele poderia comprar leite do nosso leiteiro, ele se cansou e disse que eu era muito ingênuo. "É impossível comprar leite puro em Mussoorie", ele disse. "Seu leiteiro deve ser muito esperto.

---

[3] Em muitas partes do mundo não há transporte com refrigeração e recursos para armazenamento do leite.
[4] Sogro do meu irmão mais velho e da minha irmã mais nova.

Ele deve colocar outra coisa no leite além de água, algo que você não percebeu até agora".

Aproveitando a deixa, mudei o assunto da conversa para a questão da corrupção. O tio, um condutor de trens aposentado, contou-me que acabara de ouvir de um amigo dele que também era um condutor de trens aposentado, cujo filho gastara nove meses e 30 mil rúpias indianas em suborno, e mesmo assim não conseguiu um emprego na companhia ferroviária. Isso a despeito da política de que, quando um empregado se aposenta, a preferência para contratação será de um dos seus filhos. Então o tio descreveu como conseguira aquele emprego nos anos 1940. Eis uma versão resumida do seu relato:

Os britânicos governavam a Índia. O responsável pelas contratações examinou seus documentos, mandou que ele fizesse um exame médico ali mesmo, ofereceu-lhe uma xícara de chá, examinou o relatório do médico e mandou que lhe fosse dada uma carta de indicação no dia seguinte. Na manhã seguinte o gerente recebeu a carta de indicação e lhe ofereceu outra xícara de chá! Nenhum suborno, nada de "mexer os pauzinhos" e nenhum atraso.

A contratação de empregados era algo limpo, rápido e profissional, baseado apenas no mérito. A consequência era que se podia contar com empregados competentes, leais à sua empresa, orgulhosos do seu trabalho e respeitadores da lei, da autoridade e do governo. Aquele tempo, lamentou o tio, se foi para sempre. Cinquenta anos de independência não nos deram esperança para o futuro.

O efeito da corrupção

Transparência Internacional (TI), uma organização não governamental alemã, há muito reconheceu a relação existente entre corrupção e pobreza. Todo ano a TI publica o Índice de Percepção da Corrupção (IPC), que classifica os países do menos ao mais corrupto. O índice de 2009 classifica 180 países, com 10 pontos dados para um país totalmente honesto. Evidentemente nenhum país alcança a marca de 10 pontos; a maioria dos países recebe menos de 5 pontos — o que significa que são mais corruptos que honestos. Eis um extrato da avaliação de 2009:[5]

---

[5] A nota do Brasil em 2009 foi 3,7. Disponível em: <http://media.transparency.org/imaps/cpi2009/>. Acesso em: 20 mar. 2012. [N. do T.]

Posição	País	Pontuação do IPC (máximo de 10 pontos)
1	Nova Zelândia	9,4
2	Dinamarca	9,3
3	Cingapura	9,2
17	Reino Unido	7,7
19	Estados Unidos	7,5
79	China	3,6
84	Índia	3,4
146	Rússia	2,2
176	Iraque	1,5
179	Afeganistão	1,3
180	Somália	1,1

A pobreza causa a corrupção? Ou a corrupção causa a pobreza? Saber quem vem primeiro, se o ovo ou a galinha, é uma questão interessante, mas teórica. Peter Eigen, que foi dirigente da TI em 2002, enfatizou o papel que a corrupção desempenha em manter os países pobres:

> As elites políticas e seus comparsas continuam a ganhar propinas a cada oportunidade. De mãos dadas com empresários desonestos, eles prendem nações inteiras na pobreza e impedem um desenvolvimento sustentável. Percebe-se que a corrupção é perigosamente alta nos países pobres, mas também em muitos países cujas companhias investem em nações em desenvolvimento [...] políticos *cada vez* pagam por um falso apoio para lutar contra a corrupção, mas falham em agir com base na mensagem clara do IPC da TI; que eles devem reprimir a corrupção para quebrar o círculo vicioso da pobreza e do suborno [...]. Elites políticas corruptas no mundo em desenvolvimento trabalhando de mãos dadas com comerciantes gananciosos e investidores inescrupulosos estão pondo o lucro pessoal à frente do bem-estar dos cidadãos e do desenvolvimento econômico dos seus países.[6]

[6] Disponível em: <http://www.finfacts.com/corruption.htm>. Eigen Press Release 27 de agosto de 2002, Bribe Payers Index 2002. Transparency International, p. 34. Acesso em: 10 mar. 2012.

Eigen considera a corrupção o principal obstáculo ao desenvolvimento. Ele culpa a elite política e econômica, não os pobres. A TI tem publicado seus relatórios já há alguns anos. Agora está descobrindo que a hipocrisia (falso apoio) e a corrupção estão crescendo em várias partes do mundo. Eigen apela aos líderes políticos do mundo em desenvolvimento que exerçam força política para erradicar a corrupção, mas reclama que tais apelos não estão funcionando.

Uma importante descoberta do IPC é que os países menos corruptos são protestantes — isto é, nações secularizadas cujas culturas foram decisivamente modeladas pela Bíblia. A única exceção é Cingapura, uma minúscula cidade-estado.[7]

Vamos deixar de lado os resultados da administração britânica e assumir que, ainda que ditaduras geralmente aumentem a corrupção, pelo menos em Cingapura aconteceu o contrário. O caso de Cingapura levanta as seguintes questões:

- Cingapura permanecerá livre da corrupção depois que a ditadura acabar?
- Poderiam os métodos de uma cidade-estado ser usados em países grandes nos quais um indivíduo não pode supervisionar a administração geral?
- A ditadura de Cingapura demonstra que, quando você se baseia exclusivamente na força para erradicar a corrupção, tira de um povo a liberdade, mas também a corrupção?

Como pessoas simples na Holanda se tornaram tão diferentes do nosso povo na Índia e no Egito? A resposta é simples. A Bíblia ensinou ao povo da Holanda que, mesmo que ninguém esteja observando na fazenda de laticínios, Deus, nosso juiz definitivo, observa-nos para ver se vamos ou não obedecer aos mandamentos de não cobiçar e de não roubar. Conforme a

---

[7] À semelhança de Hong Kong, Cingapura também foi uma colônia britânica. O país tem uma igreja cristã bastante influente e de rápido crescimento. Calcula-se que dos cidadãos em posições importantes na sociedade, por exemplo, estudantes universitários e pós-graduados, cerca de 33% são cristãos. Cingapura é um exemplo de que em algumas circunstâncias a ditadura ou a força política podem ajudar a erradicar a corrupção.

Bíblia, "não há criatura alguma encoberta diante dele; antes, todas as coisas estão nuas e patentes aos olhos daquele com quem temos de tratar".[8]

Como esse ensinamento da Bíblia foi instilado na cultura da Holanda? No rastro da Reforma do século XVI, o *Catecismo de Heidelberg* talvez tenha desempenhado o papel mais importante na formação da cultura moral da Holanda. Esse catecismo alemão de 1563 foi traduzido para o holandês em 1566. Quatro sínodos holandeses o aprovaram para uso em suas igrejas. Finalmente o Sínodo de Dort (1618-1619) o adotou oficialmente como a segunda das Três Fórmulas de Unidade. O sínodo determinou que os pastores ensinassem o catecismo todo domingo. O catecismo desempenhou na Holanda o mesmo papel que a "arca da aliança" de Moisés desempenhou em Israel. O catecismo expõe o oitavo mandamento, "Não furtarás", da seguinte maneira:

> **Pergunta 110:** O que Deus proíbe no oitavo mandamento?
>
> **Resposta:** Deus não somente proíbe o furto e o roubo que as autoridades castigam, mas também classifica como roubo todos os maus propósitos e as práticas maliciosas, por meio dos quais tentamos nos apropriar dos bens do próximo, seja por força, seja por aparência de direito, a saber: falsificação de peso, de medida, de mercadoria e de moeda, quer por juros exorbitantes quer por qualquer outro meio proibido por Deus. Também proíbe toda a avareza, bem como todo abuso e desperdício de suas dádivas.
>
> **Pergunta 111:** Mas o que Deus ordena neste mandamento?
>
> **Resposta:** Devo promover tanto quanto possível o bem do meu próximo e tratá-lo como quero que outros me tratem. Além disso, devo fazer fielmente meu trabalho para que possa ajudar ao necessitado.

O mandamento contra o roubo soa simples, mas, se é assim, por que o catecismo lhe acrescenta tanta coisa? O catecismo não insere nos Dez Mandamentos nada que a Bíblia não tenha ensinado. A Bíblia diz que, se alguém não dá a décima parte de sua renda a Deus, está roubando do Senhor.[9] Uma nação pequenina como a Holanda tinha dinheiro extra para dar à Índia, ao Egito e à Indonésia porque a Bíblia ensinou seu povo a trabalhar arduamente

---

[8] Hebreus 4.13.
[9] Malaquias 3.8,9.

e dar dízimos e ofertas a Deus. O povo obedeceu à Bíblia, que ordenou: "O que furtava não furte mais; antes, trabalhe, fazendo algo de útil com as mãos, para que tenha o que repartir com quem estiver em necessidade".[10]

O IPC confirma o que vi na Holanda — a Bíblia é a única força conhecida na História que livrou nações inteiras da corrupção ao mesmo tempo que lhes deu liberdade política. As nações mais secularizadas — isto é, nações ateias e ex-comunistas, que ensinam que, quando não há uma pessoa ou uma máquina observando você, então ninguém o está observando — estão entre as mais corruptas, não muito diferentes de nações hinduístas, budistas ou muçulmanas.

Aquilo que o empresário indiano me dissera no voo para Londres a respeito da cultura de confiança na Inglaterra me deixou intrigado porque, quando éramos estudantes na Índia, sempre ouvíamos falar que Robert Clive, que conquistou Bengala para os britânicos, recebeu um grande suborno para instalar seu fantoche como o *nawab* (governador) de Bengala. Seguindo o exemplo de Clive, os empregadores e soldados da Companhia Britânica das Índias Orientais iniciaram uma administração de corrupção generalizada. Nenhum historiador britânico questiona essa afirmação. Lorde Macaulay registrou e explicou essa corrupção. Sua conclusão foi que naquele período inicial o domínio britânico na Índia foi "um governo de gênios do mal, não de tiranos humanos".[11]

Como a Inglaterra foi transformada? O que mudou o caráter moral da administração britânica na Índia? Foram os Dez Mandamentos? Ou há algum poder maior que a lei?

No avião eu estava sonolento demais para discutir com o cavalheiro sique, mas durante a conferência fiquei maravilhado quando uma escritora norte-americana, Miriam Adeney, mostrou-me o livro de Ian Bradley intitulado *The Call to Seriousness: The Evangelical Impact on the Victorians* [Chamado à seriedade: o impacto evangelical sobre os vitorianos].[12] Foi como

---

[10] Efésios 4.28.
[11] *Clive*, um ensaio escrito por lorde Macaulay, foi publicado como o apêndice 3 na edição indiana do meu livro **Missionary Conspiracy:** Letters to a Postmodern Hindu. Mussoorie: Nivedit Good Books, 1996.
[12] BRADLEY, Ian. **The Call to Seriousness:** The Evangelical Impact on the Victorians. New York: Macmillan Publishing, 1976.

se o livro grudasse em mim. Bradley abriu para mim uma perspectiva de pesquisa que resultou em dois dos meus livros,[13] nos quais descrevi como a Bíblia transformou a administração britânica na Índia do governo de gênios do mal para um "serviço civil". Descobri que Macaulay desempenhou papel crucial nessa transformação.

O poder do evangelho de nos salvar do nosso pecado

Os dados empíricos dizem que os países mais influenciados pela Bíblia são os menos corruptos. Por quê? O apóstolo Paulo experimentou o poder do evangelho de mudar sua vida e a dos seus seguidores. Ele disse que o evangelho — a morte vergonhosa de Jesus na cruz — que soa como loucura para os gregos filosóficos e como fraqueza para os judeus é de fato a sabedoria e o poder de Deus para nossa salvação.[14] Paulo resumiu da seguinte maneira o evangelho: "Pois o que primeiramente lhes transmiti foi o que recebi: que Cristo morreu pelos nossos pecados, segundo as Escrituras, foi sepultado e ressuscitou ao terceiro dia, segundo as Escrituras".[15]

O que este jargão teológico tem de tão poderoso? Mesmo que tudo isso tenha realmente acontecido na História, de que maneira a repetição de uma história poderia livrar nações inteiras da corrupção? Verdadeiro ou falso, o evangelho pode ser qualquer coisa, menos asneira. O evangelho é um relato direto transmitido por testemunhas oculares. Dizer que Jesus morreu pelos nossos pecados é afirmar que as testemunhas oculares que o viram morrer na cruz entenderam que ele carregou sobre si os pecados do mundo. Isto é, eles viram com os próprios olhos que não era a justiça do mundo que foi presa à cruz do Calvário, mas a injustiça, a crueldade e a brutalidade.

Os juízes, porém, que julgaram Jesus — Pilatos e Herodes — não encontraram nenhuma culpa nele. Por que então ele foi crucificado? Foi a inveja, o ciúme, o ódio e o medo da liderança judaica de então que o levaram à cruz. Foi a ganância de seu discípulo Judas, que o traiu por 30 moedas de prata. Foi a covardia moral dos seguidores de Jesus e das multidões judaicas.

---

[13] MANGALWADI, **Missionary Conspiracy** (Mussoorie: Nivedit, 1996) e **India:** The Grand Experiment (UK: Pippa Rann Books, 1997).
[14] 1Coríntios 1.18-25.
[15] 1Coríntios 15.3,4.

Em outras palavras, o pecado do mundo estava patente diante do olhar de cada testemunha — um dos seguidores de Cristo, seus oponentes ou um passante indiferente. A cruz foi uma demonstração de que mesmo o pecado traz bons resultados — prata, no caso de Judas — e que a consequência do pecado é terrível — a morte.

A outra parte do relato do Evangelho é igualmente uma declaração direta de testemunhas oculares. Os seguidores de Jesus Cristo, que o viram morrer e ser sepultado, mais tarde viram que o túmulo estava vazio. Jesus não reencarnou em outro corpo. Ele ressuscitou no mesmo corpo, ainda que este tenha sido transformado. Os discípulos o viram, falaram com ele, tocaram-no e comeram com ele — não em um estado de transe ou meditação, mas em plena posse de seus sentidos céticos.

Pelo menos um dos seus discípulos, Tomé, não creu nos múltiplos relatos da ressurreição. Mas eis que o homem que morrera se manifesta diante de Tomé, convida-o a verificar se ele era a mesma pessoa cujas mãos foram furadas com os pregos que o prenderam na cruz. Tomé escolheu aceitar os fatos e modificar sua visão de mundo. Os fatos históricos da crucificação e ressurreição de Cristo têm profundas implicações filosóficas.

Os que viram Jesus ressuscitado passaram a ter base empírica para crer que a morte não é o fim da existência humana. A ressurreição significa que continuamos a existir além da morte e que permanecemos responsáveis diante de Deus. Assim como a consequência do pecado é a morte, a consequência da fé e da obediência é a vida ressurreta. A morte e a ressurreição de Jesus se tornaram boas-novas — evangelho — porque foram mais que eventos históricos. Foram uma demonstração da intervenção redentora de Deus em nossa história. Além de outras coisas, implicam que a moralidade é mais que um construto social ou a lei da terra.

Um tirano pode estar acima da lei; um político, um funcionário público ou um empresário bem articulado podem pertencer a um sistema brutal que trabalha acima da lei. Podem ignorar a lei e roubar o povo à luz do dia ao forçá-lo a pagar propinas. Pode ser que neste mundo seja impossível levar corruptos à justiça. Mesmo assim, se a lei moral é a lei de Deus, ninguém conseguirá escapar dela. Todo mundo estará diante do tribunal de Deus e dará conta da sua vida.¹⁶ Cada um terá de assumir as consequências do seu pecado — a não ser evidentemente que se arrependa do seu pecado e aceite o perdão e a vida eterna que Jesus oferece. Ele pode perdoar porque se tornou o sacrificial Cordeiro de Deus e levou sobre si o pecado do mundo.

Essa é a mensagem das boas-novas, do evangelho. Essa mensagem purificou os Estados Unidos quando Jonathan Edwards (1703-1758), o primeiro filósofo daquele país, começou a pregá-la em sermões como "Pecadores nas mãos de um Deus irado".¹⁷

Jesus ressuscitado apareceu para João quando ele estava preso na ilha de Patmos e disse: "Eis que estou à porta e bato. Se alguém ouvir a minha voz e abrir a porta, entrarei e cearei com ele, e ele comigo".¹⁸ Quando a luz vem e habita em nós, nossas trevas interiores são expulsas. Em outras palavras, Jesus faz o que nenhum ditador pode fazer. Um ditador pode me punir por aceitar suborno, mas Jesus tira a cobiça do meu coração, que me leva a cobiçar o dinheiro do povo. Um ditador pode me punir se eu abusar da minha esposa. Mas, quando Jesus vive no meu coração, ele me convence do meu pecado e me chama ao arrependimento. Ele também me dá seu poder para amar. Quando convido Jesus para vir ao meu coração por seu Espírito, eu nasço de novo para uma nova vida espiritual.

O islã e a fé cristã compartilham a ideia de absolutos morais. A diferença é que Alá é majestoso demais para vir a uma estrebaria suja ou para um coração impuro. Se Deus não veio a este mundo para salvar pecadores, então outros pecadores — ditadores e tiranos — têm de fazer o serviço sujo de limitar a nossa pecaminosidade. Mas, ao nos purificar por dentro, Jesus tornou possível um autogoverno interior, liberdade sociopolítica e uma vida pública honesta.

O evangelho é apenas retórica religiosa? O testemunho da História é que a cristandade estava tão corrupta quanto qualquer outra parte do mundo até que recuperou esse evangelho bíblico durante a Reforma. Isso criou

---

¹⁶ Apocalipse 20.11-15.
¹⁷ Referência a um sermão que se tornou muito famoso, pregado por Jonathan Edwards em 1740. [N. do T.]
¹⁸ Apocalipse 3.20.

o clima moral e a confiabilidade na Inglaterra, testemunhada em primeira mão por meu companheiro de viagem de avião.

A Inglaterra antes e depois de John Wesley

O livro de Ian Bradley me ajudou a entender a Inglaterra e o poder do evangelho que transformou suas colônias na África e na Ásia. Poucos anos depois uma palestra dada por Donald Drew na Comunidade L'Abri, na Inglaterra, ajudou-me a ligar os pontos que Bradley tinha traçado. A palestra foi sobre John Wesley (1703-1791), o fundador do metodismo, e seu impacto sobre a Inglaterra. Apresento a seguir os pontos principais da palestra de Drew.[19]

Em 1738, dois séculos depois da Reforma, o bispo [anglicano] Berkeley declarou que a religião e a moralidade na Inglaterra haviam decaído "a um grau nunca visto em nenhum país cristão". Razões importantes para a decadência da Inglaterra protestante foram a restauração da monarquia e a supremacia da Igreja anglicana no fim do século XVII. Uma vez que a Igreja anglicana retornara ao poder, ela começou a oprimir os puritanos e expulsou mais de 400 clérigos conscienciosos. Eles se tornaram sacerdotes para servir a Deus e, por isso, recusaram-se a fazer o juramento de lealdade a William de Orange.

O resultado combinado desses acontecimentos foi que a igreja ficou vazia de profetas. A situação ficou ainda pior quando foi publicado um decreto que proibia os bispos e clérigos anglicanos de se reunirem para deliberar sobre assuntos eclesiásticos. Com pouca disciplina, encorajamento e prestação de contas, a vida moral dos clérigos se degenerou, abaixando até o nível de toda a nação.

Com o surgimento do Iluminismo, no final do século XVII, que atravessou todo o século XVIII, a situação ficou totalmente sem esperança. O deísmo ou "religião natural" ensina que Deus não se envolve nas questões do mundo. Ele não deu nenhuma lei. Não observa as pessoas e não vai

---

[19] O texto completo da palestra está publicado em meu livro **Missionary Conspiracy**. Nessa palestra ele resumiu o estudo clássico de 1939 de J. W. Bready, **England Before and After Wesley**.

julgar, punir ou recompensar ninguém. Deus é apenas um criador que se mantém distante. Essa crença acabou com o temor a Deus. A Bíblia ainda estava disponível, mas não era mais tida como a Palavra de Deus. Era apenas mais um livro sobre sabedoria e virtude.

Uma igreja nacional publicamente amordaçada, com suas asas proféticas e sacerdotais cortadas, não poderia refutar deístas e céticos. O deísmo avançou para racionalismo, ceticismo, ateísmo e finalmente cinismo. Uma vez que a verdade bíblica fora minada, a moralidade bíblica começou a perder terreno. A corrupção se espalhou de alto a baixo no clero da Igreja da Inglaterra. Uma sucessão de arcebispos e bispos vivia no luxo, negligenciava seus deveres, solicitava desavergonhadamente dioceses e deanatos para eles mesmos e suas famílias. O clero paroquial seguiu o mesmo caminho.

A começar pela rainha Ana, a realeza encheu a corte de bajuladores que ostentavam a leviandade e praticavam maus hábitos de todo tipo. Cristãos sérios começaram a manter distância de Oxford e de Cambridge, onde os professores se ocupavam com seus livros e enquanto os estudantes mergulhavam em bebida, sexo, esportes e canções.

Uma igreja corrupta, com as Escrituras fechadas, obscureceu muitos aspectos da vida inglesa. Pelo Tratado de Utrecht em 1713 a Inglaterra retirou da França e da Espanha o monopólio do comércio escravagista. O tráfico escravagista nutriu e alimentou a ganância financeira, brutalizou a vida dos escravos e dos feitores, fazendo do trabalho algo não digno. Isso se transformou em uma maldição na vida econômica e política do século XVIII.

A Revolução Industrial foi aos poucos se espalhando, e as atitudes dos mercadores de escravos influenciaram muitos donos de minas, fábricas e moinhos, no que dizia respeito ao tratamento dos empregados. Barbaridades eram praticadas na indústria, mas as crueldades praticadas nos navios negreiros e depois nas fazendas provocam calafrios em qualquer um. Estima-se que naquele século milhões de africanos foram levados como escravos, na maior parte das vezes em navios ingleses, quase sempre da África Ocidental, para a América do Norte. Havia escravidão na Inglaterra também. E, em virtude das enormes somas de dinheiro envolvidas no tráfico escravagista, houve repetidos escândalos financeiros, que levaram à falência e ruína, sendo o principal deles o escândalo da Bolsa dos Mares do Sul, em 1720, que praticamente fez a economia nacional naufragar. A desonestidade produz mais desonestidade.

A corrupção se espalha como um câncer. O nepotismo, a busca de posições importantes e o suborno se tornaram a ordem do dia na política, especialmente na época de eleições. Na primeira metade daquele século o primeiro-ministro Robert Walpole foi um exemplo perfeito de corrupção. Sua política não era de serviço público, mas de administrar homens, influência, dinheiro, manipulação de leis e a aplicação destas e do sistema penal no interesse das classes dominantes.

Naquela época a Inglaterra era mais que qualquer outra uma nação dividida em ricos e pobres. As leis eram decretadas quase apenas para manter os pobres em seu lugar e sob controle. Por isso, roubar uma ovelha, caçar um coelho com uma armadilha, quebrar uma árvore em crescimento, roubar mais de 1 xelim,[20] tirar a comida da mão de uma pessoa e sair correndo eram crimes punidos com a forca. As execuções no Tyburn, em Londres, eram conhecidas como "*show* da forca". Aconteciam regularmente e atraíam multidões. Quanto ao sistema prisional, horrores como a deportação de homens, mulheres e crianças para a Austrália, o açoitamento de mulheres, o pelourinho e a palmatória continuaram sem detença.

O sufocar do cristianismo bíblico teve consequências desumanas posteriores no tratamento das crianças e na mortalidade infantil. Os índices de mortalidade infantil daquela época contam uma história terrível, ainda que só se tenha atualmente estatísticas de Londres. Estas mostram que entre 1730 e 1750, de cada quatro crianças nascidas em todas as classes sociais, três morriam antes dos 5 anos de idade. James Hanway, o cristão amigo das "crianças pobres das paróquias", produziu estatísticas e panfletos, preservados na biblioteca do Museu Britânico, que revelam suas pesquisas quanto ao tratamento e índices de mortalidade infantil nas paróquias inglesas. Crianças morriam aos montes em razão da prática de deixar recém-nascidos para morrer nas ruas, bem como por deixar aqueles infelizes aos cuidados de enfermeiras sem coração que os deixavam morrer de fome ou mandavam crianças já crescidas às ruas para pedir esmolas e roubar.

[20] O xelim na Inglaterra antiga valia 1/20 de 1 libra, ou seja, uma quantia pequena de dinheiro. [N. do T.]

O século XVIII ficou conhecido na Inglaterra como o "Século do Gim". Muitas vezes abusos horríveis de crianças eram o resultado de se beber um gim forte, terrível e venenoso, que rivalizava com a cerveja como a bebida nacional. O historiador irlandês William Lecky definiu o alcoolismo dos bebedores de gim como a "principal maldição da vida inglesa entre 1720 e 1750". Os males inevitáveis do alcoolismo se seguiram — pobreza, violência, prostituição e assassinato. O comércio de bebidas, com os estragos diários que fazia na vida da nação, foi a principal causa de desintegração e degeneração social durante aquele período de trinta anos.

As trevas morais daquela época se expressam em uma concepção deturpada do esporte, que, à semelhança do álcool, trouxe muitos males em seu rastro, como um embotamento da personalidade, crueldade e jogatinas. Rinhas de touros, ursos, texugos e cães — com tochas acesas amarradas neles — foram comuns nas décadas de 30 e 40 daquele século. Muitas dessas torturas aconteciam em espaços públicos, terrenos de igrejas ou em recintos de catedrais. Geralmente os animais lutavam até a morte para aumentar o entusiasmo dos espectadores.

Outro "esporte" era a briga de galos com esporas de metal. Muitos clérigos no século XVIII criavam galos de briga e algumas vezes mandavam tocar os sinos da igreja para homenagear um vencedor. A caça à raposa e o estumar de cães treinados para pegar patos em lagos era outra recreação favorita. Luta com bastões e lutas de boxe sem luvas para homens e mulheres, que algumas vezes duravam horas, eram outro esporte, e lutas por dinheiro entre homens grandalhões que lutavam com mãos limpas atraíam multidões de até mais de 12 mil pessoas.

A jogatina era outra obsessão nacional para todas as classes, trazendo uma ruína espantosa para milhares. Em Londres e outras cidades grandes a promiscuidade se tornou um esporte, desde bailes de mascarados na corte até a fornicação em plena luz do dia em áreas públicas, ou vender a esposa em um leilão de gado. Havia abundância de literatura explicitamente pornográfica. Donald Drew citou o historiador irlandês Lecy, que afirmou: "A extravagância do teatro durante a geração que se seguiu à Restauração dificilmente poderá ser exagerada". De igual maneira, um juiz observou que "assim que em qualquer parte do reino uma casa de espetáculos é aberta, imediatamente ela ficará cercada por bordéis".

A Bíblia se tornou um livro fechado, e o resultado foi ignorância, impiedade e selvageria. Até o surgimento do movimento da Escola Dominical no final do século, pouco ou nada foi feito em prol da educação dos pobres, com exceção do sistema eclesiástico de escolas de caridade. Estas invariavelmente eram uma farsa, pois muitos professores eram semianalfabetos. Milhões de ingleses nessa época jamais colocaram o pé em uma escola de qualquer tipo, e muitos jovens em idade escolar eram geralmente vendidos para patrões, e frequentemente eram tratados com violência.

Em 1751 Horace Walpole observou a respeito da impiedade, dos ladrões e salteadores: "As pessoas são obrigadas a viajar, mesmo ao meio-dia, como se estivessem indo para a guerra". A selvageria era demonstrada no saque a navios naufragados, atraídos às rochas por sinais falsos, e pela indiferença demonstrada aos marinheiros que se afogavam. Essa era uma atividade comum em toda a linha costeira das Ilhas Britânicas.

Foi nesse atoleiro moral e espiritual que John Wesley se posicionou. Ele nasceu na igreja rural de Linconlshire, no dia 28 de junho de 1703, o mesmo ano em que Jonathan Edwards nasceu. Tinha 18 irmãos e irmãs e, por pouco, escapou da morte quando era pequeno, quando certa noite a igreja pegou fogo, e foi queimada até as cinzas. Ele foi para a Escola Charterhouse e depois para Oxford, onde seus talentos intelectuais permitiram que fosse apontado como professor no Lincoln College. Religioso devoto, ele e outros fizeram o melhor que puderam para ministrar aos pobres e oprimidos, mas seus colegas os desprezaram por causa disso.

Depois de poucos anos John foi ordenado na Igreja da Inglaterra, junto com seu irmão Charles, e depois foi para os Estados Unidos. Na volta para a Inglaterra ele empreendeu um exame do seu coração. Foi quando conversou com alguns morávios em Londres e entendeu que ele era um cristão nominal. Foi em um culto morávio no dia 24 de maio de 1738 que Wesley se arrependeu dos seus pecados e encontrou a salvação que Jesus oferece. Ele escreveu: "Senti meu coração estranhamente aquecido. Senti que confiava em Cristo, que Cristo morrera pela minha salvação, e uma segurança me foi dada de que meus pecados foram perdoados [...] testifiquei abertamente a todos sobre o que agora [...] sinto em meu coração".[21]

---

[21] **Journal of John Wesley**, Christian Classics, Ethereal Library. Disponível em: <http://www.ccel.org/ccel/wesley/journal.html >. Acesso em: 10 mar. 2012.

John Wesley experimentou o que Jesus chamou de "nascer de novo". Isso aqueceu seu coração, unificou sua personalidade, multiplicou suas simpatias, aguçou seu senso crítico e clarificou o propósito de sua vida. Ele imediatamente começou a pregar as "alegres notícias da salvação" em presídios, centros de correção e onde houvesse uma igreja que lhe cedesse o púlpito. Mas essas igrejas eram poucas.

No dia 2 de abril de 1739, em resposta a um convite de George Whitefield, Wesley foi a Bristol. Whitefield o convenceu da necessidade de pregar na zona rural como o meio mais eficiente para alcançar o maior número possível de pessoas, especialmente a classe trabalhadora, que então estava praticamente intocada pela igreja estabelecida. No dia seguinte, a despeito de seus temores, mas encorajado pelo exemplo de Whitefield, Wesley, com 36 anos, pregou seu primeiro sermão ao ar livre, expondo a Bíblia aos que não frequentavam nenhuma igreja. Nasceu o Grande Despertamento, o avivamento evangélico. Esse movimento seria cultivado por muitos anos em uma atmosfera de insolência, desprezo, abuso e violência.

Durante três décadas magistrados, juízes de paz e o clero fizeram vista grossa aos contínuos ataques que multidões e gangues realizavam contra Wesley e seus amigos. Ele suportou ataques físicos de todos os tipos. Com frequência soltavam bois no meio da congregação ou tocavam instrumentos musicais bem alto para abafar a voz do pregador.

Mais de uma vez Wesley e Whitefield escaparam de morrer por pouco, enquanto vários dos seus companheiros pregadores itinerantes foram atacados e tiveram suas casas incendiadas. Surgiram centenas de publicações contrárias ao avivamento, assim como reportagens e artigos de jornal que eram grosseiros e não acurados. Não é de surpreender que os ataques mais virulentos tenham vindo do clero anglicano, que se referia a Wesley como "aquele metodista", "aquele entusiasmado", "o mistério da iniquidade", "um sedutor diabólico, impostor e fanático".

Depois de poucos anos, desejoso de expor sua mensagem em termos claros, racionais e escriturísticos, Wesley escreveu um panfleto que declarou ser "o cristianismo antigo em sua inteireza que eu ensino". Seu propósito principal era fazer homens e mulheres conscientes de Deus. Ele estava plenamente consciente da atuação de muitos e variados poderes do mal e da corrupção, inclusive no seio da religião estabelecida e organizada. Cria que o propósito de Deus para ele era abrir a Palavra de Deus para sua nação, levando homens e mulheres para Deus por meio de Cristo. Isso por sua vez iria recuperar seus lares, suas cidades e seu país do paganismo e da corrupção.

A compreensão central que Wesley tinha do cristianismo era que a redenção do indivíduo leva à regeneração social. Ele cria que o principal propósito da Bíblia é mostrar aos pecadores o caminho de volta pelo sacrifício de Cristo. Essa foi a mensagem que pregou, mas ele também compreendeu que mudanças sociais são uma consequência inevitável e um integrante muito útil da conversão. Por causa da pregação do evangelho, os altos princípios morais apresentados nas Escrituras pouco a pouco se enraízam na mente das pessoas. Wesley cria que a Palavra de Deus convoca à salvação almas individuais. Mas também nos dá ordens para a existência nacional e para uma vida social na presença de Deus — esses eram seus alvos, e ele nunca os perdeu de vista.

Os convertidos se reuniam no que Wesley chamou de "sociedades", cujas atividades de culto considerou como suplementares às da Igreja da Inglaterra. Ele permaneceu como clérigo da igreja a maior parte de sua vida — seu irmão Charles, a vida inteira. A ruptura de John Wesley com a Igreja da Inglaterra ocorreu muito mais tarde, quando ele começou a ordenar pastores no que se tornou conhecido como a Igreja metodista.

A vida de John Wesley foi um triunfo da graça de Deus. Sob ataques físicos e verbais, milhares de vezes, nunca perdeu as estribeiras. Ele estava preparado para suportar golpes duros se com isso acabasse com a histeria. Quando atingido por uma pedrada ou uma paulada, ele limpava o sangue e continuava a pregar. Ele amava seus inimigos, e eles não conseguiram levá-lo à descortesia ou a ficar com raiva.

Não é exagero dizer que Wesley — e tudo isso também é verdade quanto ao seu irmão Charles e Whitefield — incutiram no povo britânico um novo e bíblico conceito de coragem e heroísmo. Sua dignidade tranquila, a ausência de malícia e de ira e, acima de tudo, a evidência do Espírito de Deus trabalhando em sua vida desarmaram, por fim, seus inimigos e os ganharam para Cristo. Soldados, marinheiros, mineiros, pescadores, contrabandistas, trabalhadores das indústrias, ladrões, vagabundos, homens, mulheres e crianças o ouviam e, em atenção reverente, aos poucos tiravam o chapéu e se ajoelhavam, geralmente vencidos emocionalmente, enquanto ele mostrava a graça de Deus a milhares e milhares de pessoas. Por mais de cinquenta anos Wesley expôs a Bíblia a multidões brutalizadas, negligenciadas e encharcadas de bebida.

Em maio de 1739 foi lançada a pedra fundamental do primeiro espaço metodista para pregação, em Bristol. Logo a Kingswood School e a fundição de Londres foram abertas. A fundição se tornou a sede de muitos serviços sociais, como um centro de empregos, empréstimos para pessoas pobres e um centro de distribuição gratuita de medicamentos. Além dessas iniciativas, havia casas para pregação da Bíblia, que foram organizadas por toda a Inglaterra, Escócia e Irlanda. Enquanto isso, na América do Norte o progresso do avivamento evangélico era fenomenal, liderado por Jonathan Edwards e por George Whitefield, o qual corajosamente atravessou o Atlântico 13 vezes antes de morrer em 1770.

De 1739 até sua morte em 1791 Wesley era infatigável. Sua energia era prodigiosa. Ele se levantava todo dia às 4 horas e pregava seu primeiro sermão às 5. Ele e seus pregadores itinerantes dividiam o dia em três partes iguais — oito horas para dormir e se alimentar, oito horas para meditação, pregação e estudo e oito horas para pregação, visitação e trabalhos sociais. Ele organizou centenas de sociedades metodistas nos lugares que visitou, organizou e sempre cuidou da Kingswood School, abriu o primeiro dispensário gratuito de medicamentos para pobres e uma clínica para tratamento de reumatismo, escreveu um tratado sobre medicina, preparou e pregou pelo menos 45 mil sermões.

Wesley viajou 400 mil quilômetros no lombo de um animal, em todas as estações, noite e dia, por toda a Inglaterra, em estradas muitas vezes perigosas e algumas vezes intransitáveis. Durante suas viagens escreveu seu comentário da Bíblia versículo por versículo, escreveu centenas de cartas, um diário que foi de 1735 até 1790, anterior à sua morte, e cerca de 330 livros publicados ainda em vida. Escreveu gramáticas de inglês, francês, latim, grego e hebraico. Editou muitos livros para a formação dos seus pregadores e de suas congregações, que se tornaram os 50 volumes de sua famosa biblioteca cristã.[22]

---

[22] Republicada pelo Wesley Center Online.

Esse homem culto e intelectual, um teólogo arguto, advertiu a seus pregadores que ninguém "poderia ser um bom pregador sem leituras extensivas, *nem um bom cristão*". Os pregadores metodistas também eram distribuidores e vendedores de livros, e esperava-se que dominassem os conteúdos dos livros que vendiam. A *Enciclopédia Britânica* quanto a isso diz a respeito de Wesley: "Nenhum homem no século XVIII fez mais para criar uma cultura de boa leitura e a alimentar com livros a preços baixos".

Seu livro *Rules for a Helper* [Regras para um auxiliador] dá uma amostra das influências culturais que ele espalhou por toda a Inglaterra: "Nunca fique desempregado, nem por um momento; não acredite em nada de mal em relação a ninguém; não fale mal de ninguém; um pregador do evangelho é um servo de todos; não tenha vergonha de nada, a não ser do pecado; seja pontual; você precisará de todo o senso (comum) que tem para ser uma pessoa sábia".

Wesley entendeu que a Bíblia exige que a conversão individual deve levar a mudanças na sociedade e praticou isso de diferentes maneiras. Treze anos antes do Comitê Abolicionista ser formado, ele publicou *Thoughts upon Slavery* [Pensamentos a respeito da escravidão], um tratado, gráfico, veemente e contundente no qual denunciou aquele "comércio horrível" como uma desgraça nacional. Ele foi contra a escravidão durante toda a sua vida, e a última carta que escreveu foi para William Wilberforce.[23]

Nessa mesma linha, Wesley deplorou a estupidez e a futilidade da guerra, principalmente a guerra da Inglaterra contra as colônias americanas. Com frequência escreveu e falou a respeito do uso e do abuso do dinheiro e de privilégios. Usava roupas baratas e se alimentava com simplicidade, não gastando mais que 30 libras por ano em suas necessidades pessoais.[24] Mas suas roupas eram bem cuidadas, e seus sapatos estavam sempre engraxados. Pública e repetidamente ele questionou por que a comida era tão cara e ele mesmo deu a resposta: uma quantidade imensa de milho era usada em destilarias. Por isso, com motivações humanitárias e sociais, ele fez um apelo público a favor da abolição do uso de bebidas alcoólicas.

---

[23] Quanto a Wilberforce, v. o capítulo 12. [N. do T.]
[24] No câmbio de 2012, algo equivalente a R$ 82,00. [N. do T.]

Wesley apoiava preços baixos, salário digno e empregos honestos e saudáveis para todos. Não há dúvida de que ele estava mais familiarizado com a vida dos pobres que qualquer outra figura pública do seu tempo. Constantemente viajando por toda a Inglaterra, ele foi capaz de perceber o que nenhum rei ou estadista seria capaz. Por isso incessantemente apelou aos ricos para que ajudassem os pobres e advertiu aos seus seguidores: "Nunca diga palavras amargas ou lance um olhar de reprovação a quem pedir ajuda a você. Não faça o mal a essas pessoas".

Tal como Charles Dickens depois dele, Wesley colocou certos aspectos da lei "no tronco", expondo-os ao ridículo. Um exemplo é que ele condenou o contrabando, mas considerou que em muitos casos os representantes da lei eram mais criminosos que o contrabandista preso. Ele levou adiante uma campanha contra o suborno e a corrupção em épocas de eleição e contra o escândalo das pluralidades[25] e das sinecuras[26] na Igreja da Inglaterra. Criticou sem medo aspectos dos sistemas penal e prisional (pavimentando o caminho para os reformadores John Howard e Elizabeth Fry),[27] apresentando as prisões como "escolas de todo tipo de impiedade". Também lutou contra os métodos quase medievais da medicina de seu tempo e a favor de reformas no sistema funerário.

Já observamos os interesses, preocupações e atividades variados de Wesley. Mas a lista ficaria incompleta sem menção aos seus interesses práticos em eletricidade, formação profissional para desempregados, levantamento de fundos destinados a comprar roupas e alimentos para presidiários e alimentos, remédios, combustível e ferramentas para pobres e idosos, e a fundação do Fundo Benevolente de Empréstimos e da Sociedade Amiga dos Estrangeiros. Ele pregou o céu, mas cria que a natureza é um dom de Deus para nós e que, portanto, o trabalho é nobre e a ciência, essencial.

O avivamento bíblico fez a Inglaterra cantar. Charles, o irmão poeta de John Wesley, cuja fama como pregador é eclipsada pela fama como compositor de hinos, escreveu entre 8 e 9 mil poemas, quase todos transformados

---

[25] Uma única pessoa receber benefícios de duas ou mais igrejas ao mesmo tempo.
[26] Ter um cargo remunerado sem precisar trabalhar.
[27] John Howard e Elizabeth Fry foram ativistas ingleses do século XVIII que lutaram pela reforma do sistema prisional do seu país. [N. do T.]

em hinos. John ensinou o povo a cantar. Muitos hinos foram adaptados para melodias populares daquele tempo. Esses hinos preparavam o caminho para os sermões e eram cantados em cada casa. Centenas de milhares que cantaram seu hino "minhas correntes caíram, meu coração está livre", o fizeram não apenas por causa da salvação, mas também por conta das correntes do álcool, do abuso, da fome e da pobreza.

O Grande Despertamento deu ao mundo de língua inglesa sua mais rica herança de hinos sacros e de compreensão deles como literatura, história e teologia. Outros grandes poetas e compositores de hinos surgiram nesse período e durante o século XIX: William Cowper, Isaac Watts, John Newton, Augustus Toplady, bispo Heber, Horatius Bonar, sra. Alexander e Frances Havergal. Mas os hinos, o louvor e a oração de Charles Wesley — como, por exemplo, a versão metrificada dos Salmos de Davi na Escócia — penetraram fundo no subconsciente da Inglaterra.

Wesley, Whitefield e seus companheiros revitalizaram e reforçaram as verdades do cristianismo bíblico. Com isso prestaram uma imensa contribuição. A Bíblia, que no início do século XVIII fora um livro fechado para os ingleses, tal como tinha sido nos dias de Chaucer,[28] tornou-se o Livro dos livros. A Inglaterra foi salva de cair na infidelidade a Deus.

John Wesley morreu assim como viveu desde sua conversão. Por cinquenta e três anos ele pregou fielmente que os homens necessitam de Cristo e são salvos apenas pela fé nele, mas serão julgados pelas obras — a maneira pela qual viveram. Ele sempre orava: "Permite-me desgastar, não enferrujar. Não permitas que eu viva para ser inútil".

Até uma semana antes de sua morte, quando a febre o incapacitou e o forçou a ficar de cama, ele continuou, mesmo no seu octogésimo oitavo ano de vida, a pregar, escrever, supervisionar e encorajar. Morreu na manhã do dia 2 de março de 1791. Os que foram se alegrar com ele se regozijaram e "explodiram em um hino de louvor". Nenhum lamento foi ouvido durante seu funeral, pois ele dera instruções para que seis homens pobres que precisavam de emprego ganhassem 1 libra cada um para levar o caixão até o túmulo.

---

[28] Geoffrey Chaucer, considerado o pai da literatura inglesa, viveu no século XIV. [N. do T.]

Poucas pessoas conseguem ver os resultados do seu trabalho. John Wesley foi um desses poucos. Nas primeiras décadas de sua atividade, sua chegada e de seus companheiros em qualquer cidade ou vila era o sinal de uma violenta rebelião popular. Mas não é exagero afirmar que nos últimos dez anos de sua vida Wesley era a pessoa mais respeitada e amada da Inglaterra. Depois de sua morte ele foi imortalizado em milhares de retratos, sua imagem foi reproduzida em bules e louças, e bustos dele foram construídos em muitos lugares.

Vimos um pouco sobre como a Inglaterra era antes de Wesley. Agora brevemente veremos como o país ficou depois dele. O Grande Despertamento foi uma fonte da qual saíram muitas correntes.

Primeiramente há que se observar que antes de Wesley o clero evangelical devoto era um pequeno remanescente na Igreja da Inglaterra. Depois dele, no final do século XVIII esse número cresceu, e ele se tornou a influência religiosa dominante na igreja e na sociedade. Sob a influência do avivamento bíblico, o não conformismo religioso que transforma a cultura se tornou uma força naquele país. Na Escócia foi mais ainda por causa da influência de Whitefield.

Um fruto posterior da obra de Wesley foi a conversão de William Wilberforce, lorde Shaftesbury, e o desenvolvimento do que é conhecido como Grupo de Clapham, um grupo de evangelicais devotos que vivia no bairro londrino de Clapham, sudoeste da cidade. Essa comunidade de cristãos envolvia empresários, banqueiros, políticos, governadores de províncias e membros do Parlamento, e o trabalho incessante deles beneficiou milhões dos seus companheiros, no país e no exterior — especialmente na África e na Índia.

A restauração da autoridade da Bíblia no mundo inglês fez que uma civilização encontrasse sua alma. Textos de muitos literatos evidenciam que eles resgataram uma perspectiva bíblica. Poetas como William Blake, William Wordsworth, Robert Browning, lorde Tennyson e, mais tarde, Rudyard Kipling e John Masefield, e romancistas como *sir* Walter Scott, Charles Dickens,

William Thackeray, as irmãs Brontë, Robert Louis Stevenson[29] — todos estes e outros deviam muito à influência enobrecedora e purificadora do avivamento bíblico. Na medida em que as produções literárias deles foram modeladas pela cosmovisão bíblica, eles puseram em xeque as consequências lógicas da rejeição da revelação feita pelo Iluminismo, discutida em um capítulo anterior.

O impacto da Bíblia na obra de Wesley é evidente na vida e obra dos emancipadores sociais no século XIX. Wilberforce e Clarkson lutaram contra o comércio escravagista; lorde Shaftesbury e Sadler lutaram pela emancipação industrial; Elizabeth Fry e John Howard reformaram o sistema prisional; Plimsoll lutou pela regulamentação da segurança nos navios; Hannah More e Robert Raikes deram início ao movimento da Escola Dominical, e muitos outros que se seguiram.

O avivamento bíblico produziu a tradição de pregação do século XIX. Finney, Moody, Spurgeon, Nicholson, Rule, Mouse, James, Danny, Chavass e outros foram pregadores populares que expuseram a Bíblia, não histórias inventadas por homens. O Grande Despertamento, como vimos em capítulo anterior, abriu o caminho para um estudo inteligente da Bíblia pelas massas. Tal fato restaurou a posição da Bíblia como o Livro dos livros dos povos anglo-saxões. O avivamento pôs em xeque as consequências destruidoras de caráter do ateísmo que corrompeu outras nações europeias como a França.

Charles Simeon, um professor do King's College na Universidade de Cambridge foi pároco da Igreja [Anglicana] da Santíssima Trindade por mais de cinquenta anos. O ministério de Wesley possibilitou a ele trazer o cristianismo bíblico de volta para a vida universitária, a despeito da oposição estabelecida. A formação que deu a jovens pregadores prestou uma contribuição valiosa ao culto evangélico no século XIX. Simeon estabeleceu o que demonstrou ser uma tradição evangelical duradoura em Cambridge. Seus protegidos levaram adiante esplêndidos esforços missionários globais que levaram a modernidade às partes mais remotas do Globo.

---

[29] Com isso não pretendo afirmar que todos eles eram completamente bíblicos em sua cosmovisão ou que nenhum outro sistema de crenças moldou sua mentalidade.

Alguns nomes muito conhecidos são Coke, Asbury, Livingstone, Moffat, Martyn, Morrison, Paton e Slessor.

Quando a obra do avivamento bíblico se tornou estabelecida, muitas sociedades missionárias foram formadas, com pequeno intervalo de uma para a outra — Sociedade Missionária Batista, Sociedade Missionária Londrina, Sociedade Missionária Wesleyana, Sociedade Missionária da Igreja, Sociedade Bíblica Britânica e Estrangeira e a Missão para o Interior da China.

Esse espírito missionário levou centenas de milhares de moças e rapazes cristãos a irem aos recantos mais isolados do Globo, geralmente com grande custo e sacrifício pessoal, e servir a pessoas que jamais poderiam retribuir em termos humanos. Esse mesmo espírito missionário moveu milhões que não podiam ir ao estrangeiro a assumir a obrigação moral quanto ao bem-estar dos que foram, em oração e apoio financeiro.

O avivamento bíblico afetou a vida dos políticos. Edmund Burke e William Pitt se tornaram homens melhores por causa de seus amigos que criam na Bíblia. Eles ajudaram a redefinir o mundo civilizado como lugares nos quais a moralidade desempenha papel tão significativo na política e na administração do Estado quanto a política pragmática e a prática econômica. Perceval,[30] lorde Liverpool, Abraham Lincoln, Gladstone e o Príncipe Consorte entre outros reconheceram a influência do Grande Despertamento. O avivamento bíblico, começando pelas classes inferiores, foi a parteira do espírito e dos valores de caráter que criaram e sustentaram instituições livres em todo o mundo de fala inglesa. A Inglaterra depois de Wesley viu muitos dos seus males erradicados, porque centenas de milhares se tornaram cristãos. O coração deles foi mudado, tais como sua mente e atitudes, e dessa maneira a sociedade — o domínio público — foi afetada.

Os desenvolvimentos que serão citados a seguir foram consequências diretas do avivamento wesleyano. Primeiro a abolição da escravatura e a emancipação dos trabalhadores industriais na Inglaterra. Depois vieram as escolas das fábricas, melhorias das escolas em más condições, a humanização do sistema prisional, a reforma do código penal, a criação do Exército

---

[30] Referência a Spencer Perceval, que foi primeiro-ministro da Grã-Bretanha no século XVIII. [N. do T.]

de Salvação, da Sociedade de Panfletos Religiosos, da Sociedade de Auxílio Pastoral, da Missão da Cidade de Londres, dos orfanatos criados por George Müller, James Fegan e Thomas Barnardo, dos Lares para Crianças, de classes para aulas noturnas de cursos politécnicos, das casas de repouso para soldados e marinheiros de Agnes Weston, da Associação Cristã de Moços, da Sociedade Nacional de Prevenção de Crueldade contra Crianças, dos Escoteiros, de associações de moças, da Real Sociedade de Prevenção da Crueldade contra os Animais e muitas outras.

De cada 100 pessoas que trabalhavam nessas instituições, 99 eram cristãs. Todas essas instituições nasceram do avivamento da espiritualidade bíblica, resultado da obra de John Wesley e seus companheiros que expuseram a Bíblia, o que por sua vez produziu o Grande Despertamento de corações, mentes, consciências e vontades.

Os propósitos que Wesley tinha diante de Deus foram alcançados: atacar a raiz causadora da atrofia espiritual e decadência moral e purificar a alma da nação. Não se pode explicar a Inglaterra do século XIX sem levar Wesley e a Bíblia em consideração. De fato, houve erros, mal-entendidos, atritos e discórdias, e pessoas foram feridas. Alguns têm argumentado que as conquistas sociais de Wesley eram meros paliativos e que ele apontou para o outro mundo como a única solução dada por Deus para as mazelas da vida presente. Mas essa crítica vem de um fracasso em entender o evangelho, exposto no início deste capítulo.

A transformação de uma nação é uma tarefa de várias gerações. O livro de Ian Bradley é apenas um dos estudos que detalham as reformas que aconteceram na Inglaterra, África e Índia nos tempos posteriores a Wesley. Meus livros como *India: The Grand Experiment* [Índia: a grande experiência] contam a história de como a Bíblia criou uma Índia relativamente livre de corrupção durante o século XIX.

A vida de John Wesley refuta a ideia de que a História está condenada a circular ao redor da corrupção e que é "feita" por condições e instituições materiais. O avivamento bíblico mudou a História por transformar o caráter, as palavras, os pensamentos e as ações de homens e mulheres. Esse avivamento impediu a Inglaterra de passar por uma revolução sangrenta como a francesa, o que parecia inevitável, dada à severidade das condições sociais, políticas e religiosas da Inglaterra do século XVIII.

Ainda que John Benjamin Wesley fosse um gigante espiritual e intelectual durante o século XVIII, o verdadeiro poder iluminador não está de modo algum na instrumentalidade humana. Esse poder está nas Escrituras, disponível a todos os que a procuram para beber a água da vida. O sr. Singh, meu companheiro de viagem no avião, provou os frutos da espiritualidade bíblica. Mas parece que ninguém na Inglaterra lhe explicou as raízes dessa transformação moral, isto é, o papel que a ideia bíblica de família desempenhou na formação e transmissão do caráter moral forjado na fornalha de uma experiência religiosa.

Capítulo 15

FAMÍLIA

POR QUE OS ESTADOS UNIDOS PASSARAM À FRENTE DA EUROPA?

Em 1831-1832, quatro décadas depois da fracassada Revolução Francesa, um magistrado francês foi aos Estados Unidos em visita oficial. Ele aproveitou a ocasião para fazer uma investigação não oficial sobre a razão do sucesso e das consequências da democracia norte-americana. Ele publicou suas descobertas em um clássico de dois volumes: *Democracia na América*. Próximo do fim do seu livro, Alexis de Tocqueville escreveu:

> Tomei nota de tantas conquistas consideráveis dos americanos. Se alguém me perguntar qual considero ser a principal razão da prosperidade extraordinária e do poder crescente dessa nação, eu responderia que é por causa da superioridade de suas mulheres.[1]

Dizendo de maneira simples, Tocqueville cria que os Estados Unidos prosperaram porque as mulheres norte-americanas eram superiores. Mas por quê? As mulheres norte-americanas não têm a mesma genética das mulheres europeias?[2] Tocqueville continuou:

> Em quase todas as nações protestantes as moças estão muito mais em controle de seu comportamento que entre

---

[1] TOCQUEVILLE, Alexis de. **Democracy in America**. Trad. George Lawrence, ed. J. P. Mayer. HarperPerennial, 1988. p. 603.
[2] Tocqueville faz referência às mulheres anglo-saxãs.

as católicas. Essa independência é ainda maior nos países protestantes, como a Inglaterra, que preservou o direito ao autogoverno. Em casos assim, os hábitos políticos e as crenças religiosas infundiram um espírito de liberdade à família. Nos Estados Unidos o ensino protestante está combinado com uma constituição bastante livre e uma sociedade muito democrática, e em nenhum outro país uma moça é deixada tão cedo ou tão completamente para cuidar de si mesma.[3]

A força do caráter e da cultura norte-americanas tradicionais não pode ser entendida sem uma compreensão do ensino bíblico quanto a gênero, sexo, casamento e vida familiar. Até a década de 1980 os Estados Unidos eram praticamente o único país onde esses ensinos bíblicos estavam entranhados tão profundamente na consciência pública que um candidato a um cargo político elevado teria de desistir da candidatura se fosse descoberto que ele havia enganado sua esposa.[4] Tocqueville afirmou:

> Certamente de todos os países os Estados Unidos são um em que os laços de casamento são muito respeitados e onde a mais alta e verdadeira concepção de felicidade conjugal foi concebida.[5]

Tocqueville não se esqueceu dos fatores naturais, históricos, políticos, legais e educacionais que fizeram dos Estados Unidos um país forte. De fato, a família é um assunto menor em seu volumoso estudo. Não obstante, ele observou corretamente que foi um fator significativo com profundas consequências para a sociedade como um todo. A Bíblia foi a fonte das expectativas norte-americanas quanto ao casamento.

Com base no relato do Antigo Testamento da Criação e de sua oposição ao adultério e ao divórcio, o Novo Testamento ensina que a intenção de Deus para os humanos é a monogamia, isto é, um relacionamento permanente e exclusivo entre um homem e uma mulher. Jesus explicou que "no princípio, o Criador 'os fez homem e mulher' [...] e disse: 'Por essa razão, o homem deixará pai e mãe e se unirá à sua mulher, e os dois se tornarão

---

[3] TOCQUEVILLE, **Democracy in America**, p. 590.
[4] Ibid., p. 261.
[5] Ibid., p. 291.

uma só carne'? Assim, eles já não são dois, mas sim uma só carne. Portanto, o que Deus uniu, ninguém o separe".⁶

A monogamia não foi a concepção judaica, hinduísta, budista ou islâmica de casamento. Essa é uma ideia distintamente cristã, que se espalhou pelo mundo no século XIX, principalmente por causa do movimento missionário ocidental.

O que a ideia bíblica de casamento e família fez pela condição das mulheres e pela civilização?

Como mencionado no capítulo 2, iniciamos nosso serviço aos pobres na aldeia de Gatheora em 1976 treinando os Trabalhadores da Saúde das Aldeias (sigla em inglês, VHW's). O dr. Mategaonker e sua equipe iam ao nosso sítio duas vezes por semana para ensinar aos aldeões como conservar a saúde, prevenir doenças e curar males simples. As famílias da aldeia não iriam permitir que mulheres atendessem pessoas de classes inferiores,⁷ por isso tivemos de treinar rapazes. Após alguns meses, depois que vínculos foram criados e tínhamos certa liberdade uns com os outros, os Trabalhadores da Saúde vieram nos trazer sua opinião: "Vocês, cristãos, são muito imorais".

"O que você quer dizer?" Fui pego de surpresa, pois o júri chegara a esse veredicto depois da devida deliberação. "Como nós somos imorais?"

"Vocês andam com suas esposas segurando a mão delas. Nossas esposas caminham pelo menos três metros atrás de nós. Vocês levam suas cunhadas ao mercado na garupa de suas *scooters*. Nossas esposas são tão modestas que vão na garupa das nossas bicicletas e cobrem o rosto quando estão em frente a nossos pais, tios e irmãos mais velhos".

Eu não sabia como responder aos meus acusadores. Mas Vinay, meu irmão mais velho, vivera lá muito antes de mim. Ele respondeu com uma franqueza brutal: "Que é isso, pessoal? Vocês sabem perfeitamente bem que a verdade é exatamente o contrário. Vocês não permitem que suas esposas descubram o rosto diante dos seus pais e irmãos porque vocês não confiam nem nos seus pais, nem nos seus irmãos, nem nas suas

---

⁶ Mateus 19.4-6.
⁷ As únicas mulheres que iam até as fazendas de outras pessoas eram trabalhadoras sem terra de castas intocáveis.

esposas. Eu permito que minha esposa vá ao mercado com o meu irmão porque confio nela e confio no meu irmão. Nossas esposas podem caminhar conosco e visitar vocês em suas casas por causa de padrões morais mais elevados. Vocês prendem suas esposas em suas cozinhas e atrás de véus porque *vocês* são imorais".

Para minha completa surpresa, todos os Trabalhadores da Saúde concordaram com Vinay, sem o menor sinal de protesto. Eles podem ter ficado céticos a respeito da nossa moralidade, mas conheciam muito bem os próprios padrões morais deles. Fui grato à percepção de Vinay, pois não me havia dado conta das ligações entre moralidade e liberdade, liberdade e condição das mulheres, condição das mulheres e a força de uma sociedade. Eu deveria saber isso melhor, porque nossa aldeia estava a menos de 32 quilômetros de Khajuraho, onde cada ato sexual imaginável está esculpido em pedra para adornar templos hinduístas. A religião de "sexo sagrado" dos meus ancestrais escravizou nossas mulheres tal como acontecera na civilização greco-romana pré-cristã.

Nossos vizinhos não podiam sequer se referir às esposas deles pelo nome. Uma esposa é *bhitarwali* — aquela que fica do lado de dentro [da casa]. A escravização de mulheres era vista como a moralidade tradicional. A consequência? Nenhuma garota da nossa aldeia tinha ido além do quinto ano do ensino fundamental porque a escola mais próxima estava a quase seis quilômetros de distância. Era muito arriscado mandar uma garota tão longe, além do alcance da nossa vista. Levou tempo para que o pessoal dos Trabalhadores da Saúde reconhecesse que o que eles consideravam moralidade era de fato a escravidão das nossas mulheres. *A moralidade pressupõe libertação. Moralidade sem libertação é escravidão. Libertação sem moralidade é destrutiva.*

Por que o movimento de libertação feminina teve início nos Estados Unidos, não em uma nação muçulmana sob regimes do tipo Talibã? Terá sido por que as mulheres norte-americanas eram mais oprimidas que suas colegas muçulmanas? O oposto é que é verdade. Um corpo anêmico não pode combater a doença. É preciso ter força para combater os germes. A libertação feminina começou nos Estados Unidos porque as mulheres norte-americanas eram ao mesmo tempo fortalecidas e discriminadas.

A Bíblia é um livro patriarcal. Seus ensinos têm sido responsáveis pelo *status* de subordinação feminina em lares, igrejas e na sociedade ocidental tradicional. Será possível que a Bíblia tenha sido a força que capacitou as mulheres no Ocidente para lutar por sua libertação? Um fator foi óbvio para Tocqueville: os cristãos americanos criam em uma hierarquia prática, social e temporária de maridos e esposas ao mesmo tempo que afirmaram sua igualdade inerente, intrínseca ou metafísica.

Muitas culturas acreditam que as mulheres são intrinsecamente inferiores aos homens. Um exemplo: Rousseau — um dos pais do Iluminismo secular e um campeão da causa da liberdade — cria que a mulher é um homem inacabado. Os sábios hinduístas ensinam que uma alma com carma ruim se encarna como mulher para servir aos homens. Tocqueville observou que, a exemplo da cristandade europeia, os Estados Unidos "permitiram que continuasse uma inferioridade *social* das mulheres".[8] Não é difícil hoje encontrar igrejas norte-americanas que creem que as mulheres podem fazer um discurso no Congresso da nação, mas não em suas congregações locais; mulheres podem servir café depois do culto, mas não a santa ceia durante o culto; mulheres podem tocar piano no culto, mas não podem fazer a oração pastoral.

Muitos cristãos, porém, que praticam uma desigualdade social ou temporária concordam que a Bíblia ensina que homens e mulheres foram criados iguais à imagem de Deus;[9] a desigualdade social — isto é, a liderança masculina no lar — veio como parte da maldição sobre o pecado humano.[10] Eles concordam que Jesus veio nos libertar do pecado e de sua maldição. Essa distinção entre uma igualdade essencial metafísica e uma desigualdade social temporária por causa do pecado não foi um ato de malabarismo teológico. Na verdade, essa distinção permitiu que a luta por igualdade digna se tornasse um aspecto de buscar a salvação das consequências do pecado.

Tocqueville testemunhou a "desigualdade social" — sofrimento e tristeza — nos olhos das mulheres que exaltou. Elas eram mulheres com

---

[8] TOCQUEVILLE, op. cit., p. 603, grifo nosso.
[9] Gênesis 1.26,27.
[10] Gênesis 3.16.

formação escolar que, submissas ao marido, deixaram a vida na cidade para se estabelecer em territórios inexplorados. Elas se sacrificaram pelos filhos e pelos sonhos do marido. Em um apêndice comovente, Tocqueville descreveu uma visita a um típico casal de pioneiros que se mudou da Nova Inglaterra para o Oeste, abriu uma clareira no meio de uma floresta densa e começou uma plantação. Para mim, esse trecho foi comovente porque ele poderia muito bem descrever minha esposa e eu em 1976, exceto pelo fato de que nós nos mudamos para um sertão social, não literal. Além disso, porque esse trecho de Tocqueville explica o sucesso econômico dos Estados Unidos aos que foram infectados pelo preconceito socialista de que a riqueza daquele país veio da exploração de outras nações.

> Fomos para a casa de madeira; seu interior era completamente diferente dos chalés dos camponeses europeus; havia [...] pouca coisa [...] em uma prateleira formada por uma tábua toscamente desbastada, alguns poucos livros: a Bíblia, os primeiros seis cantos de Milton e duas peças de Shakespeare [...] o dono daquela casa [...] com certeza não nascera naquela solidão em que o encontramos [...] estava claro que seus primeiros anos foram passados em uma sociedade que usa o cérebro e que ele pertencia a uma raça de homens infatigáveis, sagazes e aventureiros que fazem com a maior frieza coisas que só podem ser realizadas pelo ardor da paixão e que persistem por toda a vida de um selvagem para conquistar e civilizar aquele sertão [...].
>
> Uma mulher estava assentada no outro lado da casa, balançando uma criança pequena em seus joelhos. Ela acenou com a cabeça para nós sem se perturbar. Assim como o pioneiro, ela também era muito jovem; sua aparência parecia ser superior à sua condição, e suas vestes traíam um gosto por vestidos de qualidade; mas seus membros delicados estavam gastos, suas feições acabadas e seus olhos gentis e sérios; sua fisionomia trazia marcas de resignação religiosa, uma paz profunda, livre de paixões, e algum tipo de determinação natural que enfrentaria todos os males da vida sem medo e rebeldia.[11]

Tocqueville descreve o tipo de força heroica que se manifesta em submissão, sacrifício e perseverança — qualidades que geralmente desaparecem nas cordas usadas para oprimir as mulheres. Na cultura bíblica e

[11] TOCQUEVILLE, op. cit., p. 731.

democrática dos Estados Unidos, Tocqueville afirma, essas qualidades se tornaram a fonte da liberdade das mulheres e uma força nacional. Será mais fácil entender esse ponto se olharmos para a cultura norte-americana à luz de outras tradições.

Mulheres de véu

O profeta Maomé fez uma visita a Zaid — seu altamente estimado filho adotivo. Zaid foi o terceiro convertido ao islã e era totalmente leal ao seu pai adotivo. Sua bela esposa, Zaynab bint Jahash, era prima do profeta. Zaid não estava em casa, e Zaynab, que estava levemente vestida, abriu a porta e convidou seu primo para entrar. Impressionado com a beleza dela, o profeta exclamou: "Senhor gracioso! Céus! Como você vira o coração dos homens". O profeta hesitou e por fim rejeitou o convite para entrar.

Zaynab narrou o incidente ao marido, que imediatamente foi até o profeta e solicitamente se ofereceu para se divorciar da esposa em favor dele. Magnanimamente Maomé declinou. "Guarde sua esposa e tema a Deus". Mas em muitas partes do mundo é perigoso negar a uma pessoa poderosa o que seu coração deseja, a despeito do que essa pessoa possa dizer. Aparentemente os elogios do profeta tocaram o coração de Zaynab, e o filho devoto se divorciou.

O profeta hesitou em se casar com Zaynab, porque casar-se com a esposa do seu filho seria considerado incesto. Uma nova revelação o livrou dos seus escrúpulos. Com sua esposa Aisha — com que se casou quando ela tinha apenas 6 anos — assentada perto dele, Maomé teve um de seus êxtases proféticos. Quando voltou a si, ele perguntou: "Quem irá parabenizar Zaynab e dizer-lhe que o Senhor a uniu a mim em casamento?". Então compôs a surata alcorânica 33.2—33.7, baixando a lei de que filhos adotivos devem ter o nome do pai e que se casar com a esposa do filho adotivo não seria considerado crime entre os fiéis. Deus garantiu ao profeta: "Quando Zaid tiver acertado a questão do divórcio, nós a casaremos contigo".

Apologistas muçulmanos defendem Maomé argumentando que o casamento era contratado por questões políticas. Mas Aisha fez um comentário mais judicioso: "Seu Deus de fato parece ter respondido a suas orações muito rapidamente". Se a profecia foi uma revelação divina ou um produto do subconsciente, o mundo islâmico aprendeu que é mais seguro cobrir a beleza da esposa que se arrepender.[12]

Os Dez Mandamentos já prescreviam que cobiçar a esposa do próximo é pecado. Jesus ofereceu uma solução mais radical — uma que exige não simplesmente modéstia da parte das mulheres, mas também disciplina pessoal e santidade interior dos homens. Ele disse aos seus seguidores para lidar com o problema espiritual do adultério em seu coração e a luxúria em seus olhos. Ele lhes disse que não se divorciassem da esposa, a não ser em casos de infidelidade conjugal e que não se casassem com mulheres divorciadas em circunstâncias que zombam do casamento e camuflam o adultério — circunstâncias que usam o divórcio e o casamento como uma desculpa para desestruturar famílias.[13]

No início do segundo milênio da era cristã, quando os templos de Khajuraho começaram a ser construídos na região central da Índia, o islã iniciou a conquista da região noroeste do país. Hoje muitos hinduístas "ocidentalizados", orgulhosos de Khajuraho, do *Kama Sutra* e da sexualidade tântrica,[14] pensam que sexo livre é o mesmo que liberdade. Eles alegam que o islã trouxe o véu e escravizou as mulheres na Índia. Mesmo se isso fosse verdade, o fato permanece de que, durante os oito séculos de influência islâmica, o tantra, a ioga[15] e o culto à deusa não libertaram as

---

[12] Para ler toda a história, v. WARRAQ, Ibn. **Why I Am Not a Muslim**. New York: Prometheus Books, 1995. p. 99-101.

[13] "Vocês ouviram o que foi dito: 'Não adulterarás'. Mas eu lhes digo: qualquer que olhar para uma mulher para desejá-la, já cometeu adultério com ela no seu coração. Se o seu olho direito o fizer pecar, arranque-o e lance-o fora. É melhor perder uma parte do seu corpo do que ser todo ele lançado no inferno. E se a sua mão direita o fizer pecar, corte-a e lance-a fora. É melhor perder uma parte do seu corpo do que ir todo ele para o inferno. Foi dito: 'Aquele que se divorciar de sua mulher deverá dar-lhe certidão de divórcio'. Mas eu lhes digo que todo aquele que se divorciar de sua mulher, exceto por imoralidade sexual, faz que ela se torne adúltera, e quem se casar com a mulher divorciada estará cometendo adultério." (Mateus 5.27-32).

[14] Para uma discussão mais detalhada a esse respeito, v. meu capítulo "Sexo tântrico — uma celebração da vida?" no meu livro **When the New Age Gets Old:** Looking for a Greater Spirituality. Downers Grove, IL: IVP, 1992.

[15] A ioga começou como uma técnica hinduísta para suprimir toda atividade do corpo, da mente e da vontade para que o *self* possa perceber sua distinção deles (na

mulheres indianas.[16] A emancipação das mulheres asiáticas teve início no século XIX quando o movimento missionário ocidental[17] nos trouxe uma cosmovisão, uma espiritualidade e uma moralidade bíblicas — o que Tocqueville chamou de "mores"[18] ou os "hábitos do coração".[19]

Keshab Chandra Sen (1838-1884), o filósofo e reformador social bengali, apreendeu o que Tocqueville viu. Na década de 1870 ele foi o primeiro indiano a exigir que a poligamia deveria ser banida e que a monogamia fosse a definição legal de casamento. Os governantes britânicos na Índia resolveram não desafiar a poligamia hinduísta e islâmica. Eles oficializaram a monogamia apenas para os indianos cristãos e para os hinduístas que passaram a fazer parte da seita de Sen — a Prarthana Samaj. Poucas gerações depois de Sen, em 1949, Pandit Jawaharlal Nehru, o primeiro indiano a ocupar o posto de primeiro-ministro, também tentou fazer a monogamia parte da Constituição da Índia; ele queria que ela fosse obrigatória para todos os hinduístas, mas fracassou.

A monogamia se tornou a lei conjugal hinduísta apenas em 1956. Mesmo assim, em meados dos anos 1990 tínhamos um membro do Parlamento que tinha 49 esposas! Muitos homens com mais de uma esposa ocuparam cargos importantes na Índia. Não é problema para a concubina de um líder eleito popular disputar uma eleição e vencer. Não estou condenando indivíduos em particular. Mas quero chamar a atenção para o fato de que nossa cultura teve bases éticas muito diferentes das da cultura norte-americana. Creio que os hábitos do coração da Índia (hábitos que têm conquistado terreno nos Estados Unidos desde os anos 1960) estão na raiz da escravização das nossas mulheres e da estagnação da civilização indiana.

---

filosofia Samkhya) ou sua unicidade com o infinito (no monismo), para alcançar a libertação.

[16] **When the New Age Gets Old**. V. o capítulo "Fazer ecologia é ser humano".

[17] McNicol, Nicol; Mangalwadi, Vishal. **What Liberates a Woman:** The Story of Pundita Ramabai — A Builder of Modern India. Landour, Mussoorie, UA, Índia: Nivedit Good Books, 1996. V. tb. **The Legacy of William Carey:** A Model for Transforming a Culture.

[18] A palavra "mores" vem do latim e significa literalmente "costumes". [N. do T.]

[19] Tocqueville, op. cit., p. 287.

Da poligamia ao celibato

O cristianismo surgiu na cultura promíscua e poligâmica de Roma — uma cultura não muito diferente da cultura de Khajuraho. Muitos historiadores observaram o que o Novo Testamento sugere, que o cristianismo conquistou Roma porque, como veremos adiante, ele atraiu e fortaleceu as mulheres. É importante entender como a poligamia as enfraquece e as escraviza.

Um incidente doméstico no harém do profeta Maomé ilustra o problema da poligamia. Um muçulmano pode ter até quatro esposas, mas o profeta recebeu uma revelação que permitiu que ele tivesse 13. Para evitar ciúmes, ele passava cada noite com uma. Um dia era a vez de Hafsa. Ela foi visitar o pai dela e voltou inesperadamente. Ela ficou furiosa quando encontrou o profeta na cama com Maria, a concubina egípcia que era uma cristã copta. Hafsa o repreendeu amargamente, ameaçando contar o acontecido às outras esposas. Maomé prometeu ficar longe da detestada Maria se Hafsa ficasse quieta. Mas Hafsa confiou em Aisha, que também detestava Maria, e contou tudo a ela.

O escândalo se espalhou, e Maomé ficou "ostracizado" em seu próprio harém. Uma revelação — a surata 66.15[20] — o absolveu de cumprir sua promessa caso se mantivesse longe da atraente serva. A revelação exigia que ele repreendesse suas esposas, ameaçando-as de se divorciar de todas elas, substituindo-as por esposas submissas. O profeta foi rápido em obedecer à palavra do anjo que o liberou de sua obrigação de cumprir sua promessa. Ele passou um mês com Maria, longe das outras esposas. Elas se conformaram. Abu Bakr, o pai de Aisha, e os outros pediram ao profeta que perdoasse as esposas tolas.

[20] Para conhecer toda a história, v. WARRAQ, op. cit., p. 100-101. Na surata 66.1-5 Deus diz: "Ó Profeta, por que proíbes o que Deus te permitiu [i.e., Maria], só para agradar a tuas mulheres? Deus é perdoador e misericordioso. Deus absolveu-vos de tais juramentos [de ficar longe de Maria] [...]. Se ele [o Profeta] vos repudiar, talvez seu Senhor lhe envie esposas melhores do que vós, submissas a Deus, e crentes, obedientes, penitentes, devotas, inclinadas ao jejum, casadas ou virgens". Essa surata seria para o benefício de Maria, mas ela percebeu e nunca se converteu ao islã, por isso não pôde se tornar uma esposa propriamente.

Ainda que muitos dos nossos contemporâneos tenham argumentado que o direito a um divórcio fácil é necessário para a liberdade e felicidade da mulher, a experiência do divórcio fácil no islã e a sabedoria acumulada de gerações sugerem que o divórcio e a poligamia enfraquecem as mulheres. Essas práticas minam a capacidade de a mulher lutar por seus direitos e por sua dignidade. Ironicamente, o celibato pode se tornar o extremo oposto do espectro.

A Bíblia apresenta o celibato como um chamado raro para líderes que precisam dedicar todo o seu tempo ao serviço em circunstâncias especiais.[21] Mas alguns mestres cristãos interpretaram mal a Bíblia ao concluir que o relacionamento conjugal é algo sujo. Durante a Idade Média, a Igreja católica promoveu a ideia de que o celibato era espiritualmente superior ao casamento. A Bíblia permitiu aos Reformadores do século XVI restaurar o *status* honorável do casamento. Mas, antes de discutir essa controvérsia, precisamos observar a contribuição da Bíblia à emancipação das mulheres na Igreja católica.

O catolicismo romano e a emancipação das mulheres

Rodney Stark em seu excelente estudo *The Rise of Christianity: A Sociologist Reconsiders History*,[22] discute o surgimento do cristianismo em seu primitivo contexto pagão greco-romano. Entre outras coisas, ele explora o impacto dos mandamentos bíblicos concernentes a adultério, estupro, assassinato, divórcio, amor à esposa, cuidado com as viúvas, e outros mais, a respeito da feminilidade em geral. O trecho a seguir é extraído de uma seção intitulada "Esposas, viúvas e noivas":

> Antes de mais nada, um aspecto importante da melhoria da condição das mulheres na subcultura cristã é que os cristãos não praticavam o infanticídio feminino[23] [...]. A visão mais favorável que os cristãos tinham das mulheres é também demonstrada em sua condenação do divórcio,[24] do

---

[21] Mateus 19.9-11.
[22] **O crescimento do cristianismo**: um sociólogo reconsidera a história. São Paulo: Paulinas, 2006.
[23] "Não matarás" (Êxodo 20.13).
[24] "Eu odeio o divórcio", diz o Senhor, o Deus de Israel, e "o homem que se cobre de violência como se cobre de roupas", diz o Senhor dos Exércitos. Por isso tenham bom senso; não sejam infiéis." (Malaquias 2.16.)

incesto,²⁵ da infidelidade conjugal²⁶ e da poligamia.²⁷ Como Fox afirmou, "a fidelidade sem divórcio era esperada de cada cristão". [...] À semelhança dos pagãos, os primeiros cristãos valorizavam a castidade feminina, mas, diferentemente deles, rejeitaram o padrão duplo que permitia aos homens licenciosidade sexual. Os homens cristãos eram exortados a permanecerem virgens até o casamento, e o sexo extraconjugal era condenado como adultério. Chadwick observou que o cristianismo "considerava a falta de castidade do marido uma não menos séria quebra de lealdade e confiança que a infidelidade de uma esposa".²⁸

Stark mostrou que as viúvas cristãs desfrutavam de vantagens substanciais em relação às viúvas pagãs, que enfrentavam grande pressão social para se casarem novamente. Augusto César, por exemplo, multava as viúvas que não se casassem novamente dentro de dois anos. Quando uma viúva se casava de novo, ela perdia toda a sua herança, que passava a ser propriedade de seu novo marido. Em contraste, o Novo Testamento exige que os cristãos respeitem as viúvas e cuidem delas.²⁹ As viúvas cristãs abastadas conservavam a herança do marido, e a igreja sustentava as pobres, dando-lhes a liberdade de escolha quanto a se casar de novo ou não.

Os cristãos também expressaram seu respeito pelas mulheres quando elevaram a idade do casamento. A lei romana estabelecia a idade de 12 anos como a idade mínima com que garotas poderiam se casar. Mas a lei não era mais que uma recomendação. Não havia prescrição de penalidade no caso de desobediência, e essa idade foi rotineiramente ignorada. Os melhores estudos disponíveis mostram que no Império Romano as filhas dos pagãos tinham três vezes mais chance que as garotas cristãs de se casarem antes dos 13 anos. Com 11 anos, 10% das garotas já se haviam casado. Quase a metade (44%) das garotas pagãs já estavam casadas com 14 anos,

---

[25] Levítico 18.6-18.
[26] "Não adulterarás" (Êxodo 20.14).
[27] "É necessário, pois, que o bispo seja irrepreensível, marido de uma só mulher, sóbrio, prudente, respeitável, hospitaleiro e apto para ensinar." (1Timóteo 3.2).
[28] STARK, **Rise of Christianity**, p. 104-105.
[29] "A religião que Deus, o nosso Pai, aceita como pura e imaculada é esta: cuidar dos órfãos e das viúvas em suas dificuldades e não se deixar corromper pelo mundo." (Tiago 1.27).

comparadas com 20% das cristãs. Em contraste, quase a metade (48%) das garotas cristãs não se casavam antes dos 18 anos.[30]

Stark reportou que em 1955 o historiador francês Durry publicou o que descobriu em suas pesquisas: que os casamentos romanos envolvendo noivas crianças eram consumados antes que as garotas alcançassem a puberdade. Durry pensou que essa não era a norma. Entretanto, uma substancial evidência literária desde então apontava para o fato de que a consumação desses casamentos era algo tido como certo.[31] Alguns escritores pagãos como Plutarco classificaram esse costume como cruel e contrário à natureza porque enchia as garotas de ódio e medo. Os cristãos, pelo contrário, podiam atrasar o casamento de suas filhas porque o Novo Testamento lhes deu padrões morais diferentes — os mesmos padrões para homens e mulheres. A ética sexual da Bíblia deu às garotas cristãs tempo para crescerem e assim se tornarem melhores esposas e mães.

Sexo e casamento

A cultura clássica de Roma não via o sexo apenas como um prazer secular. Como as seitas tântricas na Índia, muitos templos romanos estavam cheios de homens e mulheres que se dedicavam à prostituição. Um estudo publicado em 1889 afirmou que algumas mulheres casadas de famílias de posição social elevada no Império Romano "pediram que seus nomes fossem contados entre as prostitutas públicas, de modo que assim elas não fossem punidas por adultério".[32]

O adultério era um crime com sérias consequências porque era ofensa *econômica*, tomar a propriedade (a esposa) de outro homem — não porque fosse questão de impureza sexual, uma quebra da união santa entre marido e esposa ou uma violação de votos sagrados. De fato, o sexo extraconjugal com uma prostituta cultual era visto como um evento religioso, purificador, que agradaria aos deuses. Os gnósticos o viam como uma maneira de

---

[30] STARK, op. cit., p. 106.
[31] Ibid. V. tb. HOPKINS, Keith, The Age of Roman Girls at Marriage, **Population Studies** 18 (1965), p. 309-327.
[32] SCHMIDT, C. **The Social Results of Early Christianity.** Trad. Mrs. Thorpe. London: William Isbister, 1889. p. 47.

alcançar a iluminação. Até hoje muitos gurus hindus e mestres de ioga têm sexo com seus alunos e suas alunas sob o pretexto de "purificar os chacras" — os centros psíquicos no corpo.

A promoção religiosa e aristocrática do sexo extraconjugal teve consequências colossais. A disponibilidade fácil do sexo sem compromisso eliminou a motivação dos homens para se casar. O desprezo pelo casamento se tornou evidente quando em 131 a.C. o censor romano Quintus Metellus Macedonicus propôs que o casamento deveria ser obrigatório. Muitos homens preferiam permanecer solteiros, levando o censor a admitir: "Se pudermos ficar sem uma esposa [...] todos evitaríamos muitos aborrecimentos".

Metellus, porém, prosseguiu afirmando que os homens precisavam levar a sério o bem-estar permanente do Estado: "Mas, como a natureza dispôs que não podemos viver confortavelmente com elas nem sem elas, devemos pensar em nosso bem-estar permanente, não apenas no prazer do momento".[33] Mais de um século depois, Augusto César citou essa passagem para o Senado a fim de justificar sua legislação a favor do casamento. A necessidade era óbvia, o argumento forte, mas a legislação pela segunda vez não foi recebida com grande entusiasmo. O historiador Beryl Rawson escreveu: "Um tema recorrente na literatura latina é que as viúvas são difíceis, por isso os homens não se preocupam muito com o casamento".[34]

Outro resultado cumulativo da promiscuidade, casamento infantil, maus-tratos às mulheres, divórcio e medo do casamento foi que a população pagã de Roma começou a declinar nos últimos anos do império. Mães solteiras e viúvas inseguras (que temiam o divórcio) escolhiam o aborto e o infanticídio mesmo que seus instintos naturais fossem para cuidar de seus filhos. Por volta do final do século II da era cristã, Minucius Felix acusou em *Octavius* que a mitologia religiosa encorajava o assassinato por meio do infanticídio e do aborto:

---

[33] Citado pelo antigo historiador Aulus Gellius em **The Attic Nights of Aulus Gellius**, v. 1. Trad. John C. Rolfe. New York: G. P. Putnam's Sons, 1927. p. 31.

[34] Rawson, Beryl. The Roman Family. In: Rawson, Beryl (Ed.). **The Family in Ancient Rome:** New Perspectives. Ithaca: Cornell University Press, 1986. p. 11.

Eu vejo os seus bebês recém-nascidos expostos por vocês aos animais selvagens e às aves de rapina, ou sendo cruelmente estrangulados até a morte. Há também mulheres entre vocês que, por tomarem certas drogas, destroem os inícios do futuro ser humano enquanto este ainda está no útero, e são culpadas de infanticídio antes de serem mães. Essas práticas certamente foram dadas a vocês pelos seus deuses.[35]

As consequências a longo prazo da prostituição, permissividade, não casamento, divórcio, aborto, infanticídio e declínio da população foram que as cidades romanas começaram a encolher em número e tamanho. Eventualmente o império teve de depender de um constante fluxo de colonizadores "bárbaros". No século II da era cristã, Marco Aurélio teve de recrutar escravos e gladiadores e contratar germanos e citas para preencher as fileiras do seu exército. Consequentemente Roma se tornou vulnerável. O principal desafio a essa tendência deprimente veio da igreja, que seguiu o mandamento bíblico dado a Adão e Eva quanto a "crescer e multiplicar".

Em comparação com os pagãos, o compromisso dos cristãos com o casamento resultou em mulheres mais seguras e uma taxa de fertilidade mais alta. De igual maneira, a oposição cristã ao infanticídio e ao aborto resultou em uma taxa de mortalidade infantil menor. Em razão desses dois fatores a população cristã cresceu mais que a população pagã de Roma. As escolhas dos cristãos a favor de pureza sexual, casamento estável, cuidado para com crianças, órfãos e viúvas ajudou a civilização, mas não foi provocada por uma preocupação pela civilização. A motivação deles era agradar a Deus pela obediência à sua Palavra.

Durante o primeiro milênio da era cristã a Igreja católica romana foi a grande força a favor da emancipação das mulheres. Mas no início do segundo milênio o "culto à Virgem Maria"[36] e a ideia de alcançar a salvação por meio da religiosidade levaram a uma exaltação não bíblica do celibato.

---

[35] FELIX, Minucius. **The "Octavius" of Minucius Felix**. Trad. J. H. Freese. New York: Macmillan, p. 83.

[36] Os Reformadores o viram como um "culto", uma vez que não havia base bíblica para orar a Maria ou para considerar que ela permaneceu virgem depois do nascimento de Jesus. Há evidência bíblica de que ela teve relações maritais normais e filhos com seu marido (Mateus 13.55,56; Marcos 6.3; Gálatas 1.19).

A ideia de "salvação pelas obras" sempre leva a uma negação de confortos — certos alimentos, bebidas, sono, sexo, casamento etc. Essa mentalidade — a negação do prazer e a conquista da justificação por obras devotas — levou o povo a ver o sexo, o casamento, a família e o trabalho economicamente produtivo (necessário para o sustento de uma família) como concessões para uma espiritualidade inferior. A renúncia ao casamento e aos prazeres (e responsabilidades) da vida familiar foi considerada como virtude. O celibato se tornou uma prova púbica de superioridade espiritual. Entrar para um mosteiro se tornou o caminho mais seguro para o céu. Esse orgulho espiritual produziu um grande preconceito contra as mulheres.

Por exemplo, a popular obra O *martelo das feiticeiras*[37] (de 1487) seduziu inquisidores a pensar que as mulheres eram hienas sexualmente insaciáveis e um perigo constante para os homens e a sociedade.[38] A permissividade sexual tântrica resultou em reações similares na corrente principal do hinduísmo — uma exaltação do ascetismo e do celibato (*brahmacharya*) com uma visão degradante das mulheres como tentadoras. A reação hindu foi ainda mais longe que a exaltação europeia ao celibato, por considerar a matéria física, o corpo humano e o sexo inerentemente maus, em contraste com o espírito, que é bom. Por exemplo, Swami Sivananda, o fundador da Sociedade Vida Divina e um pioneiro do movimento moderno dos gurus, fez declarações como:

> O prazer sexual é o mais enfraquecedor e desmoralizante de todos os prazeres. O prazer sexual não é prazer de modo algum. É uma ilusão mental. É algo falso, totalmente sem valor e extremamente perigoso.[39]

Para a felicidade do Ocidente, a Reforma do século XVI restaurou normas bíblicas para os costumes sexuais. Reformadores como Martinho Lutero argumentaram que, de acordo com a Palavra de Deus, o sexo e o casamento eram meios de santidade. A família, não o mosteiro, era a escola

---

[37] Rio de Janeiro: Rosa dos Tempos, 18. ed., 2004. [N. do T.]
[38] OBERMAN, Heiko A. **Luther:** Man Between God and the Devil. New York: Image Books, 1992. p. 277.
[39] SIVANANDA, Swami. **Bliss Divine.** Sivanandanagar, Divine Life Society, 1974. p. 539-540.

divinamente ordenada para o caráter. O aclamado escritor e historiador Roland Bainton escreveu: "Lutero que se casou para testificar de sua fé [...] fez mais que qualquer outra pessoa para determinar o tom das relações domésticas alemãs (e protestantes) nos quatro séculos que se seguiram a ele".[40] A casa de Lutero em Wittenberg se tornou a primeira casa pastoral depois de séculos. As normas bíblicas para a vida em família que Lutero ensinou permaneceram praticamente sem mudança até o fim do século XX.

Os ataques de Martinho Lutero às ideias católicas de celibato e sua defesa da ideia bíblica de casamento fizeram mais para promover a Reforma que seus ataques às indulgências. Ele ensinou que, de acordo com a Bíblia, alguns indivíduos são chamados a uma vida celibatária. Entretanto, o plano normal de Deus para os seres humanos é o casamento. A doutrina de que o casamento é espiritualmente inferior ou indesejável é "doutrina de demônios".[41] Lutero ensinou que a família, não o mosteiro, é a escola de Deus para o caráter humano; o celibato se tornou a armadilha do Diabo para levar padres e monges ao pecado.

Inicialmente, de 1517 a 1521 para os europeus comuns a Reforma parecia ser uma questão de disputas teológicas entre especialistas. O povo comum se despertou para sua importância quando os padres começaram a se casar como resultado do pequeno livro de Lutero *Cativeiro babilônico da igreja*.[42] Lutero argumentou que as leis dos homens não podem anular a ordem de Deus para se casar. Deus ordenou o casamento para os homens antes que o pecado tivesse entrado no mundo. O sexo era parte do mundo material que o Criador declarou "muito bom".[43] Lutero observou que as Escrituras nos informam: "Então o SENHOR Deus declarou: 'Não é bom que o homem esteja só; farei para ele alguém que o auxilie e lhe corresponda' ".[44] Em outras palavras, Deus fez Eva para Adão. Ela era boa e necessária para ele — um presente perfeito planejado

---

[40] BAINTON, Roland, **Here I Stand**, p. 298.
[41] 1Timóteo 4.1.
[42] "Cativeiro babilônico da igreja" faz parte da coletânea **Martinho Lutero — Obras selecionadas**, v. 2 — **O programa da Reforma: Escritos de 1520**, publicada no Brasil pelas editoras Sinodal e Concórdia. [N. do T.]
[43] Gênesis 1.31.
[44] Gênesis 2.18.

pela sabedoria divina. Deus fez apenas uma mulher para um homem, e os dois se tornam "uma só carne".[45]

Depois desse seu livro iconoclástico, Lutero produziu *Apelo à nobreza cristã da nação alemã*.[46] Nesse texto argumenta-se de maneira prática sobre o casamento dos padres (não dos monges): um padre deve ser um administrador; colocar um homem e uma mulher juntos é como colocar fogo na palha e esperar que nada aconteça. A castidade não casta na igreja precisava acabar. Os padres precisavam ser liberados para o casamento. O instinto sexual natural e divinamente ordenado precisava ser reconhecido como um impulso necessário, bom e honrado.

Lutero — um monge — ainda estava escondido no Castelo de Wittenberg para não ser queimado como um herege, quando três padres afirmaram que seu ensino quanto ao casamento estava correto. O arcebispo Alberto de Mainz ordenou que fossem presos. Lutero enviou um protesto severo. Alberto decidiu consultar a Universidade de Wittenberg. Andreas Carlstadt, colega mais velho de Lutero e erudito altamente respeitado, respondeu ao questionamento do arcebispo escrevendo um livro contra o celibato. Ele concluiu que, de acordo com a Bíblia, um padre não apenas *pode*, como também *deve* se casar e se tornar um pai de família. Carlstadt substituiu o celibato obrigatório pelo casamento e paternidade obrigatórios. Ele foi adiante e confirmou seu estudo bíblico com um exemplo pessoal, pois se casou.

Lutero ficou maravilhado com as decisões ousadas de Carlstadt. Não obstante, não ficou muito à vontade com a proposta de Carlstadt de que até os monges deveriam se casar. Lutero pensava que o caso dos monges, como ele mesmo, era diferente do caso dos padres. Os monges tomaram votos voluntários de permanecerem celibatários. Seria errado quebrar esses votos. Isso levantou uma nova questão: Deus aprova os votos de celibato? A resposta de Lutero ajudou a criar o conceito moderno de casamento, bem como o mundo político-econômico moderno.

A questão forçou Lutero a voltar às Escrituras. Ele descobriu que o voto monástico contra o casamento não é bíblico, pois está em conflito

---

[45] Gênesis 2.24.
[46] Publicado no Brasil no mesmo v. 2 das **Obras selecionadas** de Lutero. [N. do T.]

com a caridade e com a liberdade. Ele respondeu à universidade: *"O casamento é bom, a virgindade é melhor, mas a liberdade é melhor ainda"*. Com base na Bíblia, Lutero concluiu que os votos monásticos se baseavam em pressuposições falsas e arrogantes, a saber, que os cristãos celibatários tinham uma vocação ou chamado especial para observar os conselhos de perfeição, que eram superiores aos cristãos comuns, que obedeciam a leis morais simples. A conclusão revolucionária de Lutero é conhecida como "sacerdócio de todos os crentes".[47]

A exposição da Bíblia por Lutero começou a esvaziar os mosteiros. Sua exposição se tornou o fator teológico básico que capacitou as nações protestantes a se desenvolver economicamente mais rapidamente que as católicas e a construir democracias igualitárias. A família é o motor primário da sociedade para o crescimento econômico de uma sociedade. Se um homem não tem família, ele pode até plantar uma lavoura, mas é improvável que plante árvores e cuide delas pensando no bem das gerações futuras. Ele pode cavar um poço ou cortar uma casa na árvore, mas é improvável que construa uma casa para seus netos. A família motiva os pais a planejar, ganhar, sacrificar, economizar e investir para as gerações futuras, para o bem-estar físico e social dos que virão.

Esse "sacerdócio de todos os crentes" negou que a vocação dos padres fosse superior. Lutero ensinou que o sapateiro era tão importante quanto o sacerdote. Todas as vocações têm de ser igualmente honradas. Cada uma deve ser levada diligentemente a sério como um serviço prestado a Deus. O conceito bíblico do sacerdócio de todos os crentes desafiou a distinção de classes da Europa e fez nascer a igualdade democrática para todos os cidadãos — ricos ou pobres, educados ou analfabetos, idosos ou jovens, homens ou mulheres. Lutero plantou sementes na Europa que cresceram e produziram sua melhor colheita na América do Norte.

No dia 10 de janeiro de 1539 Lutero pregou no capítulo 2 do evangelho de João, passagem que narra o milagre de Jesus de transformar água em vinho no casamento em Caná, atendendo a um pedido de sua mãe viúva.

---

[47] Os apóstolos Pedro e Paulo chamaram os crentes de sacerdotes, e o corpo deles de templo do Espírito Santo. V. p. ex., 1Pedro 2.9 e 1Coríntios 6.19.

Lutero encapsulou a bondade intrínseca do casamento, do sacerdócio de todos os crentes, do valor igual de todas as vocações e da família como escola de caráter:

> Há três estágios: casamento, virgindade e viuvez. Todos são bons. Nenhum deve ser desprezado. A virgem não deve ser considerada superior à viúva, nem a viúva superior à esposa, assim como o alfaiate não deve ser considerado superior ao açougueiro. Mas não há um estágio ao qual o Diabo seja tão contrário quanto o casamento. O clero não quis ser perturbado com trabalhos e preocupações. Ele ficou com medo de uma esposa ranzinza, filhos desobedientes, parentes difíceis ou de uma vaca ou um porco que morre. Ele quer dormir até o sol brilhar em suas janelas. Nossos ancestrais sabiam disso e disseram: "Meus filhos, sejam padres ou freiras e tenham vida boa". Já ouvi pessoas dizerem aos montes: "Para vocês tudo é fácil, mas nós, quando nos levantamos, não sabemos se teremos pão". O casamento é uma cruz pesada porque muitos casais brigam. É uma graça de Deus quando eles entram em acordo. O Espírito Santo declara que há três maravilhas: quando irmãos entram em acordo, quando vizinhos gostam uns dos outros e quando marido e esposa são um. Quando vejo um casal assim, fico feliz como se eu estivesse em um mar de rosas. Mas isso é raro.[48]

As feministas radicais não foram as primeiras a ver o casamento como uma "cruz pesada" — um peso ou uma escravidão. Lutero disse que o casamento era uma escravidão para muitos homens e mulheres. É exatamente por isso que muitos homens na Roma pagã preferiam não se casar e procuravam relacionamentos sem o compromisso do casamento ou relacionamentos homossexuais. O cristianismo tornou o casamento mais difícil para os homens ao exigir que o marido permanecesse fiel, comprometido e que amasse a mesma esposa — não importando qual — "até que a morte os separasse". Quando um marido é proibido de ter casos extraconjugais, ter uma segunda esposa ou se divorciar de uma esposa difícil, não tem permissão para odiá-la ou maltratá-la, quando lhe é exigido que ame e honre sua esposa, então ela é fortalecida, e tem segurança para lutar por sua dignidade e seus direitos.

[48] BAINTON, op. cit., p. 352.

O casamento revela o pior do marido e da esposa. Eles precisam escolher se querem permanecer nessa escola de caráter ou se preferem desistir. A Bíblia dificulta o divórcio porque não se aprende muito quando se desiste de uma escola difícil. A única maneira de fazer a monogamia valer a pena é valorizar o amor mais que o prazer, buscar a santidade e a humildade em vez de o poder ou a realização pessoal, encontrar graça para se arrepender em vez de condenar, aprender o sacrifício e a paciência em lugar da indulgência e da gratificação. O mundo moderno foi criado por incontáveis casais que agiram assim. Ao trabalhar para preservar seu casamento e prover para seus filhos, eles investiram no futuro da própria civilização.

Paternidade

Em seu livro, Tocqueville discute as consequências do cristianismo bíblico,[49] igualdade e liberdade na vida familiar norte-americana: nos relacionamentos entre pai e filho, mãe e filha, pais e filhos e marido e esposa.

Em várias partes da Europa o cristianismo se tornou uma religião estatal. Muitas pessoas pensam em si mesmas como "cristãs" simplesmente porque foram batizadas na infância. Em contraste, os cristãos bíblicos — que encorajaram e até exigiram que seus filhos assumissem responsabilidade pessoal por sua vida espiritual — moldaram o *éthos* social dos Estados Unidos. Cada pessoa tem de se encontrar com Deus e viver um relacionamento pessoal com ele. Conhecer Deus como o Pai celestial mudou a natureza das relações familiares no mundo.

Na opinião de Tocqueville, a diferença entre a família europeia e a família norte-americana era tão grande que a norte-americana não era uma "família" no sentido europeu (romano). Na minha opinião, a citação a seguir de Tocqueville a respeito dos Estados Unidos é extremamente interessante, pois venho de uma cultura patriarcal. Em nossas "famílias conjuntas" não nucleares todos os filhos casados vivem com seus pais. Um filho não se torna o "homem da casa" enquanto seu pai viver. Tocqueville escreveu:

> Nos Estados Unidos a família, se a palavra for usada em seu sentido romano e aristocrático, não existe mais. Só se encontram vestígios esparsos nos

---
[49] Como católico que era, ele o chama de "protestantismo".

primeiros anos depois do nascimento dos filhos. O pai então sem oposição exerce uma ditadura doméstica que é necessária em razão da fraqueza do seu filho que é justificada pela sua fraqueza e por sua superioridade inquestionável. Mas tão logo o jovem americano se aproxima da condição de homem, o tempo da obediência filial chega ao fim. Senhor de seus pensamentos, ele logo se torna responsável por seu próprio comportamento. Na verdade, nos Estados Unidos não existe adolescência. Quando termina o período da meninice, ele é um homem e começa a traçar seu próprio caminho [...].

Nas sociedades aristocráticas (europeias e asiáticas) só há preocupação com o pai. O único controle sobre os filhos é pelo pai; isso o governa, e ele os governa. Portanto, o pai não tem apenas seu direito natural. Ele tem o direito político de mandar [...]. Ele é ouvido com respeito, todos se dirigem a ele com respeito, e a afeição que se sente por ele é sempre mesclada com medo [...]. A relação entre pai e filho é sempre correta, cerimoniosa, rígida e fria, de modo que o calor natural do coração dificilmente se expressa em palavras [...]. Mas em nações democráticas cada palavra que um filho diz ao seu pai tem um tanto de liberdade, familiaridade e ternura, tudo a um só tempo.[50]

Infelizmente Tocqueville descreveu a América do Norte "antiga". Atualmente pelo menos 40% dos garotos americanos não têm pai. Eles têm pais biológicos, mas não um homem que assume a responsabilidade moral de levá-los a serem homens adultos responsáveis. Os Estados Unidos têm seguido os passos de nações pobres como a Jamaica, cuja estimativa de crianças sem pais (homens) para guiá-las no lar é de 85%.

Isso é o resultado de uma política deliberadamente adotada pelos donos dos escravos. Eles queriam que alguns escravos homens servissem de "touros reprodutores" que iriam gerar filhos, mas não educá-los como pessoas úteis. Meninos e meninas sem escolarização iriam crescer para continuar como escravos e escravas. O que fez que a família norte-americana fosse diferente? A explicação está em Abraão. Ele foi escolhido para ensinar seus filhos a andar nos caminhos de Deus.[51]

Os primeiros pais [homens] norte-americanos nem sempre cuidaram dos seus filhos. Quando Tocqueville visitou aquele país muitos deles eram

---

[50] TOCQUEVILLE, op. cit., p. 585-588.
[51] Gênesis 18.17-19.

dependentes de álcool, viciados em jogatina e abusadores da esposa e dos filhos. Avivalistas como Charles Finney pregaram que os Estados Unidos precisavam de um avivamento espiritual que iria "fazer voltar o coração dos pais a seus filhos".[52] Essa pregação resultou em um avivamento poderoso que transformou famílias e criou uma grande nação.

A garota norte-americana

Tocqueville observou que já nos anos 1830 os franceses católicos davam a suas filhas uma educação tímida, reservada e fechada que as deixava sem orientação e sem ajuda em meio a grande desordem social. Em contraste, os cristãos nos Estados Unidos preparavam sistematicamente suas filhas para uma liberdade responsável — para governar seus próprios pensamentos, escolhas, comportamentos e defender sua castidade. *A moralidade gerou a liberdade, e a liberdade reforçou a moralidade.*[53]

Os estritos comportamentos sexuais originais nos Estados Unidos, que produziram mulheres fortes, traduziram-se em leis deliberadamente derivadas do Antigo Testamento. Adultério e estupro eram punidos com a morte. Sexo pré-marital ou fornicação eram punidos com multas, açoite e/ou ordem para se casar. Mas Tocqueville observou que "a pena de morte nunca foi tão pouco aplicada ou tão raramente executada" do que nos Estados Unidos[54]. A nova aliança é um testamento de graça. Nessa aliança o Espírito de Deus escreve suas leis no coração humano, não em tábuas de pedra.

Na Europa aristocrática, bem como na Ásia, era visto mais como uma união de propriedades que uma união de pessoas. A escolha dos cônjuges era determinada pela classe social, casta, dote e pelo horóscopo. Por outro lado, nas democracias protestantes os jovens eram encorajados a buscar a vontade de Deus e a escolher com quem iriam compartilhar a vida.

O casamento como um compromisso para toda a vida produz outra vantagem. Tocqueville observou:

[52] Lucas 1.17.
[53] TOCQUEVILLE, op. cit., p. 595.
[54] Ibid., p. 42.

Em razão do fato de a disciplina paternal ser frouxa e os vínculos matrimoniais serem muito rígidos, uma moça é cautelosa e cuidadosa em suas escolhas. Dificilmente acontecem casamentos precoces. Por isso as mulheres norte-americanas só se casam quando sua mente está experiente e amadurecida, enquanto geralmente em outros lugares as mulheres começam a amadurecer quando já estão casadas [...]. Quando chega a época de escolher um marido, seus frios e austeros poderes de raciocínio que foram educados por uma visão livre do mundo ensinam à mulher norte-americana que um espírito leve e livre [permissividade] dentro dos vínculos do casamento é uma fonte constante de problemas, não de prazer, que a diversão de uma garota não pode se tornar a recreação de uma esposa e que para uma mulher casada as fontes da felicidade estão no lar.[55]

Nos anos 1960 as mulheres nos Estados Unidos começaram a rejeitar o retrato tocquevilliano da mulher norte-americana ideal. Atualmente muitas, talvez a maioria das norte-americanas, rejeitam os costumes bíblicos para a vida familiar. Uma razão dessa rejeição é a assertiva de que de uma perspectiva "natural" a monogamia é antinatural e que os homens por natureza são polígamos. Há um tanto de verdade nessa assertiva. Entretanto, esse argumento se esquece de que *toda* moralidade é projetada para trazer nosso atual mundo "caído" e nossa natureza pecaminosa para a sujeição à lei moral. Vestir roupas não é natural; roubar é natural para animais; mentir é a atitude normal de uma criança quando se encontra em problemas. Dar livre vazão à natureza humana exigiria abolir toda a moralidade, não apenas a monogamia.

O veredicto da História é que, ao definir o casamento como monogamia e ao fazer do sexo extraconjugal algo imoral, a tradição bíblica apresentou as bases para famílias estáveis, mulheres, crianças, economia e uma sociedade de fortes. Ao cumprir os votos à mulher feitos na presença de Deus e da comunidade, um homem aprende a manter sua palavra em outras situações. Quando honrar a palavra dada se torna um valor cultural forte, então a confiança se torna a base da vida social. Essa base atualmente tem sido abalada pelos proponentes do divórcio fácil.

[55] TOCQUEVILLE, op. cit., p. 393-394.

A filosofia do casamento

O princípio bíblico do casamento está baseado em várias pressuposições. Um deles é que os seres humanos são finitos. Eu sou um homem, não uma mulher. Deus criou Eva porque ele viu que "não é bom que o homem esteja só".[56] Historicamente a filosofia hindu tem promovido a homossexualidade e se tornou basilar para o interesse contemporâneo no sexo tântrico ou "sagrado", porque ensina que cada um de nós é Deus, infinito e completo. Consequentemente eu não preciso de uma esposa porque o feminino (*shakti*) já está em mim. Está dormente, enrolado como uma serpente (*kundalini*) na base da coluna vertebral no centro psíquico do sexo (*muladhara chakra*). Eu não preciso de uma esposa para ser completo, ainda que possa precisar de ajuda sexual para despertar o feminino que está em mim. Vou transcender minha finitude como homem (ou como mulher) e experimentar minha completitude (divindade) quando o feminino dentro de mim se desperta, viaja e mergulha na energia masculina (*shiva*) em minha coroa (*chakra*).

A filosofia bíblica do casamento está baseada em Deus ser pessoal e trino. A família reflete a imagem de Deus. Gênesis 1 apresenta o Criador como Deus (v. 1), seu Espírito (v. 2) e sua Palavra (v. 3). O Deus trino disse: " 'Façamos o homem à nossa imagem, conforme a nossa semelhança. Domine ele sobre os peixes do mar, sobre as aves do céu, sobre os animais grandes de toda a terra e sobre todos os pequenos animais que se movem rente ao chão'. Criou Deus o homem à sua imagem, à imagem de Deus o criou; homem e mulher os criou".[57] Cada homem e cada mulher carregam a imagem de Deus.

O homem e a mulher se tornam mais como Deus quando se tornam um no casamento. Se um casamento é bíblico, o egoísmo vai ser substituído por amor sacrificial — pois Deus é amor. Marido e esposa se tornam mais como Deus quando têm um filho e se tornam três em um — uma família. Ser pais os ajuda a entender o coração paternal e maternal de Deus — o significado real do amor, do sacrifício e da submissão. Quebrar essa unidade por meio de rebeldia, adultério ou divórcio fere toda a família,

---

[56] Gênesis 2.18.
[57] Gênesis 1.26,27.

porque viola nossa natureza essencial: a imagem do Deus trino, a comunhão pessoal entre unidade e diversidade.

A base bíblica para a família não funciona, a não ser que se aceite a terceira pressuposição: vivemos em um Universo em que há hierarquia e autoridade. A civilização cristã — ortodoxa, católica e protestante — sempre sustentou que a igualdade não exclui a autoridade. O maestro e o músico são seres humanos iguais, mas em uma orquestra o músico está sob a autoridade do maestro. Submissão ao maestro não faz do músico um ser humano inferior, mas um músico melhor.

Conforme a Bíblia, marido e esposa formam uma equipe de iguais. Mas essa equipe não está mais do modo em que foi criada, isto é, sem pecado. Homem e a mulher pecaram, e é impossível para dois pecadores viverem felizes sempre. Em um mundo perfeito *pode* ser que uma equipe de duas pessoas trabalhe sem uma noção de autoridade. Mas em um mundo "caído" a única maneira de uma equipe de dois pecadores funcionar bem é se um deles for reconhecido como o líder — não porque o líder é o melhor, mais sábio ou está sempre certo, mas porque o criador e dono da equipe — Deus — deu a um deles a responsabilidade da liderança.

Muitos detestam a Bíblia porque ela diz que o marido é o "cabeça"[58] da mulher, ainda que o Novo Testamento defina liderança como serviço. A ideia bíblica de casamento sobreviveu por séculos porque Lutero ensinou que a esposa deve dar ao seu marido não apenas amor, mas também honra e obediência. O marido deve liderar com gentileza, mas deve governar.[59] Essa ideia bíblica bate de frente com os conceitos contemporâneos de igualdade — as ideias de que a igualdade elimina noções de autoridade e de papéis diferentes para homens e mulheres.

Hoje a compreensão de Lutero quanto ao ensino da Bíblia sobre a autoridade na família se tornou impopular.[60] A grande família norte-americana

---

[58] Efésios 5.23.
[59] LUTERO, Martinho. Treatise on Good Works, **Luther's Works:** The Christian in Society. Ed. James Atkinson, ed. ger. Helmut T. Lehmann, trad. W. A. Lambert, v. 44. Philadelphia: Fortress Press, 1966. p. 98-99.
[60] V. os capítulos sobre ecologia e vegetarianismo no meu livro **When the New Age Gets Old**, para uma discussão mais detalhada quanto a ensino bíblico sobre o pecado original, a maldição, o ecofeminismo, o culto à deusa etc.

agora está em crise porque os Estados Unidos se tornaram um país dividido por guerras culturais. De um lado estão as feministas que creem que a igualdade exige que garotas de 22 anos sejam enviadas como soldados para territórios inimigos (onde são vulneráveis se capturadas, estupradas coletivamente e brutalizadas) em defesa da ideologia feminista. Do outro lado estão os conservadores que pensam que a noção bíblica de autoridade proíbe as mulheres de orarem em público — que o Pai celestial ficaria aborrecido se ouvisse suas filhas orando em seu santuário.

Em minha opinião, nenhum desses extremos tem chance de ganhar a guerra cultural. Entretanto, o fato doloroso que permanecerá é que disputas paralisam e podem até destruir famílias de pecadores, uma vez que a noção de autoridade está sendo jogada pela janela. A Bíblia não é um livro para pessoas ideais, mas para pecadores. Nenhuma comunidade de pecadores pode existir sem que haja autoridade.

Mesmo assim, a autoridade — conquanto seja essencial — é algo perigoso nas mãos de pecadores. A Bíblia diz que a liderança de um marido pecador, abusador e opressor não é o que Deus deseja para o casamento. Isso é uma maldição, um resultado do pecado. As boas-novas (o evangelho) é que Deus veio a este mundo para levar a maldição do pecado sobre si mesmo na cruz. A cruz de Jesus Cristo é o meio de libertação do pecado.

Na medida em que marido e esposa são santificados do pecado e se tornam semelhantes a Deus, eles encontram uma crescente libertação dessa maldição. A ideia cristã de casamento não funcionará, a não ser que marido e esposa encarem o fato de que são pecadores e precisam de um salvador. Quando reconhecem sua pecaminosidade e encontram a graça e o perdão de Deus, eles podem se tornar agentes da graça e compaixão divinas. E a compaixão cristã é outro fato que fez do Ocidente a melhor civilização na História. Examinaremos essa questão no capítulo seguinte.

Capítulo 16

COMPAIXÃO

POR QUE CUIDAR SE TORNOU UM COMPROMISSO MÉDICO?

Estávamos dirigindo a quase 100 quilômetros por hora pelo centro de Minneapolis, na rodovia interestadual, quando ouvimos sirenes atrás de nós. O trânsito em alta velocidade chegou a um ponto insuportável. Duas ambulâncias e algumas viaturas policiais nos ultrapassaram. Antes que tivéssemos chance de ver o que estava acontecendo, lágrimas começaram a molhar o rosto da Ruth.

"O que foi que eu fiz agora?", perguntei.

Como eles se preocupam com as pessoas aqui, Ruth disse, não me dando atenção e tentando ver se acontecera algum acidente e se tinha alguém ferido.

Isso aconteceu no ano 2000. Tínhamos chegado recentemente aos Estados Unidos para escrever este livro e explorar a possibilidade de fazer um programa de televisão. Aquela não foi a primeira vez que Ruth foi aos Estados Unidos. Ela havia estudado no país por três anos, de 1971 a 1974. Mas o choque cultural ainda era forte. Até hoje Ruth chora quando vê um ônibus escolar levando e trazendo crianças. Isso lhe traz memórias de tempos difíceis que ela passou em Nova Délhi quando um membro adulto da família todo dia tinha de ajudar Anandit, nossa filha caçula, a pegar o ônibus escolar sem ser atropelada por ele ou ser atingida por um motociclista em alta velocidade.

Tendo sido ajudada pela bondade e pelo cuidado de centenas de pessoas nos Estados Unidos, Ruth se tornou uma apologista convicta desse país. Algumas vezes ela se envolve em controvérsias — especialmente quando conversa com outros asiáticos que viveram mais tempo nos Estados Unidos. Alguns deles condenam esse país por sua atitude exclusivista e egocêntrica.

Em algumas dessas ocasiões tive de mediar entre percepções opostas. Expliquei aos interlocutores de Ruth que nós não vivemos nem trabalhamos na América do Norte secularizada. Nossas impressões são baseadas em nossa experiência limitada nos Estados Unidos, limitada à interação com a comunidade cristã. Descobrimos que servir ao próximo pagando um preço pessoal para isso é um valor muito caro para a igreja norte-americana. A igreja indiana tem muitas instituições excelentes para o serviço ao próximo. Mas em geral para boa parte da comunidade cristã na Índia falta o espírito de serviço em nível pessoal (não institucional) que experimentamos nos Estados Unidos. Entretanto, conhecendo a natureza humana, não tenho dúvida de que no volante daquelas ambulâncias estão homens "caídos", que talvez odiassem as pessoas a quem serviam.

Compaixão: fruto do Espírito

Karl Marx cria que a religião é um ópio que as elites dão às massas para impedir que estas se revoltem contra a opressão e a exploração. Mesmo que tenha sido um crítico impiedoso da moralidade, da compaixão e do amor cristãos, o filósofo alemão Friedrich Nietzsche discordou de Marx. Ele observou que o judaísmo teve início sob a liderança de Moisés como uma revolta de escravos contra seus senhores egípcios. De igual maneira, o cristianismo foi a religião de um galileu fraco e crucificado. Houve um apelo aos oprimidos do Império Romano — mulheres, escravos, foras da lei, os derrotados. Nietzsche observou que o cristianismo capacitou os fracos a derrubar uma civilização clássica que celebrava a força, a sensualidade e uma aceitação estúpida da morte, vista, por exemplo, nos combates de gladiadores.

De acordo com Nietzsche a tradição judaico-cristã foi um meio pelo qual os sem poder prenderam os poderosos ao manipular a culpa, exigir a benevolência e suprimir a vitalidade natural. Nietzsche influenciou fortemente os que defenderam a supremacia ariana. Os nazistas trabalharam com base em sua ideia de que a decadência moderna, isto é, conceitos de igualdade, emancipação feminina, democracia e outros semelhantes, veio dos judeus e dos cristãos. Estes "pregaram o evangelho aos pobres, aos que estavam na base [da pirâmide social], e [lideraram] a revolta de todos os oprimidos, os miseráveis, os menos favorecidos, contra os 'superiores' ".[1] Essa opinião sumariza um contraste contundente entre o igualitarismo judaico-cristão e a estratégia hindu (ariana) de organizar a sociedade hierarquicamente, com os brâmanes no topo e os intocáveis por baixo.

Nietzsche não estava sozinho na condenação da compaixão cristã. Muitos hindus não conseguem acreditar que os pobres não sejam vítimas de seu próprio carma e que Deus se importa com eles. Eles não conseguem entender por que o Ocidente gasta tanto com caridade para servir aos pobres e destituídos na Índia. Eles têm uma profunda suspeita da filantropia do Ocidente e não apreciam o fato de que os cristãos deliberadamente escolhem servir, educar e fortalecer as castas inferiores e os marginalizados. Esse foi um fator subjacente ao entusiasmo hindu para com o ataque do dr. Arun Shourie às missões cristãs. Alguns hindus acreditam que os cristãos servem aos pobres a fim de prepará-los para serem colonizados pelos Estados Unidos.

Seja como for, a crítica de Nietzsche foi correta no sentido de que a Bíblia tem sido a grande força humanizadora na História. Foi pela influência da Bíblia que tiveram início o movimento pela libertação da escravatura e a promoção do cuidado para com os fracos, como viúvas, órfãos, deficientes físicos e leprosos. Da libertação e reabilitação de prostitutas cultuais à reforma de presídios e por levar moralidade às guerras, a tradição bíblica tem sido a força civilizatória mais poderosa da História. Hoje uma ideologia secular tomou de assalto instituições como a Cruz Vermelha. O interesse comercial dominou práticas como a enfermagem. Grupos da Nova Era têm defendido a causa da prevenção da crueldade com animais. E historiadores se esqueceram da origem dos direitos humanos e da justificação da desobediência civil. Originariamente tudo isso era expressão do que a Bíblia chama de fruto do Espírito: "amor, alegria,

---

[1] NIETZSCHE, Friedrich. The Twilight of the Idols, **The Portable Nietzsche.** Trad. Walter Kaufmann, p. 505. [**Crepúsculo dos ídolos**. São Paulo: Companhia das Letras, 2006.]

paz, paciência, amabilidade, bondade, fidelidade, mansidão e domínio próprio".[2] Esses esforços e instituições são o resultado do Espírito que Jesus prometeu aos que cressem nele,[3] o Espírito do Deus que é o "Pai das misericórdias e Deus de toda consolação".[4]

Uma pesquisa da história da medicina confirma a asserção do macro--historiador David Landes de que "a cultura faz quase toda a diferença".[5] As civilizações grega, romana, indiana e árabe produziram grandes médicos e cirurgiões; mas não desenvolveram a medicina moderna. Um dos motivos para isso é que não puderam criar culturas que cuidam dos que precisam ser cuidados. Por essa razão, com o passar do tempo eles perderam para as civilizações bíblicas sua capacidade técnica e a vantagem histórica que tinham ao iniciar a medicina. A civilização ocidental conseguiu aprender com as culturas que a precederam e desenvolveu a medicina moderna porque a Bíblia a influenciou no sentido de ver que a verdadeira doença da sociedade humana é o egoísmo. A comunidade humana deveria refletir a imagem de um Deus trino, ou seja, ser uma comunidade de amor, mas preferiu seguir a tentação diabólica de pôr o interesse pessoal em primeiro lugar.

A medicina teve um começo promissor no mundo greco-romano clássico, mas não se tornou uma ciência autônoma nem uma ciência que se desenvolveu. Os estudantes de medicina são familiarizados com a tradição hipocrática (de Hipócrates de Cós, c. 460-377 a.C.) na Grécia. Essa foi a primeira prática registrada de uma medicina racional que se baseava em questionamentos críticos. Encorajou-se a racionalidade em detrimento da superstição, da magia e de rituais. A tradição hipocrática introduziu a profissionalização e padrões éticos na prática médica. Esperava-se que o médico respeitasse os pacientes, não abusasse do poder que tinha sobre o corpo deles, mantivesse uma confidencialidade e que desse a vida, não a tirasse. O juramento hipocrático incluía o cuidado com os não nascidos; logo, proibia o aborto. O médico jurava que serviria aos pobres gratuitamente quando

[2] Gálatas 5.22,23.
[3] Atos 1.8; João 15 etc.
[4] 2Coríntios 1.3.
[5] HARRISON, Lawrence E.; HUNTINGTON, Samuel P. (Eds.). **Culture Matters.** New York: Basic Books, 2000. p. 2.

fosse preciso. Isso é sumarizado atualmente com a expressão "Primeiro, não prejudique [*Primum non noc*er]".

Os gregos, portanto, iniciaram a medicina de maneira nobre, mas não conseguiram construir sobre essa base respeitável. Atualmente em quase toda cidade da Índia temos o que chamamos de *Unami Dawakhanas* — clínicas médicas gregas. Geralmente são administradas por muçulmanos, o que indica que foi o islã que trouxe a medicina grega para a Índia. Nesses lugares há uma medicina "grega" que é basicamente fitoterápica. Essas clínicas sobrevivem porque ajudam os pacientes. Mas muitos indianos as consideram uma charlatanice, porque essas clínicas médicas gregas não são conhecidas por terem uma medicina racional.[6] Também não há um processo contínuo de medicina preventiva ou cuidadora. O conhecimento médico da Grécia não produziu uma cultura de cuidado. De fato, a cultura mais ampla sobrepujou e sufocou o início promissor de uma medicina racional.

Durante os primeiros séculos da era cristã havia uma multidão de médicos gregos em Roma. O mais famoso deles era Galeno, cujas obras médicas foram traduzidas para o árabe por médicos muçulmanos como Hunayn ibn Ishaq, que também traduziu as obras de Hipócrates e comentou sobre ambos. Mas Roma não contribuiu muito para uma teoria ou prática da medicina, a não ser em assuntos de saúde pública, área na qual deixou grandes exemplos. O sistema de abastecimento de água e de banhos públicos em Roma não tinha paralelo. Havia ginásios, banheiros domésticos, rede de esgotos e até pequenos hospitais.

Depois da queda de Roma a erudição não se tornou mais tida em alta estima, experimentos científicos foram desencorajados e a originalidade se tornou algo perigoso. Havia capacidade, mas a cultura de cuidado não se tornou parte do mundo clássico. O Império Romano criou uma cultura de crueldade que matava por entretenimento. Por exemplo, abandonar recém-nascidos indesejados à morte foi prática comum por séculos antes da queda de Roma. Os escritores gregos Platão e Aristóteles recomendaram

[6] Com isso não pretendo sugerir que toda medicina "alternativa" ou cura divina seja uma farsa. Para uma discussão da cura divina, v. o capítulo "My Course in Miracles" [Meu curso em milagres] em meu livro **When the New Age Gets Old** (InterVarsity Press, 1992).

o infanticídio como política pública legítima. As Doze Tábuas — o código legal romano mais antigo de que se tem notícia (450 a.C.) — permitia que pais (homens) abandonassem suas filhas ou filhos fracos ou deformados. Durante escavações em uma vila na cidade portuária de Ascalom, Lawrence E. Stager e seus colegas fizeram

> uma descoberta sangrenta na tubulação subterrânea de esgotos da casa de ganhos [...] a tubulação fora entupida com dejetos em algum momento no século VI da era cristã. Quando escavamos e desentupimos a tubulação, encontramos muitos ossos pequenos que presumíamos fossem ossos de animais. Só mais tarde descobrimos [...] que eram ossos humanos — de cerca de cem bebês aparentemente assassinados e jogados no esgoto.[7]

Nem todo o mundo antigo era egoísta ou hedonista. Muitos pensavam que renunciar ao mundo e seus prazeres era um ideal superior e desejável. O que eles não tinham era o conhecimento de que Deus amou este mundo pecador e rebelde e enviou seu Filho para sofrer e salvar.

"Porque Deus tanto amou o mundo"

Jesus Cristo nasceu quando o imperador Augusto conscientemente construía o que ele pensou ser a base segura da civilização. Haveria um império e um imperador. Não haveria mais guerras. O mundo seria um lugar seguro para a civilização. O problema de Augusto era que esse império seria construído pela força, o que exigiria um exército brutal. Mas assim o exército teria de ser controlado também pela força. Construir um império com base na força transforma os cidadãos em virtuais escravos. O sistema inteiro estaria nas costas de escravos suados e sangrentos, que por sua vez não teriam onde se apoiar. O império era bom para uns poucos privilegiados; para os demais era uma civilização tão horrível que a compaixão de Jesus foi vista como uma luz radical em uma era de trevas.[8]

---

[7] STAGER, Lawrence E. **Ashkelon Discovered:** From Canaanites and Philistines to Romans and Moslems. Washington, D.C.: Biblical Archaeology Society, 1991. p. 51.

[8] Para uma discussão da natureza radical da compaixão de Jesus, v. meu capítulo "His Compassion: Jesus, the Trouble Maker" em **Truth and Transformation**.

Cristo atraiu as massas oprimidas porque pregou boas-novas aos pobres.[9] Jesus teve compaixão das multidões que o seguiam porque ele as via como "aflitas e desamparadas, como ovelhas sem pastor",[10] exploradas por lobos sem coração que fingiam ser seus guardiães. Jesus mentoreou seus discípulos para que eles se tornassem bons pastores que deveriam dar sua vida por suas ovelhas.[11] Correndo risco de morte, Jesus se posicionou contra a instituição político-religiosa do seu tempo pela dignidade e valor dos indivíduos insignificantes, aleijados e mentalmente perturbados.[12] Ele repreendeu a falta de sensibilidade dos seus discípulos quando eles queriam impedir que mães levassem seus filhinhos a ele para serem abençoados.[13] Jesus enfureceu os líderes do seu tempo quando abraçou os excluídos sociais — leprosos, coletores de impostos e os samaritanos intocáveis.[14]

Justino Mártir (c. 100-165), o brilhante apologista cristão, converteu-se no ano 133. Em sua *Apologia*, Justino explicou que Jesus renunciou o prestígio que poderia obter se tivesse procurado o apoio da civilização clássica. Em vez disso, Jesus se tornou o Messias dos doentes, dos aflitos e dos sofredores. Foi isso que transformou sua comunidade perseguida. Justino escreveu:

> Os que antigamente se deleitavam na fornicação, agora abraçam a castidade; os que antigamente praticavam a magia, agora se dedicam ao Deus bom e eterno; os que só se preocupavam em ajuntar riquezas e bens, agora se preocupam em que tenhamos um bem comum e compartilham com os necessitados; os que se odiavam e se destruíam mutuamente, agora dividem o lar com pessoas de uma tribo diferente, a despeito dos costumes diferentes vivem harmoniosamente uns com os outros, oram pelos nossos inimigos e tentam persuadir os que nos odeiam sem motivo a viverem de acordo com o bom conselho de Cristo para que possam compartilhar conosco da mesma esperança alegre de recompensa da parte de Deus, Senhor de todos.[15]

[9] Lucas 4.18.
[10] Mateus 9.36.
[11] Mateus 10.16; João 10.11.
[12] Mateus 12.10-12; Marcos 3.2-5; Lucas 13.10-16.
[13] Mateus 19.13.
[14] Mateus 8.3; 9.10-13; Lucas 17.11-19; João 4.
[15] JUSTINO MÁRTIR. **The First and Second Apologies, in Ancient Christian Writers**, v. 56. Trad. e ed. Leslie William Barnard. New York: Paulist Press, 1997.

É claro que a igreja cristã nem sempre viveu seguindo padrões tão elevados. O imperador Juliano (331-363) confirmou a validade essencial da alegação de Justino quando tentou salvar as religiões pagãs de Roma ao perseguir os cristãos. Ele disse aos seus partidários que, se eles quisessem de fato impedir o crescimento do cristianismo, deveriam servir ao próximo melhor que os cristãos.[16] Ouvem-se declarações semelhantes atualmente de hindus militantes que odeiam as missões cristãs, nas quais eles se desafiam a servir bem ao próximo para assim impedir que as pessoas se tornem seguidoras de Cristo.[17]

Agostinho, bispo de Hipona, explicou a diferença entre o reino humano de Roma e o reino divino de Cristo. Ele foi professor de retórica, e seus livros *Cidade de Deus* e *Confissões* dominaram a vida intelectual da Europa por mais de mil anos. Sua mãe era cristã, mas ele ridicularizou o cristianismo por ser um filósofo erudito e por sua cultura de *"playboy"* — ele teve uma amante desde que tinha 15 anos. Seu desprezo pelo cristianismo continuou até que ele completou 30 anos, quando se deu conta de que a filosofia fracassou em ajudar tanto a ele mesmo como ao mundo antigo. Em seu livro *Natureza e graça* (415)[18] ele descreve as duas culturas, a secular e a celestial:

> O que anima a sociedade secular (*civitas terrena*) é amor ao próprio ser, a ponto de desprezar Deus. O que anima a sociedade divina (*civitas caelestis*) é o amor a Deus, a ponto de desprezar o próprio ser. Um se orgulha de si mesmo (*amor sui*), e o orgulho do outro está no Senhor. Um busca a glória que vem dos homens, e o outro está consciente de que Deus é a sua maior glória (*De civitate Dei* 14:28). [...] Portanto, esses desejos podem ser descritos como cobiça (*avaritia*) e amor (*caritas*). Um é santo, e o outro é faltoso; um é social, e o outro, egoísta; um pensa em vantagens comuns para o bem da sociedade, e o outro reduz o bem comum ao que é seu por uma

---

p. 31-32. [**Justino de Roma:** I e II Apologias, Diálogo com Trifão. 2. ed. São Paulo: Paulus, 1995.]

[16] Cf. JOHNSON, Paul. **A History of Christianity**. New York: Atheneum, 1976. p. 75. [**História do cristianismo**. Rio de Janeiro: Imago, 2001.]

[17] Swami Vivekananda (1863-1902), fundador da Missão Ramakrishna, foi o primeiro guru hindu a imitar o serviço cristão para tentar impedir conversões a Cristo.

[18] "Natureza e graça" faz parte de **A graça**, v. 1. São Paulo: Paulus, 1999. [N. do T.]

ascendência egoísta. Um é sujeito a Deus, e o outro é rebelde; um está em paz, e o outro está angustiado; um é pacífico, e o outro é faccioso; um prefere a verdade aos louvores dos tolos, e o outro quer louvores de qualquer maneira; um é amigável, e o outro, invejoso; um deseja para o próximo o mesmo que deseja para si, e o outro quer sujeitar seu próximo; um se relaciona com seu próximo para o benefício do próximo, e o outro, para seu próprio benefício.[19]

Agostinho rejeitou a civilização romana, caracterizada pelo *amor sui* (amor-próprio). A filosofia do amor-próprio iniciou com a assertiva do direito animal a viver e a encontrar sentido na satisfação das demandas do corpo. Foi criada uma comunidade, mas esta era a concórdia defendida por ladrões e piratas. Esse fenômeno é visto hoje entre políticos corruptos de Estados "democráticos". É o tipo mais baixo de esforço cooperativo. Empregados corruptos de um hospital ou policiais corruptos precisam ter um senso de irmandade muito forte para que ninguém denuncie ninguém. Quando isso acontece, há uma comunidade centrada em si mesma, na qual um acoberta a sujeira do outro. Não importa se uma "comunidade" médica corrupta fez o juramento de Hipócrates; ela receberia o ódio de seus beneficiários se seguisse a cultura orientada pelo amor-próprio, a cidade secular.

Os romanos rejeitaram a cultura de Roma porque Cristo confrontou suas crueldades com o evangelho de um Deus compassivo. Ele convidou os pobres, os humildes, os doentes, os aflitos, os famintos, os fracos e os cansados para que tenham alívio nele. Ele abençoou crianças, tocou leprosos, curou aleijados, libertou os endemoninhados, comeu com marginalizados sociais, protegeu prostitutas, ensinou as massas analfabetas, opôs-se aos opressores e reconciliou pecadores rebeldes com seu Pai celestial amoroso e perdoador. Os seguidores de Cristo continuaram essa tradição de compaixão para com os que não são amados. Um exemplo: no ano 369, poucos séculos antes do surgimento do islã, Basílio (329-379), bispo de Cesareia, fundou o primeiro hospital na Capadócia (a atual Anatólia, na Turquia) com 300 leitos.

---

[19] AGOSTINHO. **On Nature and Grace** (415 d.C.), apud COCHRANE, Charles Noris. **Christianity and Classical Culture.** Oxford: Oxford University Press, 1940. p. 489.

Os mosteiros foram os verdadeiros pioneiros da cultura ocidental de cuidado. Eremitas e ascetas foram os antecessores dos monges, mas eles entendiam a espiritualidade como renúncia ao mundo — atitude não muito diferente dos ascetas hindus. Bento de Núrsia (480-547) rejeitou a tradição eremita de monges que se retiravam da sociedade para cultivar sua própria espiritualidade. Percebendo que Deus amou este mundo, ele praticou uma vida espiritual celibatária não por causa dele mesmo, mas para servir à sociedade, especialmente aos pobres e doentes. Os monges beneditinos imprimiram na consciência ocidental a ideia de humildade e serviço como a verdadeira medida da grandeza. Essa ideia se tornou a característica definidora da civilização ocidental. É o oposto da ideia asiática de que os menores devem servir aos maiores.

Combinando compaixão com conhecimento

A compaixão não foi a única força por trás da contribuição cristã à medicina. Igualmente importante foi o compromisso com o conhecimento. Os seguidores de Cristo preservaram, transcreveram e traduziram manuscritos médicos gregos. Mosteiros católicos medievais absorveram a medicina grega e a árabe e enriqueceram a tradição ao acumular conhecimento, preservá-lo em livros e observar cuidadosamente qual tratamento funcionava e qual não. Clássicos antigos filosóficos, científicos e médicos chegaram até nossos dias basicamente porque os mosteiros tinham seus escritórios nos quais os livros eram copiados, o conhecimento multiplicado, o que permitiu que o conhecimento sobrevivesse à idade das trevas.

Os mosteiros começaram a praticar a medicina e, porque eram uma associação fraterna, eles transferiam conhecimento médico de um mosteiro a outro. Tratados sobre medicina foram traduzidos para o latim em muitos mosteiros medievais. Cristãos nestorianos (uma das igrejas orientais) organizaram uma escola de tradutores para traduzir textos gregos para o árabe, o que foi um passo fundamental para abençoar o mundo árabe. Foi o que permitiu a sobrevivência da medicina grega quando os bárbaros destruíam o saber na Europa.

A tradição beneditina não apenas salvou o saber médico da Antiguidade, como também o disseminou ao trabalhar com ele. Posteriormente os monges decidiram não gastar muito tempo fora de sua ocupação principal de oração e meditação. Então começaram a repartir algumas de suas responsabilidades médicas para leigos. Dessa maneira os mosteiros cristãos disseminaram o conhecimento obtido da experiência e dos manuscritos antigos. Assim, o conhecimento médico se avolumou e se desenvolveu antes até do surgimento das universidades no século XIII.

Os cursos de medicina na Europa refinaram e ensinaram o conhecimento médico que haviam recebido das fontes islâmicas e monásticas. Tal como já observado, as universidades eram os braços educacionais da igreja. Não havia naquela época universidades seculares ou estatais. O sacerdote Guido de Cauliaco (1300-1368) escreveu o primeiro texto moderno de cirurgia (*Chirurgia magna*, 1363). Artistas e eruditos cristãos do período da Renascença, como Leonardo da Vinci, produziram a partir daquela tradição, reunindo um conhecimento fenomenal da anatomia humana.

A medicina árabe

Os impérios muçulmanos se estendiam da Pérsia à Espanha. Ainda que se fale em "medicina árabe", isso não quer necessariamente dizer que todos os seus médicos eram árabes ou muçulmanos. Alguns eram judeus, e outros, cristãos. As doutrinas médicas e a base filosófica subjacente a toda a medicina "árabe" era substancialmente as de Hipócrates e de Galeno. Alguns médicos árabes tornaram acessíveis alguns textos médicos difíceis de Galeno. O prodígio intelectual Avicena (980-1037) era o médico islâmico mais celebrado do século XI.

Os maiores médicos "islâmicos" — Rhazes, Avicena e Avenzoar — dirigiam hospitais. Eles tinham tempo para estudar os pacientes e seguir a evolução de uma doença. Registraram os casos médicos e mantiveram registros de seus pacientes. Abulcasis (Abu'l-Qasim Khalef ibn Abbas az-Zahrawi) nasceu nas proximidades de Córdoba, Espanha. Era a autoridade médica mais frequentemente consultada por outros médicos no período medieval. Ele restaurou a cirurgia à sua glória antiga e escreveu uma enciclopédia médica. Do século IX ao XV, o ensino da medicina estava melhor organizado nas escolas de Bagdá, Damasco, Cairo e Córdoba, e cada qual tinha seu hospital.

Com essa herança tremenda, a civilização islâmica poderia ter desenvolvido a medicina moderna, porque o islã também acredita em um deus compassivo e respeita Jesus Cristo como um profeta. Mas não foi o que aconteceu, pois o islã preferiu seguir um herói militar — Maomé —, não um salvador que se sacrifica — Cristo. Consequentemente a tradição islâmica não foi capaz de libertar os muçulmanos da busca clássica por poder. E não glorificou um serviço de autodoação como sendo uma virtude superior. A cultura hipocrática não avançou na Grécia, em Roma, na Índia, na Arábia ou na Europa medieval, nem mesmo nas universidades cristãs medievais.

O nascimento da medicina moderna

Thomas Sydenham (1624-1689), médico inglês, é chamado de o "Hipócrates inglês" e "pai da medicina inglesa". Ele começou questionando as pressuposições e práticas médicas que receberam. Sydenham fez reviver a medicina racional de tal maneira que esta sobreviveu não apenas umas poucas gerações, mas continua a crescer até os nossos dias.

Nascido em um lar puritano em 1624, lutou com seu pai e seus irmãos na guerra civil britânica ao lado de Oliver Cromwell. Quando Cromwell subiu ao poder, Sydenham estudou medicina. Começou a clinicar em Westminster e iniciou o que atualmente chamamos de "medicina moderna". Sydenham era amigo de outros cientistas puritanos, como Robert Boyle, e participou da Real Sociedade de Ciências. Esses pioneiros da ciência e da medicina não se preocuparam apenas com uma medicina racional, experimental, científica ou acadêmica. A preocupação deles era a glória de Deus e o amor aos seres humanos. A Bíblia deu base à missão médica de Sydenham. Ele resumiu sua filosofia médica no seguinte conselho aos seus alunos:

> Quem se dedica à medicina deve considerar com seriedade o seguinte: primeiro, um dia ele terá de prestar contas ao Juiz Supremo da vida dos doentes confiados aos seus cuidados. A seguir, qualquer que seja sua habilidade ou conhecimento, ele deve se dedicar acima de tudo à glória de Deus e ao bem-estar da raça humana. Em terceiro lugar, ele deve se lembrar de que não está de modo algum lidando com alguma criatura ignóbil ou desprezível. Devemos estar conscientes do valor da raça humana, porque por sua causa o

Filho unigênito de Deus se tornou homem e, por isso, enobreceu a natureza que tomou sobre si. Por fim, o médico deve ter em mente que ele não está isento do que é comum a todas as demais pessoas e, portanto, está sujeito às leis da mortalidade e da doença como as pessoas de quem cuida, razão pela qual cuidará dos doentes com mais diligência e ternura ao se lembrar de que ele mesmo é companheiro deles no sofrimento.[20]

Enquanto a tradição médica grega, romana, árabe e indiana estagnou ou morreu, a tradição de Sydenham continua a florescer depois de quatro séculos, porque era parte integral de uma cultura mais ampla moldada pela Bíblia. O cenário médico da Índia ajuda a compreender esse ponto.

A medicina indiana

Médicos e estudantes de medicina constituem uma das comunidades étnicas de maior prestígio em instituições médicas nos Estados Unidos. Alguns indianos imaginam que isso se deve ao fato de que a história da medicina na Índia ter 3 mil anos ou mais. O *Ayurveda*, o antigo sistema indiano de medicina, foi popularizado no Ocidente por Deepak Chopra e outros.[21] Mas o *Ayurveda* não é a única invenção médica na Índia. Os primeiros textos sobre cirurgia são os *Samhita* de Sushruta. Foram compostos entre o século I e o século VII d.C. Diz-se que Sushruta foi o primeiro a realizar uma cirurgia de catarata em uma época em que nem a grande tradição hipocrática fazia menção a isso.

A cirurgia plástica é outra invenção indiana. A necessidade de cirurgia plástica serve como ilustração do impacto de uma cultura na medicina. Na Índia tradicional, se alguém cometesse um ato vergonhoso — adultério, por exemplo —, a pena seria a perda do nariz. Há 2 mil anos havia tantos narizes cortados que precisávamos da cirurgia plástica. Não há evidência de que a civilização greco-romana tivesse a ideia de cirurgia plástica.

[20] SYDENHAM, Thomas. **The Works of Thomas Sydenham, MD**. Prefácio à primeira edição, 1666. Trad. R. G. Latham, Sydenham Society, 1848. p. 25.
[21] O *Ayurveda* de Deepak Chopra é muito diferente da prática indiana original, que cria que o corpo humano é composto de cinco elementos: terra, água, ar, fogo e éter. Acreditava-se que a doença é causada por um distúrbio no equilíbrio entre esses elementos.

Além do *Ayurveda*, das operações de catarata e da cirurgia plástica, poderíamos adicionar a massagem e a aromaterapia como exemplos do pioneirismo da Índia na prática médica. Mas esse quadro glorioso da medicina na Índia antiga tem de ser contrastado com a realidade encapsulada na história de Ida Scudder, ocorrida há aproximadamente um século.

Ida era uma jovem americana, formada na escola para garotas de D. L. Moody em Northfield, que foi visitar seu pai, que era missionário no sul da Índia, em 1892. Uma noite um brâmane (a mais alta casta hindu) foi até ela e lhe disse que a esposa dele estava prestes a entrar em trabalho de parto, mas, como seria algo muito doloroso, pediu que ela fosse ajudar. Ida replicou: "Não, sou apenas uma garota. Não sou médica, não entendo nada de medicina. Meu pai é que é médico; leve-o!". O brâmane respondeu: "Eu não posso levar um homem para ver minha esposa".

Pouco depois disso um muçulmano foi onde ela estava e pediu-lhe que ajudasse a esposa dele, que também estava em um trabalho de parto difícil. Ida respondeu: "Veja, eu sou apenas uma garota, estou visitando meu pai — por que você não o leva?". O muçulmano, como que ecoando o brâmane, disse que não levaria um homem para ver sua esposa.

Pouco depois um homem da casta mudaliar[22] veio e pediu a ela que fosse e ajudasse no trabalho de parto da esposa dele. Mais uma vez ela se recusou a ir.

De manhã aquelas três mulheres haviam morrido. Isso deixou Ida chocada. Ela começou a crer que Deus estava lhe dizendo alguma coisa. Ela voltou aos Estados Unidos e estudou medicina no Cornell Medical College e, depois disso, voltou para a Índia em 1900 e organizou uma clínica com um único leito, que cresceu e se tornou o Vellore Christian Medical College.[23] Mahatma Gandhi o chamou de a melhor escola de medicina da Ásia, e a escola cresceu a ponto de se tornar a maior da Índia. Em alguns aspectos é possível que seja a melhor do mundo. Os professores atuam como mentores. Eles não têm clínicas particulares; em todo o tempo eles

---

[22] Os mudaliares são os sudras "avançados", isto é, a quarta classe no sistema hindu de castas. Trabalham como burocratas e soldados.

[23] WILSON, Dorothy Clarke. **DR. IDA**: The Story of Dr. Ida Scudder of Vellore. London: Hodder & Stoughton, 1961.

estão disponíveis para os alunos e os pacientes. A faculdade está também na dianteira do ensino de medicina a distância.

Esforços heroicos de missionárias como Ida Scudder produziram um resultado maravilhoso. Depois de um século, há mais médicas na Índia que em qualquer outro país. Mas o que aconteceu ao tremendo começo da medicina que a Índia fizera 2 mil anos atrás? Por que em 1900 uma cidade indiana não tinha médicas ou enfermeiras que pudessem fazer um parto?

Vários fatores provocaram o declínio e a estagnação da tradição médica indiana. Um deles é a atitude diante do conhecimento. Houve pessoas na Índia com grande talento para a medicina. Mas a nossa cultura via o conhecimento como poder — algo para ser mantido em segredo, não algo para ser disseminado. Nossos médicos eruditos treinavam seus filhos e também seus alunos se eles entregassem sua mente e seu corpo aos seus gurus como *shihyas* (discípulos) deles. O conhecimento dá autoridade. Para permanecer como o especialista, você não pode permitir que seus discípulos o questionem. Os discípulos tinham de submeter sua mente à autoridade do guru.

Essa atitude diante do conhecimento não poderia criar e sustentar uma cultura acadêmica na qual professores e alunos poderiam desafiar, rejeitar e desenvolver técnicas médicas que receberam. Portanto, a Índia teve gigantes intelectuais, mas nossa tradição religiosa fracassou em construir comunidades acadêmicas. Gênios individuais, conhecimento e excelência em tecnologia não são suficientes para construir uma cultura médica. Para tanto é necessário um esforço comunitário.

Além disso, havia o problema das castas. Apenas as castas inferiores deveriam executar serviços tidos como sujos ou degradantes. Apenas as mulheres das castas mais baixas poderiam trabalhar como parteiras. Além disso, todas as mulheres eram tidas como seres humanos de segunda classe, e a saúde e a segurança delas não eram prioridades em nossas cidades.

Quando Ruth e eu começamos a servir aos pobres na região central da Índia, uma das nossas primeiras prioridades foi treinar os obreiros comunitários de saúde da cidade onde morávamos. Descobrimos que parteiras analfabetas faziam partos em condições de uma total falta de higiene. O tétano era comum porque elas cortavam o cordão umbilical com uma foice. Depois elas usavam trapos para tentar conter o sangramento das mulheres após o parto. Lavar as feridas com água suja aumentava as infecções. Esses problemas elementares se tornaram questões imensas porque o trabalho das parteiras era visto como algo sujo que só poderia ser realizado por mulheres da casta mais baixa. Essas atitudes culturais impediram o desenvolvimento de cuidado ginecológico em nossa cultura.

O carma se tornou outro fator filosófico que impedia uma cultura do cuidado. Acreditava-se que o sofrimento de uma pessoa era o resultado de seu carma (suas ações) em uma vida anterior. Em outras palavras, o sofrimento é uma justiça cósmica. Interferir nessa justiça cósmica seria o mesmo que invadir uma cadeia e libertar os prisioneiros. Se você minorar o sofrimento de alguém, na verdade estará aumentando-o, porque ele ou ela precisa voltar a este mundo e completar sua cota de sofrimento. Você não ajuda uma pessoa se interfere na lei cósmica da justiça.

Como seres humanos, nós, indianos, temos a mesma empatia natural como qualquer outro povo neste mundo, mas a doutrina do carma nos impediu de usarmos essa empatia natural em instituições e tradições de cuidado. Tínhamos abundância de deuses, deusas e santos em nosso país, mas precisávamos que missionárias como Ida Scudder e Madre Teresa de Calcutá[24] viessem nos ajudar a ver que os destituídos moribundos em nossas ruas eram seres humanos, ainda que seus corpos estivessem apodrecidos. Enquanto muitos hindus honram o espírito missionário, há os que como Arun Shourie estão ansiosos para preservar a cultura hindu e acertadamente veem o cristianismo como sua maior ameaça.

O budismo ensina que *karuna* (compaixão) é um valor elevado, mas a compaixão budista não desenvolveu uma cultura de cuidado. Isso, em parte porque o budismo também acredita na doutrina do carma e, em parte, porque ensina que não nos devemos apegar a ninguém. Buda teve de renunciar à sua própria esposa e a seu filho para alcançar a iluminação. Ele entendia que o apego é uma causa de sofrimento. Logo, o desapego se tornou uma importante virtude religiosa. Isso transformou a *karuna* budista em uma compaixão sem compromisso com o próximo. Aqueles que têm compromisso com sua própria iluminação espiritual não têm motivação para desenvolver uma tradição médica científica.

---

[24] SPINK, K. **Mother Teresa:** A Complete Authorized Biography. New York: Harper-One, 1998.

O declínio da medicina indiana deve servir de advertência para o Ocidente. Nosso fracasso demonstra que em última instância o desenvolvimento da profissão médica não pode depender apenas de habilidade e conhecimento técnico. Uma sociedade com gênio médico pode destruir o futuro de sua medicina. Em última análise, a medicina exige uma cultura de cuidado que une coração e mente para criar e sustentar valores e leis adequados e também um sistema socioeconômico que a nutre. Construir uma cultura adequada para a medicina exige sabedoria, e esta tem estado em falta ultimamente nos Estados Unidos. Um destacado ativista e cineasta de Hollywood chegou a ponto de desafiar seu país a seguir o exemplo de Cuba. A saúde pública dominou o cenário durante todo o ano de 2009. É provável que seja uma questão candente também nos próximos anos.

Atualmente muitos médicos indianos estão na linha de frente da tecnologia médica no Ocidente. De fato, alguns dos meus amigos indianos no Reino Unido iniciaram uma companhia de "seguro de sangue" para os que viajam para a Índia: eles asseguram a seus clientes que, em um evento de emergência, sangue clinicamente puro lhes será enviado da Inglaterra dentro de duas horas. Fornecer sangue puro para a Índia é compreensível. Mas é humilhante quando atletas e equipes esportivas vão para o meu país levando sua própria água para consumo. Nós temos a capacidade de providenciar água e sangue limpos. O problema é que indianos que vivem no Ocidente têm dificuldade em confiar em sua própria cultura.

Transformação cultural

Uma pequena cidade no estado de Maharashtra celebrava o cinquentenário do hospital cristão local. Durante a comemoração, uma figura pública idosa narrou o incidente a seguir, dos primeiros dias do hospital.

Uma família pobre levou uma mulher ao hospital para ser operada. Ela precisava de sangue, mas ninguém de sua família estendida lhe faria uma doação. Profundamente desapontado com o medo e a falta de compaixão deles, e percebendo a urgência da situação, o missionário médico doou seu próprio sangue e depois procedeu à cirurgia da mulher moribunda. A cidade ficou perplexa. Por que um cirurgião faria algo assim?

Cosmovisões cegam a tal ponto que os críticos não entendem que aquele cirurgião estava seguindo o Salvador que deu seu próprio sangue para nos dar vida.

Aquele missionário médico era o oposto de muitos cirurgiões que cobram propina para operar os pobres. Civilizações hindus, budistas e muçulmanas governaram a Índia nos últimos 3.500 anos. Nenhuma delas nos deu sequer o conceito de Estado de bem-estar social, isto é, um Estado que existe para servir aos cidadãos. A ideia de que o Estado deveria pagar cirurgiões para servir aos pobres chegou à Índia junto com a Bíblia.[25] O secularismo sequestrou a ideia bíblica e apresenta apenas sua forma, não seu espírito. É possível levar uma muda de um pé de manga da Índia e plantá-la no Minnesota. Essa mangueira pode até gerar alguns frutos. Mas em circunstâncias normais essa árvore não vai sobreviver nem irá se reproduzir no clima frio do Minnesota.

Da mesma forma, a história da medicina demonstra que uns poucos grandes homens podem ter grandes percepções, podem ter muito sucesso no exercício da medicina, mas o conhecimento não é o suficiente. Pesquisa médica exige dinheiro. Mas um povo que deposita sua confiança na ganância, não em um Salvador crucificado, encontrará outras maneiras de gastar seu dinheiro que combater doenças repugnantes. Uma cultura de compaixão precisa do poder transcendental e sobrenatural do Espírito de Deus para amar da maneira que Deus amou o mundo. Para se tornar uma tradição contínua e crescente, a medicina necessita transformar seu ambiente filosófico e espiritual.

Malcolm Muggeridge (1903-1990), jornalista e escritor britânico, observou o impacto que diferentes cosmovisões exercem em suas respectivas culturas. À semelhança de muitos jornalistas britânicos do seu tempo, ele era um humanista secular. Ele não afirmou que todas as cosmovisões são a mesma coisa. Ele disse: "Passei muitos anos na Índia e na África, onde encontrei muitos esforços corretos conduzidos por cristãos de todas as denominações; mas nunca encontrei um hospital ou um orfanato

---

[25] Para uma discussão a respeito, v. meus livros anteriores, como **Missionary Conspiracy**: Letters to a Postmodern Hindu e **India**: The Grand Experiment.

administrado pela Sociedade Fabiana[26] ou uma colônia humanista para hansenianos".[27]

Os ensinos bíblicos quanto ao amor e à compaixão não são questões de devoção pessoal. São forças que moldam uma cultura porque levam os crentes à arena pública de protesto social, desobediência civil e à construção positiva de uma nação. Mas a compaixão não pode criar a cultura médica moderna por si só. É também preciso lidar com a questão da economia.

---

[26] A Sociedade Fabiana é um grupo político britânico de esquerda, que no século XIX defendia o chamado socialismo utópico, ou seja, seus integrantes criam na necessidade de mudança na sociedade, mas sem luta de classes, que caracteriza o "socialismo científico" de Marx. No século XX a Sociedade Fabiana se filiou ao Partido Trabalhista inglês. [N. do T.]
[27] **Jesus Rediscovered**. New York: Pyramid, 1969. p. 157.

Capítulo 17

RIQUEZA VERDADEIRA
DE QUE MANEIRA A MORDOMIA SE TORNOU ESPIRITUALIDADE?

No capítulo 5 compartilhei a história trágica de Sheela — a garotinha que seus pais deixaram morrer de fome. Alguns especialistas afirmam que 40 mil crianças vão morrer hoje de desnutrição crônica e por conta de todas as doenças associadas a essa situação. Hoje à noite 1,2 bilhão de pessoas irão para a cama com fome. Há uma década isso era uma tragédia; hoje é um escândalo porque pela primeira vez na História possuímos o conhecimento e a tecnologia para impedir a fome.

Por que algumas nações são tão pobres e outras tão ricas? Por que a maior parte da riqueza parece insistir em ficar apenas de um lado? Por que alguns são tão egoístas e incapazes de gerar riqueza? Essas questões há muito dividem indivíduos e nações ao redor de ideologias falhas. Mesmo assim, por causa da curiosidade, se não por compaixão e justiça, precisamos perguntar: há outras compreensões de riqueza — uma riqueza verdadeira interior — que seja mais instrutiva e persuasiva para o nosso futuro? Crenças e valores culturais condenam culturas inteiras à pobreza? A riqueza interior, isto é, a habilidade de uma cultura em criar riqueza material, deve ser compartilhada com outras culturas?

Mais precioso que diamantes?

O nascimento do capitalismo industrial moderno foi comemorado em 1851 na Primeira Feira Mundial no Hyde

Park de Londres, no Palácio de Cristal, construído especialmente para o evento. Em parte a feira foi uma celebração do fato de que a Inglaterra foi a primeira nação industrial do mundo e dominava um império sobre o qual o sol nunca se punha. Nações como Rússia, Áustria, França e Japão — ricas em arte e cultura — tinham suas magníficas obras de arte. A peça principal da Índia exibida na Feira Mundial foi o Kohinoor, um dos maiores diamantes do mundo. Ele foi incrustado na coroa da rainha Vitória quando ela se tornou imperatriz da Índia.

Para os europeus, os Estados Unidos ainda eram o Novo Mundo. Eram considerados não civilizados. Eles nem sequer tinham um rei! Naquela época os Estados Unidos tinham pouca riqueza. Não conseguiram preencher o espaço que tinham alugado. A imprensa britânica, orgulhosa da superioridade cultural e do domínio global da Inglaterra, ridicularizaram a exibição americana como "chão de pradaria". A principal contribuição dos Estados Unidos para a feira foram duas modestas ceifadeiras mecânicas puxadas a cavalo, uma inventada por Cyrus McCormick, e a outra, por Obed Hussey.[1] Alguns críticos culturais consideraram esses inventos como primitivos, e em 1851 o *London Times* ridicularizou a ceifadeira, apresentando-a como uma cruz entre uma máquina voadora, um carrinho de mão e uma carruagem Astley. Em comparação com o que foi apresentado pelos países europeus mais antigos, a exibição americana de fato parecia ser primitiva e sem serventia, até mesmo ridícula; na melhor das hipóteses, uma expressão da preferência puritana pela prática em detrimento da beleza.

O público britânico foi mais prático que sua imprensa. Depois de uma tentativa realizada sob condições climáticas adversas, um júri internacional calculou que a ceifadeira de McCormick poderia ceifar uma área que variava de 240 a 300 metros por dia. No dia seguinte a esse júri, o "chão de pradaria" foi ovacionado por mais pessoas que o diamante Kohinoor. A ceifadeira de McCormick rapidamente passou a definir a forma e o ritmo da agricultura mecanizada e a economia de livre mercado. Nos países industrializados, de 2% a 5% da população passou a cultivar mais terra arável que a maioria das pessoas que gastava a vida cultivando alimentos.

[1] THWAITES, Reuben G. **Cyrus Hall McCormick and the Reaper**, v. 1-2. State Historical Society of Wisconsin, 2009.

Ninguém discute quanto ao fato que McCormick (junto com a inventividade da cultura americana) transformou a agricultura e o mundo. Que fatores culturais produziram esses inventores? McCormick e muitos outros como ele eram produto de clima teológico, espiritual, moral e legal produzido pela Bíblia. Não é possível explicar a inventividade humanitária, a busca da riqueza, a prática de negócios e o sucesso comercial deles sem entendermos sua cosmovisão bíblica.

Uma espiritualidade peculiar

Não falta gênio criativo para o meu povo indiano. Ele erigiu monumentos imensos a deuses e deusas e edificou palácios para reis e rainhas. Mas a nossa cosmovisão não inspirou essas mesmas habilidades em engenharia para a criação de máquinas que poupem o serviço humano. Meu interesse pessoal em McCormick está no fato de que sua viúva, Nancy McCormick, financiou a construção do Instituto de Agronomia de Allahabad em minha cidade natal, às margens do rio Yarmuna. Meu irmão estudou nesse instituto, e eu durante quatro anos ia lá de bicicleta aos domingos à tarde para estudar a Bíblia.

Entre 2002 e 2006, de 2 mil a 20 mil pessoas, hindus em sua maior parte, reuniam-se lá todo domingo para comunhão espiritual. Isso é importante porque um dos lugares mais santos do hinduísmo — a confluência dos rios Ganges e Yarmuna — está a menos de 5 quilômetros do instituto. Conforme mencionado no capítulo 12, praticamente todos os homens santos hindus importantes estiveram naquele lugar nos últimos 2 mil anos, bem como muitos políticos e mercadores abastados. Mas nenhum deles fez uma instituição para ajudar lavradores pobres.

O Instituto de Agronomia, atualmente uma *Deemed University*, foi fundado por Sam Higginbottom, um professor de economia da Universidade de Allahabad, onde estudei.[2] Ele percebeu a situação difícil dos camponeses, voltou aos Estados Unidos para estudar agronomia, estabeleceu

---

[2] As faculdades na Índia funcionam em uma universidade reconhecida pelo governo. *Deemed University* é o *status* de autonomia concedido a institutos e departamentos de universidades com alto padrão de excelência em diversas universidades na Índia. Fiz meus estudos intermediários (o ensino médio) no Jamuna Christian College, integrante do Ewing Christian College, no tempo de Higginbottom.

ligações com a família McCormick e retornou à Índia para fundar o instituto. Seu propósito era injetar na cultura indiana o espírito de McCormick de amar ao próximo a ponto de tentar aliviar seu sofrimento.

O amor não é um princípio ético comum para todas as religiões. Nenhum sábio hindu fez algo como Sam Higginbottom fez, porque, para serem espirituais, os pundits eruditos têm de se separar dos camponeses, não servir-lhes. A marca registrada da espiritualidade indiana é o desapego aos assuntos mundanos como a agricultura. Por conseguinte, o meu país espiritualmente "avançado" tratou as massas de trabalhadores como intocáveis.

A ceifadeira mecânica de McCormick reforça o argumento apresentado em capítulo anterior: que a necessidade *não* é a mãe da invenção. Todas as sociedades agrícolas precisavam (e precisam) colher grãos. Mas nenhuma outra cultura inventou uma ceifadeira. Muitas culturas administram a necessidade de colher os grãos ao obrigar a um trabalho estafante pessoas que não têm condição de dizer não — trabalhadores sem terra, empregados, escravos, mulheres e crianças. McCormick lutou para encontrar um caminho melhor. A força motivadora em sua vida se torna aparente quando se percebe que ele doou partes consideráveis de sua renda para promover a Bíblia por meio de vários projetos, entre os quais jornais[3] e o Seminário Teológico Presbiteriano em Chicago, que mais tarde foi renomeado em sua homenagem como Seminário Teológico McCormick.

Cyrus, filho de um casal puritano, Robert e Mary Ann McCormick, nasceu em uma cabana de madeira em Rockbridge County, Virgínia. Seus ancestrais escoces-irlandeses foram para a América do Norte em 1735 com pouco mais que uma Bíblia e o ensino dos Reformadores protestantes João Calvino e John Knox.

Esses Reformadores abraçaram a ideia hebraica da dignidade do trabalho. Além disso, os Reformadores, como Lutero e Calvino, introduziram para a mentalidade europeia a ideia bíblica radical de que a vocação de um lavrador ou de um pedreiro é tão nobre como a de um sacerdote ou monge.

Atualmente independente, essa faculdade ainda está localizada ao longo do rio, perto do Instituto Agronômico.

[3] A imprensa moderna é um resultado da revolução puritana na Inglaterra, e um substituto da instituição bíblica do profeta. Há um século, os jornais nos Estados Unidos, na maioria, eram cristãos.

Cada crente é um santo e deve cumprir sua vocação para a glória de Deus. Nas palavras do sociólogo Max Weber:

> [...] pelo menos uma coisa [na mentalidade protestante] era inquestionavelmente nova: a valorização do cumprimento das tarefas dos assuntos mundanos como a forma mais elevada pela qual a atividade moral do indivíduo poderia assumir. Foi isso que inevitavelmente deu às atividades mundanas no dia a dia um significado religioso, e que primeiro criou a concepção de uma vocação nesse sentido [...]. A única maneira de viver de modo aceitável a Deus não era superar a moralidade mundana em asceticismo monástico, mas apenas por meio do cumprimento de obrigações impostas aos indivíduos por sua posição no mundo. Este era seu chamado.[4]

Cyrus McCormick não fez uma colheita com uma foice. Tivesse ele vivido antes da Reforma, poderia ter escapado do trabalho enfadonho indo para uma universidade ou sendo ordenado sacerdote. Isso era normal em culturas ortodoxas e católicas. Até mesmo Tomás de Aquino — talvez o maior teólogo do último milênio — justificou a tradição ao advogar a ideia de que, enquanto a obrigação bíblica de trabalhar era para a humanidade como um todo, ela não se aplicava a cada indivíduo, especialmente aos religiosos que foram chamados para orar e meditar.[5]

A família McCormick rejeitou a ideia medieval de seguir os ensinos de Richard Baxter (1615-1691), o escritor, erudito e teólogo puritano inglês que cria que o mandamento para trabalhar era incondicional. Ninguém poderia exigir isenção do trabalho com base em que já possuía riqueza o bastante para sobreviver. Baxter escreveu: "Vocês não têm mais justificativas para não trabalhar [...] que o mais pobre dos homens. Deus ordenou estritamente [o trabalho] para todos".[6]

---

[4] WEBER, Max. **The Protestant Ethic and the Spirit of Capitalism**. Trad. Talcott Parsons. New York: Charles Scribner's Sons, 1958. p. 80. [**A ética protestante e o espírito do capitalismo**. São Paulo: Companhia das Letras, 2004.]

[5] Durante a Idade Média os religiosos eram pagos para ficarem assentados o dia inteiro e orarem pela alma dos parentes falecidos. Nas culturas hindu e budista os camponeses ajudam os ascetas que não fazem nada, a não ser meditar.

[6] BAXTER, Richard. **Baxter's Practical Works**, v. 1. Letterman Associates, 2007. p. 115.

É importante observar que esse trabalho ético, que fez da Inglaterra e dos Estados Unidos nações diferentes da Itália ou da Rússia, é bíblico — não puritano em si. Os quacres, como Obed Hussey,[7] o concorrente de McCormick, compartilhavam a mesma cosmovisão. Essa ética bíblica de trabalho, chamada posteriormente de "ética protestante do trabalho", foi ensinada a Cyrus desde sua infância. Seus amigos e críticos reconhecem que ele era um *workaholic*[8] com perseverança indomável e uma determinação a toda prova. A paixão de McCormick por um trabalho focado fez dele muito rico, mas sua ética de trabalho foi o resultado de sua cultura religiosa, não de sua ambição por riqueza.

O rápido progresso econômico do Ocidente teve início quando este adotou a espiritualidade materialista da Bíblia hebraica (o Antigo Testamento). Por isso no Gênesis Deus declara que o universo material é bom. Muitas cosmovisões antigas, como a da Índia, entendem o reino material como intrinsecamente mau — algo do qual precisamos ser libertos. Os filósofos cristãos que estudaram a Bíblia observaram que o pecado resultou em uma quebra no relacionamento com Deus, com o homem e com a natureza. O expositor mais influente dessa percepção foi Francis Bacon, que teve impacto profundo na mentalidade norte-americana.[9]

McCormick foi nutrido com a ideia bíblica de que mediante um trabalho devoto e criativo as pessoas poderiam inverter o curso do trabalho como algo estafante e restabelecer seu domínio sobre a natureza. Uma vez mais: não faltou inteligência aos meus ancestrais, mas nossa genialidade foi expressa em uma filosofia que nos ensinou a cultuar a natureza em vez de estabelecer domínio sobre ela. O desenvolvimento econômico envolve não adorar, e sim utilizar recursos e energia da natureza para o consumo humano, mas com senso de responsabilidade.

---

[7] Hussey patenteou sua ceifadeira em 1834, mas perdeu a corrida de propaganda para McCormick.

[8] A palavra *workaholic* (lit., "trabalhólatra") é usada atualmente apenas em sentido negativo. Mesmo assim, até em nossa cultura dominada pelo lazer aceita-se que uma pessoa pode alcançar excelência em determinado campo e se tornar um empresário, inventor, atleta ou cientista destacado, sem trabalhar mais que seus colegas.

[9] V. p. ex., MARSDEN, George. **Fundamentalism and American Culture.** Oxford: Oxford University Press, 2006.

A exposição da Bíblia por Francis Bacon instilou uma mentalidade não fatalista na Inglaterra e nos Estados Unidos. A implicação era que o futuro poderia ser melhor que o passado. Tal como explicado em capítulos anteriores, esse conceito hebraico nasceu da experiência coletiva de Israel com Deus. Quando Deus interferiu na história humana para libertar Israel da escravidão no Egito, os hebreus aprenderam que Deus poderia mudar seu destino para melhor. E, como mulheres e homens foram criados à imagem de Deus, eles também poderiam forjar um futuro melhor para si mesmos por intermédio de esforços criativos.

Essa crença tornou-se característica integral da moderna cultura ocidental e demonstrou ser uma característica econômica poderosa que deixaria o Ocidente em uma situação distinta do restante do mundo. Enquanto outras culturas buscavam poderes mágicos por meio de rituais e sacrifícios, o Ocidente começou a cultivar poderes tecnológicos e científicos. Os avós de McCormick, assim como muitos puritanos europeus que fugiram da perseguição religiosa para a liberdade na América do Norte, interpretaram sua experiência como semelhante à dos israelitas que foram libertos do jugo da escravidão.

Um aspecto importante da missão de Moisés foi ensinar a lei de Deus aos israelitas. Uma pedra angular desse ensinamento foi que, enquanto a injustiça enriquece alguns indivíduos, ela empobrece nações inteiras. De acordo com a Bíblia, uma nação é exaltada pela justiça.[10] Os antepassados de Cyrus criam que as bênçãos provenientes da justiça não eram destinadas exclusivamente aos judeus. Deus escolheu Abraão para abençoar todas as nações da terra. Todos os crentes verdadeiros, pensavam eles, eram o povo escolhido de Deus. Portanto, é errado para aqueles a quem Deus ama aceitar a pobreza como seu destino. Mesmo que a pobreza de alguém seja resultado do pecado, próprio ou dos antepassados, é possível se arrepender e receber o perdão de Deus e poder para viver uma vida justa. Por isso não é surpreendente que um século após a chegada de Thomas McCormick na Filadélfia, a família de seu neto possuía uma fazenda de 4.856.227 metros quadrados.

A família de Cyrus possuía escravos, tal como muitas outras naquele tempo. Eles eram filhos de sua época e poderiam ter comprado ainda mais escravos para realizar as colheitas. Uma diferença produzida pela Bíblia é

[10] Provérbios 14.34.

que esta exigia que os McCormicks trabalhassem tanto quanto qualquer um dos seus escravos. Sabemos que por volta dos 15 anos Cyrus se desesperava ao ver os escravos trabalhando nos campos. Foi quando ele resolveu fazer algo com base nas tentativas frustradas do pai de achar uma maneira melhor de colher grãos.

Espiritualidade ou ganância?

O filme *Wall Street — O dinheiro nunca dorme*, de 2010, mostra de maneira poderosa como a secularização confunde ambição e ganância. A ambição é algo bom, mas se transforma em ganância se estiver separada de valores morais absolutos. A ganância é um componente destrutivo da natureza humana. Foi a ambição que levou à Índia os europeus, mas também os invasores arianos e muçulmanos. A cobiça explica as pilhagens de Alexandre, o Grande, e de Nadir Shah, mas não a criatividade do capitalismo industrial. Pioneiros do empreendimento econômico moderno como Cyrus McCormick queriam ganhar dinheiro, mas sua inspiração era algo mais nobre.

Adam Smith observa — tal como fazem atualmente alguns economistas ecológicos — que o Universo foi estruturado por seu Criador de modo que, ao buscar o interesse próprio, as criaturas ajudam a manter um equilíbrio econômico maior. Podemos nos esforçar para ganhar dinheiro em nosso próprio interesse, mas, se o fazemos dentro de limites morais, então a mão invisível do Criador transforma nosso trabalho em uma questão do bem comum.

Em culturas tradicionais, a minha inclusive, pessoas que adquirem muito dinheiro escondem-no, desperdiçam-no ou ostentam-no construindo castelos, catedrais ou mausoléus. Em contraste, a educação bíblica de McCormick o encorajou a economizar e a reinvestir sua riqueza na expansão de seus negócios para a glória de Deus e para abençoar outros seres humanos. Economizar dinheiro parece simples, mas na época foi algo revolucionário. Em muitas culturas, em muitos períodos da História, ganhar e economizar dinheiro era algo perigoso. Dinheiro guardado atraía ladrões e governantes, e os dois não eram muito diferentes um do outro. Os coletores de impostos não tinham salário. Eles tinham de extorquir camponeses para sustentar sua milícia para coletar impostos. A ausência de leis eliminou a opção de um sistema bancário, obrigando meus ancestrais a esconder suas magras economias no campo, em muros ou nos assoalhos.

A influência da Bíblia criou uma cultura muito diferente; a Bíblia inspirou e incentivou o hábito de poupar e reinvestir. Isso ajudou a fábrica de McCormick a se tornar um dos primeiros empreendimentos megaindustriais dos Estados Unidos. Na época da Feira Mundial em 1851 os jornais de Chicago ecoavam a percepção comum de que a fábrica de McCormick era a maior de seu tipo no mundo, fazendo afirmações do tipo "McCormick conquistou a natureza para o fim benigno da civilização e trazer pão para a boca dos pobres".[11]

Produção de riqueza por meio de trabalho árduo, economia e reinvestimento são hábitos modernos e uma característica-chave do capitalismo. Nas mãos de McCormick isso tornou possíveis outras inovações agrícolas, capacitando agricultores a fazer dos Estados Unidos o celeiro do mundo. Contrário à teoria marxista, McCormick não o fez ao explorar empregados, mas ao libertar escravos e trabalhadores de um trabalho cansativo e sem sentido e por ampliar a produtividade humana por meio de máquinas. Um fazendeiro que usasse a ceifadeira mecânica de McCormick economizaria 100 dólares a cada dólar que gastasse com a máquina.

McCormick iniciou a construção de sua ceifadeira mecânica em casa — tal como acontecera com a maior parte da indústria medieval. Mas, quando a demanda por seu produto cresceu, ele contratou ferreiros para fazer a ceifadeira sob sua orientação. Ele logo percebeu que os ferreiros estavam fazendo a ceifadeira abaixo do padrão manchando, assim, sua reputação. Quando os contratos deles expiraram, ele decidiu fazer tudo em um único lugar no qual pudesse efetivamente supervisionar a obra e garantir o controle de qualidade. O sistema da fábrica tornou possível que trabalhadores se especializassem e adquirissem excelência em um ou mais aspectos do trabalho.[12]

---

[11] HUTCHINSON, William T. **Cyrus Hall McCormick**: Seed Time, 1809-1856. New York: Century, 1930. p. 271.

[12] Isso não é ignorar o fato de que muitas fábricas "modernas" se tornaram prisões desumanizadoras que não permitem criatividade ou orgulho pessoal para os que nelas trabalham. De uma perspectiva bíblica, o pecado afeta e corrompe todos os esforços humanos. Muitos governos, em muitos períodos da História, têm sido opressores, mas a anarquia não é solução para esse problema. De igual maneira, o sistema de fábricas sobrevive porque é passível de ser redimido.

Comprar a matéria-prima de um único fornecedor e tê-la entregue no mesmo lugar ajudou McCormick a reduzir custos. Ele fez sua fábrica nas margens do rio Chicago, de modo que barcos levavam a matéria-prima e depois entregavam o produto pronto. O volume de produção da fábrica justificava a instalação de um motor de 30 cavalos que se tornou a maravilha de Chicago. Mais tarde, McCormick desempenhou papel muito importante ao trazer uma linha ferroviária para Chicago — uma linha que atendia aos interesses de todo mundo.

Espiritualidade e economia

De que maneira um homem religioso foi capaz de acumular uma fortuna de 10 milhões de dólares (uma quantia imensa para aquele tempo)? Jesus não afirmou que não se pode servir a Deus e ao dinheiro?[13] Como McCormick poderia ser devotado a Cristo e dedicado a ganhar dinheiro?

Essa contradição é resolvida quando percebemos que quase 2/3 das parábolas de Jesus nos Evangelhos são a respeito de dinheiro. Não são a respeito de rituais, meditação, experiências místicas, ascetismo ou sobre o que muitos chamam de disciplinas "espirituais". A parábola dos talentos, por exemplo, é uma chave útil para entender as paixões aparentemente contraditórias de McCormick de servir a Cristo e ganhar dinheiro. Mais de cem anos antes de Adam Smith, John Lilburne usara essa parábola para ensinar a economia de livre mercado.

De acordo com a parábola de Jesus, o Reino dos céus é semelhante a

> "um homem que, ao sair de viagem, chamou seus servos e confiou-lhes os seus bens. A um deu cinco talentos, a outro dois, e a outro um; a cada um de acordo com a sua capacidade. Em seguida partiu de viagem. O que havia recebido cinco talentos saiu imediatamente, aplicou-os, e ganhou mais cinco. Também o que tinha dois talentos ganhou mais dois. Mas o que tinha recebido um talento saiu, cavou um buraco no chão e escondeu o dinheiro do seu senhor. Depois de muito tempo o senhor daqueles servos voltou e acertou contas com eles. O que tinha recebido cinco talentos trouxe os outros cinco

---

[13] Mateus 6.24.

e disse: 'O senhor me confiou cinco talentos; veja, eu ganhei mais cinco'. O senhor respondeu: 'Muito bem, servo bom e fiel! Você foi fiel no pouco; eu o porei sobre o muito. Venha e participe da alegria do seu senhor!'. Veio também o que tinha recebido dois talentos e disse: 'O senhor me confiou dois talentos; veja, eu ganhei mais dois'. [Quando o senhor retornou, sua resposta aos dois que investiram e lucraram foi: "Muito bem, servo bom e fiel! Você foi fiel no pouco; eu o porei sobre o muito. Venha e participe da alegria do seu senhor!". Mas o homem que escondeu seu dinheiro por medo foi chamado 'inútil']".[14]

Ensinos como esse ajudaram a tradição religiosa de McCormick a equacionar espiritualidade e administração. De fato, a palavra "economia" vem da palavra grega *oikonome*, que significa "administrar uma casa com cuidado e poupar recursos". A ideia subjacente à palavra grega *oikonomos* é literalmente a de administrador. Para McCormick transformar 5.000 dólares em 10.000 era ser um bom administrador, que, conforme a autoridade do próprio Jesus, é o mesmo que ser espiritual.

A economia se tornou um assunto tão complexo que nossa era confere um Prêmio Nobel a economistas, e não é raro que analistas financeiros tenham salários de seis dígitos. Por isso é difícil crer que nosso complexo sistema capitalista foi criado pelas parábolas simples da Bíblia. Não obstante, McCormick foi um homem simples com uma fé simples, e homens e mulheres simples como ele fizeram a grandeza dos Estados Unidos.

O argumento pode ser ilustrado por outro exemplo: o frei Luca Bartolomeu de Pacioli (1446-1517), um monge franciscano da Veneza do século XV, foi o primeiro a descrever o sistema capitalista de contabilidade de entradas e saídas.[15] Sem esse tipo de contabilidade, um empreendedor não pode avaliar seus lucros ou perdas. Não há como descobrir maneiras de minimizar despesas ou maximizar lucros. Sem essa contabilidade, uma empresa não pode planejar seu crescimento nem saber com certeza quando é melhor desistir de um negócio arriscado.

---

[14] V. Mateus 25.14-30.
[15] Frei Luca Bartolomeu de Pacioli, **Summa de arithmetica, geometria, proportioni et proportionalita.** Veneza, 1494.

Pacioli escreveu a respeito da ciência e teologia da matemática. Ele recomendou explicitamente que o povo deveria realizar todas as transações econômicas em nome de Deus. O sistema de contabilidade de entrada e saída é vital não apenas para empreendedores particulares, mas crucial para a riqueza de uma nação. As economias europeias e a norte-americana parecem estar caminhando para grandes desastres porque escolheram incorrer em imensas perdas e dívidas.

Pacioli foi contemporâneo de Cristóvão Colombo (1451-1506). Quase um século antes de Colombo, o almirante chinês Zheng liderou uma expedição naval com 317 navios que transportavam 28 mil homens. O maior desses navios tinha 122 metros de comprimento por quase 50 metros de largura. Em contraste, o *Santa Maria*, o navio no qual Colombo navegou em 1492 tinha apenas 26 metros de comprimento. O *Nina* e o *Pinta* eram ainda menores. As embarcações chinesas tinham tanques para armazenar água potável por um mês ou mais. Essa expedição deixa claro que em aspectos de construção de navios e navegação marítima a China estava séculos à frente do Ocidente. Os navios chineses dominaram os mares asiáticos, pelo menos durante alguns anos. A despeito desse poder marítimo impressionante, a China fracassou em extrair lucros disso.

Ela poderia ter colonizado a Europa ou, pelo menos, a Ásia e a África. Poderia, mas não foi capaz nem sequer de manter seus estaleiros. Um fator importante por trás desse fracasso é que os chineses não tinham um registro de suas despesas e lucros. As impressionantes embarcações chinesas transportavam cargas valiosas como seda, porcelana, animais exóticos, joias, alimentos e plantas exóticas para enriquecer a farmacopeia do seu país. Mas esses tesouros não tinham propósito de servir ao povo chinês. Antes, conforme o professor Landes, foram usados para aumentar o prestígio chinês no contexto da concessão de dádivas.[16]

O desejo de impressionar bárbaros não poderia ser alimentado por dezenas de toneladas de construtores de navios, marinheiros e soldados envolvidos nas expedições. Nem ajudou suas famílias e parentes a voltarem

---

[16] LANDES, David. **The Wealth and Poverty of Nations**. New York: W. W. Norton, 1998. p. 94.

para casa. Esse traço cultural — elevar o prestígio antes do lucro — contribuiu para que os chineses caíssem em uma situação tão difícil que tiveram de abandonar a construção de navios e as expedições marítimas. Naquela época o ponto mais distante que eles haviam atingido tinha sido a África. A primeira vez que um navio chinês chegou à Europa foi em 1851, para a primeira Feira Mundial, na qual McCormick apresentou sua ceifadeira mecânica.

O poder da parábola de Cristo se torna visível quando percebemos que a mentalidade de preferir o prestígio ao lucro é um problema que afeta as nações até os nossos dias. Os megaprojetos sem fins lucrativos dos países comunistas os levaram à bancarrota. Eles trabalhavam para a glória do Estado, não para a glória de Deus. Para eles o Estado era a autoridade última, e os que trabalhavam para o Estado não deveriam prestar contas de como usavam os recursos nacionais, fossem estes materiais ou pessoais. Essa mentalidade produziu pobreza, que, por sua vez, produziu a revolta liderada pelo movimento Solidariedade na década de 1980. A revolta teve início entre os trabalhadores dos estaleiros de Gdansk, Polônia, e disparou o colapso do comunismo, uma das mais brilhantes ideologias econômicas do mundo moderno.

Uma razão por trás do fracasso do comunismo foi sua recusa em aceitar a noção de direito à propriedade privada, especialmente os direitos de propriedade intelectual. Nos países comunistas toda propriedade passou a ser do Estado, que tinha o direito de roubar dos seus cidadãos. Mas Estados não inventam. Pessoas inventam, desde que sua propriedade intelectual esteja a salvo de violação, particular ou pública.

A Rússia, uma superpotência, foi à bancarrota porque o Estado deliberadamente rejeitou um dos Dez Mandamentos: "Não furtarás". Em nome da coletividade, eles confiscaram as propriedades dos cidadãos. O povo tinha de trabalhar não para si mesmo ou para seus filhos, mas para seu deus secular — o Estado. Por outro lado, os Estados Unidos foram bem-sucedidos porque tinham uma cultura inventiva na qual pessoas como McCormick poderiam prosperar. A influência da Bíblia gerou um clima moral nos Estados Unidos no qual inventores poderiam defender seus direitos sem recrutar uma segurança particular ou subornar autoridades. Isso é muito difícil em muitas culturas não bíblicas até hoje.

Se é verdade que cinco séculos atrás a China imperial fracassou economicamente porque não trabalhou com base nos princípios bíblicos de mordomia, como explicar o sucesso de nações não bíblicas como o Japão, a China e a Índia dos nossos dias?

Japão, China e Índia

O Japão e as atuais Índia e China ilustram minha tese igualmente bem. Voltemos nossa atenção para o Japão, por ter sido este o primeiro país asiático a ultrapassar a Europa. Os europeus chegaram ao Japão em meados do século XVI, pouco depois que a Reforma Protestante começara a transformar a Europa. Os europeus impressionaram os japoneses, especialmente com suas armas e sua tecnologia. Eles ficaram ansiosos para aprender os segredos dos estrangeiros. Como observado por David Landes, aprender dos outros tem sido um dos pontos fortes da cultura japonesa.[17] Muito de sua língua, escrita, trabalho com seda, cerâmica, imprensa, pintura, mobiliário e religião veio da China, e parte disso, via Coreia.

Aprender com os outros não fez que os japoneses se sentissem inferiores, porque eles sempre desenvolveram o que aprenderam. Os japoneses logo aperfeiçoaram as armas europeias e nesse processo dominaram todas as habilidades relacionadas a isso. Os sábios japoneses souberam que os óculos na Europa haviam duplicado a produção acadêmica dos monges e aumentado a produtividade de trabalhadores habilidosos. Eles também aprenderam a fabricar relógios, que fora a maior conquista da engenharia mecânica na Europa. Imitar e aperfeiçoar armas, óculos e relógios foi a base das habilidades mecânicas no Japão.

Contudo, os japoneses adotaram mais que a ciência e a tecnologia europeias. Muitos japoneses também adotaram o cristianismo, a religião "europeia". No início do século XVII, entre 300 e 700 mil japoneses, incluindo alguns das classes dominantes, haviam se convertido ao cristianismo. Alguns se converteram por convicção; outros buscavam melhores oportunidades de fazer negócios. Alguns usaram sua conversão como um meio de descobrir segredos tecnológicos. Mas os marinheiros portugueses

---

[17] LANDES, David, **The Wealth and Poverty of Nations**, p. 350-359.

e espanhóis, mercadores e soldados não eram bons missionários. A arrogância deles fez que os dirigentes do Japão se voltassem contra o cristianismo. Como resultado, o Shogun Ieyasu baniu o cristianismo do Japão em 1612.

Em 1616 todas as embarcações mercantes estrangeiras — exceto as da China — foram impedidas de entrar nos portos japoneses, menos os de Nagasaki e Hirado. O Japão ficou proibido para os espanhóis em 1624 e para os portugueses em 1639. Em 1637 o povo japonês estava proibido de deixar seu país. De 1637 a 1638 quase 37 mil cristãos foram massacrados apenas em Shimabara. Mas é interessante observar que, depois dessa tragédia, todas as armas de fogo foram proibidas no Japão. Todas as armas feitas de metal foram reunidas e derretidas. O metal derretido foi usado para a construção de uma estátua enorme de Buda.

Os britânicos encerraram todas as atividades comerciais com o Japão. Somente os holandeses continuaram a negociar com a Terra do Sol Nascente. Mas mesmo eles eram proibidos de desembarcar na ilha principal. Tinham permissão de desembarcar apenas na ilha artificial de Deshima, na baía de Nagasaki. A Holanda se tornou a única conexão do Japão com o Ocidente. Por volta de 1720 alguns japoneses perceberam que a política de virtual isolamento não era sábia. A Europa estava avançando rapidamente, e o Japão precisava aprender a partir daí.

Os governantes permitiram que livros seculares da Holanda entrassem no país. Eruditos japoneses chamados de *rangakushas* foram designados a estudar aqueles livros. Algumas pessoas poderosas e influentes fizeram objeção à mudança na política, e por essa causa os *rangakushas* tiveram de ser cautelosos. Um deles, Otsuki Gentaku, autor de *Introdução aos estudos holandeses*, defendeu sua profissão. Ele argumentou que o saber holandês não é perfeito, mas, se escolhermos os pontos bons e os seguirmos, que mal isso fará? Levou quase mais um século até que o Japão percebesse que, enquanto ele estagnava, a Europa crescia rapidamente. Finalmente, em 1867 o imperador Meiji reabriu os maiores portos japoneses para o comércio mundial.

Os *rangashukas*, os técnicos e os burocratas de visão ampla se tornaram os novos revolucionários. Especialistas e técnicos estrangeiros foram contratados como consultores. Delegados japoneses foram enviados à

Europa e aos Estados Unidos para aprender tudo que pudessem. Em outubro de 1871 o príncipe Iwakura Tomomi liderou uma delegação que incluía inovadores como Okubo Toshimichi. Essa distinta delegação japonesa visitou fábricas, estaleiros, arsenais, ferrovias e canais em dois continentes. A delegação só retornou em setembro de 1873. Eles aprenderam muita coisa e estavam entusiasmados para realizar reformas. O Japão se tornou o primeiro país não ocidental a iniciar um processo de imitar e aperfeiçoar com base na ciência, tecnologia, filosofia econômica e infraestrutura ocidentais.

O contato entre o Ocidente e o Japão fez surgir uma gama de comércio, mudança, competição e paz. A força da cultura japonesa é sua disposição para aprender do sucesso das nações protestantes. Mesmo os países católicos e ortodoxos foram lentos para aprender os princípios do desenvolvimento econômico das nações transformadas pela Bíblia. A inclinação japonesa para aprender, modificar e desenvolver é uma norma cultural que foi aplicada a uma complexidade e qualidade cada vez maiores.

Depois da Segunda Guerra Mundial o Japão convidou o dr. W. Edwards Deming, especialista norte-americano em controle de qualidade, para lhes ensinar como desenvolver sua qualidade.[18] Hoje os produtos japoneses não perdem para ninguém em termos de competitividade e qualidade. O Japão levou à economia as forças inerentes de sua cultura. A economia japonesa iniciou um processo de colapso no século XXI por não ter recursos espirituais para lidar com a corrupção em altos escalões. Além disso, a não observância de um dia de descanso por semana resultou em negligência para com a família. Trabalhadores de fábricas e executivos graduados trabalham seis dias e, no sétimo, participam de festas de suas companhias.

Esposas frustradas e inseguras decidiram que não queriam ter filhos se fosse para criá-los sozinhas. Poucos filhos significa uma população cada vez mais envelhecida. Essa é a principal preocupação do futuro da economia japonesa. O Japão reconhece esse problema e por isso tem investido em robótica mais que qualquer outro país. Os robôs cada vez mais podem fazer mais e mais coisas. O problema é que robôs não são substitutos de filhos, porque eles não pagam o sistema de seguridade social. Mas, seja como for,

---

[18] AGUAYO, Rafael. **Dr. Deming**: The American Who Taught the Japanese About Quality. New York: Fireside, 1991.

durante décadas o Japão se saiu melhor que a Índia e a China porque estas nações invejaram e odiavam o Ocidente. Algumas nações asiáticas pediram ajuda, mas a Índia era orgulhosa demais para aprender com o Ocidente como o Japão fez. Nossa sorte só começou a mudar quando entendemos que a humildade é uma virtude.

Não podemos entender o Japão sem entendermos o impacto que a Holanda teve sobre aquele país. Antes da Reforma Protestante, igrejas católicas estavam abertas na Holanda sete dias por semana. Os fiéis iam às igrejas a qualquer hora para se encontrar com Deus. Eles acendiam suas velas, ajoelhavam-se e oravam. Depois da Reforma, os líderes eclesiásticos decidiram fechar suas igrejas nas noites de domingo. Não porque se tornaram menos religiosos. Na verdade, foi exatamente o contrário.

Os Reformadores aprenderam com a Bíblia que a igreja não era o único lugar para se encontrar com Deus. Se Deus chamou você para ser um lenhador, então na manhã de segunda-feira você vai se encontrar com Deus na mata onde corta sua lenha. Se ele o chamou para ser um sapateiro, ele o espera na manhã de segunda-feira na sapataria. Se ele a chamou para ser uma dona de casa, você vai servir a Deus enquanto cuida das plantas que estão na janela da sua casa. Isso fez os lares holandeses mais bonitos e eventualmente impactou os lares japoneses.

Quando um sapateiro faz seus sapatos para Deus, ele não usa material de qualidade inferior nem faz um serviço malfeito; antes, seu trabalho é da mais alta qualidade. A doutrina bíblica da *vocação*, redescoberta durante a Reforma, estava na raiz da excelência da Holanda. Os trabalhadores japoneses tiveram de competir contra isso e aprenderam a ultrapassá-la. Alguns sociólogos defendem que o mundo moderno é um resultado da doutrina bíblica da "vocação" ou chamado.[19]

Por que a economia japonesa começou a estagnar recentemente? Por que os primeiros-ministros do Japão estão renunciando um após outro sob denúncias de corrupção? Muitos observadores defendem que o Japão já chegou onde poderia chegar como uma nação que imita princípios

---

[19] V., p. ex., WEBER, Max, op. cit.; ou PARSONS, Talcott. Christianity and Modern Industrial Society. In: TURNER, Bryan S. (Ed.). **The Talcott Parsons Reader**. Malden, MA: Blackwell, 1999. p. 23-50.

econômicos bíblicos. Para avançar até o nível seguinte, o Japão precisa de recursos espirituais para se tornar uma sociedade moral aberta, transparente e confiável. De outra maneira, a riqueza no Japão estará guardada em bancos suíços em vez de investida no próprio país. Da mesma forma, se a Bíblia foi a força que manteve a corrupção em baixa na Europa e nos Estados Unidos, sua rejeição agora deverá fazer que a corrupção cresça, destruindo o clima moral exigido para o sucesso de homens como McCormick.

A integridade não é uma característica humana natural e universal. Um sistema econômico construído com base na confiança está prestes a ruir sem os recursos espirituais que serviram como suas fundações.

A espiritualidade que salvou o capitalismo industrial

Cyrus McCormick não foi apenas um inventor; foi também um estrategista inovador em *marketing*. Seu alvo era fazer a melhor ceifadeira e que esta estivesse disponível para o maior número de pessoas. Seguindo os ensinos da Bíblia tais como expostos por Lutero, Calvino e outros Reformadores, McCormick cria que o negócio de vender sua ceifadeira era a vontade de Deus para sua vida. Então ele se esforçou para ser o melhor vendedor possível. *The Dictionary of American Biography* [O dicionário da biografia americana] registra que McCormick estava entre os primeiros a introduzir o uso de pesquisas de campo, garantias, depoimentos em propagandas, pagamento em espécie e pagamentos de dívidas já vencidas.[20]

McCormick convidou fazendeiros a que levassem a ceifadeira para seus sítios em maio, antes da colheita, sem precisar pagar por isso. Durante o verão seus vendedores iriam treinar os fazendeiros a usar a máquina. Na época da colheita, os vendedores de McCormick estavam facilmente disponíveis com peças de reposição. Os fazendeiros só iriam pagar pelo uso das máquinas em dezembro, quando as ceifadeiras com certeza não seriam úteis. Os prazos para pagamento eram frequentemente ampliados se um fazendeiro não pudesse pagar na data combinada. Não é de admirar que McCormick tenha se tornado extremamente popular entre seus fregueses.

---

[20] **The Dictionary of American Biography**. New York: Charles Scribner's Sons, 1946.

Nenhum inventor da Idade Média fez propaganda do seu produto ou o promoveu da maneira que McCormick o fez.

A questão da honestidade na propaganda e no *marketing* tem se tornado importante no Ocidente. Há centenas de artigos de leis que exigem honestidade, mas o coração humano parece ser mais engenhoso que os legisladores. Na cultura religiosa de McCormick a integridade no *marketing* vinha de dentro e foi reforçada pela sociedade. A ciência e a tecnologia não tiram o mal do nosso coração. De fato, a tecnologia pode ampliar nossa capacidade para o mal. O uso de falsa identidade e fraudes bancárias pela internet são bons exemplos atuais do pecado no coração humano. Os Estados Unidos produziram muitos empresários inovadores porque sua cultura foi moldada pelo evangelho que lida com o problema interior do pecado.

Bill Gates é um dos homens mais ricos do mundo. Seu sucesso não se deve simplesmente ao fato de ele ser um grande empresário e inventor. A China e a Índia também têm homens igualmente capacitados. Se a Índia fracassou em produzir um Bill Gates é porque nossos mercados estão cheios de cópias pirateadas do seu *software*. Ele não poderia ter sido bem-sucedido sem uma cultura relativamente moral construída pelo evangelho. Em nossas economias domésticas, os que trabalham com o chamado "mercado negro" costumam ganhar mais dinheiro que os empresários honestos. Os Estados Unidos levam a sério o que a Bíblia fez por sua economia. As consequências de mudar o moto de Wall Street de "Nós confiamos em Deus" para "Nós confiamos na cobiça" são visíveis até para os roteiristas de Hollywood.[21]

A Bíblia, as mulheres e a economia

A mãe de Cyrus, Mary Ann McCormick, exerceu uma administração forte e eficiente na fazenda da família. Ela criou e manteve a ordem enquanto o marido, Robert, dirigia a propriedade da família. Trabalhando como uma equipe, Mary Ann e Robert mais que duplicaram o patrimônio que herdaram dos seus pais. Cyrus e Nancy, sua esposa, também formaram uma equipe eficiente. Nancy auxiliou muito a carreira do seu marido.

---

[21] "Nós confiamos na cobiça" aparece em uma cédula de dólar no fim do filme *Wall Street: o dinheiro nunca dorme*.

Cyrus administrou um negócio crescente, viajou pelo mundo para promover sua ceifadeira, travou intermináveis batalhas legais para proteger seus direitos de patente, e assumiu responsabilidades políticas, religiosas e de *marketing* por causa do apoio de sua esposa. Ela possuía "mente prática, percepção aguda e raro charme". Eles eram parceiros.

Depois da morte de Cyrus, Nancy assumiu a empresa. Nos dias da sua velhice, deu apoio a Sam Higginbottom, um economista presbiteriano que se tornou agrônomo, para fundar o Instituto Agronômico de Allahabad, atualmente reconhecido como uma universidade pelo governo indiano. O instituto transmitiu a bênção do desenvolvimento agrícola para um dos povos mais pobres do mundo (minha madrasta trabalhou como médica na clínica de saúde pública do instituto).

Os puritanos que migraram para a América do Norte são, com frequência, criticados por sua ética sexual derivada da Bíblia e seus rígidos valores familiares, incluindo sua oposição ao divórcio. Mas seu sistema de crenças criou a infraestrutura moral e familiar dos Estados Unidos sobre a qual foi construída a riqueza da nação. Oportunidades educacionais e o *status* das mulheres determinam substancialmente a pobreza ou a riqueza de uma nação. Um número crescente de americanos está rejeitando a Bíblia e se privando dos recursos espirituais necessários para sustentar a monogamia. A glamorização da família monoparental está condenando um número cada vez maior de mulheres e crianças norte-americanas à pobreza.

Um fator poderoso para o sucesso de McCormick foi a base estável das liberdades políticas e pessoais dos Estados Unidos. O capítulo seguinte examinará a fonte da liberdade ocidental — o mito secular e a verdade histórica.

Capítulo 18

LIBERDADE

POR QUE A BÍBLIA PRODUZIU LIBERDADE

O diretor de Hollywood Steven Spielberg se uniu a George Lucas, e ambos fizeram um filme que foi um sucesso, *Caçadores da arca perdida*. O filme se passa durante a Segunda Guerra Mundial, e os nazistas procuram a arca de Moisés, um baú de madeira que fez o antigo Israel invencível. O Pentágono entra em pânico e contrata um arqueólogo para localizar a arca primeiro. Ele o faz, lançando a franquia Indiana Jones e enganando toda uma geração. O que havia na arca? Por que Moisés, Davi e Salomão a colocaram no coração da nação, no Santo dos Santos? Aqui encontramos o segredo real da liberdade e do poder do Ocidente — e isso vem daquela arca.

Em 1998 alguns amigos me levaram para ver o monumento aos huguenotes na vila de Franschhoek, África do Sul. Essa portentosa estátua de mármore — uma mulher diante de um arco tríplice, em pé sobre o globo do mundo — explica a moderna liberdade política de maneira mais significativa que a Estátua da Liberdade de 20 toneladas em Nova York. Uma cruz, suspensa de um centro, está no topo dos três altos arcos de mármore branco que se conectam. A mulher não tem nenhuma coroa, porque ela não é nem uma rainha nem uma deusa. Ela representa pessoas comuns. Ela tem uma corrente quebrada na mão direita e segura uma Bíblia com a mão esquerda.

O vale de Franschhoek é famoso por produzir alguns dos melhores vinhos de toda a África. Muitos calvinistas franceses, chamados de huguenotes, estabeleceram-se lá depois do massacre de milhares dos seus companheiros.¹ Um edito de 1536 ordenou seu extermínio, e 3 mil valdenses (um grupo identificado com a "heresia" luterana) foram mortos em Provence em 1545.² Os holandeses assentaram os refugiados huguenotes na África do Sul para providenciar alimentos e vinho para abastecer seus navios que navegavam para a Ásia via Cidade do Cabo.

Por que essa mulher europeia do século XVI segura uma Bíblia, não a *República* de Platão ou a *Política* de Aristóteles? A cristandade estudara os clássicos europeus séculos antes de os huguenotes iniciarem sua luta por liberdade. Durante os séculos XV e XVI as universidades cristãs da Europa ensinaram mais Aristóteles que a Bíblia. Nos anos 1540 uma mulher podia ser queimada como herege se simplesmente possuísse uma Bíblia em francês. Seus filhos poderiam ser mortos na sua frente ou serem sequestrados para serem educados em mosteiros católicos.

A mulher do monumento de Franschhoek não tem um tratado político grego porque, contrariamente ao que meus professores seculares me ensinaram, foi a Bíblia, não os ideais políticos gregos, que iniciaram a moderna busca de liberdade. Esse monumento honra a cruz no pináculo porque a Bíblia capacitou aqueles protestantes franceses a aceitarem o sofrimento, o exílio e até o martírio em sua luta por liberdade. Este capítulo irá examinar como a Bíblia formou os ingredientes culturais que fundaram as liberdades modernas.

❧

Pequenas cidades-estado gregas tentaram estabelecer a democracia cinco séculos antes de Cristo. Essas cidades-estado derrotaram o muito maior exército persa (490-479 a.C.). Heródoto, um antigo historiador grego, declarou ser a democracia a fonte da força grega. Essa opinião quanto a uma vitória grega se transformou no mito secular do século XX de que

---

1. ROCHE, O. I. A. **The Days of the Upright**: A History of the Huguenots. New York: Clarkson N. Potter, 1965. p. 340.
2. Cambridge History of the Reformation. Disponível em: <http://www.third-millennium-library.com/readinghall/MODERN-HISTORY/REFORMATION/9-Reformation-in-France.html>. Acesso em: 13 jun. 2012.

a Grécia pré-cristã foi a origem da democracia ocidental. John Herman Randall do Columbia College de Nova York, Mortimer Adler e Robert Maynard Hutchins da Universidade de Chicago forjaram esse mito. Will Durant (1885-1981) popularizou o mito em sua *A história da civilização*, obra publicada em muitos volumes. Mas essa crença foi exposta como mito por historiadores como David Gress (nascido em 1953) em livros como *From Plato to NATO* [De Platão à Otan].[3]

A verdade é que as democracias gregas nunca existiram por mais que algumas poucas décadas. Elas sempre se degeneraram, caindo no domínio das multidões. Platão viu a democracia grega como o caos social que assassinou Sócrates, seu mentor. Por isso ele condenou a democracia como o pior de todos os sistemas políticos. Ele advogava o domínio por um "rei filósofo", considerando-o a melhor forma de governo. Seu pupilo Aristóteles treinou Alexandre, o Grande, para que este se tornasse o pretendido Rei Filósofo de Platão. Alexandre se tornou um dos mais ambiciosos e impiedosos conquistadores da História. A tirania de Alexandre é o verdadeiro legado do pensamento político grego. A versão renascentista do Rei Filósofo de Platão é o republicanismo polibiano promovido por Nicolau Maquiavel (1469-1527) em seu tratado O *príncipe*. Este texto cínico sobre conquistar e manter o poder por meio de manipulação política, coerção e opressão se tornou o livro de cabeceira fascista de Benito Mussolini e Adolf Hitler e continua a inspirar políticos em muitas "democracias".

As conquistas de Alexandre disseminaram a língua, a literatura, a arte e a cultura gregas. A helenização foi tão eficiente que os judeus traduziram a *Torá* para o grego, e discípulos judeus de Jesus escreveram o Novo Testamento em grego, não em hebraico. A arte e as ideias gregas se disseminaram até a Índia e ainda mais a leste. Mas em nenhum lugar a helenização inspirou liberdade democrática. Os gregos sabiam que sua democracia havia fracassado. A democratização e a reforma da Europa começaram no século XVI com a redescoberta da Bíblia e uma compreensão bíblica de governo. Foi isso que levou os fundadores dos Estados Unidos a rejeitarem explicitamente a democracia grega e optar por uma

---

[3] GRESS, David. **From Plato to NATO**. New York: Free Press, 1998. V. o capítulo 1, "The Grand Narrative and Its Fate".

república constitucional. A república constitucional exige que o poder do povo e dos governantes seja restrito pelo poder da lei.

A Bíblia não é um livro de ideias filosóficas abstratas. Moisés liderou os hebreus a se libertarem da escravidão no Egito por uma libertação miraculosa durante o êxodo. Este é o contexto de Moisés escrever os primeiros livros da Bíblia — para assegurar aquela liberdade tão duramente conquistada e garantir que déspotas egípcios não fossem substituídos por déspotas hebreus. A experiência do êxodo teve implicações filosóficas poderosas que diferenciaram os hebreus de todos os outros povos antigos. Foi uma experiência que revela que Deus é livre. Ele não é limitado pelo poderio militar ou político do Egito, não importa quanto este seja opressivo e brutal. Deus também não está limitado por fatores históricos, exércitos opressores ou obstáculos naturais intransponíveis como o mar Vermelho. Deus não é parte da máquina do cosmo. Ele é livre e deseja que seus filhos sejam livres como ele. A opressão e a escravidão são males a ser vencidos. São males porque são contrários a tudo que Deus pretende para os seres humanos criados à sua imagem.

O restante da história bíblica, de Moisés até o Messias, é uma narrativa de repetidas perdas e recuperações da liberdade. Jesus declarou que veio para "libertar os oprimidos".[4] Diz-se que Horace Greeley (1811-1872), o fundador e editor do jornal *New York Tribune*, fez a seguinte observação: "É impossível escravizar mental ou socialmente um povo que lê a Bíblia". Nem toda cultura produziu um patriota como Patrick Henry, que declarou: "Dê-me a liberdade ou a morte".[5] De fato, apenas culturas baseadas na Bíblia veem a liberdade como uma virtude digna de se morrer por ela. As culturas bíblicas valorizam altamente a liberdade como a essência de Deus e de sua imagem — humanidade.

O processo de perder e recuperar a liberdade registrado de Gênesis a Crônicas fez nascer as ideias políticas que reviveram durante a Reforma na Europa do século XVI. Essas ideias são os mais importantes pilares da democracia moderna. Em Gênesis é dito que Abraão se tornaria uma grande

---

[4] Lucas 4.18.
[5] Patrick Henry foi um dos pioneiros pela luta em prol da emancipação dos Estados Unidos no século XVIII. [N. do T.]

nação porque ele ensinaria os caminhos de Deus aos seus descendentes. A outorga dos Dez Mandamentos está registrada no segundo livro da Bíblia, Êxodo. Moisés guardou a Lei na arca da aliança e a pôs no próprio coração da nação para indicar que a liberdade duradoura é possível apenas sob o domínio de Deus, o domínio da lei e o domínio dos anciãos (representantes). Isso contrasta fundamentalmente com as democracias gregas, que fizeram dos cidadãos (a maioria) a autoridade última da cidade.

As eleições presidenciais norte-americanas de 2000 ilustram poderosamente essa diferença fundamental entre a moderna república norte-americana e as antigas democracias gregas. Al Gore ganhou no voto popular, mas George W. Bush se tornou presidente porque ganhou a maioria dos votos no Colégio Eleitoral tal como exigido pela Constituição. Em muitos países não ocidentais os seguidores de Al Gore teriam massacrado seus rivais para alcançar o poder político em nome da "democracia" (governo da maioria). Mas, em seu discurso, o sr. Al Gore declarou: "Sobre a biblioteca de uma de nossas grandes escolas de direito está gravado o moto: 'Não sob o homem, mas sob Deus e a lei' ".[6]

O sr. Al Gore concedeu a presidência ao sr. Bush com base no fato de que o governo da lei supera a maioria. Paul Johnson, o mui culto historiador britânico contemporâneo, argumenta que esse conceito do governo da lei foi "o mais importante desenvolvimento político do segundo milênio".[7] Ele deve saber que a ideia do governo da lei já estava presente no mundo pré-cristão, na Pérsia e em Roma por exemplo. Mas nem os persas nem os romanos tinham uma lei imutável transcendente sobre a qual poderiam basear suas leis nacionais. Por isso na prática "o governo da lei" geralmente significa o governo do líder. O princípio moderno da lei como sagrada, acima dos governantes humanos, acima da maioria, não veio de Roma, mas da Bíblia.

O Êxodo e os Dez Mandamentos não foram ideias de Moisés. Foram atos e palavras de Deus, vistos, ouvidos e afirmados por toda a comunidade. Os judeus criam que o próprio Deus escreveu os Dez Mandamentos em

---

[6] Esta declaração é de Henry de Bracton, que ajudou a codificar o Direito Consuetudinário Britânico e está gravada na Faculdade de Direito de Harvard.

[7] JOHNSON, Paul. Laying Down the Law, **The Wall Street Journal**, 10 March 1999, A22.

duas tábuas de pedra no monte Sinai. As palavras de Deus tiveram grande autoridade sob as constituições humanas. Como o libertador de Israel, Deus assegurou seu direito como o governante definitivo: "Eu sou o Senhor, o teu Deus, que te tirou do Egito, da terra da escravidão".[8] O sr. Al Gore fez alusão ao fato de que a ideia moderna ocidental do governo da lei fluiu da ideia de que Deus é o nosso governante definitivo. Os huguenotes entenderam que a soberania absoluta de Deus ultrapassa a soberania de homens pecadores, e isso liberta o povo comum. Por essa razão a mulher libertada do monumento huguenote está diante de um arco tríplice que representa seu Deus trino.

A aliança dos Dez Mandamentos fundou o princípio moderno do constitucionalismo, ou governo da lei, por uma lei perpétua e compulsória. A submissão da Inglaterra ao governo da lei foi institucionalizada com a Magna Carta (ano 1215), encontrada na lei comum, com raízes no código de leis de Alfredo, o Grande. O código mosaico foi a fundação desses códigos de leis do Ocidente. Um terço do código de Alfredo (ano 893) cita a lei bíblica e faz uma compilação de leis de três reinos cristãos.[9] Em última instância a Palavra de Deus era a base para a lei e para o governo. Uma boa ilustração é o quadro de Paul Robert *A justiça eleva as nações*, exposto na Suprema Corte da Suíça. Nesse quadro, os litigantes estão diante dos juízes. Como os juízes decidirão? A Senhora Justiça aponta sua espada para um livro aberto no qual se lê "A Lei de Deus".

A noção americana de "uma nação sob Deus" ou "nós confiamos em Deus" implica uma teocracia ou uma democracia? A tradição bíblica redescoberta durante a Reforma via a teocracia e a democracia como complementos necessários: o governo humano flui do governo de Deus. A Bíblia apresenta Deus como o governante supremo. Mas os dois primeiros capítulos de Gênesis registram que Deus nos criou — macho e fêmea — para governar a terra. Os seres humanos têm o direito de governar este planeta porque Deus nos deu tal direito. O Senhor Jesus afirmou que veio trazer o reino de Deus à terra. Sua missão foi dar o reino não aos aristocratas, mas aos pobres, aos humildes e aos justos.[10]

---

[8] Êxodo 20.2.
[9] Lee, F. N. **Alfred the Great and Our Common Law**. Queensland Presbyterian Theological Seminary, 2000.
[10] Lucas 1.52,53; Mateus 5.3,5,10; Lucas 12.32.

A compreensão dos huguenotes da filosofia política da Bíblia virou de pernas para o ar uma ideia medieval. Platão não respeitava a "voz do povo". No ano 798 o erudito inglês Alcuíno expressou a mesma sabedoria ao imperador Carlos Magno: "As pessoas que dizem que a voz do povo é a voz de Deus não devem ser ouvidas, pois o ajuntamento da multidão está sempre muito próximo da loucura".[11] Quando a Reforma ensinou essas multidões a serem o povo da Palavra de Deus, isso possibilitou que nações cristãs como a Escócia vissem a "voz do povo" como a "voz de Deus". As nações não são obrigadas a obedecer a ordens ímpias de papas e reis que alegam ser a "voz de Deus". Deus já deu sua Palavra, de modo que o povo pode ler e conhecer a sua vontade. Quando papas, concílios eclesiásticos e teólogos discordam, o povo tem a responsabilidade de estudar a Palavra de Deus e determinar qual é de fato a voz de Deus. Sobre a autoridade da Palavra de Deus, a voz do povo podia rejeitar a voz de reis ou papas se estes violassem os princípios de Deus.

O islã também tem a noção da autoridade última de Deus e sua palavra. Por que então o islã fracassou em produzir liberdade? Um fator fundamental é que o islã negou a Deus a capacidade e o amor de vir a este mundo para estabelecer seu reino. Se Deus não veio estabelecer seu domínio, não temos outra opção senão sermos dominados exclusivamente por homens pecadores. A ênfase do presente capítulo sobre o lugar da Bíblia ao criar a liberdade não diminui a ênfase da Bíblia na encarnação de Cristo como a fonte da liberdade. Jesus afirmou: "[...] se o Filho os libertar, vocês de fato serão livres".[12] O islã nunca foi capaz de abraçar uma reforma que pudesse eliminar o totalitarismo humano, porque rejeitou a noção do Deus que veio estabelecer seu reino. O islã também fracassou em fortalecer o povo por causa da sua recusa em traduzir o *Alcorão* para as línguas dos povos.

O governo dos anciãos

Arão, além de irmão de Moisés, era também sua mão direita. Sua família recebeu a responsabilidade permanente do sacerdócio. A tribo de Moisés, os

---

[11] *Nec audiendi qui solent dicere, Vox populi, vox Dei, quum tumultuositas vulgi semper insaniae proxima sit.*
[12] João 8.36.

levitas, deram-lhe apoio mais que as outras 11 tribos. Os levitas eram indicados para cuidar do tabernáculo e ensinar a lei de Deus ao povo. As demais tribos se ressentiram disso e questionaram a liderança de Moisés e de Arão.

Em muitas culturas antigas os líderes esmagavam qualquer oposição. A liderança tribal, quando não era hereditária, geralmente se baseava no terror ou no engano da parte do sacerdócio. Mas Moisés era diferente. Ele não queria ir ao Egito e se tornar o libertador do povo. Ele só foi porque Deus o enviou. Ele até reclamou com Deus: "Por que eu tenho de carregar a responsabilidade de liderar este povo rebelde?". Deus disse a Moisés que levasse 70 dos anciãos dos israelitas ao tabernáculo, para a tenda sagrada onde o povo se encontrava com Deus.[13]

Isso formalizou o governo pelos anciãos. Dois deles se recusaram a ponto de dizer que não tinham obrigação nenhuma de obedecer a Moisés. Há um contraste entre esses anciãos com os sábios e conselheiros das cortes da Europa medieval — que exercem sua função para o prazer do rei e podiam ser destituídos a qualquer momento. No princípio as assembleias e parlamentos se reuniam sob a convocação do rei que queria fazer-lhes alguma consulta. Em contraste, os anciãos hebreus não deviam sua posição a Moisés. Eles eram líderes comunitários respeitáveis muito antes que Moisés voltasse para o Egito. Ele teve de conquistar a confiança deles antes de ir à presença do faraó.[14]

Em Números 11 a Bíblia registra que Deus ungiu esses 70 anciãos que representavam o povo para ajudar Moisés a liderar a nação. Josué, o jovem assistente de Moisés, queria excluir da liderança os dois rebeldes que desafiaram Moisés. Moisés insistiu que todos os anciãos, incluindo os dois que o desafiaram, deveriam ser aceitos como líderes, porque eles representavam o povo, e Deus endossava a liderança deles. Esse princípio bíblico de governo de liderança pelos anciãos se tornou o fundamento da moderna república constitucional, com a autoridade nas mãos de representantes eleitos, não por aristocratas hereditários, tal como era em Roma.

A igreja primitiva adotou essa abordagem do Antigo Testamento de liderança dos anciãos. Era algo bastante diferente da democracia direta e

---

[13] Números 14.
[14] Êxodo 3.13-20; 4.29.

vulnerável da Grécia. Era também radicalmente diferente da autoridade suprema assumida pelos reis, papas, imperadores e senhores medievais.

Divisão de poderes

A história bíblica contribuiu com outro princípio crítico de um governo justo: a divisão de poderes e a prestação de contas. Ao apontar Saul como rei, os israelitas estabeleceram uma autoridade política independente de autoridade religiosa, pelas regras codificadas por Moisés.[15] Samuel foi o profeta que fiscalizava qualquer abuso do poder político. Podemos apreciar melhor a importância desse princípio bíblico de governo quando consideramos o que aconteceu em Roma. Até o tempo de Augusto (63 a.C.-14 d.C.) Roma era uma república. Um senado de aristocratas governava a república, para assegurar que nenhum deles se tornasse dominante. Mas lutas pelo poder e guerras civis provocaram uma erosão no sistema republicano. Então Augusto erradicou os que tinham assassinado seu tio Júlio César. Ao assim fazer, ele se tornou um ditador, manipulando sutilmente a opinião pública.

Roma não conhecia nenhuma separação entre igreja e Estado. O dito de Jesus de que o que pertence a Deus não deve ser dado a César veio a ser uma restrição fundamental ao totalitarismo romano. As palavras de Jesus lembraram seus ouvintes de que o governo tinha poder limitado, não absoluto. César não poderia exigir uma adoração que pertencia a Deus. Roma rejeitou o desafio de Cristo à alegação dela de poder totalitário. Sua retaliação se manifestou na perseguição aos cristãos.

Nero (15-68 d.C.) iluminou as calçadas do seu jardim com cristãos amarrados a estacas e queimados vivos. Cristãos morreram aos milhares sob a tirania de Roma, que continuou por dez imperadores até a perseguição terrível de Diocleciano, 250 anos depois. Mas a Igreja resistiu aos seus inimigos pagãos. A Igreja também resistiu aos reis cristãos que usurparam o *status* de Cristo de cabeça da Igreja e alegaram o direito de governar sobre ela. Enquanto Constantino I tolerou o cristianismo no ano 311, Teodósio I (379-395) tornou o cristianismo a única religião legal de Roma. Isso elevou

---

[15] Deuteronômio 17.14-20.

o bispo de Roma a uma posição de poderes sem precedentes. Roma agora tinha dois centros independentes de poder — o religioso e o secular (o papa e o imperador). Tal como o profeta Samuel confrontou o rei Saul, Natã confrontou o rei Davi e Elias confrontou o rei Acabe, alguns papas e bispos continuaram a confrontar reis para preservar direitos inalienáveis e restaurar o governo da lei.

Um exemplo foi quando fãs atacaram e assassinaram um oficial romano e seus auxiliares por prenderem um famoso condutor de bigas. O imperador Teodósio mandou que suas tropas massacrassem mais de 7 mil espectadores inocentes no Coliseu. O arcebispo de Milão forçou Teodósio a passar por uma disciplina de oito meses. O bispo seguiu o exemplo do profeta Natã, que confrontou o rei Davi no episódio de seu adultério com Bate-Seba e o assassinato do marido dela. Teodósio teve de se vestir como um mendigo e pedir perdão às multidões em frente à Catedral de Milão. Essa humilhação confirmou o impacto do governo bíblico no início do princípio moderno de prestação de contas.

O papa Gregório VII (c. 1015-1085) confirmou esses limites ao poder do governo. Henrique IV, imperador do Sacro Império Romano (1050-1106), insistiu que, como governante divinamente designado, tinha o direito de indicar bispos. O papa Gregório respondeu excomungando-o. Aquele governante "poderoso" foi forçado a se humilhar no nevado passo de Canossa, na parte italiana dos Alpes. Depois de três dias, o imperador Henrique IV foi finalmente perdoado pelo papa Gregório VII e readmitido à igreja. Gregório se baseou em argumentos do teólogo Manegold de Lautenach de que o ofício era concedido por consentimento para o propósito de governo definitivo, baseado em um contato (*pactum*) com o povo. Se o rei quebra esse *pactum*, então o povo está livre do seu domínio.[16]

A importância do governo da Igreja ou do profeta em constranger os abusos seculares de poder foi resumido pelo arcebispo Stephen Langton ao mediar entre o rei inglês John I e seus barões. Para compensar a pilhagem que o rei John fez da igreja e do seu povo, o arcebispo Langton fez que os barões jurassem que restaurariam o governo da lei. Tendo Manegold e a Carta de Liberdades (ano 1000) do rei Henry I por base, Langton esboçou

---

[16] LAUTENBACH, Manegold of. **Liber ad Gebehardum**, ano 1085.

a Magna Carta de 1215, deixando claro que "a igreja será livre". Essa carta codificou limitações quanto aos poderes do rei. Este não poderia impor impostos arbitrariamente, mas era obrigado a ter o consentimento do conselho comum do reino — que se tornou o Parlamento e, desde então, o Congresso nos Estados Unidos.

O rei também não poderia prender ou punir qualquer "homem livre" simplesmente com base em rumores ou suspeitas. Essa codificação das liberdades civis inglesas assegurou que "nenhum homem livre será preso, privado de seus bens, considerado fora da lei, exilado ou arruinado de qualquer maneira, nem iremos contra ou enviaremos alguém contra ele, a não ser por julgamento legal dos seus pares ou pela lei da terra".[17] Em outras palavras, nem a vida, nem a liberdade nem a propriedade podem ser tiradas de ninguém sem julgamento pelos pares de alguém e então apenas pelo processo justo da lei da terra. Langton estabeleceu esse princípio de supremacia da lei sobre a autoridade dos governantes ao exigir uma compensação imediata de qualquer abuso, até mesmo da parte do rei, e autorizou oposição armada se os barões se recusassem. No dia 15 de junho de 1215 os barões obrigaram o rei John a jurar diante de Deus e dos bispos reunidos que ele respeitaria para sempre a Magna Carta.

A regularização do sistema judicial inglês teve início com a Magna Carta. Dentro de três décadas Henry de Bracton, um dos juízes mais famosos e devotos, começou a sistematizar a lei comum inglesa. Em meados do século XIII ele explicitamente extraiu da Bíblia o princípio do governo da justiça, não da força. Em 1258 foi organizada a Câmara dos Comuns da Inglaterra. O "Parlamento Modelo" de Edward I em 1295 consistia em bispos, abades, membros da nobreza, dois cavaleiros de cada condado e dois representantes de cada cidade.

O governo justo era o ideal. Autoridades seculares e sagradas geralmente se excederam em suas posições, assumindo poder absoluto em suas esferas. O rei não tolerava divergência política, e a igreja não tolerava divergência religiosa. O mundo desabou quando a igreja e o Estado se uniram para fazer o mal. Uma das expressões mais dramáticas da corrupção

---

[17] Tradução da **Magna Carta** por J. C. Holt. Cambridge, UK: Cambridge University Press, 1965. p. 327.

político-religiosa aconteceu no século XVI durante a Renascença, em Paris, a cidade do romance, da grande arte e da cultura. O rei Charles IX, de apenas 22 anos, e sua mãe, Catarina de Médici,[18] levaram seu país à bancarrota por conta de excessos do governo.

Em um país de uma religião estatal, o catolicismo, os huguenotes oravam por estarem em risco de vida. Qualquer demonstração pública de afiliação protestante era passível das mais severas punições. Em Paris eram comuns os enforcamentos públicos de huguenotes. Mulheres e crianças não eram poupadas. Quando em agosto de 1572 as tensões se tornaram insuportáveis, Catarina mandou vir tropas mercenárias da Suíça.

Às 3 horas do dia 24 de agosto, Dia de São Bartolomeu, as portas de Paris foram fechadas e os sinos das igrejas começaram a tocar. Oficiais da milícia real receberam ordem de matar todos os huguenotes. A matança começou. Algumas horas depois, Catarina tentou revogar o edito, mas já era tarde demais. O massacre se espalhou por toda a França. O país explodiu com ira religiosa. Nenhuma casa ficou imune às represálias violentas e ao ódio religioso. Os historiadores não sabem com certeza a extensão da carnificina. As estimativas variam de 5 mil a 30 mil mortos.

Como uma igreja poderia se unir a uma monarquia adoecida para sancionar uma matança dessa natureza? O papa permitiu ao povo morrer porque este desafiara sua autoridade. Os huguenotes sustentaram sua posição de crer na autoridade da Bíblia porque criam que a Palavra de Deus supera a autoridade do rei e do papa. Em uma época quando reis, juízes e bispos indulgentemente nadavam em corrupção, os que criam na Bíblia exigiram que as autoridades políticas, civis e religiosas se conformassem ao padrão de justiça de Deus.

As liberdades básicas a respeito das quais temos falado porventura poderiam ter surgido à parte da Bíblia, por intermédio do poder e da inevitabilidade do progresso, a redenção das feridas, a memória de catástrofes evitáveis e o crescimento geral do conhecimento? É difícil imaginar isso. Pessoas com convicções fortes lideram movimentos de reforma. Os céticos por definição são inseguros quanto ao que creem. Falta de convicção não inspira pessoas

---

[18] Maquiavel dedicou seu livro **O príncipe** ao pai de Catarina.

a morrerem por suas crenças e valores. Reformas fundamentais exigem a fé de crentes ardorosos, tão certos de suas convicções que tomariam sua cruz e iriam para a morte com ela. É claro que o fanatismo pode levar ao engano — a não ser que se esteja seguindo um Deus que se sacrificou para salvar outros e ordena que se ame o próximo como a si mesmo. A convicção de que Deus está ao seu lado fará de você uma pessoa poderosa.

A trilogia da liberdade

A experiência traumática dos huguenotes no Dia de São Bartolomeu fez surgir três livros que deram início a uma verdadeira revolução que fez o mundo mudar da forma medieval de governo para a atual forma de governo constitucional. François Hotman, Teodoro Beza e possivelmente Philippe Duplessis-Mornay escreveram esses três tratados. A transição produzida por esses textos garantiu que o governo da lei e os direitos do povo tivessem precedência sobre a tirania dos monarcas e papas. A primazia da lei e a autoridade do povo foram expressas em instituições concretas com os parlamentos e tribunais que já não estavam mais sujeitos aos caprichos dos reis. Esses três livros são conhecidos como a "Trilogia da Liberdade" e demonstram o papel que a Bíblia desempenhou ao fazer nascerem as liberdades modernas.

François Hotman (1524-1590), professor de direito, era um dos juristas mais notáveis do seu tempo. Escapou por pouco da morte no Dia de São Bartolomeu. Seu livro, *Francogallia* é um dos primeiros a rejeitar o absolutismo político. Hotman argumentou que um rei não é nada mais que um magistrado para a vida. O povo cria os reinos. Os reis são responsáveis junto ao povo por sua conduta enquanto no exercício do ofício e estão constantemente sujeitos a serem removidos pelo próprio povo se violarem os deveres do seu ofício. O argumento importante de Hotman é que a "majestade real", a administração suprema do governo, não é uma qualidade intrínseca à pessoa do rei. Esse é um atributo que pertence aos "Três Estados" — o rei, os conselheiros e o povo representado por seus anciãos — uma assembleia como um todo, em que o rei não é mais quem preside.

No esquema de Hotman, a Assembleia Geral dos Estados não era simplesmente um corpo consultivo cujo consentimento era exigido pelo rei em ocasiões excepcionais. Hotman considerou essa assembleia como o próprio centro do governo — tal como é o caso do Parlamento britânico ou do Congresso dos Estados Unidos. Hotman propôs o princípio do governo da lei. O modo de estabelecer o governo da lei conforme Hotman era se basear apenas na Bíblia, não em leis romanas e bíblicas, especialmente em seu tempo quando a Bíblia se tornou disponível e apresentava uma compreensão mais clara das exigências morais de Deus.

O *direito dos magistrados*, o livro do teólogo Teodoro Beza, foi publicado em 1573, um ano depois do livro de Hotman e em consulta com ele. Foi uma das fontes originais da ideia da inviolabilidade dos direitos humanos que se expressou 200 anos mais tarde na Carta dos Direitos dos Estados Unidos. Antes de Beza, o consenso intelectual geral na Europa — baseado em pensadores eminentes como Tomás de Aquino — era que os reis só poderiam ser removidos pelos que estavam acima deles, isto é, ou por algum imperador ou pelo papa. Em contraste, Beza apresentou uma base bíblica para a autoridade política dos ofícios mais baixos, no caso os magistrados. Beza argumentou que estes ou líderes civis eram servos não do rei, mas do reino. Sua obrigação primária não era obedecer ao rei, mas defender o reino. A ideia americana de que um presidente pode sofrer *impeachment* e ser removido do seu cargo vem do livro de Beza.

Beza trabalhou com base no dito de Hotman de que "um povo pode existir sem um rei, mas um rei não pode existir sem o povo".[19] Na perspectiva de Deus, o povo vem primeiro. Deus deu aos reis e magistrados os seus ofícios em algumas condições definidas, como servir ao povo. Quando um rei decreta uma lei injusta, como prender ou matar um cidadão inocente, então os magistrados têm o direito e o dever de desobedecer ao rei para obedecer a Deus e defender seu povo. O rei é como um vassalo do seu reino e perde seu ofício se viola a fé. Além disso, seguindo os concílios de Basileia e de Constança, Beza argumentou que um concílio eclesiástico tem o direito de depor um papa, pois Cristo, não o papa, é o verdadeiro cabeça da Igreja. Logo, a noção de infalibilidade papal foi desafiada por esse avanço no pensamento ético protestante.

---

[19] HOTMAN, François, **Francogallia in Constitutionalism and Resistance in the Sixteenth Century:** Three Treatises by Hotman, Beza & Mornay. Trad. e ed. Julian H. Franklin. New York: Penguin, 1969. p. 79.

Enquanto a erudição secular ocidental ignora o papel fundamental de Beza na formação do pensamento político do Ocidente, seu princípio de um judiciário independente se tornou a herança de todos no Ocidente. Como asiático, comecei a apreciar sua virtude seminal quando experimentei o contrário. Políticos medíocres foram capazes de pedir a juízes corruptos que me prendessem com base em acusações falsas. A sra. Indira Gandhi, que foi nossa primeira-ministra, durante seu breve período de autoritarismo de 1975 a 1977, falou a respeito da necessidade de a Índia ter um "judiciário comprometido" — que reforçaria as ordens dos governantes, não o governo da lei. Que bom que sua experiência não se tornou a prática estabelecida na Índia, mas é assim que a maior parte do mundo vive.

Muitas nações aceitaram a noção de "direitos humanos" das Nações Unidas sem a teologia de O *direito dos magistrados* de Teodoro Beza. Não obstante, os "direitos humanos inalienáveis" não fazem sentido sem o princípio bíblico do valor único concedido a todos os indivíduos por seu Criador. Os direitos humanos também se tornaram ideais impotentes sem magistrados que exerçam seu direito de reforçá-los contra o abuso de autoridade da parte dos governantes.

Vindiciae contra tyrannos [Defesa da liberdade contra os tiranos] veio a ser o livro mais popular da "Trilogia da Liberdade" por causa do seu estilo direto e direcionado para a ação. Há uma controvérsia quanto à autoria do livro, pois este foi publicado sob pseudônimo. Alguns eruditos pensam que seu autor foi Philippe Duplessis-Mornay, talvez com a ajuda de seu amigo mais velho Hubert Languet.

Seguindo Beza, Mornay extraiu lições importantes da coroação do rei Joás no Antigo Testamento. Durante a coroação, uma aliança dupla foi firmada sob a liderança do devoto sumo sacerdote Joiada. Uma aliança entre Deus e o rei — o rei serviria a Deus fielmente — e a outra entre o rei e o povo. Mornay demonstrou com base nisso que o povo tinha a obrigação de obedecer a seu rei, que por sua vez tinha a obrigação de obedecer a Deus. Quando reis desobedeciam à lei de Deus na Bíblia e se tornavam injustos e opressores, o povo tinha a obrigação de impor-lhes limites e, se fosse o caso, depô-los. A ideia americana de que o governante não deveria ser um rei, mas um presidente, veio desse livro. Um presidente é o primeiro entre iguais. Ele ou ela preside em uma assembleia de iguais. Coletivamente a assembleia tem mais poder que o presidente.

A influência política huguenote

O massacre do Dia de São Bartolomeu em 1572 fez que a Escócia definitivamente se posicionasse contra o antigo sistema político-religioso que existira por séculos. À semelhança de Beza, John Knox, o reformador mais popular da Escócia, foi aluno de Calvino em Genebra. Muitos dos Reformadores franceses eram amigos pessoais de Knox. Ele e os Reformadores escoceses já tinham ganhado as reformas religiosas em 1560. As batalhas políticas que eram na verdade uma guerra civil entre protestantes e católicos continuaram até 1572. O Sacro Império Romano tinha interesse em manter a antiga estrutura religiosa intacta. A organização hierárquica da igreja romana era uma réplica não da igreja do Novo Testamento, mas do Império Romano. Essa organização deu poderes absolutos a reis e papas sobre o povo. Mas o massacre na França causou uma repulsa tão grande nos escoceses que em 1573 eles deram aos Reformadores uma vitória militar decisiva.

As forças da rainha Mary foram derrotadas, e a primeira democracia moderna floresceu plenamente — já estabelecida na igreja escocesa — estabelecida em um Estado. Em uma mudança facial da noção dos direitos divinos de reis ou papas, afirmou-se a supremacia da "voz do povo" enraizada na Palavra de Deus. As pessoas podiam ouvir, entender e articular a voz de Deus porque agora tinham a Palavra de Deus em suas mãos, em sua própria língua. Dessa maneira, a Bíblia transformou a teocracia medieval na democracia moderna, e de modo prático o povo e a justiça foram servidos.

A "Trilogia da Liberdade" dos huguenotes também teve impacto imediato na Holanda. William I de Orange lutara pela independência holandesa da Espanha. A trilogia francesa providenciou justificativa teológica para sua luta. William se tornou amigo pessoal de Mornay e foi bem-sucedido em estabelecer Utrecht como um núcleo livre para a posterior libertação holandesa. Eventualmente a obra de Mornay influenciou o mundo inteiro por meio do jurista, humanista e estadista holandês Hugo Grotius (1583-1645) e do filósofo, diplomata e especialista em leis suíço Emmerich de

Vattel (1714-1767).²⁰ Os textos desses autores estabeleceram as bases para o moderno direito internacional.

Em 1688 o rei inglês James II prendeu sete bispos, inclusive o arcebispo William Sancroft, sob a acusação de rebelião por libelo sedicioso em razão da recusa deles em ler sua Segunda Declaração de Indulgência. O júri os absolveu, anulando aquele edito injusto.²¹ Depois de seis meses, isso levou à "Revolução Gloriosa" na qual James II foi substituído por William de Orange e por Mary (herdeira de James). O Parlamento então codificou a Carta (inglesa) de Direitos de 1689, explicitamente preservando a justa petição da Magna Carta de que o rei compensasse os prejuízos e restaurasse os sete bispos.²²

Depois da Bíblia, *Vindiciae contra tyrannos* teve o maior impacto em alimentar a Guerra da Independência dos Estados Unidos.²³ Esse livro moveu púlpitos que moveram bancos de igrejas para resistir à tirania. A erudição secular ignora a trilogia basicamente porque os escritores reformados e huguenotes derivaram cada argumento da Bíblia e o justificaram baseados nela. Mesmo assim, permanece o fato de que as ideias bíblicas proclamadas pelos escritores reformados e huguenotes se espalharam rapidamente para a Suíça, Holanda, Escócia, Inglaterra e os Estados Unidos. Desses países, a tocha da liberdade foi levada para o resto do mundo.

A Bíblia e a democracia na Índia

Em meus livros anteriores, como *India: The Grand Experiment* [Índia: a grande experiência], discuti minha descoberta surpreendente de que a liberdade da Índia também foi fruto do evangelho. Antes de ir para a Índia como missionário, William Carey, o tradutor da Bíblia por excelência, defendeu seu chamado para a missão em 1792 com as seguintes palavras:

> Depois de tudo, o Estado não civilizado dos pagãos, em vez de fazer uma objeção a pregar-lhes o evangelho, deve nos fornecer um argumento para isso. Podemos, como homens ou como cristãos, ouvir uma grande parte

---

[20] GROTIUS, Hugo. **The Law of War and Peace**, 1625; VATTEL, Emmerich de. **The Law of Nations or the Principles of Natural Law**, 1758.
[21] Seven Bishops' Trial, 12 Howell's State Trials 183 (1688).
[22] English Bill of Rights, 1 Will. & Mar., Sess. 2, C. 2.
[23] HALL, Mark. **Vindiciae contra tyrannos**: The Influence of the Reformed Tradition on the American Founding, annual mtg. American Political Science Association. Washington, D.C., Sept. 2010.

dessas criaturas iguais a nós, cuja alma é tão imortal como a nossa [...] sem o evangelho, sem governo, sem leis, sem artes e ciências, e não nos impulsionar a introduzir entre eles os sentimentos dos homens e de cristãos? Não seria o avanço do evangelho o modo mais eficiente para civilizá-los? Isso não os tornaria membros úteis da sociedade?[24]

O movimento evangélico fez da visão de Carey a missão britânica na Índia. Tal como observado em capítulo anterior, lorde Macaulay resumiu essa missão em seu discurso para o Parlamento britânico em 1833:

> Pode ser que a mentalidade pública na Índia se expanda sob nosso sistema até que o ultrapasse; que por bom governo nós eduquemos nossos súditos para que eles tenham a capacidade de ter um governo melhor; que tendo sido instruídos no conhecimento europeu, eles possam em algum momento no futuro exigir [a presença de] instituições europeias (de liberdade).[25]

Críticos como Arun Shourie condenam Macaulay por trazer ideias bíblicas e instituições para subverter a opressiva cultura e libertar a mente indiana. Mas sem as ideias políticas da Bíblia imperadores muçulmanos, milícias hindus ou mercadores europeus estariam dominando a Índia até hoje.

O pensamento político moderno

Um dos mais importantes expoentes de uma teoria bíblica política surgiu poucas décadas depois que os refugiados huguenotes fugiram do inferno francês dos anos 1570. Um pastor e teólogo escocês chamado Samuel Rutherford (1600?-1661) resumiu os ensinos de Hotman, Beza e Mornay em seu livro *Lex, Rex — The Law and the Prince* [Lei, Rei — A lei e o príncipe]. O próprio título do livro de Rutherford apresenta um contraponto a *O príncipe* de Maquiavel. O título do livro de Rutherford pode ser traduzido por "a lei [é] o rei", porque nesse texto ele definiu as democracias modernas como o domínio da lei, não do monarca ou de maiorias.

---

[24] CAREY, William. **An Inquiry into the Obligations of Christians**. London: Baptist Missionary Society, 1991. p. 95-96.

[25] Records of the House of Commons, 26 de julho, 1833. Para o texto de seu discurso, v. o capítulo "The Evangelical Manifesto for India's Freedom", em **India:** The Grand Experiment, p. 87-108.

John Milton e James Harington foram outros teóricos políticos bíblicos puritanos que, seguindo os huguenotes, rejeitaram o direito divino dos reis. Milton introduziu as ideias modernas de tolerância e liberdade de expressão. Essas ideias produziram frutos concretos naquele tempo e mais plenamente depois de 1688 — o ano em que os huguenotes saíram da Holanda e foram para a África do Sul. Foi também nesse mesmo ano que William III de Orange navegou da Holanda até a Inglaterra para liderar a "Revolução Gloriosa". Ele pôs os ideais reformados em prática ao institucionalizar os direitos do Parlamento.

John Locke (1632-1704) que voltou da Holanda para a Inglaterra naquele mesmo ano com William III veio a ser um dos mais importantes filósofos e teóricos políticos nos anos que se seguiram. Locke era filho de pastor puritano e estudou na Abadia de Westminster quando Rutherford estava escrevendo *Lex, Rex*. Locke articulou a visão política bíblica dos seus predecessores sistematicamente em 1690, quando escreveu o seguinte:

> Eu não vou discutir agora se os príncipes estão isentos das leis de seu país, mas estou certo de que devem submissão às leis de Deus e da natureza. Nenhum indivíduo, nenhum poder, pode se isentar das obrigações que essa lei eterna lhes impõe. Elas são tão grandes e tão fortes no caso das promessas que a própria onipotência pode estar a elas vinculadas. As cessões, as promessas e os juramentos são compromissos julgados pelo Todo-poderoso. Seja o que for que alguns bajuladores digam aos príncipes do mundo, estes, juntamente com todas as pessoas que a eles se juntarem, não representam diante da grandeza divina senão uma gota do oceano ou um grão de poeira na balança — absolutamente nada![26]

A filosofia política de Locke somente venceu quando seus leitores souberam que ele era bíblico e sábio.

Quantitativamente, a Bíblia foi mais frequentemente citada pelos pais fundadores dos Estados unidos, seguidos de Montesquieu, Blackstone e o próprio Locke.[27] Este breve capítulo não pode examinar a influência da

---

[26] LOCKE, John. **Two Treatises on Civil Government**. 2. ed. London: George Routledge & Sons, 1887. p. 293.

[27] LUTZ, Donald S. The Relative Influence of European Writers on Late Eighteenth--century American Political Thought, **The American Political Science Review**,

Bíblia em todos os teóricos políticos ou no desenvolvimento dos pilares importantes da liberdade com liberdade de consciência, liberdade de expressão, uma imprensa que exerce papel profético, prestação de contas e autonomia de instituições como família e universidade em suas próprias esferas. A filosofia política extraída da Bíblia foi de fato efetivamente transmitida aos Estados Unidos via os textos de John Locke. Mas os historiadores seculares pervertem a história quando não confessam que Locke foi seguido porque estava veiculando uma filosofia bíblica de governo. Nenhum pensador indiano encontrou ideias políticas similares em qualquer das nossas escrituras ou dos nossos épicos.

As ideias protestantes francesas reformaram a vida política dos países vizinhos, mas a França pagou caro por suprimir a Reforma. A corrupção da igreja e do Estado fez que seus pensadores mais capazes se voltassem contra a religião. Um exemplo é Rousseau, que reduziu a aliança dupla de Mornay, entre Deus e o rei e entre o rei e o povo, a um "contrato social" entre o rei e o povo. Ele compartilhava do amor dos huguenotes à liberdade, mas a definiu como o direito do povo de depor reis e nobres quando se tornam corruptos e opressores. Ele excluiu Deus. Seus ensinos ajudaram a gerar a Revolução Francesa, mas, sem as multidões se submeterem à Palavra de Deus, a revolução terminou em desastre.

A Bastilha talvez simbolize o pior daquela revolução, que se tornou um tiro que saiu pela culatra com Napoleão, um ditador. A retórica altamente intelectualizada do Iluminismo francês se mostrou impotente para controlar o mal no coração humano. Sem a Bíblia, a democracia se tornou o que Platão condenou como o pior de todos os sistemas políticos. Napoleão foi um retrocesso grotesco ao Império Romano autoritário em uma época na qual o restante da Europa — de fato, a maior parte do mundo — buscava um novo paradigma. Os Estados Unidos, não a França, se tornaram o farol da liberdade, precisamente porque aquele país permitiu que a Bíblia moldasse seu éthos cultural.[28]

1984. p. 189. Ao analisar 3.154 documentos de 1760 a 1805, Hyneman e Lutz descobriram que 34% das pessoas citaram a Bíblia, 8,4% citaram Montesquieu, 7,9% citaram Blackstone e 2,9%, Locke.

[28] Gary T. Amos detalha essa questão em How the Bible and Christianity Influenced the Writing of the Declaration of Independence, em **Defending the Declaration**. Providence Foundation, 1994.

O estadista britânico Edmund Burke foi um estudioso contemporâneo da Revolução Francesa que estudou cuidadosamente o fracasso francês. Em "A Letter to a Member of the National Assembly" ["Uma carta a um membro da Assembleia Nacional", 1791], Burke declarou:

> O que é a liberdade sem virtude? É o maior de todos os males possíveis [...] é loucura sem limites. Os homens estão qualificados para a liberdade civil na proporção exata de sua disposição para impor cadeias morais sobre seus próprios apetites [...]. A sociedade não pode existir, a não ser que um poder controlador sobre a vontade e os apetites seja imposto em algum lugar; e menos do que está dentro, o mais deverá estar fora.[29]

Robert C. Winthrop, porta-voz da Casa dos Representantes dos Estados Unidos (1847-1849) e líder da Sociedade Bíblica, articulou esse princípio indispensável da liberdade da seguinte maneira:

> Todas as sociedades dos homens devem ser governadas de um modo ou de outro. Quanto menos tiverem restrições do Estado, mais deverá haver de autogoverno individual. Quanto menos dependerem da lei pública ou da força física, mais deverão depender de restrição moral particular. Em uma única palavra, os homens precisam necessariamente ser controlados ou por um poder interior ou por um poder de fora deles; seja pela Palavra de Deus, seja pelo braço forte do homem. Seja pela Bíblia, seja pela baioneta.[30]

A escravidão na África do Sul

Quando os huguenotes chegaram à África do Sul, seu líder espiritual, Pierre Simond, propôs alfabetizar e ensinar agricultura ao povo local chamado hotentote. Ele queria repartir as bênçãos da civilização a um povo que não conhecia sequer os princípios elementares da agricultura. Lamentavelmente as

---

[29] BURKE, Edmund. **A Letter from Mr. Burke to a Member of the National Assembly:** In Answer to Some Objections to His Book on French Affairs. New York: Hugh Gaine, 1791. p. 31.
[30] WINTHROP, Robert C. The Bible: An Address Delivered at the Annual Meeting of the Massachusetts Bible Society in Boston, May 28, 1849, **Addresses and Speeches on Various Occasions**, v. 1. Boston: Little, Brown, and Co., 1852. p. 172.

gerações seguintes dos huguenotes adotaram a prática colonial holandesa de usar trabalho escravo em suas casas e fazendas. A escravidão foi abolida na África do Sul em 1833 depois que os evangelicais britânicos liderados por William Wilberforce retornaram à Bíblia. No século XX humanistas seculares introduziram o *apartheid* na África do Sul. Infelizmente muitos cristãos brancos justificaram essa forma de engenharia social. Mas felizmente outros cristãos permaneceram fiéis à Bíblia e ajudaram a derrotar aquele mal.

A escravidão e o *apartheid* praticados por muitos cristãos brancos fizeram que os nativos negros se voltassem contra a Bíblia? Fiz essa pergunta a Wynoma Michaels, que na época era doutoranda na Universidade de Stellenbosch e a primeira negra a se tornar presidente do grêmio estudantil daquela universidade. Não fiquei surpreso quando ela replicou que estudar e ensinar a Bíblia eram o primeiro amor da sua vida. Ela afirmou o que eu suspeitava: os negros estudavam a Bíblia mais que os brancos.

Por quê? Ela disse que ainda que a Bíblia tenha sido objeto de abuso, nada mais deu ao seu povo um sentido maior de seu próprio valor e sentido do que ela. Era um livro que o proprietário dos escravos e estes tinham em comum. Quando o senhor se assentava para ler a Bíblia em voz alta para seus escravos, ambos sabiam que estavam como iguais sob a autoridade desse livro. Os negros na África do Sul não tinham nada mais precioso para descobrir, a não ser que eram preciosos para Deus. Wynoma disse que muitos do seu povo enfrentaram problemas para aprender a ler por um único motivo: eles queriam ler a Bíblia. Eles não aprenderam a ler porque queriam conseguir empregos. Ela se referiu a uma história em um jornal publicada naquela mesma semana a respeito de uma senhora de 65 anos que se matriculou em uma classe de alfabetização de adultos porque queria ler a Bíblia.[31]

Atualmente a Bíblia é o principal fator de abertura da mentalidade africana, assim como foi a chave para a abertura da mentalidade ocidental.

---

[31] Conversa pessoal com o autor em 1999.

PARTE VII
GLOBALIZANDO A MODERNIDADE

> *O protestantismo evangelical produziu uma revolução cultural em seus novos territórios [...]. Produziu mudanças radicais nas relações entre homens e mulheres, na formação e educação de crianças, nas atitudes diante das hierarquias tradicionais. Mais importante ainda é inculcar a "ética protestante" que Max Weber analisou como um ingrediente importante na gênese do capitalismo moderno — uma abordagem disciplinada, frugal e racional ao trabalho. Pois a despeito de sua indigenização [...] [a fé bíblica] é o veículo de uma cultura pluralista e modernizadora cuja localização original está nas sociedades do Atlântico Norte.*
>
> — Peter Berger[1]

---

[1] In: MEHLINGER, O'Meara; KRAIN (Eds.). **Globalization and the Challenges of a New Century:** A Reader. Bloomington. Indiana University Press, 2000. p. 425.

Capítulo 19

MISSÃO

TRIBOS DA IDADE DA PEDRA PODEM AUXILIAR A GLOBALIZAÇÃO?

Meu amigo Ro não se encaixa em categorias convencionais. Ele não é nem direitista nem esquerdista. Jamais iria bombardear um grupo de terroristas nem respeita nenhuma cultura em sua inteireza. Ro, o apelido do dr. Rochunga Pudaite (nascido em 1927), acredita nos aspectos negativos transformadores de todas as culturas. Ele crê que todas as culturas refletem a bondade e a baixeza humanas. Vem de uma tribo de caçadores de cabeças — os hmars do nordeste da Índia. Ele desempenhou um papel muito importante na transformação do seu povo.

Os ancestrais mongóis de Ro migraram da região central da China para as selvas entre Mianmar (antiga Birmânia) e a Índia. Os britânicos descobriram que eles eram guerreiros ferozes. Em 1870 os hmars decapitaram 500 britânicos em um único ataque em uma fazenda de chá remota. O general Frederick Roberts, o comandante britânico, os perseguiu em duas colunas.[1] Ele conseguiu matar alguns poucos deles, mas a maioria desapareceu nas florestas densas. Os britânicos aprenderam o que *não* fazer. O general percebeu que 500 cabeças eram perda bastante para um único dia.

---

[1] O general Roberts foi mais tarde elevado à condição de Cavaleiro do Império Britânico e se tornou conhecido como lorde Roberts de Kandahar, no Afeganistão.

Mais tarde os britânicos ensinaram os hmars a não se envolverem com o Raj Indiano (o Império Britânico na Índia). Mas eles jamais se esqueceram que os hmars eram terríveis — uma tribo de selvagens que decoravam suas cabanas com as cabeças dos inimigos. Nenhum oficial britânico ia às selvas deles sem uma grande guarda armada.

Muita coisa é dita contra o imperialismo — uma cultura que domina outra —, mas não muito é dito contra uma indiferença egoísta, contra escolher não ajudar quem é vítima de sua própria cultura. A geração dos pais de Ro, por exemplo, viveu em pobreza e miséria. O alcoolismo destruía os "felizes" que sobreviviam à morte prematura por conta de falta de higiene e má nutrição. Analfabetismo, brigas e violência eram a norma. Mulheres e crianças eram as vítimas primárias desses males.

Os hmars cultuavam rios, montanhas, rochas, estrelas, o Sol e a Lua. Mas a Mãe Natureza não lhes mostrou nenhuma compaixão. Espíritos malignos — reais ou imaginários — constantemente os perturbavam. Demônios eram temidos e adorados porque traziam doenças. A medicina era desconhecida. Sacerdotes e curandeiros sacrificavam um sem-número de galinhas, bodes e porcos para apaziguar espíritos raivosos.

Ro acredita que apenas pessoas excepcionalmente insensíveis diriam que sua tribo deveria ser deixada sozinha em seu (imaginário) "modo primitivo de vida". A maioria concordaria que o estilo de vida deles era doentio e precisava de cura. A discordância era sobre como fazê-lo.

Alguns americanos, que se opuseram à operação militar em 2002 para democratizar o Afeganistão pela deposição do regime talibã, propuseram que uma cultura que abrigava a Al-Qaeda deveria ser bombardeada apenas com televisão via satélite que transmitia os valores ocidentais de tolerância e liberdade.

Como uma tribo em uma montanha remota no Afeganistão, na África ou na Índia poderia entender essas ideias televisionadas? Eles não sabem inglês. E se uma tribo selvagem assistisse a filmes de ação e se tornasse melhor na caça de cabeças? Ou, pior, e se os hmars assistissem aos filmes de Hannibal Lector e adicionassem o canibalismo à sua prática de caça de cabeças? Se eles não têm dinheiro, empregos ou bancos, quem vai lhes dar aparelhos de televisão? Quem irá fazer negócios com um povo que não produz nada, a não ser quem deseja vendê-los como escravos ou prostitutas, ou talvez quem procure seus pulmões, fígado, rins ou coração para transplantes em países ricos?

Certamente alguém poderá argumentar que tribos da Idade da Pedra podem se tornar parceiros produtivos e lucrativos na economia global, desde que recebam educação.

Há alguns para quem a simples ideia de "educar" tribos soa como uma atitude missionária condescendente — "civilizar" os selvagens. Mas os críticos podem ser persuadidos pelo argumento de que a educação não precisa mudar nada. Ela deve ser usada para capacitar tribos que vivem à margem do mundo moderno; isto é, dar-lhes opções. Eles estariam livres para seguir seu estilo de vida ou um estilo alternativo. A disputa seria sobre quem promoveria a educação desses povos.

"O Estado, lógico!", diriam alguns.

"Mas que condição teriam eles", outros sem dúvida objetariam, "de aceitar a forma ocidental de Estado de bem-estar social como o ideal?". Além disso, como escolas estatais funcionariam em selvas isoladas onde pais e chefes analfabetos possivelmente não conseguiriam supervisioná-las?

O isolamento dos hmars

> No caso dos hmars, um problema mais básico é que eles não tinham um "Estado". Eles eram uma tribo autônoma em meados do século XIX. As antigas *Gazetas* do governo da Índia independente nem sequer mencionavam a existência deles. Eles não pagavam impostos porque o Império Mogul (1526-1757) não se estendia até onde eles viviam e a (multinacional) Companhia Britânica das Índias Orientais que governou a maior parte da Índia de 1757 até 1857[2] não estava interessada em tribos com as quais não comerciavam. Para maximizar lucros, a companhia tinha de cortar custos, não construir escolas.

William Wilberforce e Charles Grant, dois membros evangelicais do Parlamento, travaram batalhas políticas durante vinte anos (1793-1813) para persuadir o Parlamento britânico de que este deveria exigir da companhia

---

[2] De 1857 a 1947 a maior parte da Índia era governada diretamente pela Coroa britânica.

que gastassem 100.000 rúpias indianas[3] dos seus lucros por ano para educar os indianos. Mas essa quantia não era o suficiente nem para uma escola em cada grande área urbana da Índia britânica. Não havia maneira de a companhia assumir a responsabilidade de educar os hmars.

Mesmo se houvesse dinheiro o suficiente para iniciar escolas, que professores iriam lecionar para aqueles bárbaros? Educar um povo é um compromisso para toda uma vida. Para educar uma tribo é preciso viver entre ela, aprender sua língua e transformá-la em língua escrita. Para se tornar um veículo de transmissão de ideias complexas, aquela língua precisa de uma literatura, de uma gramática e de um dicionário. Educar bárbaros exige heroísmo missionário. É algo que começa com homens como o missionário Watkins R. Roberts, que arriscou sua vida pelos hmars — um povo que, na melhor das hipóteses, jamais o recompensaria por seus serviços. Na pior das hipóteses, a cabeça dele ornamentaria uma de suas tendas.

Do modo que aconteceu, os hmars queriam mudanças, por isso eles não mataram Roberts. Pelo contrário, eles o honraram. Foram os britânicos que o expulsaram da Índia por desafiar a ordem de ir até aquele povo.

Os hmars viviam na periferia das civilizações hindu, budista e muçulmana. Atualmente alguns hindus alegam que os hmars sejam parte do hinduísmo. Mas os sacerdotes hindus jamais tentaram educá-los. Eles consideram que sacerdotes servirem aos párias é um carma ruim e algo ritualmente impuro.[4] Os brâmanes mantiveram sua língua sagrada, o sânscrito, e suas escrituras sagradas, os *Vedas*, em tão alta conta que não as ensinaram nem a suas mulheres nem aos hindus de castas inferiores. Eles nunca consideraram a questão de ensiná-las aos párias. Hindus não convertem outras pessoas à sua fé porque eles não possuem uma mágica capaz de transformar um não brâmane em brâmane. O hinduísmo é uma religião "racial". As crianças nascem em uma casta hindu de acordo com o carma de sua vida passada. Os não hindus são excluídos do sistema de castas como raças "intocáveis".

Os muçulmanos levaram sua língua, literatura e religião para outros povos. Mas eles creem que o *Alcorão* só pode ser escrito na língua "celestial",

---

[3] Em 1813, 1 dólar americano equivalia a 2,13 rúpias indianas, e 8 rúpias equivaliam a 1 libra esterlina. Em 2010, 1 dólar americano equivalia a 48 rúpias.
[4] As tribos na Índia não são hindus, por isso são classificadas como "párias".

o árabe. Ele nunca pode ser traduzido para outras línguas sem distorção. Portanto, o islã nunca desenvolveu as línguas dos povos que conquistou. Em contraste, tal como mencionado em capítulos anteriores, foram tradutores da Bíblia que desenvolveram as línguas nacionais dos países muçulmanos, como o urdu no Paquistão ou o bengali em Bangladesh. Língua e literatura, como vimos, são peças-chave para o desenvolvimento de um povo. Os tradutores da Bíblia sabiam que um povo não pode progredir sem primeiro ter sua língua desenvolvida e enriquecida para poder comunicar ideias complexas.

Contudo, é claro que alguns nacionalistas indianos não culpariam os hmars por decapitarem os britânicos. Eles poderiam até considerá-los heroicos — um dos poucos povos na Índia com valentia suficiente para manter sua independência. Eles poderiam considerar suas histórias de caça de cabeças como sensacionalistas e argumentar que afinal não eram tão horrendas. Quase todos os povos, dos assírios aos romenos, em algum momento foram autoindulgentes com desmembramentos macabros dos seus inimigos. O mundo "civilizado" de hoje faz o mesmo com bebês que ainda não nasceram. Os godos germanos bebiam em taças feitas de crânios dos seus inimigos. Vlad, o Empalador, poderia ter ensinado alguma coisa aos hmars.

Ainda que seja verdade que todas as culturas se baseiam na violência, a questão permanece: uma tribo é de fato melhor se manter seu isolamento, crenças e valores que a conservaram pobre e vulnerável a doenças tratáveis e evitáveis, à mercê de curandeiros sem formação ou de chefes guerreiros? Os hmars estavam errados em desejar uma mudança fundamental?

Os caçadores de cabeças encontram um livro

Em 1909 um estafeta entregou um livro ao chefe da aldeia de Senvon, no estado de Manipur. Era o evangelho de João escrito na língua iushai com alfabeto latino. O chefe hmar não sabia ler. Nem estava acostumado a receber correspondência. Ninguém jamais havia considerado sua tribo importante o bastante para incluí-la em sua lista de correspondência. O chefe deduziu que alguém pensou que aquele livro era importante para seu povo. Um viajante que passou pela aldeia leu as palavras, mas não entendeu seu significado. Finalmente na última capa ele encontrou o endereço do remetente, o sr. Watkins R. Roberts, um negociante vindo do País de Gales.

O chefe Kamkhawlun enviou mensageiros que trouxessem o sr. Roberts à sua aldeia para explicar a mensagem do livro. Para visitar Senvon, o sr. Roberts precisava de autorização do coronel Locke, o superintendente do distrito de Lushai Hills. O coronel foi severo: "Os hmars são os mais selvagens caçadores de cabeças do mundo. Eles vão decapitar você e fazer uma grande celebração em cima do seu cadáver. Quando nós vamos, levamos pelo menos 50 soldados. E eu não tenho nem um para o escoltar".

Destemidamente o sr. Roberts encontrou alguns jovens que o guiaram até Senvon no final do mês de janeiro de 1910 (é possível que o marajá indiano de Manipur tenha lhe concedido a permissão). Depois de sete dias de marcha sobre centenas de quilômetros em trilhas em montanhas escarpadas, eles alcançaram Senvon. O sr. Roberts se encontrou com o chefe e com os aldeões. No começo ninguém estava interessado em suas histórias. Mas as luzes começaram a se acender para os hmars quando ele explicou o evangelho usando as tradições deles para resolver guerras tribais.

Imaginem, ele disse, que duas tribos guerreiem uma contra a outra durante vários anos. Então uma delas decide que quer a paz. Ela envia sua oferta tocando um grande tambor de guerra no topo da montanha mais próxima do acampamento inimigo. A outra tribo responde tocando um tambor antes do pôr do sol. A tribo que tocou o tambor primeiro traz um animal, um boi ou uma vaca à fronteira entre as duas tribos. Os dois chefes e seus homens chegam à fronteira cuidadosamente definida. Eles sacrificam o boi e deixam que seu sangue corra entre a linha demarcatória da fronteira.

Os dois chefes então impõem suas mãos sobre o animal sacrificial, e o porta-voz das duas tribos discutem os termos de paz. Assim que chegam a um acordo, os dois chefes se abraçam sobre o animal abatido. Então o porta-voz declara a paz. O povo se abraça. A paz é restaurada. Eles estariam livres de suas inseguranças e animosidades destrutivas. Então, disse o sr. Roberts, é como Deus fez a paz conosco, seus inimigos. Deus fez de Jesus Cristo o cordeiro sacrificial: "Porque Deus tanto amou o mundo que deu o seu Filho Unigênito, para que todo o que nele crer não pereça, mas tenha a vida eterna".[5]

---

[5] João 3.16.

O sr. Roberts explicou ao chefe que Deus fez os seres humanos especiais — à sua própria semelhança — bom, feliz e livre. Por causa do pecado, Satanás enganou os seres humanos e os escravizou a todos os tipos de males que nos atrapalham — males espirituais, sociais e naturais. Ao se rebelar contra Deus, os seres humanos perderam seu relacionamento com Deus e muito do seu caráter. Ao se tornar como Satanás, começamos a praticar pecados contra Deus e nossos semelhantes — oprimir ou assassinar pessoas, violação de mulheres, ferir nossos amados e parentes, roubos, ganância, inveja, brigas e imoralidade.

Deus enviou profetas e sacerdotes para nos mostrar o caminho para uma vida harmoniosa, contentamento, felicidade pessoal e vida eterna. Mas homens e mulheres não podem mudar seus caminhos com sua própria força. Eles precisam de um Salvador, de modo que Deus tomou a iniciativa. Ele tocou os tambores da paz. Ele veio a nós em forma humana e revelou seu amor, seu caminho de salvação e felicidade eterna. Deus fez a paz conosco — seus inimigos. Ele pode capacitar a sua tribo a fazer a paz com outros povos, inclusive tribos vizinhas que combateram umas às outras durante gerações.

Roberts deixou Senvon com a promessa de voltar e abrir uma escola e uma clínica médica para servir àquele povo. Mas em Aizwal ele descobriu que o coronel Locke o expulsara de Lushai Hills por desobedecer a ordens e "humilhar" a alta cultura britânica ao dormir em lares tribais e comer comida tribal. Roberts nunca mais recebeu permissão para retornar aos territórios dos hmars e aldeias de Manipur e Mizoram. Mas a tribo continuou a falar a respeito do evangelho. O Salvador morrendo como um cordeiro sacrifical soou muito diferente de todas as outras histórias religiosas que eles ouviram. Não soou para eles como um mito moralizante. O sr. Watkins dissera que não era um conto, mas notícias — boas notícias. Nesse caso, ou essas notícias seriam verdadeiras ou falsas. O pai de Ro, Chawnga Pudaite, um adolescente naquela época, ouviu as boas notícias de que Deus sacrificara seu próprio Filho na cruz para estabelecer a paz conosco — seus inimigos. Chawnga se tornou um dos primeiros cristãos e, junto com seus amigos, aprendeu a ler na língua iushai para memorizar o evangelho de João. Eles compartilharam o evangelho com seu povo, mas ainda não tinham a Bíblia em sua língua.

Rochunga, o filho de Chawnga, decidiu se tornar um seguidor de Jesus Cristo quando tinha apenas 10 anos. Seus pais lhe pediram que estudasse na escola de ensino fundamental mais próxima — uma caminhada de apenas 154 quilômetros! Para chegar à escola, o menino Ro, com apenas 10 anos, tinha de caminhar por florestas densas infestadas de tigres, ursos, serpentes e elefantes selvagens. Por que seus pais iriam correr um risco tão grande? Por incrível que pareça, a ordem deles ao filho foi: "Você precisa traduzir a Bíblia para nós". Como todos os pais, eles também teriam gostado que o filho conseguisse um bom emprego e lhes providenciasse sustento financeiro quando ficassem velhos. Mas sabiam que a selva não tinha empregos para oferecer. Comunidades "não desenvolvidas" criam poucos empregos.

Chawnga reconheceu a Bíblia como a diferença primária entre a cultura dos hmars e a cultura do sr. Roberts. Ele concluiu que a maior coisa que poderia fazer por seu povo era pedir a seu filho Ro que traduzisse a Bíblia para a língua deles. Depois de completar o ensino médio, Ro viajou quase 500 quilômetros até Jorhat para se preparar para atender ao pedido do pai.

De Jorhat, Ro foi até o Saint Paul's College em Calcutá e depois para a Universidade de Allahabad, onde eu estudei vinte anos depois. A nossa universidade não oferecia cursos de grego e hebraico, as línguas originais da Bíblia. Para estudá-las, Ro foi para Glasgow, Escócia. Lá ele iniciou a tradução da Bíblia para a língua hmar. Da Escócia, ele foi até Wheaton, Illinois, Estados Unidos, para completar seus estudos teológicos e a tradução da Bíblia. Finalmente em 1958 Rochunga voltou para a Índia com o Novo Testamento traduzido para a língua hmar com base no original grego. Com a ajuda de outras pessoas, aquela versão do Novo Testamento foi aperfeiçoada, editada e finalmente publicada em 1960. O Novo Testamento em hmar imediatamente se transformou em sucesso de vendas. Os primeiros 5 mil exemplares foram vendidos em seis meses. Mas o sonho de Chawnga estava apenas começando a se cumprir.

Depois de três meses em casa, Ro decidiu viajar até as colinas de Manipur, Mizoram e Assam para recordar as aventuras do seu tempo de menino. Ele descobriu que havia apenas uma escola do governo nas aldeias dos hmars nas colinas de Manipur. O povo queria ler a Bíblia que ele traduzira, mas para tanto eram necessárias escolas. Ele deu início a nove escolas de aldeias e a um colégio para o ensino médio. Dentro de dez anos a organização que ele fundou abriu 85 escolas, um colégio e um hospital, sem qualquer ajuda governamental. Atualmente 85% dos hmars conhecem a alegria de ler e escrever. A média de alfabetização da Índia é de menos de 65%. A libertação do analfabetismo e das superstições foi apenas o começo. Os hmars estavam agora no ponto de desenvolverem o potencial que Deus lhes dera e usá-lo para servir-lhe e à sua terra natal.

Em suas escolas os hmars ensinaram a Bíblia para edificar o caráter e inspirar um espírito de autoconfiança. A cultura deles tradicionalmente entendia o heroísmo como a busca de valentia física. Ser um bom hmar era ser um grande guerreiro. Ro compreendeu que para transformar sua tribo seria necessário dar-lhe uma visão de valores novos e mais nobres. Ele creu na sabedoria do sonho do seu pai e se comprometeu com isso. O que inflamaria o coração dos jovens hmars com uma paixão pela busca de excelência no serviço ao próximo em vez de excelência na guerra?

Ro estudara em uma universidade secular. Ele sabia que a literatura secular — ocidental ou indiana — não tinha algo mais libertador que a Bíblia, a não ser que fosse baseada na própria Bíblia. Seu povo precisava cultivar a mente tanto quanto os músculos. Mas uma mente pode ser boa, a não ser que seja também moral? Haim G. Ginott (1922-1973), psicólogo clínico, educador e autor de sucesso afirmou:

> Sou sobrevivente de um campo de concentração. Meus olhos viram o que ninguém deveria testemunhar. Câmaras de gás construídas por engenheiros eruditos. Crianças envenenadas por médicos instruídos. Bebês mortos por enfermeiras treinadas. Mulheres e bebês alvejados e queimados por estudantes secundaristas e graduados.
>
> Por isso tenho suspeitas em relação à educação. Meu pedido é: ajudem os seus alunos a se tornarem humanos. Seus esforços jamais poderiam ter produzido monstros, psicopatas habilidosos ou Eichmanns educados. Leitura, escrita e aritmética são importantes apenas se servirem para fazer nossas crianças mais humanas.[6]

---

[6] GINOTT, Haim G. **Teacher and Child**: A Book for Parents and Teachers. New York: Avon Books, 1975.

Ro, o tradutor da Bíblia que se tornou educador, deixou claro que suas escolas não seriam intimidadas por ideologias seculares. Eles ensinaram que a Bíblia é a base do crescimento humano holístico — físico, mental, social e espiritual.

Os formados por aquelas escolas se tornaram embaixadores, secretários de Estado da Índia, um diretor-geral de polícia, oficiais de alto escalão do Serviço Administrativo Indiano, médicos, advogados, engenheiros, professores e pastores. Alguns hmars bastante conhecidos são H. T. Sangliana, ex-diretor da polícia, membro do Parlamento e atualmente vice-presidente da Comissão de Minorias; L. T. Pudaite, embaixador em cinco ou mais países, como Hungria, Coreia do Sul e Mianmar; e L. Keivom, alto comissário para a Nova Zelândia.[7] O caráter de Sangliana fez dele uma lenda nacional. No meio da corrupção opressiva permanente do meu país, Bollywood[8] considerou sua integridade tão fascinante que sua história inspirou três longas-metragens.

O incidente que narro a seguir ilustra quão a sério os hmars levam a Bíblia. O ginásio deles precisava de uma biblioteca; o tenente-governador percebeu a necessidade deles e os ajudou a receber 100.000 rúpias da Comissão de Fundos da universidade. Quando o inspetor educacional viu que eles obtiveram financiamento governamental, ele exigiu que eles parassem de ensinar a Bíblia. Em vez de se submeterem, os hmars decidiram fechar sua escola. Ro me explicou essa decisão: "Os jovens precisam ter liberdade intelectual para perseguir a verdade. Mas como podemos cultivar neles um amor pela liberdade intelectual se abrirmos mão de nossa liberdade de ensinar a Bíblia?".

Na década de 1970, enquanto muitas universidades cantavam louvores ao comunismo, Ro percebeu a falência desse sistema. O que a Bíblia fez pelo Ocidente e por seu povo foi melhor que o terror e a pobreza que *Das Kapital* [*O capital*] de Karl Marx estava na época infligindo ao povo

---

[7] A história do povo hmar foi extraída de PUDAITE, Rochunga. **The Book That Set My People Free**. Wheaton, IL: Tyndale House, 1982, e de MUSSER, JOE; HEFLEY, James e Mari. **Fire on the Hills**: The Rochunga Pudaite Story. Wheaton, IL: Tyndale House, 1998.

[8] Bollywood é a maior produtora de filmes da Índia, a Hollywood indiana. [N. do T.]

da então URSS (União das Repúblicas Socialistas Soviéticas). O governo comunista baniu a Bíblia. Mas ele queria abençoar os amigos russos da Índia, por isso serviu-se de um tratado de amizade russo-indiano e enviou centenas de milhares de Bíblias em russo da Índia para todos os endereços do catálogo telefônico da Rússia. Por anos a organização de Ro, Bíblias para o Mundo, continuou a enviar Bíblias para mais de cem países.

A caça de cabeças atualmente é parte do passado. Os hmars estão bem em seu caminho rumo à saúde e vitalidade cultural. Todo ano duas dúzias de crianças hmars em idade escolar passam onze meses nos Estados Unidos dando concertos musicais e executando danças tribais. Nascido em 1927, Ro ainda não tirou sua bem merecida aposentadoria. Ele continua como presidente de Bíblias para o Mundo. Seu coração palpita pela alma da nossa nação, que sofre com a maldição dos irmãos gêmeos: o sistema de castas e os intocáveis. Quando Ro era criança, sua tribo não sabia como viver civilizadamente com outros grupos. Como adulto, ele sofre ao perceber que seus conterrâneos não sabem viver fraternalmente com os hindus.

Para transformar uma ordem social edificada com base no sistema de castas e dos intocáveis, Ro cunhou a expressão *Transformando uma nação pela educação*. Sua família e sua organização gastam tempo e esforços para primeiramente transformar seus professores encorajando-os a estudar a Palavra de Deus. Ro os encoraja a ensinar cada matéria com base em princípios bíblicos. Em Uttar Pradesh, meu estado natal, distante mais de 1.600 quilômetros do estado de Ro, em uma grande aldeia habitada principalmente por castas inferiores, Ro iniciou uma escola-modelo em uma tentativa de providenciar educação para os intocáveis da Índia. Essa escola já recebeu reconhecimento do governo estadual.

Isso é significativo porque a crença popular de que todas as religiões ensinam os mesmos princípios simplesmente não é verdadeira. A ordem social hindu está baseada no ensinamento "exclua alguns dos seus próximos como os intocáveis". Ro quer reconstruir a Índia com base no dito de Jesus "Ame o teu próximo como a ti mesmo". O sistema de castas, ele crê, é a causa principal da fraqueza da Índia — política, social e econômica. Por causa do sistema de castas é que pequenos grupos de estrangeiros vieram e colonizaram a grande, próspera, mas profundamente dividida sociedade hindu.

Ro desempenhou papel importante como pacificador entre o governo da Índia e os rebeldes mizos, que se insurgiram como uma milícia armada contra o governo em 1965. Em 1975 nossa primeira-ministra, sra. Indira Gandhi, pediu a Ro que trabalhasse como seu emissário especial anônimo para negociar a paz com os mizos fora da lei. Enquanto escrevo este livro, ele está contribuindo para mudar o subcontinente indiano. Bill Clinton, ex-presidente dos Estados Unidos, descreveu o subcontinente como o "lugar mais perigoso do mundo", em razão das hostilidades entre os vizinhos nucleares Índia e Paquistão. Ro está atacando a raiz do problema — a espiritualidade do ódio[9] que impede nosso povo de amar um ao outro.

A família de Rochunga Pudaite continua a promover a Bíblia em nível mundial. Ele tem lutado pela causa da criação de uma nova universidade na Índia, uma que será fundada com base em uma cosmovisão bíblica. Ele deseja que nossas gerações futuras tenham um alicerce intelectual integral sobre o qual possam construir uma nova Índia, e ele sabe que todas as grandes universidades que construíram a moderna civilização ocidental — Oxford, Paris, Cambridge, Princeton, Harvard e outras — foram fundadas para ensinar a Bíblia.

Ro concorda com os tradutores da Bíblia antes dele de que a pena é mais poderosa que a espada. Esta é a sabedoria destilada do segundo milênio depois de Cisto. O milênio teve sua cota de heróis e vilãos. Eles travaram suas guerras e deixaram sua marca na História. Mas o mundo reconhece que ultimamente são ideias, não a força, que efetivamente regem a História. Ideias criam indústrias, serviços e empregos, que, por fim, vão gerar civilizações. Ro acredita que as ideias que construíram as melhores nações vieram da Bíblia, e apenas a arrogância pode motivar tribos como a dele a rejeitar o que é bom e verdadeiro.

A Bíblia gera esperança para todos os povos. Ro pensa que não é virtude romantizar as misérias de uma tribo primitiva que vive à mercê de elementos naturais, germes, demônios e feiticeiros autoritários e inescrupulosos. A Bíblia libertou sua imaginação para que ele sonhasse o que

---

[9] Veja o livreto do autor, **Spirituality of Hate**: A Futuristic Perspective on Indo--Pakistan Conflict. Disponível em: <http:www.vishalmangalwadi.com>. Acesso em: 4 jun. 2012.

sua tribo poderia vir a ser — um povo educado, livre para interagir com vizinhos e inimigos, capaz de vencer a fome, o ódio e a doença e pronto para contribuir para o mundo. Alguns advogados do "multiculturalismo" condenam povos a viver na Idade da Pedra.

Ro acredita que a imaginação que nos liberta é um componente do nosso dom distintamente humano, a criatividade. É por isso que ele fez o filme *Beyond the Next Mountain* [Além da próxima montanha],[10] baseado em sua vida. Ro se tornou linguista porque acredita que a linguagem une nossas mentes para nos tornar as únicas criaturas que criam cultura neste planeta. A linguagem nos capacita a armazenar e transmitir ideias e a desenvolver as que já existem. Ele tem orgulho de ser parte da tradição histórica que fez da Bíblia o livro do último milênio.

A fascinante história de como a Bíblia tirou tribos da Idade da Pedra da opressão, pobreza crônica e economia de subsistência para a liberdade e abundância pode ser multiplicada milhares de vezes em todos os continentes e países. Hindus educados e de castas superiores, como Arun Shouride, a despeito de seus esforços heroicos para transformar culturas — sem se dar conta de que muitos deles não estariam melhor sem que a Bíblia criasse a Índia moderna. Reconheço que meus livros são jornalísticos. Mas felizmente eles têm inspirado alguns jovens a pesquisar a história social da modernização da Índia em nível doutoral.

Nos anos por vir a real história da Índia moderna será resgatada de distorções de historiadores esquerdistas, liberais e motivados politicamente pelo Hindutva. Uma pesquisa histórica semelhante já começou em muitas nações para demonstrar que a globalização não é resultado nem de colonização militar nem de uma colonização coca-cola. Antes, isso é um cumprimento parcial da promessa de Deus a Abraão de que ele abençoaria todas as nações da terra por intermédio dos seus filhos que obedecessem à Palavra de Deus.

---

[10] **Beyond the Next Mountain,** 1987, dirigido por James F. Collier e produzido por Rolf Forsberg (Vision Video, DVD 2004). Disponível pela Netflix.

Capítulo 20

O FUTURO

O SOL VAI SE PÔR SOBRE O OCIDENTE?

Mark Zuckenberg, o criador do Facebook, é o bilionário mais jovem da História. David Fincher "celebrou" a vida de Zuckenberg no filme *A rede social*, considerado pela revista de cinema dos Estados Unidos o melhor filme de 2010. A personagem mais patética do filme é a Universidade de Harvard, representada por seus comitês e seu reitor. Zuckenberg, que se autoproclama dono da razão, demonstra total desprezo por Harvard, seus valores e regras. Mesmo assim a universidade não pode fazer absolutamente nada com ele, pois ela não conservou nenhuma base filosófica para invocar consciência ou caráter. O filme passa a mensagem de que a e universidade existe atualmente apenas para ensinar habilidades. O caráter foi excluído da cosmovisão secular. O melhor que esta pode fazer é ensinar como você poderá evitar o longo braço da lei.

A perda de um sentido de verdade e bondade me atingiu quando uma doutoranda de Harvard protestou contra a campanha de William Carey contra a "queima de viúvas" na Índia. Impondo seus valores a outra época, ela reclamou: "Por que esse cristão branco não deveria respeitar as crenças e culturas de outros povos?". Sua indignação moral expôs clichês de multiculturalismo e relativismo que mal camuflavam a falência intelectual e moral da elite do Ocidente. *Relativismo* é hoje a única virtude. Essa "tolerância" transformada mina a bússola da verdade — a Bíblia — que Harvard originariamente tinha e que poderia ter ajudado Zuckenberg a ser bem-sucedido como um inovador e ao mesmo tempo amar ao próximo, respeitando seus companheiros e honrando os que estão em posição de autoridade.

À medida que graduados brilhantes mas amorais, provenientes de universidades seculares como Harvard, obtêm controle na vida econômica e política dos Estados Unidos, o mundo tem razão para parar de confiar nesse país. A confiança que fez do dólar a moeda de reserva do mundo veio da Harvard original criada pela influência da Bíblia.

Os crepúsculos são espetaculares. As pessoas se divertem com eles. Os crepúsculos também nos dizem que é hora de acendermos nossas lâmpadas. Muitas culturas que seguiram o Ocidente para uma modernidade brilhante estão agora tirando a poeira de suas lâmpadas enferrujadas. A Rússia e a China decidiram fazer negócios com suas moedas, não mais com o dólar americano. Mesmo a Arábia Saudita poderá em breve vender petróleo em euros ou em ienes. A perda de confiança tem consequências além da economia. Em 1987 uma parcela significativa da liderança apoiou um movimento de massas para legalizar a prática do *sati*, isto é, a queima de viúvas. Os britânicos baniram o *sati* como desumano em 1829, mas por que a Índia deveria seguir preconceitos britânicos? Apelando para o "choque das civilizações", culturas não ocidentais estão retornando a cosmovisões tradicionais, inclusive o *jihad*, a guerra santa islâmica.

O relativismo é o único valor que uma cultura que não conhece a verdade pode ditar. A única coisa que sua "tolerância" acha difícil tolerar é o sistema de valores tradicionais do Ocidente.[1] A bondade e a verdade têm sido substituídas pela zombaria e depravação. A cultura celebra atores pornográficos. Traficantes de drogas são poderosos e respeitados lobistas. Até o Onze de Setembro, pelo menos a elite intelectual do Ocidente e os países islâmicos pediam às nossas nações que se salvassem da "influência corruptora" do Ocidente. Mas o Ocidente deve continuar em seu caminho rumo ao "escurecimento" que se segue ao crepúsculo?

Na aurora do terceiro milênio da era cristã, o Ocidente faz lembrar o peixe lendário em um grande aquário. Um pesquisador bloqueou uma seção do aquário com uma divisória transparente e colocou ração para peixes na seção fechada. O peixe tentou pegar sua comida, mas não conseguiu. Depois de

---

[1] FEDERER, William J. **Backfired:** A Nation Born for Religious Tolerance No Longer Tolerates Religion. St. Louis: Amerisearch, 2007.

repetidas tentativas fracassadas, o peixe aprendeu que seu alimento estava além do seu alcance e parou de tentar. Nesse momento o pesquisador removeu a divisória, mas o peixe não tentou pegar a ração. O pesquisador colocou mais ração, mas o peixe desistira de tentar e morreu de fome.

O peixe morreu porque acreditava que a comida era inacessível. E se o pesquisador pudesse dizer ao peixe que a divisória fora removida? E se o peixe fosse um ser espiritual com livre-arbítrio? E se o peixe pudesse escolher crer em uma palavra que contradissesse sua experiência anterior? Nesse caso o peixe teria sobrevivido. A comunicação e a crença são importantes. A revelação gera esperança e empenho. Algumas vezes crer no que é dito faz a diferença entre a vida e a morte. A questão não é se há esperança para o Ocidente, mas se o Ocidente vai ter a humildade de voltar à revelação, se o Ocidente vai resgatar a fé que gera esperança.

Esperança e confiança em que o espírito humano pode vencer obstáculos eram características definidoras da civilização ocidental moderna. Mas agora o Ocidente secular está até mesmo incerto se o espírito humano existe, a não ser como uma palavra. Ao mesmo tempo, um resultado de negar a alma é que os filósofos ocidentais não sabem mais o que é uma "palavra". Muitos estão seguindo a filosofia indiana do silêncio como a realidade última. Tendo rejeitado o *Logos* divino (a Palavra) como sua base, o Ocidente agora não tem certeza se a linguagem tem alguma coisa a ver com a verdade. Ainda que a história do Ocidente confirme o ensino da Bíblia de que os seres humanos são revestidos de dignidade única, suas universidades agora alegam que a história não é nada, a não ser um ponto de vista.

Universidades seculares têm impedido o acesso do Ocidente à verdade. Consequentemente o Ocidente tem assumido que o homem é apenas biologia, que não há ninguém lá fora que se importe o bastante conosco para revelar uma verdade salvífica. Será que o homem não é mais que um peixe, sem propósito, dignidade ou responsabilidade? O livre-arbítrio é uma ficção? Será que somos determinados pela nossa química e o ambiente onde vivemos? O psicólogo John B. Watson (1878-1958) resumiu essa cosmovisão secular em uma palestra clássica proferida em 1913. Ele afirmou que "o behaviorista não reconhece uma linha divisória entre o homem e o animal irracional".[2] O psicólogo americano B. F. Skinner entendeu que

---

[2] A palestra "Psicologia vista pelos behavioristas" foi proferida na Universidade de Colúmbia.

essa filosofia exigia que o Ocidente secular fosse "além da liberdade e da dignidade".³ Bilhões de pessoas estão caminhando da liberdade e da dignidade para um desespero fatalista. Um divórcio pode ser necessário, mas no fim do dia isso é resignação. O aborto é vendido como uma "escolha", mas, em muitos casos, é um fatalismo — uma crença de que a criança ou a mãe não podem ter uma boa vida se a vida do bebê não for tirada. Indivíduos que se resignam diante da morte do seu casamento ou do seu bebê são como o peixe que perde a fé e, por conseguinte, a esperança. Até a corrente principal da igreja no Ocidente está sendo corrompida.⁴

Fatalismo secular

Ruth e eu celebramos a aurora do novo milênio em Cambridge, Inglaterra. Estávamos fazendo pesquisas para este livro. No início do ano 2000, enquanto fazia algumas cópias na biblioteca, Ruth se encontrou com Thomas Dixon, um jovem doutorando que ficou fascinado com o nosso projeto. Dixon tinha publicado um trabalho explicando como a noção secular cheia de falhas de emoções fisiológicas tinha substituído o uso clínico do muito mais útil paradigma bíblico da alma que enfrenta paixões e afeições.⁵

Não falamos sobre o livro de Jonathan Edwards intitulado *The Religious Affections* [Sentimentos religiosos], publicado em 1746. Edwards, o primeiro filósofo dos Estados Unidos, baseou seu ensino na visão trinitária do homem elaborada por Agostinho, que, por sua vez, a derivou do Novo Testamento. De acordo com Dixon, o paradigma de Edwards foi mais útil para a psicologia clínica que o livro de Charles Darwin publicado em 1872, intitulado *The Expressions of the Emotions in Man and Animals* [As expressões das emoções

---

3   SKINNER, B. F. **Beyond Freedom and Dignity**. Indianapolis: Hackett Publishing, 2002. Publicado originariamente em 1971.
4   PEARCEY, Nancy. **Total Truth**: Liberating Christianity from Its Cultural Captivity. Wheaton, IL: Crossway Books, 2004. [**Verdade absoluta**: libertando o cristianismo de seu cativeiro cultural. Rio de Janeiro: CPAD, 2006.]
5   Na "conversa" que se seguirá no capítulo, tomei a liberdade de simplificar os argumentos acadêmicos de Dixon. Portanto, ponho algumas palavras em sua boca. Os que querem ler seu brilhante ensaio "Theology, Anti-Theology and Atheology: From Christian Passions to Secular Emotions" podem encontrá-lo em **Modern Theology**, v. 15, n. 3 (Oxford: Blackwell Publishers, July 1999).

no homem e nos animais]. Muitos cientistas, filósofos e psicólogos do século XX — incluindo Freud e Watson — adotaram o paradigma de Darwin.

O jovem disse a Ruth que ele não era cristão, mas que sua pesquisa o convencera de que os cristãos perderam a riqueza de sua herança bíblica e, por causa disso, o mundo estava mais pobre. Ruth tentava compreender a grandiosidade desse pensamento, e Dixon perguntou o que um psiquiatra faria por um paciente que tenha muita raiva, inveja e ódio. E se a situação desse paciente for tão complexa e tão sem esperança que este esteja considerando a possibilidade de divórcio, assassinato ou suicídio? O psiquiatra só pode cuidar das "emoções" de seu paciente. Ele não pode assumir o papel de um sacerdote que pode ouvir a confissão do paciente e conceder-lhe perdão para que seja curado.

O paciente vai a um terapeuta, que descreveria sua raiva e ódio como emoções seculares. Estas são tratadas como mudanças químicas e fisiológicas em seu cérebro e em seus músculos. O terapeuta poderia enviá-lo a um médico que lhe daria uma receita que mudaria a química do seu cérebro e relaxaria seus músculos. Mas será que existe algum remédio que tenha o poder de produzir as "emoções" de perdão ou amor aos inimigos, sentido e propósito para a vida e esperança para o futuro? A química pode criar paz interior proveniente do arrependimento, promover relações positivas ou a fé em uma futura dispensação de justiça?

Ruth sabia que muitos suicidas como Kurt Cobain continuam em seu desespero, raiva ou mania mesmo tomando remédios psiquiátricos. A medicação pode curar superficialmente, mas não pode curar as moléstias profundas da nossa humanidade. Como Ruth sabia que as ideias de Dixon iriam me interessar, ela me convidou para a conversa.

Dixon me explicou que na análise final a raiva do paciente pode não ser resultante de sua química cerebral. A raiva pode ser causada por uma crença — verdadeira ou falsa — de que ele foi insultado, enganado, tratado injustamente ou estava em grande perigo. Seu ódio e medo podem estar baseados em uma crença de que ele pode perder algo precioso — emprego, honra, vida, posição, posses, cônjuge ou filhos. Suas crenças podem ser verdadeiras, mas tais emoções pioram as coisas. Jonathan Edwards chamou essas emoções negativas de "paixões da alma".[6] Geralmente são involuntárias ou, pelo menos, acontecem como um tipo de reação.

---

[6] Um sentido mais antigo de *paixão* é estar comprometido com uma causa ou pessoa o bastante para sofrer por essa causa ou pessoa. Mel Gibson usou este significado

De igual maneira, emoções desejáveis de arrependimento ou perdão podem vir apenas da crença de que Deus manda que nos arrependamos e perdoemos porque ele perdoou nossos pecados. Amor por um inimigo pode vir da oração que pede auxílio sobrenatural. Esperança e alegria podem seguir uma convicção teológica de que Deus está no controle. A decisão de pagar o mal com o bem pode vir de um desejo de obedecer à Palavra de Deus ou de uma convicção quanto à futura justiça de Deus. Essas emoções positivas são cruciais para a cura. Edwards as chamou de "afeições da alma". A Bíblia as descreve como o "fruto do Espírito".

Dixon acrescentou que não lhe importava se um ser humano é ou não um espírito. O que parecia óbvio é que agrupar paixões (obras da carne) e afeições (fruto do Espírito) em uma única categoria de emoções animais amorais não ajuda e é intelectualmente insustentável. Essas emoções positivas e negativas são mais que química cerebral. Elas estão baseadas em crenças, conhecimento, escolha ou oração. São mais que um fenômeno biológico. Os filósofos que rejeitam o mistério da alma têm de explicar nossa experiência do livre-arbítrio como outra coisa diferente do que aparenta ser — livre-arbítrio.

Ele admitiu que ninguém sabe o que o livre-arbítrio é e como o adquirimos. Mas insistiu que não podemos negar que o temos — a capacidade de escolher perdoar ou retaliar. Pode-se chamar esse aspecto do nosso ser de mental e não espiritual, mas isso é prestidigitação semântica. Alegar que o livre-arbítrio é pura química do cérebro é estabelecer um dogma filosófico improvável. A química não nos oferece uma explicação para nossa experiência de nós mesmos. A química de fato afeta a mente. A mente afeta o corpo. Não obstante, a mente com certeza é mais que a química tal como a conhecemos.

Ele parecia seguro de que mudarmos nossas crenças pode transformar emoções negativas, daninhas ou destrutivas em emoções que afirmam a vida. Também sabemos que toda crença é igualmente capaz de conduzir

em seu filme *A Paixão de Cristo*. Paulo chama as paixões negativas e positivas de "obras da carne" e "fruto do Espírito". "Ora, as obras da carne são manifestas: imoralidade sexual, impureza e libertinagem [...] e inveja; embriaguez, orgias e coisas semelhantes [...]. Mas o fruto do Espírito é amor, alegria, paz, paciência, amabilidade, bondade, fidelidade, mansidão e domínio próprio. Contra essas coisas não há lei" (Gálatas 5.19,21a,22,23a).

a uma vida feliz e cheia de esperança. Todos os dias terapeutas deparam com crenças que transformam a vida em um inferno tortuoso. O que uma pessoa escolhe crer influencia fortemente se essa mesma pessoa vai viver em paz ou em tormento.

Por que cremos que as emoções humanas são simplesmente versões desenvolvidas de emoções animais? Dixon explicou que o filósofo norte-americano William James popularizou essa ideia em 1884 em um ensaio intitulado "O que é uma emoção?". A opinião de James é que "uma emoção não é nada, a não ser a combinação de várias sensações resultantes de distúrbios corporais".[7] Essa se tornou a pressuposição falha do Ocidente à medida que a cultura migrou da cosmovisão espiritual da Bíblia para a pressuposição de que a natureza material é tudo que existe — um materialismo filosófico.[8]

Graças à exposição de Dixon, tornei-me cônscio de que muitos cientistas pesquisadores se tornaram suspeitos de uma visão simplista e reducionista da mente humana e das emoções promovida por Darwin e James. O dr. Jeffrey M. Schwartz, professor de psiquiatria na Universidade da Califórnia em Los Angeles, explicou por que a "mente" não pode ser reduzida ao "cérebro".[9] O neurocientista Beauregard de modo semelhante revisou evidências para a existência da alma.[10] Imagine que o cérebro de alguém tenha problemas físicos e essa pessoa sofra de ansiedade, desordem, pensamentos obsessivos e comportamento compulsivo. Sua mente (alma ou psique) poderá ensinar seu cérebro a agir de modo responsável? Neuroplasticidade, a disciplina de Schwartz, aproveita a capacidade da nossa mente para reorganizar nosso cérebro.

Esses princípios não são difíceis de entender: Se você tem diabetes ou colesterol alto, então não come o que prejudica seu corpo. Você escolhe comer o que é mais saudável para o seu caso. Nossas partes não físicas

---

[7] DIXON. Theology, Anti-Theology and Atheology: From Christian Passions to Secular Emotions, **Modern Theology**, p. 308.

[8] PEARCEY, Nancy. **Saving Leonardo**: A Call to Resist the Secular Assault on Mind, Morals, and Meaning. Nashville: B&H, 2010.

[9] SCHWARTZ, Jeffrey M.; BEGLEY, Sharon. **The Mind and the Brain**: Neuroplasticity and the Power of Mental Force. New York: Regan Books, 2002.

[10] BEAUREGARD, Mario; O'LEARY, Denise. **The Spiritual Brain**: A Neuroscientist's Case for the Existence of the Soul. New York: HarperOne, 2007.

(nossa alma [mente, vontade e emoção] e espírito [intuição, comunhão, consciência]) nos ajudam a separar o que é bom do que é mau, o certo do errado. Nossa mente governa — pelo menos, deveria governar — nosso corpo e desejos. Humanos diferem dos animais no sentido de que sujeitamos (ou pelo menos deveríamos sujeitar) nossas paixões corporais a escolhas que são sábias e morais. Esse fenômeno do "deve ser" nos faz criaturas morais ou espirituais, diferentes de outras espécies.[11]

Vamos presumir que os humanos não têm alma ou mente e que o cérebro é apenas uma máquina bioquímica. Então ele poderia reagir ao seu ambiente, mas não poderia fazer nada de novo por seu próprio "livre-arbítrio". Nossa lei não considera uma pessoa mentalmente enferma responsável por suas ações "criminosas". Todo o nosso sistema legal está baseado na pressuposição de que quem escolhe livremente é responsável por suas escolhas. Se ninguém fosse livre de fato, então nossas emoções estariam culturalmente condicionadas a respostas químicas. Seu propósito evolucionário seria ajudar nossas chances de sobreviver e procriar. Em outras palavras, seria natural para um organismo em perigo retaliar. Quando ameaçado, esse organismo revidaria por medo. Se um indivíduo é mais fraco que seu inimigo, ele pode retaliar com palavras — maldições e injúrias — ou pode planejar uma vingança em um momento favorável. É isso que a Bíblia chama de vida do homem "natural".[12]

Em contraste, considere a história de Gladys Stains, uma missionária australiana na Índia. O marido dela, Graham, devotou a vida a servir aos leprosos no estado de Orissa, no leste da Índia. Gladys era uma dona de casa comum, mas ela impressionou nossa nação quando de maneira despretensiosa, espontânea, humilde e genuína perdoou os hindus militantes pelas atrocidades que estes cometeram. Eles queimaram vivos o marido dela, Graham, e os dois filhos pequenos, Philip (11) e Timothy (7) no dia 23 de janeiro de 1999.[13] No dia 26 de janeiro de 2005 o governo

---

[11] Em 2005 Schwartz, o físico teórico Henry P. Stapp e o psicólogo Mario Beauregard desafiaram a interpretação materialista de que a mente é nada mais que o cérebro. V. Quantum Phiysics in Neuroscience and Psychology: A Neurophysical Model of Mind/Brain Interaction, **Philosophical Transactions of the Royal Society** (UK).

[12] Romanos 6.19; 9.8; 1Coríntios 15.46; Judas 1.19.

[13] MARTIS, Vijay et al. **Burnt Alive:** The Stains and the God They Loved. Mumbai: GLS, 1999, 2008.

da Índia a honrou com uma de nossas mais altas condecorações civis, chamada *Padma Bhushan*.

Por que uma pessoa deveria ser homenageada com uma honraria nacional simplesmente por perdoar assassinos? Para apreciar esse perdão, devemos nos lembrar de que o nascimento da Índia e do Paquistão como nações livres aconteceu com sofrimentos terríveis por conta de motins sectários de hindus, muçulmanos e siques. Cerca de 10 milhões de pessoas perderam suas casas. Entre 500 mil e 1 milhão de pessoas foram assassinadas, incluindo Mahatma Gandhi. Cinquenta anos de democracia secular e educação não nos livraram da cadeia destrutiva de violência e vingança. Conflitos entre hindus e muçulmanos incendiaram trens carregados de passageiros inocentes, o que levou a tumultos que duraram semanas. Esses tumultos frequentes reduziram os muçulmanos indianos a relativa pobreza e falta de poder. Qualquer empresário muçulmano bem-sucedido era um alvo marcado para os próximos conflitos. Mesmo banqueiros sensíveis hesitavam em conceder-lhes empréstimos.

O ato de perdão de Gladys se tornou um fenômeno nacional porque quebrou a cadeia conhecida de causa e efeito. Em uma cidade após outra, líderes hindus, muçulmanos, siques, budistas, jainistas e seculares se reuniam para honrar Gladys publicamente como uma santa a ser imitada. O governo da Índia foi apenas o último da fila a reconhecer que Gladys Stains é uma mulher comum com um espírito incomum — possuído por uma espiritualidade que pode curar nossa nação.

O Salvador

Como devemos entender um organismo bioquímico que perdoa e abençoa os que o ridicularizam, zombam dele, o desnudam, insultam e espancam? Como ele pode amar os que cospem nele, colocam uma coroa de espinhos em sua cabeça e depois o matam pregando-o em uma cruz de madeira?

Jonathan Edwards entendeu o avivamento espiritual ao ler a primeira epístola do apóstolo Pedro no Novo Testamento. Pedro elogia os crentes que se gloriam em suas humilhações. Por que esses organismos bioquímicos que lutam por sobrevivência física se alegram quando são discriminados e tratados injustamente?[14] Como poderiam eles abençoar os que os perseguem?[15] Como eles podem responder às injustiças com "alegria indizível e gloriosa"?[16]

É possível a alguém ser honesto quando suas necessidades pessoais e seu ambiente social encorajam ou advogam comprometimento e corrupção moral? Jonathan Edwards iniciou o Primeiro Grande Despertamento dos Estados Unidos e o avivamento metodista da Inglaterra porque a Bíblia lhe ensinou que "sentimentos religiosos" são frutos [sobre]naturais de um avivamento espiritual. Esses frutos aparecem quando as pessoas "nascem de novo" espiritualmente pela Palavra viva de Deus.

Será que tudo isso não passa de chavões devotos? O Grande Despertamento não foi um dogma religioso. Esse movimento exemplificou o segredo histórico da grandeza dos Estados Unidos. Foi a razão pela qual a Inglaterra se livrou de uma revolução sangrenta. O sol brilhou sobre o Ocidente enquanto seus líderes culturais entenderam que o Espírito Santo capacitou os leitores originais de Pedro — os crentes — a viverem do modo que Cristo viveu.

Está claro que um avivamento espiritual que enche as pessoas com alegria e propósito para a vida e lhes dá força para resistirem em meio a provas severas, capacitando-as para amar quem as maltrata, salvaria muito mais que a família ocidental. Isso resolveria os problemas sociais que levaram Kurt Cobain e muitos outros ao suicídio. Isso revigoraria a economia esgotada pela perda de moral, de confiança mútua, por litígios frívolos, regulamentações sufocantes, roubos e corrupção corporativa. Jonathan Edwards deu início ao Grande Despertamento ao expor 1Pedro 1.8,9:

> Mesmo não o tendo visto, vocês o amam; e apesar de não o verem agora, creem nele e exultam com alegria indizível e gloriosa, pois vocês estão alcançando o alvo da sua fé, a salvação das suas almas.

A alegria dos crentes foi produzida não por química no cérebro, mas por uma "fé mais preciosa que ouro" e uma "esperança viva" produzida pela "ressurreição de Jesus Cristo". A "palavra de Deus viva e

[14] Mateus 5.11,12.
[15] Mateus 5.44.
[16] 1Pedro 1.8.

permanente"[17] lhes deu um "novo nascimento", tornando possível uma vida de santidade acima de qualquer comprometimento.

O Grande Despertamento dos Estados Unidos

O Grande Despertamento não foi uma panaceia. Nem Jonathan Edwards, George Whitefield e John Wesley eram perfeitos. É certo submetê-los a um escrutínio crítico como faríamos com qualquer figura pública ou movimento social. Mas é intolerância secularizada falar deles apenas em termos negativos. O fato é que o Despertamento Americano nos anos 1730 e sua contraparte britânica tornaram-se os movimentos divisores de águas na construção dos Estados Unidos e da Grã-Bretanha. Ao ensinar o povo a reverenciar a Palavra de Deus e seus princípios, esse movimento garantiu o sucesso da independência norte-americana e da democracia britânica. Em contraste, o Iluminismo secularizado na França levou a uma revolução que catastroficamente se degenerou em totalitarismo. Todos os países na América Central, América do Sul e no Caribe que seguiram a Revolução Francesa caíram em ditadura. As revoluções seculares simplesmente substituem uma autoridade pecaminosa por outra.

Em contraste, no coração do Grande Despertamento estava o reavivamento da devoção pessoal. Suas consequências pessoais foram de longo alcance. Cerca de 80% dos norte-americanos se uniram em uma visão comum do mundo e da vida, que garantiu que os Estados Unidos permanecessem uma nação mesmo quando os americanos estavam divididos em muitas denominações. Graças à contribuição posterior de homens como Roger Williams, o avivamento fez que os Estados Unidos aceitassem as denominações não estabelecidas de dissidentes europeus. Um precedente cultural foi estabelecido que fez da tolerância religiosa uma característica definidora da vida americana.

Em capítulo anterior observamos que o Grande Despertamento espiritual levou a um "intelectualismo de base". Sua ênfase em estudar a Bíblia inspirou o povo a fazer crescer a quantidade e a qualidade das oportunidades educacionais norte-americanas. Edwards veio a ser o reitor da Universidade de

---

[17] V. 1Pedro 1.14-23.

Princeton. George Whitefield, o segundo líder mais importante do Grande Despertamento, fundou a escola que mais tarde se tornou a Universidade da Pensilvânia. Seus primeiros professores eram pastores presbiterianos cujo interesse na educação estava enraizado em sua preocupação com as pessoas. Foi um reflexo da noção peculiarmente protestante de que a educação deve estar disponível para todos porque a Bíblia ensina que Deus quer que todos conheçam a verdade.[18]

O senso de responsabilidade para com a vida humana do Grande Despertamento se estendeu aos nativos americanos e aos escravos. George Whitefield foi o primeiro europeu a pregar aos negros. Como resultado de seus esforços, os escravos americanos começaram a alimentar a esperança da alfabetização. Eles queriam ler a Bíblia e foram encorajados a fazê-lo. Conquanto o Primeiro Grande Despertamento não tenha tratado da questão da escravidão, ele foi uma força que democratizou os Estados Unidos e o levou à Guerra da Independência. Esta inspirou muitas outras lutas por liberdade política, o que eventualmente levou ao fim do colonialismo. Alguns evangélicos começaram a denunciar a escravidão como algo pecaminoso. O avivamento britânico pôs fim ao comércio escravagista. Nos Estados Unidos a abolição da escravatura se deu após o Segundo Despertamento, que tivera início com pregadores antiescravagistas como Charles Finney, Lyman Beecher, seus filhos e sua filha Harriet, autora de *A cabana do pai Tomás*.[19]

O Grande Despertamento se apegou à promessa de Jesus de "descanso para as almas".[20] Essa promessa libertou muitos da ansiedade no núcleo do seu ser. Com base na autoridade da Palavra de Deus, os avivalistas asseguraram aos crentes que Deus os aceitava como filhos.[21] Isso fez que pessoas comuns descobrissem um sentido para a sua vida. Uma dona de casa podia ler a Bíblia e relacionar sua vida diária, suas alegrias e tristezas com a estrutura bíblica cósmica do Reino de Deus. A Palavra de Deus a motivou a amar a Deus em adoração com outros cristãos, a amar ao próximo e a servir a sua comunidade. Isso gerou o voluntarismo peculiar que definiu a compaixão

---

[18] Jesus: "E conhecerão a verdade, e a verdade os libertará" (João 8.32).
[19] SMITH, Timothy L. **Revivalism and Social Reform**. Eugene, OR: Wipf & Stock, 2004.
[20] "Tomem sobre vocês o meu jugo e aprendam de mim, pois sou manso e humilde de coração, e vocês encontrarão descanso para as suas almas" (Mateus 11.29).
[21] João 1.11,12.

norte-americana, até que a mentalidade socialista a desmantelasse a favor de atitudes de reivindicação. De fato, foi o poder do voluntarismo norte-americano, alimentado pela visão bíblica do Reino de Deus, que capacitou um exército desorganizado a vencer a revolução mais bem-sucedida da História.

O historiador Gregory Nobles é um dos muitos que documentou como o Grande Despertamento forçou comunidades a ter um papel mais ativo na política local e nos assuntos religiosos, criando a comunidade vibrante que abraçou o espírito que moveu a Guerra da Independência dos Estados Unidos.[22] Depois de estudar sermões daquele tempo, o historiador William McLoughlin concluiu que "as raízes da Revolução como movimento político estavam tão aprofundadas no solo do Primeiro Grande Despertamento quarenta anos antes que pode ser dito que a Revolução foi o resultado natural daquele movimento religioso profundo e bem difundido".[23]

Alguns dos poucos líderes luminares da Guerra da Independência dos Estados Unidos eram deístas de fato, mas é um erro concluir que o deísmo ou o secularismo fizeram nascer a democracia americana. McLoughlin esclarece:

> O ímpeto para a revolta americana veio de fontes não científicas, e uma das mais importantes destas foi a religião pietista. Jonathan Edwards entendeu melhor que muitos deístas as fontes da ação humana [...]. O conhecimento que os historiadores têm a respeito das visões deístas de Jefferson, Adams, Franklin e Washington não era do conhecimento do povo daquele tempo, porque esses homens sabiamente guardaram sua heterodoxia para sua correspondência particular.[24]

A Guerra da Independência dos Estados Unidos foi alimentada pela teologia da aliança que começara com os huguenotes e chegou aos Estados Unidos com os puritanos e presbiterianos. Daniel Elazar é um dos muitos que documentou que "os pactos da Bíblia são os pactos fundadores da

---

[22] Cf. NOBLES, Gregory H. **Divisions Throughout the Whole:** Politics and Society in Hampshire County, Massachusetts, 1740-1775. Cambridge: Cambridge University Press, 1983.
[23] MCLOUGHLIN, William G. "Enthusiasm for Liberty": The Great Awakening as the Key to the Revolution, **Preachers and Politicians:** Two Essays on the Origins of the American Revolution. Worcester: American Antiquarian Society, 1977. p. 48.
[24] Ibid., p. 49-50.

civilização ocidental".²⁵ George Washington honrou esta pedra fundamental da liberdade americana no dia 30 de abril de 1789 no Salão Federal em Nova York diante do seu povo e de Deus. Levantando a mão direita e colocando a esquerda sobre a Bíblia, ele jurou como o primeiro presidente dos Estados Unidos, dizendo: "Assim Deus me ajude".²⁶ Desde então quase todos os presidentes dos Estados Unidos juram ao assumir o cargo com a mão direita levantada e a esquerda sobre a Bíblia. Alguns que não o fizeram também estavam seguindo seu entendimento quanto a Jesus, que ordenou a seus discípulos que não jurassem. Para alguns, isso era apenas uma tradição. Mas não para o general Washington, que liderou o país de 1775 até a independência em 1777 e se tornou seu primeiro presidente. Com o cristianismo bíblico em mente, Washington disse: "A religião e a moralidade são os pilares essenciais da sociedade civil".²⁷

Washington não estava sozinho em crer que a Bíblia era a chave para o caráter americano. O presidente John Quincy Adams disse: "Minha veneração pela Bíblia é tão grande que, assim que meus filhos começam a lê-la, mais confiante é minha esperança de que eles se tornarão cidadãos úteis do país e membros respeitáveis da sociedade. Por muitos anos tenho a prática de ler a Bíblia toda uma vez por ano".²⁸ O presidente Abraham Lincoln declarou: "A Bíblia é a melhor dádiva que Deus concedeu aos homens. Todo o bem do Salvador do mundo nos foi comunicado por intermédio desse Livro".²⁹ Em um discurso à Sociedade Bíblica Americana em agosto de 1956, o presidente Dwight D. Einsenhower resumiu o lugar da Bíblia nos Estados Unidos: "A Bíblia é confirmada pelas eras. Nossa civilização está edificada sobre suas palavras".³⁰

---

[25] Um bom estudo é o de ELAZAR, Daniel J. **Covenant and Commonwealth:** From Christian Separation Through the Protestant Reformation, the Covenant Tradition in Politics, v. 2. New Brunswick: Transaction Pub., 1996. p. 2.
[26] Mas Abrão respondeu ao rei de Sodoma: "De mãos levantadas ao SENHOR, Deus Altíssimo, Criador dos céus e da terra, juro" (Gênesis 14.22).
[27] BARTON, David. **Original Intent**. Aledo, TX: WallBuilders, 2008. p. 182.
[28] Citado em <http://www.americanchronicle.com> de John Quincy Adams, **Letters of John Quincy Adams to His Son on the Bible and Its Teachings**. Auburn: James M. Aden, 1850.
[29] **Washington Daily Morning Chronicle**, September 8, 1864, citado em **The Collected Works of Abraham Lincoln,** v. 7, p. 543.
[30] **America's God and Country**: Encyclopedia of Quotations . Ed. William J. Federer. St. Louis: Amerisearch, Inc., 2000. p. 227.

Pecadores nas mãos de um pai amoroso

As principais críticas a Edwards estão baseadas na rejeição de seu sermão "Pecadores nas mãos de um Deus irado", pregado em 8 de julho de 1741. Nesse que é o sermão de avivamento mais bem conhecido, Edwards comparou a condição humana a uma aranha pendurada em sua teia em cima de um fogo. Ele advertiu que uma pessoa pode cair e perder a vida a qualquer momento e sua alma ser lançada às fogueiras da condenação eterna. Os que rejeitam o ensino de Edwards a respeito da alma ou do ódio de Deus ao pecado desprezam esse sermão. Eles desprezam pensar que Deus tem os seres humanos como responsáveis perante um padrão absoluto de conduta reta.

Os princípios de responsabilidade e prestação de contas são apenas o outro lado da moeda da dignidade e da liberdade. Para uma pessoa ter liberdade de escolher, ela precisa aceitar a responsabilidade e ser julgada pelas escolhas que faz. Alguns sustentam que um estuprador ou um assassino em série não pode ser punido porque seu comportamento foi condicionado pela maneira com que seu pai o tratou. Isso reduz uma pessoa humana ao nível de um peixe, que não pode fazer escolhas livres e que só faz o que aprendeu a fazer. A União Soviética, a China e o Camboja ateus demonstraram que, se você exclui a dimensão espiritual e abole o temor de Deus, como Watson e Skinner fizeram, os substitui por um totalitarismo terrível. Sermões como o de Edward ajudaram a criar a liberdade do Ocidente[31] porque os ouvintes daquele pregador sabiam que, à semelhança de Jesus, Edwards convidava pecadores para o seio de um Pai amoroso e perdoador.

Dignidade e imortalidade

Desde antes de Agostinho a questão da dignidade única do homem tem estado inseparavelmente ligada às seguintes questões: nós temos uma alma imaterial? Nós existimos além da morte física?

A crença na imortalidade da alma foi um fator imenso por trás do respeito do Ocidente pelos direitos inalienáveis de cada indivíduo.

---

[31] Quanto ao papel do púlpito na criação da moderna Inglaterra, v. SCHLOSSBERG, Herbert. **The Silent Revolution and the Making of Victorian England.** Columbus, OH: Ohio State University Press, 2000.

Liberdade individual significa respeitar a consciência individual e não enviar dissidentes a campos de concentração. Esse respeito veio da crença de que haverá um julgamento final; portanto, os indivíduos devem ter a liberdade de viver de acordo com sua consciência. Será que o conceito de imortalidade da alma é apenas uma mentira religiosa? Por acreditar em um julgamento futuro pelo Juiz Supremo é que a Magna Carta foi garantida por juramentos diante de Deus. Por isso, de igual modo os fundadores dos Estados Unidos exigiram que todos os legisladores e políticos jurassem respeitar a Constituição. Diante da lei todos têm de jurar dizer a verdade. Eles tinham o costume de fazê-lo com uma mão sobre a Bíblia. Por que a Palavra é tão importante?

O que é a vida? A biologia nos diz que, em sua raiz, a vida é informação — DNA.[32] O que é palavra? Informação! O que é a fé? Crer em uma informação? Jesus disse que a Palavra de Deus é a semente que floresce para a vida eterna quando combinada com a nossa fé.[33]

A ressurreição é plausível?

Durante meu tempo de estudante de graduação, o desafio mais difícil à minha fé veio de Chatterjee, a quem já fiz referência, que rejeitava até a possibilidade de que Jesus houvesse ressuscitado. Ele argumentava da seguinte maneira: "Não sei quem moveu a pedra que selou o túmulo de Jesus, porque este estava vazio, ou o que aconteceu ao seu corpo. O que sei é que Jesus não ressuscitou, porque a ressurreição é impossível. Uma vez que você morreu, morreu. A morte é o fim da nossa existência. Não existe uma alma que continue depois da morte". Eu levei muito a sério o desafio do meu amigo. Jesus pode ter ressuscitado ou não, mas Chatterjee poderia ter asseverado logicamente que a ressurreição é *impossível*? Qual é a realidade definitiva: a morte ou a vida?

É possível crer que a morte é a realidade original e definitiva. No princípio, não havia vida, nem anjos, nem espíritos, nem células nem amebas. A vida surgiu de um acidente cósmico e desde então vem evoluindo.

---

[32] GITT, Werner. **In the Beginning Was Information, A Scientist Explains the Incredible Design in Nature.** Green Forest, AR: Master Books, 2006.
[33] Lucas 8.4-15.

Um dia, talvez daqui a um bilhão de anos, outro acidente irá fazer que a vida desapareça completamente do cosmo. Isso faz da morte a realidade definitiva.

Contudo, se isso for verdade, então já admiti que toda vida surgiu da morte! Como então a ressurreição é impossível? Por outro lado, se a realidade definitiva é a vida — um Deus "vivo" que vive fora do contínuo espaço-tempo, que semeou a vida em nosso cosmo —, então a ressurreição pode ser possível e deve ser esperada.

A palavra e a fonte da vida

Nossa era trivializa as palavras e a personalidade porque muitos presumem que uma energia física impessoal é a realidade definitiva. Portanto, a inteligência, a informação e a comunicação possivelmente não podem ser parte da realidade última. O fato é: nossas palavras descrevem e encapsulam leis invisíveis que governam galáxias desconhecidas. As palavras nos ajudam a planejar viagens bem-sucedidas ao espaço exterior. Nosso dom singular da linguagem nos capacita a criar cultura. As palavras são criativas. A palavra (informação) é vida porque a Bíblia diz que Deus criou o Universo com suas palavras. Jesus fez uma alegação impressionante a respeito do relacionamento de suas palavras com a vida, quando disse:

> "Eu lhes asseguro: Quem ouve minha palavra e crê naquele que me enviou, tem a vida eterna e não será condenado, mas já passou da morte para a vida. Eu lhes afirmo que está chegando a hora, e já chegou, em que os mortos ouvirão a voz do Filho de Deus, e aqueles que a ouvirem viverão. Pois, da mesma forma como o Pai tem vida em si mesmo, ele concedeu ao Filho ter vida em si mesmo. E deu-lhe autoridade para julgar, porque é o Filho do homem. [...] pois está chegando a hora em que todos que estiverem nos túmulos ouvirão a sua voz e sairão; os que fizeram o bem ressuscitarão para a vida, e os que fizeram o mal ressuscitarão para serem condenados".[34]

Uma alegação dessas ou é loucura ou é verdade. Os críticos de Cristo o condenaram porque ele alegou ser divino.[35] Mas seus discípulos, por sua

---

[34] João 5.24-29.
[35] Os judeus insistiram: "Temos uma lei e, de acordo com essa lei, ele deve morrer, porque se declarou Filho de Deus" (João 19.7).

vez, viram suas palavras trazerem de volta à vida um homem que estava morto havia quatro dias.[36] Os discípulos ouviram Jesus predizer sua morte e ressurreição. Eles viram Jesus morrer. Depois o viram ressuscitado. Isso tirou deles o medo da morte. Ante o risco iminente do martírio, eles proclamaram Jesus como o criador e salvador do mundo, aquele que nos dá a vida eterna com Deus. O apóstolo João descreveu o poder de Deus para nos dar vida eterna com as seguintes palavras:

> Vejam como é grande o amor que o Pai nos concedeu: que fôssemos chamados filhos de Deus, o que de fato somos! Por isso o mundo não nos conhece, porque não o conheceu. Amados, agora somos filhos de Deus, e ainda não se manifestou o que havemos de ser, mas sabemos que, quando ele se manifestar, seremos semelhantes a ele, pois o veremos como ele é. Todo aquele que nele tem esta esperança purifica-se a si mesmo, assim como ele é puro.[37]

A parábola dos dois ovos

Usei uma parábola com alguns estudantes internacionais na Califórnia. Eu segurava um ovo em cada mão e perguntei se alguém poderia dizer se havia alguma diferença entre os dois. Os estudantes responderam que os ovos lhes pareciam idênticos. Eles poderiam muito ter vindo da mesma granja, talvez até da mesma galinha.

"Nenhum destes ovos está cozido ou podre", eu lhes assegurei. "Mas, se vocês colocarem-nos para incubar, um deles vai chocar, e o outro não. Vocês podem me dizer qual dos dois vai chocar?"

Ninguém tinha uma pista.

"A diferença", expliquei, "é que o ovo na minha mão direita está galado, e o outro não. Ambos são organismos vivos, mas o ovo na minha mão direita recebeu 'vida'. Agora mesmo esta vida está se transformando de dentro. Logo deixará de ser um ovo. Sua identidade como ovo deixará de existir, mas renascerá como algo mais glorioso. Ele se tornará como seus pais. O que eu quero dizer quando afirmo que um ovo foi galado é que recebeu vida por meio de esperma?"

[36] João 11.
[37] 1João 3.1-3.

Um dos estudantes imediatamente chegou ao ponto: "Ele recebeu certas informações quimicamente codificadas".

Exatamente! Essa informação estabeleceu o que esse ovo irá se tornar. Essa informação determinou seu gênero, cor, tamanho, na verdade todas as suas células e órgãos, todas as suas características. Em seu núcleo, a vida é informação. Informação biológica codificada no DNA. A informação de nossa mente e de nossa alma está encapsulada em palavras. Os que recebem a Palavra de Deus recebem a vida eterna. A Bíblia diz que

> Se você confessar com a sua boca que Jesus é Senhor e crer em seu coração que Deus o ressuscitou dentre os mortos, será salvo. Pois com o coração se crê para justiça, e com a boca se confessa para salvação.[38]

Uma vez que recebemos a Palavra de Deus e nela cremos, ela começa a transformar nossa alma à semelhança com Deus. Como ilustrado pela transformação do ovo, em última análise nossa vida biológica recebe a sede imperecível por Deus que nos faz renascer à semelhança eterna de Deus. O apóstolo Pedro disse: "Pois vocês foram regenerados, não de uma semente perecível, mas imperecível, por meio da palavra de Deus, viva e permanente".[39] As Escrituras foram dadas para nos educar a receber vida quando recebemos a Palavra viva de Deus em nossa vida. A Bíblia diz:

> Veio para o que era seu, mas os seus não o receberam. Contudo, aos que o receberam, aos que creram em seu nome, deu-lhes o direito de se tornarem filhos de Deus, os quais não nasceram por descendência natural, nem pela vontade da carne nem pela vontade de algum homem, mas nasceram de Deus.[40]

A Palavra e a transformação individual

A Palavra de Deus é o poder que transforma nosso caráter. O apóstolo Paulo escreveu a Timóteo:

> Porque desde criança você conhece as sagradas letras, que são capazes de torná-lo sábio para a salvação mediante a fé em Cristo Jesus. Toda a

---

[38] Romanos 10.9,10.
[39] 1Pedro 1.23.
[40] João 1.11-13.

Escritura é inspirada por Deus e útil para o ensino, para a repreensão, para a correção e para a instrução na justiça, para que o homem de Deus seja apto e plenamente preparado para toda boa obra.[41]

A Universidade de Harvard recebeu seu nome em homenagem ao rev. John Harvard. Em 1692 o moto da universidade era *Veritas, Christo et ecclesiae* [Verdade por Cristo e pela igreja]. As Regras e Preceitos de Harvard de 1646 declaram:

> 2. Que cada aluno seja plenamente instruído e instado com convicção a considerar bem que o fim principal de sua vida e estudos é conhecer Deus e Jesus Cristo, que é a vida eterna (João 17.2), e, por conseguinte, permanecer em Cristo como o único fundamento de todo conhecimento e aprendizado saudáveis. E, considerando que só o Senhor dá sabedoria, que todos o busquem em oração em secreto para pedi-la a ele (Provérbios 2.3).
>
> 3. Por isso cada um deverá se exercitar na leitura das Escrituras duas vezes por dia, para que esteja pronto a dar conta de sua proficiência em observações teóricas da linguagem e lógica e verdades espirituais práticas, como seu Tutor irá requerer, de acordo com a habilidade de cada um, considerando que a Palavra dá luz, ela dá entendimento aos simples (Salmos 119.130).

Universidades como Harvard foram instituições que produziram líderes que fizeram a maior nação da História. Agora elas formam pessoas brilhantes em capacidade, mas nem sempre grandes em caráter. Como um jovem pode ser manter puro?[42] Jesus venceu a tentação por se apegar às Escrituras que estudou, internalizou e às quais foi obediente.[43] A Palavra de Deus foi sua bússola para a determinação do que é certo e bom. Ela moldou seu caráter. Ela lhe deu a força para recusar atalhos para satisfazer suas necessidades. Ela o fortaleceu a recusar a vender sua alma ao Diabo.[44]

---

[41] 2Timóteo 3.15-17.
[42] Salmos 119.9.
[43] BONHOEFFER, Dietrich. **Meditating on the Word.** Cambridge, MA: Cowley, 1986. TOZER, A. W. **The Pursuit of God.** Camp Hill, PA: WingSpread, 1992. [**À procura de Deus.** Belo Horizonte: Betânia.]
[44] Mateus 4.1-10.

Para Jesus, assim como para o salmista, a Palavra de Deus era lâmpada para seus pés e luz para seus caminhos.[45] A Bíblia não é apenas um manual de devoção particular. Ela é a própria base da civilização ocidental.

Uma visão da ressurreição nacional

A Bíblia preparou os norte-americanos coloniais para a liberdade porque ensinou a verdade da intervenção redentora de Deus na História. Deus libertou um grupo de escravos hebreus e os transformou em uma nação poderosa. O Antigo Testamento descreve a luta das 12 tribos para se tornarem uma nação. Os reinados gloriosos de Davi e Salomão foram seguidos por tiranias políticas que inflamaram um tribalismo latente e dividiram a nação.

A rejeição de Deus pelos israelitas levou a uma aparente rejeição deles por Deus. Ele puniu sua corrupção intelectual, moral, religiosa e política ao destruir ambas as nações — Israel e Judá. No dia 14 de agosto de 586 a.C. Deus destruiu o templo deles e a própria Jerusalém, enviando seu povo escolhido para o exílio na Babilônia. Muitos judeus pensaram que o sol havia se posto para eles. Eles não viram esperança para a ressurreição de sua nação. O profeta Jeremias lamentou:

> Como está deserta a cidade, antes tão cheia de gente! Como se parece com uma viúva, a que antes era grandiosa entre as nações! A que era a princesa das províncias agora tornou-se uma escrava.[46]

As tribos que perderam sua fé em seus textos sagrados também perderam sua esperança e desapareceram das telas da História. Os que conservaram sua fé viva se tornaram o modelo para o atual Estado de Israel. Depois de destruir Jerusalém, Nabucodonosor levou o profeta Ezequiel cativo para a Babilônia. O povo de Ezequiel era como o peixe na parábola contada na abertura deste capítulo. Criam que sua nação estava morta e que eles se tornaram ossos secos sem futuro. Mas Ezequiel buscou a Deus e comeu o rolo divino.[47] Então em uma visão dramática Deus perguntou a Ezequiel:

---

[45] Salmos 119.105.
[46] Lamentações 1.1.
[47] Ezequiel 2.9—3.3.

"[...] Filho do homem, estes ossos poderão tornar a viver?" [...] Então ele me disse: "Profetize a esses ossos e diga-lhes: 'Ossos secos, ouçam a palavra do SENHOR! Assim diz o Soberano, o SENHOR, a estes ossos: Farei um espírito entrar em vocês, e vocês terão vida. Porei tendões em vocês e farei aparecer carne sobre vocês e os cobrirei com pele; porei um espírito em vocês, e vocês terão vida. Então vocês saberão que eu sou o SENHOR".[48]

O cumprimento da profecia de Ezequiel e o grande despertamento de Israel tiveram início quando o imperador persa Ciro conquistou a Babilônia e se defrontou com o conhecimento de Deus que Daniel tinha, com o nacionalismo e a obediência da fé, discutidos no Apêndice deste livro. Contra a vontade do rei, Daniel foi lançado à cova dos leões. Sua libertação miraculosa resultou na proclamação revolucionária decretada pelo rei:

"Assim declaro eu, Ciro, rei da Pérsia: O SENHOR, o Deus dos céus, deu-me todos os reinos da terra e designou-me para construir-lhe um templo em Jerusalém, na terra de Judá. Quem dentre vocês pertencer ao seu povo vá para Jerusalém, e que o SENHOR, o seu Deus, esteja com ele".[49]

Isso deu início ao cumprimento da profecia de Isaías:

O seu sol nunca se porá, e a sua lua nunca desaparecerá, porque o SENHOR será a sua luz para sempre, e os seus dias de tristeza terão fim. Então todo o seu povo será justo, e possuirá a terra para sempre. Ele é o renovo que plantei, obra das minhas mãos, para manifestação da minha glória (60.20,21).

---

[48] Ezequiel 37.1-3,11-14. V. tb. Isaías 45.
[49] 2Crônicas 36.23; Esdras 1.

Apêndice

A BÍBLIA

É UM *FAX* VINDO DO CÉU?

Em seu romance O *Código Da Vinci*, Dan Brown escreveu que "como a Bíblia não chegou como um *fax* enviado do céu", ela não pode ser a Palavra de Deus.[1]

O presidente dos Estados Unidos pode usar um redator para redigir seu Discurso para o Estado da União?[2] Ele pode ter dúzias de assessores para corrigir, revisar, reescrever e editar esse discurso? Se em uma emergência o presidente solicitar a alguém que apresente esse discurso perante o Congresso, ainda assim seria a palavra dele?

O *Código Da Vinci* pressupõe que o Criador não pode fazer o que um presidente pode. Pior, pressupõe que, como o Criador não pode comunicar, a mente humana não pode conhecer a verdade. Isso cria um mito que faz reviver o ensino gnóstico e tântrico de que podemos experimentar iluminação ao silenciar nossa mente por meio de sexo místico. Dan Brown complementa a recomendação de Joseph Campbell de que, tendo perdido a esperança de encontrar a verdade, o Ocidente precisa inventar narrativas que imaginem o significado da existência. O herói de Brown

---

[1] BROWN, Dan. **The Da Vinci Code**. New York: Doubleday, 2003. p. 231. [**O Código Da Vinci**. Rio de Janeiro: Sextante, 2004.]

[2] O Discurso para o Estado da União é um discurso proferido pelo presidente dos Estados Unidos para o Congresso todo ano em janeiro, no qual descreve a condição do país e comenta sobre alguma lei nova que tenha sido aprovada. [N. do T.]

também examina símbolos ocultos por místicos ficcionais como Leonardo da Vinci, um racionalista renascentista que foi transformado no romance em mestre gnóstico.

Se é verdade que não podemos saber o que é a verdade, então o que acontece com a Declaração de Independência dos Estados Unidos de 1776? Os fundadores dos Estados Unidos disseram: "Nós nos apegamos a estas verdades autoevidentes de que todos os homens são criados iguais e receberam do seu Criador certos direitos inalienáveis, entre estes a vida, a liberdade e a busca da felicidade". Estas são verdades autoevidentes à mente humana?

Um pós-modernista poderia estar absolutamente certo em insistir que a Declaração de Independência estava errada. Essas "verdades" não são "autoevidentes". A igualdade humana não é autoevidente em lugar nenhum do mundo — nem mesmo nos Estados Unidos. As mulheres e os negros não são tratados como iguais nos Estados Unidos. A igualdade não foi autoevidente para os sábios hindus. Para eles a falta de igualdade é autoevidente. A pergunta que eles levantaram é: por que os seres humanos nascem desiguais? O hinduísmo ensinou que o Criador fez as pessoas diferentes. As castas mais elevadas foram feitas de sua cabeça, seus ombros e seu estômago, e as castas inferiores foram feitas de seus pés. A lei do carma acentuou essas diferenças básicas. Buda não acreditava no Criador, mas aceitou a doutrina do carma como a causa metafísica da desigualdade entre os seres humanos.

Os direitos inalienáveis também não eram autoevidentes em Roma. No julgamento de Jesus, Pilatos, o procurador romano em Israel e responsável pela justiça, declarou: "Não encontro motivo para acusar este homem".[3] Pilatos então disse a Jesus: "Você se nega a falar comigo?", disse Pilatos. "Não sabe que eu tenho autoridade para libertá-lo e para crucificá-lo?".[4]

Espere um minuto! Você tem autoridade para crucificar alguém a quem declarou ser inocente? Não é autoevidente para você que ele tem direito inalienável à vida?

Ou tome como exemplo o caso do apóstolo Paulo. Vários comandantes e juízes romanos, governadores e reis o julgaram. Todos concordaram que

---

[3] Lucas 23.4.
[4] João 19.10.

ele era inocente. Alguém o libertou? Não. Eles o mantiveram aprisionado por dois anos para agradar aos acusadores e tentar receber algum suborno dele.[5] Não era autoevidente para nenhum deles que Paulo tinha direito inalienável à liberdade.

Igualdade e direitos humanos não são verdades autoevidentes. Em seu rascunho original Thomas Jefferson escreveu: "Apegamo-nos a estas verdades como *sagradas e inalienáveis*". Isto era a verdade. É por isso que a Declaração baseou os direitos "inalienáveis" no Criador, não no Estado. A declaração mais honesta teria sido: "Apegamo-nos a estas verdades como divinamente reveladas". A revelação é a razão pela qual os Estados Unidos creram no que alguns deístas atribuíram ao "senso comum". Para ser preciso, essas verdades pareceram ser "senso comum" aos fundadores dos Estados Unidos porque suas impressões foram moldadas pelo impacto comum da Bíblia — mesmo se alguns poucos deles duvidassem que a Bíblia fosse divinamente revelada.

Será que tudo isso importa?

Sim, essa é uma questão de vida ou morte. Jesus e Paulo eram servos públicos altamente respeitados. Mesmo assim, a vida deles não estava segura em uma cultura que perdera a própria noção de verdade. Jesus disse a Pilatos que veio revelar a verdade.[6] Que oportunidade! Pilatos poderia ter dito aos acusadores de Jesus: "Eu nunca me encontrei com alguém que conhece a verdade. Agora que vocês o trouxeram a mim, vou ficar com ele aqui pelo menos um pouco para aprender tudo a respeito da verdade". Mas Pilatos não tinha paciência com algo "sem sentido". Como poderia esse carpinteiro saber a verdade quando os maiores filósofos gregos e poetas romanos não sabiam? Na época de Pilatos a Europa tinha perdido a esperança de conhecer a verdade e até mesmo de buscá-la. À semelhança do Ocidente pós-moderno atualmente, Pilatos cria que ninguém sabe o que é a verdade, ou que esta possa ser explicada em palavras em um sentido racional. Os gnósticos que falavam em "experimentar" a verdade mística usavam o mesmo tipo de verborragia mítica de Dan Brown. E isso está longe de ser uma discussão meramente teórica.

[5] Atos 24.26,27.
[6] João 18.37.

O que acontece a uma cultura que não tem noção do que é verdadeiro, bom e justo? Pilatos respondeu a essa pergunta quando declarou: "Tenho autoridade para crucificá-lo ou libertá-lo". Quando acreditamos que a verdade é impossível de ser conhecida, roubamos dela qualquer autoridade. O que sobra é força bruta aliada a uma força arbitrária. Se uma pessoa ou minoria étnica é culpada ou inocente, torna-se irrelevante. O direito que essa pessoa tem à vida depende exclusivamente dos caprichos de quem está no poder. Qualquer nação que se recusa a viver sob a verdade condena-se a viver sob o homem pecaminoso.

Dan Brown está absolutamente correto quando diz que a Bíblia não veio como um *fax* do céu. Ela é muito diferente de outros livros como o *Alcorão*, que alega ser inspirado. Ela geralmente não usa a expressão "Palavra de Deus" como outras "revelações" antigas e contemporâneas o fazem. Por exemplo, diferentemente do profeta Maomé, nenhum dos escritores dos quatro evangelhos alegam ter recebido suas informações em transe profético, diretamente de Deus ou de um anjo. Os autores dos Evangelhos também não alegam que alguma entidade espiritual os usou como canais para uma psicografia.

Revelações particulares em geral não podem ser confirmadas como divinamente inspiradas. Elas podem ser sobrenaturalmente inspiradas, mas como saberíamos se vêm de Deus ou do Diabo, de anjos ou de demônios?[7] Os livros da Bíblia não são revelações recebidas em uma experiência subjetiva semelhante a um transe.[8] Os Evangelhos, por exemplo, alegam ser verdade pública objetiva. Eles trazem um testemunho corajoso dos eventos públicos relacionados ao ensino, aos milagres, às profecias, à crucificação, ressurreição e ascensão de Jesus — esta testemunhada por 500 pessoas.

---

[7] Em Atos 10.9-19 Pedro recebeu uma revelação em uma visão do tipo de um transe. Os eventos subsequentes nos capítulos 9 e 10 confirmaram que a visão viera da parte de Deus.

[8] Daniel, que recebeu visões particulares, não tentou forçar seus contemporâneos a crer em suas profecias. "Eu, Daniel, fiquei aterrorizado por causa de meus pensamentos, e meu rosto empalideceu, mas guardei essas coisas comigo." (Daniel 7.28.) Gerações posteriores, incluindo Jesus Cristo, creram nele porque suas profecias se mostraram tão verdadeiras que muitos eruditos modernos pensam que seu livro deve ter sido escrito séculos depois do tempo de Daniel.

Os escritores dos Evangelhos — "os evangelistas" — desafiaram a interpretação da erudição judaica e o brutal governo romano. Eles se abriram a interrogatórios. Mateus, Marcos e João apresentaram relatos de testemunhas oculares como evidência de suas verdades. Lucas descreveu como ele pesquisou sistematicamente os fatos, verificando-os cuidadosamente com auxílio de testemunhas oculares. Sem dúvida, essa é uma maneira bastante humana e acadêmica de produzir um texto!

Será que os homens podem registrar a Palavra de Deus?

O apóstolo Paulo escreveu aos tessalonicenses: "ao receberem de nossa parte a palavra de Deus, vocês a aceitaram não como palavra de homens, mas *segundo verdadeiramente é, como palavra de Deus*".[9] O cumprimento documentado de profecias antigas providencia evidência forte de que os escritores comunicaram "a palavra de Deus". J. Barton Payne, por exemplo, detalha 1.817 predições da Bíblia que envolvem 8.352 versículos preditivos (27% de toda a Bíblia).[10] O cumprimento sistemático de profecias a curto e médio prazos tem dado forte encorajamento no sentido de que o cânon bíblico reflete a palavra de Deus tal como falada pelos profetas.

Será que as palavras dos homens podem ser a Palavra de Deus?

Críticos mal informados presumem que os cristãos creem na Bíblia por causa dos concílios da Igreja católica romana que declararam ser a mesma Palavra de Deus. A realidade é que a Igreja crê na Bíblia porque Jesus viveu e morreu "segundo as Escrituras".[11]

Os Evangelhos deixam claro que Jesus não tinha complexo de mártir: ele não queria morrer.[12] Ele poderia ter escapado de ser preso no jardim do Getsêmani. De fato, no momento de sua prisão Pedro deu a Jesus uma oportunidade excelente para fugir na escuridão, mas Jesus o repreendeu.[13] Jesus poderia também ter salvado sua vida durante seu julgamento, pois seus juízes o consideraram inocente. Mas, em vez de tentar salvar sua vida, Jesus a entregou. E o fez por uma única razão: para que as

---

[9] 1Tessalonicenses 2.13, grifos nossos.
[10] PAYNE, Barton. **Encyclopedia of Biblical Prophecy**. New York: Harper & Row, 1973.
[11] 1Coríntios 15.2,3; Lucas 24.44-48.
[12] Lucas 22.41,42.
[13] Lucas 22.49-51.

Escrituras se cumprissem.[14] Por que Jesus levou as Escrituras hebraicas tão a sério a ponto de ter escolhido morrer para cumpri-las?

Os cientistas apenas começaram a descobrir a comunicação assombrosa que acontece em comunidades de criaturas unicelulares que chamamos de amebas.[15] Estamos longe de descobrir por que a vida é tão intrinsecamente relacionada a informações e sua transmissão. Desde o princípio as Escrituras hebraicas (o Antigo Testamento) revelam um Deus que fala: "Disse Deus: 'Haja luz', e houve luz".[16] Por essa causa a cosmovisão judaica vê a linguagem como fundamento para a realidade. Nós, seres humanos, falamos porque fomos feitos à imagem de um Espírito que disse: "Façamos o homem à nossa imagem".[17] O homem se tornou "ser vivente" quando Deus soprou seu espírito (respiração) no pó da terra.[18] Por isso a linguagem humana tem ao mesmo tempo os aspectos físico e espiritual.

A Bíblia ensina que Deus é amor. O amor inclui comunicação. Ambos os Testamentos ensinam que Deus nos fala porque nos ama. Ele nos deu o dom da linguagem de modo que possamos conhecê-lo e amá-lo, e amar uns aos outros como seus filhos. O amor, Jesus ensinou, foi o objetivo da revelação divina, isto é, comunicação.[19] Na compreensão judaico-cristã, o amor e a linguagem são aspectos não de química, mas da nossa psique ou alma. Nossa química foi designada para facilitar o amor, o conhecimento, a comunicação e o culto.

Jesus, Daniel e as Escrituras hebraicas

Jesus tratou as Escrituras hebraicas da mesma maneira que o fez o profeta hebreu Daniel, um administrador na Babilônia.

Daniel era um jovem contemporâneo do profeta Jeremias em cujos dias muitos profetas alegavam receber revelações de Deus. Os profetas

---

[14] Mateus 26.54; Marcos 14.49.
[15] Disponível em: <http://www.cosmicfingerprints.com/intelligent-bacteria/>. **The Social Amoebae:** The Biology of Cellular Slime Molds. Princeton: Princeton University Press, 2008.
[16] Gênesis 1.3.
[17] Gênesis 1.26.
[18] Gênesis 2.7.
[19] Mateus 22.37.

que pregavam paz e prosperidade para Jerusalém desfrutavam de patrocínio religioso e político. Mesmo assim ficou demonstrado que as profecias deles eram falsas. Jeremias, por sua vez, convocou sua nação ao arrependimento. De outro modo, disse ele, Deus traria juízo e destruição por intermédio dos babilônios. Jeremias foi condenado sob a acusação de traidor e quase foi executado, mas os eventos subsequentes demonstraram que ele estava certo. Por conseguinte, Daniel levou as profecias de Jeremias a sério.

Décadas depois da morte de Jeremias, Daniel continuou a ler os manuscritos dele, ainda que sua obra não estivesse no cânon hebraico. Quanto mais Daniel lia, mais convencido ficava de que, como as predições de Jeremias se cumpriram, ele era um profeta da parte de Deus.[20] Finalmente Daniel ficou tão convencido de que as palavras de Jeremias eram palavras de Deus que ele estava pronto a ser lançado na cova dos leões.[21] Eis o que aconteceu:

Jeremias profetizou que Jerusalém seria reconstruída setenta anos depois de sua destruição.[22] Isso foi por volta do tempo em que a coalizão medo-persa derrotou a Babilônia. A profecia de Jeremias, em conjunção com os sonhos de Nabucodonosor e do próprio Daniel, ajudou-o a entender o significado daquele evento momentoso. Ele creu na "palavra do Senhor dada ao profeta Jeremias"[23] e começou a orar pela reconstrução de Jerusalém.[24] O rei foi então levado a decretar um edito devastador: durante trinta dias, ninguém deveria orar, a não ser ao próprio rei. A pena para a violação dessa lei seria a cova dos leões.

Daniel, na época um administrador-chefe do império, sabia que seus rivais haviam forjado aquele edito especificamente para destruí-lo. Ele tinha de escolher. Ele iria parar de orar pela cidade de Jerusalém, que estava morta, para assim salvar sua vida, ou iria confiar nas palavras de Jeremias mesmo com sua vida correndo risco?

---

[20] Deuteronômio 18.21,22.
[21] Deuteronômio 4.7,29; 9.26; Jeremias 29.7,12,13; 31.4-14,23-28; 50.4; Lamentações 2.18,19.
[22] Jeremias 25.11,12.
[23] Jeremias 1.1-3; 25.3; 2Crônicas 36.21; Esdras 1.1; Daniel 9.2.
[24] Daniel 9.2.

A questão mais profunda era: quem estava no controle — Deus ou o rei? Daniel não tinha outra base para desobedecer ao rei e arriscar sua vida, a não ser sua confiança de que as palavras de Jeremias eram palavras de Deus. Deus é soberano na História. Deus usou a Babilônia para destruir a Jerusalém ímpia e desse modo cumprir as palavras faladas por numerosos profetas, começando com Moisés. Agora Deus iria usar o imperador persa para reconstruir o templo em Jerusalém, a despeito das armadilhas dos rivais de Daniel.[25] Daniel creu na profecia de Jeremias. Portanto, ele manteve sua prática de abrir suas janelas na direção de Jerusalém e orar três vezes ao dia.

Daniel foi preso, julgado e lançado na cova dos leões. Depois de uma noite sem conseguir dormir, o rei ficou maravilhado ao descobrir que algo — ou melhor, alguém — impedira que os leões ferissem Daniel. Sua libertação miraculosa tocou tanto o rei que ele expediu outro edito encorajando os judeus a reconstruírem o templo para o Deus vivo e Jerusalém e que orassem por ele![26]

À semelhança de Daniel, Jesus tratou as palavras das Escrituras hebraicas como Palavra de Deus. Ele viveu pelas Escrituras,[27] morreu, foi sepultado de acordo com as Escrituras e ao terceiro dia ressuscitou "segundo as Escrituras"[28] e suas próprias profecias.[29] Os apóstolos de Jesus, incluindo Pedro e Paulo, seguiram-no ao ensinar que as Escrituras hebraicas foram escritas por homens inspirados por Deus.[30]

Será que Jesus entregou sua vida para cumprir as Escrituras porque era apenas um judeu do século I condicionado pela visão equivocada que sua cultura tinha dessas Escrituras? Ou o Antigo Testamento era sua própria Palavra? Nesse caso Jesus estaria ensinando a lição que John Locke extraiu daí, isto é, para usar nosso dom da linguagem responsavelmente, dizer o

---

[25] 2Crônicas 36.21-23; Isaías 44.24-28; Isaías 45.1,13.
[26] V. passagens como os capítulos 9 e 6 de Daniel e Esdras 1.1: "No primeiro ano do reinado de Ciro, rei da Pérsia, a fim *de que se cumprisse a palavra do Senhor falada por Jeremias*, o S<small>ENHOR</small> despertou o coração de Ciro, rei da Pérsia, para redigir uma proclamação e divulgá-la em todo o seu reino" (Esdras 1.1, grifos nossos).
[27] Mateus 4.1-10.
[28] 1Coríntios 15.2,3.
[29] Marcos 8.31-33; 9.30-32; 10.32-34.
[30] 2Pedro 1.19-21; 2Timóteo 3.15,16.

que querermos dizer e querermos dizer o que dizemos e honrar nossa palavra, como Deus faz, custe o que custar.[31]

Mesmo uma leitura superficial dos Evangelhos é suficiente para mostrar a um cético que a cultura de Jesus o rejeitou porque ele mudou o entendimento que seus compatriotas tinham das Escrituras.[32] Ele era qualquer coisa, menos um produto de sua cultura. Ele falou não como um exegeta, mas como alguém com autoridade única para expor a intenção original de Deus por trás das palavras das Escrituras.[33] Os judeus o perseguiram porque ele alegou ter autoridade maior que a de Moisés,[34] que recebera as *"palavras de Deus."*[35]

O Novo Testamento é a Palavra de Deus?

A epístola aos Hebreus exorta os seguidores judeus do Messias da seguinte maneira: "Lembrem-se dos seus líderes, que lhes falaram *a palavra de Deus*".[36] Como as palavras dos apóstolos poderiam ser consideradas "as palavras de Deus"?

Os apóstolos já criam que a palavra de Deus criou o Universo.[37] Eles viram as palavras de Jesus acalmar tempestades, curar doentes e ressuscitar mortos. Jesus lhes assegurou: "As palavras que eu lhes digo não são apenas minhas. Pelo contrário, o Pai, que vive em mim, está realizando a sua obra".[38] Ele prometeu que, se eles guardassem sua palavra, conheceriam a verdade e a verdade os libertaria,[39] e que suas orações seriam respondidas se permanecessem na sua palavra.[40]

Tendo visto as palavras de Jesus levantar várias pessoas dentre os mortos, o que os apóstolos deveriam fazer com sua alegação de que chegaria

---

[31] Mateus 5.37.
[32] Mateus 22.29.
[33] Mateus 7.28-30.
[34] Mateus 19.1-11.
[35] Romanos 3.2; Hebreus 3.1-6.
[36] Hebreus 13.7.
[37] Gênesis 1; João 1.1-3.
[38] João 14.10.
[39] João 8.32.
[40] João 15.7.

um dia no qual os mortos ouviriam sua voz e os que a ouvissem se levantariam e viveriam eternamente?[41]

Para piorar a situação, os apóstolos pensaram que o Messias conquistaria Roma, mas Jesus predisse que ele seria crucificado e depois de três dias ressuscitaria. Os apóstolos testemunharam o cumprimento das palavras de Jesus. A experiência deles em primeira mão com a morte e a ressurreição de Cristo os fez concluir que as palavras de Jesus eram palavras de Deus. Jesus era a Palavra de Deus (*logos*) eterna e criadora que se tornou carne.[42] Jesus mesmo usou o testemunho das Escrituras — mais que seus milagres impressionantes — como prova de sua divindade.[43]

Em sua oração a seu Pai, Jesus disse: "Pois eu lhes [aos apóstolos] transmiti as palavras que me deste".[44] Ele soprou o Espírito Santo sobre os apóstolos[45] assegurando-lhes que o Espírito Santo os faria lembrar-se do que ele lhes ensinara[46] e os guiaria a toda a verdade.[47] Jesus não os enviou apenas para ensinar e pregar o que eles ouviram e viram. Ele também lhes concedeu autoridade para curar doentes e expulsar demônios com suas palavras.[48] Os apóstolos se tornaram "servos da palavra".[49] Eles se dedicaram ao "ministério da palavra".[50] O Espírito de Deus confirmou as palavras dos apóstolos por meio de sinais e maravilhas sobrenaturais.[51] O que você teria pensado se tivesse visto as palavras de Pedro curarem um homem que nasceu aleijado?[52] Até mesmo os não crentes trataram as palavras dos apóstolos como as palavras de Deus.[53]

Os contemporâneos dos apóstolos interpretaram o crescimento da igreja como o crescimento da palavra de Deus: "Assim, a palavra de Deus

---

[41] João 5.24,25.
[42] João 1.1,14.
[43] João 5.39.
[44] João 17.8.
[45] João 20.22.
[46] João 14.26.
[47] João 16.13.
[48] Mateus 10.1-8.
[49] Lucas 1.2.
[50] Atos 6.4.
[51] Atos 2.42-44; 5.12; 14.3.
[52] Atos 3.1-10.
[53] Atos 13.7.

se espalhava. Crescia rapidamente o número de discípulos".⁵⁴ Seguindo o exemplo de Jesus, os apóstolos selaram suas palavras com seu sangue. Eles não lutaram por sobrevivência pessoal porque a palavra de Cristo lhes deu garantia de vida eterna.

De modo contrário ao que dizem os críticos da Bíblia como Dan Brown e Arun Shourie, a igreja não inventou a Bíblia: a igreja foi edificada "sobre o fundamento dos apóstolos e dos profetas", isto é, o Antigo e o Novo Testamentos.⁵⁵

Céticos mal informados pressupõem que a Bíblia — especialmente o Novo Testamento — foi declarado como Palavra de Deus no ano 325 da era cristã pelo Concílio de Niceia, que formou o cânon das Escrituras. Os versículos seguintes mostram que Jesus cria que sua mensagem era palavra de Deus. Seus apóstolos criam que o que pregavam era palavra de Deus. Muito antes da reunião de qualquer concílio eclesiástico, os companheiros originais de Cristo e seus seguidores em Jerusalém aceitaram as palavras dos apóstolos como a Palavra de Deus assim como os crentes tessalonicenses aceitaram as palavras de Paulo como a Palavra de Deus.

Como poderia o apóstolo João dizer aos seus leitores que eles já conheciam a verdade e não precisariam de ninguém (nem mesmo de um concílio eclesiástico) que lhes determinasse o que é a Palavra de Deus?⁵⁶ A igreja dos séculos I e II já sabia que livros tinham autoridade apostólica genuína. Esses cristãos não pediram a canonização dos textos apostólicos a um concílio eclesiástico para entregarem sua vida pela Palavra de Deus. Eles afirmaram sua fé nesses textos ao escolher o martírio por mais de duzentos anos antes de Constantino.⁵⁷

O cânon do Antigo Testamento já existia antes da época de Jesus. A canonização do Novo Testamento se tornou necessária apenas porque livros espúrios começaram a aparecer alegando terem sido escritos pelos apóstolos originais. A canonização não transformou as epístolas de Paulo em palavra de Deus. O propósito da canonização foi refutar as obras espúrias como não autênticas, como o *Evangelho de Tomé* e o *Evangelho de Barnabé*.

⁵⁴ Atos 6.7.
⁵⁵ Efésios 2.20.
⁵⁶ 1João 2.19-21.
⁵⁷ Apocalipse 20.4.

É importante observar que apenas um livro do Novo Testamento, o Apocalipse de João, alega ter sido recebido de modo sobrenatural com visões, e esse livro foi submetido a escrutínio rigoroso antes de ser incluído no cânon. Um livro com título semelhante, *Apocalipse de Pedro*, foi rejeitado. Por quê? Porque o cristianismo é a respeito de uma verdade pública, não a respeito de uma experiência "religiosa" particular, subjetiva, não verificável, secreta e interior. Uma intuição particular pode de fato vir da parte de Deus, mas esta tem de ser autenticada publicamente antes que as pessoas possam segui-la. O Apocalipse de João foi incluído no cânon precisamente porque não é um "*fax* vindo do céu". João "viu", "olhou" e "ouviu" certas coisas e então escreveu seu relato de testemunha ocular — exatamente como fizera no evangelho que traz seu nome.[58] A igreja canonizou livros com autoridade apostólica reconhecida para minar o engano de profetas, apóstolos e místicos "religiosos" sedentos de poder.

A autoria de Apocalipse foi questionada, mas está claro que, se outra pessoa que não o apóstolo João escreveu o livro atribuindo-lhe a autoria, então o falsário teria de fazer um esforço para estabelecer suas credenciais como apóstolo. O autor do livro de Apocalipse simplesmente declara que seu nome é João e espera que os leitores reconheçam sua autoridade apostólica.

O ponto é o seguinte: a igreja não crê nas Escrituras porque o Concílio de Niceia canonizou alguns livros. Os católicos romanos reconhecem que algumas vezes os concílios eclesiásticos podem errar. O Concílio de Niceia não criou a Bíblia. O processo de canonização do Novo Testamento começou com um herege, Marcião (90-160), que identificou um cânon amplamente aceito para desafiá-lo. Em resposta a essa tentativa, a igreja afirmou o cânon do Novo Testamento para repudiar as heresias.

---

[58] Em Apocalipse 1.11 é dito a João: "*Escreva num livro o que você vê e envie a estas sete igrejas*". Ainda que João estivesse "em espírito" quando teve suas visões, está claro no livro que suas capacidades racionais não foram suprimidas. Seu livro não é um texto de "psicografia". É um testemunho ocular. Apocalipse 1.2 diz que João "*dá testemunho de tudo o que viu, isto é, a palavra de Deus e o testemunho de Jesus Cristo*". Nos textos de João o verbo grego *marturew* — "dar testemunho" — significa "testemunha ocular". V. João 1.32: João (o Batista) testemunhou: "*Eu vi o Espírito descer do céu como pomba e permanecer sobre ele*".

A inclusão no cânon não dependeu de "inspiração divina" não verificável, mas de questões verificáveis. O primeiro foi a autoridade apostólica, incluindo uma autoridade apostólica implícita como nos casos de Marcos, Lucas, Atos e a epístola aos Hebreus. Igualmente importante foi a harmonia teológica com o cânon do Antigo Testamento que Jesus confirmou como Palavra de Deus. As falsificações gnósticas alegavam autoridade apostólica, mas não podiam alegar harmonia com o Antigo Testamento. Por exemplo, o Apocalipse de João é um reflexo deliberado do livro de Daniel. Em Apocalipse 5 o Cordeiro de Deus recebe o título que havia sido prometido ao Messias nos salmos 2 e 110. Os capítulos que se seguem se tornam a chave para explicar como Jesus é o Messias profetizado pelo Antigo Testamento.

O natural pode ser também sobrenatural?

Os pais da Igreja sabiam que homens falíveis escreveram os livros do Novo Testamento. O Concílio de Niceia lutou com uma questão de cosmovisão levantada pelo gnosticismo: o natural (material/físico) pode ser ao mesmo tempo espiritual, não material, sobrenatural e bom?

Os gnósticos pressupuseram que o reino natural é mau. Logo, concluíram que as palavras humanas não podem ser palavra de Deus; o Cristo espiritual não poderia se encarnar; Cristo não poderia ter morrido na cruz; quem foi crucificado foi o corpo material mau de um homem, Jesus; o Cristo espiritual estava rindo da tolice dos seus inimigos enquanto eles crucificavam Jesus, pensando que estavam matando o Cristo.

O Concílio de Niceia rejeitou essa cosmovisão gnóstica a favor do ensino do Antigo Testamento de que o mundo material — a expressão tangível e física das palavras de Deus — é bom. A criatura humana — macho e fêmea — foi criada à imagem de Deus; o corpo humano é bom. Deus pôde tornar-se homem, e nosso corpo físico pode ser e deve se tornar o templo do Deus Santo.[59]

Do mesmo modo que Satanás entrou em Judas para fazer o mal,[60] o Espírito de Deus pode fazer isso e usar seres humanos para falar suas

---

[59] 1Coríntios 6.19.
[60] João 13.27.

palavras[61] e fazer sua vontade. As obras e palavras de homens e mulheres podem ser humanas, satânicas ou divinas. Tal como Jesus foi plenamente humano e plenamente divino, então as palavras do homem podem ser palavras de Deus. Se um presidente pode usar as palavras de um assessor e torná-las suas, por que Paulo não poderia comunicar as palavras de Deus? Ele pode, tal como um embaixador pode falar as palavras do rei.[62] É um absurdo alegar que Jesus foi o maior dos profetas, como Dan Brown insinua, e ao mesmo tempo alegar que as Escrituras nas quais Jesus creu até o momento em que entregou sua vida eram simplesmente um engano humano.

Os pais da Igreja não entendiam o mistério da linguagem humana melhor do que nós. Eles também não concluíram que o Novo Testamento é Palavra de Deus com base em argumentos de abstrações filosóficas. Eles confiaram em testemunhas oculares que privaram da companhia de Jesus, ouviram suas palavras e viram-no, e a seus apóstolos, fazer o aleijado andar e o cego ver, expulsar demônios e trazer mortos de volta à vida. O Espírito Santo confirmou as palavras de Jesus e a dos apóstolos com sinais e maravilhas, tal como os atos sobrenaturais de Deus confirmaram as de Moisés.[63] As gerações futuras poderão entender a linguagem melhor que nós. A medicina contemporânea apenas começou a estudar o poder de cura das palavras humanas. Entretanto, no presente mesmo nossa ficção científica não tem pistas a respeito de como palavras poderiam trazer um morto de volta à vida, ou, como Einstein se maravilhou, como nossa mente e nossas palavras podem compreender o universo físico.[64]

O colapso de Roma significou que a Europa perdera sua alma — a fonte de sua autoridade civilizacional — e decaiu até a "idade das trevas". A Bíblia foi a força que fez a Europa reviver. Os europeus se tornaram tão encantados com a Palavra de Deus que rejeitaram seus mitos sagrados para ouvir, internalizar, falar a respeito e promover as Escrituras para construir o mundo moderno. Na aurora do século XXI da era cristã, O Ocidente está

---

[61] Isaías 59.21; 1Coríntios 2.13.
[62] 2Coríntios 5.20.
[63] Êxodo 7.2-4; Deuteronômio 6.22; Atos 2.22,43; 14.3.
[64] V. o capítulo 4.

mais uma vez perdendo sua alma. O Ocidente vai cair em uma nova era das trevas, ou vai se humilhar perante a Palavra do Deus todo-poderoso?

❦

Os versículos seguintes demonstram que o Novo Testamento viu Jesus e o ensino dos seus apóstolos — falado e escrito — como a "palavra de Deus" séculos antes dos concílios eclesiásticos.

> Certo dia Jesus estava perto do Lago de Genesaré, e uma multidão o comprimia de todos os lados para ouvir a palavra de Deus. (Lucas 5.1)

> Pois aquele que Deus enviou fala as palavras de Deus, porque ele dá o espírito sem limitações. (João 3.34)

> As palavras que eu lhes digo não são apenas minhas. Pelo contrário, o pai, que vive em mim, está realizando a sua obra. (João 14.10)

> Pois eu lhes transmiti as palavras que me deste, e eles as aceitaram. (João 17.8)

> Todos ficaram cheios do Espírito Santo e anunciavam corajosamente a palavra de Deus. (Atos 4.31)

> Não é certo negligenciarmos o ministério da palavra de Deus, a fim de servir às mesas. (Atos 6.2)

> Assim, a palavra de Deus se espalhava. (Atos 6.7)

> Os apóstolos em Jerusalém, ouvindo que Samaria havia aceitado a palavra de Deus, enviaram para lá Pedro e João. (Atos 8.14)

> Os gentios também haviam recebido a palavra de Deus. (Atos 11.1)

> Entretanto, a palavra de Deus continuava a crescer e a espalhar-se. (Atos 12.24)

> Proclamaram a palavra de Deus nas sinagogas judaicas. (Atos 13.5)

O procônsul [Sérgio Paulo] sendo homem culto, mandou chamar Barnabé e Saulo, porque queria ouvir a palavra de Deus. (Atos 13.7)

Então Paulo e Barnabé lhes responderam corajosamente: "Era necessário anunciar primeiro a vocês a palavra de Deus; uma vez que a rejeitam e não se julgam dignos da vida eterna, agora nos voltamos para os gentios. (Atos 13.46)

Assim, Paulo ficou ali durante um ano e meio, ensinando-lhes a palavra de Deus. (Atos 18.11)

Ao contrário de muitos, não negociamos a palavra de Deus visando lucro; antes, em Cristo falamos diante de Deus com sinceridade, como homens enviados por Deus. (2Coríntios 2.17)

Antes, renunciamos aos procedimentos secretos e vergonhosos; não usamos de engano nem torcemos a palavra de Deus (2Coríntios 4.2)

Dela me tornei ministro [...] [para] apresentar-lhes plenamente a palavra de Deus. (Colossenses 1.25).

Há muito tempo Deus falou muitas vezes e de várias maneiras aos nossos antepassados por meio dos profetas, mas nestes últimos dias falou-nos por meio do filho. (Hebreus 1.1,2)

Revelação de Jesus Cristo, que Deus lhe deu para mostrar aos seus servos o que em breve há de acontecer. Ele enviou o seu anjo para torná-la conhecida ao seu servo João que dá testemunho de tudo o que viu, isto é, a palavra de Deus e o testemunho de Jesus Cristo. (Apocalipse 1.1,2)

E o anjo me disse: "escreva [...] estas são as palavras verdadeiras de Deus". (Apocalipse 19.9)

O anjo me disse: "estas palavras são dignas de confiança e verdadeiras. O Senhor, o Deus dos espíritos dos profetas, enviou o seu anjo para mostrar aos seus servos as coisas que em breve hão de acontecer". (Apocalipse 22.6)

Esta obra foi composta em *Minion Pro*
e impressa por Expressão e Arte sobre papel
Pólen Bold 70 g/m² para Editora Vida.